사회복지개론

염동문 · 김교정 · 정현태
전재명 · 이경은 · 김미정

청목출판사

머리말

사회는 살아 움직이는 생명체이며, 이러한 생명체인 사회를 대상으로 복지를 논하는 사회복지학은 매우 복잡하고 오묘한 학문분야이다. 이러한 복잡하고 오묘한 사회복지학의 길잡이가 되고 뼈대가 되는 과목은 사회복지개론이다. 그러므로 사회복지개론은 학문적 기초를 다지기 위해 1학년 첫 학기에 보통 개설되며, 아무런 전공지식이 없는 학부생을 대상으로 강의가 진행되기 때문에 강의하는 사람의 입장에서 사회복지개론은 매우 힘든 과목이며, 배우는 학생의 입장에서도 어렵고 어려운 과목이라 할 수 있다.

그래서 다년간 사회복지학을 공부하고 강의했던 저자들이 사회복지에 대한 애정과 열정을 바탕으로 좀더 알기 쉽고, 체계적으로 구성된 강의 교재를 출판할 목적으로 작업을 시작하였다. 교재 작업에 많은 교수들이 참여하게 된 이유는 사회복지개론이 지니고 있는 과목의 특성상 해당 분야의 전문가들이 집필을 담당함으로써 책임성과 전문성이 확보되도록 함이다. 그러나 저자들이 의욕적으로 나름의 노력과 고민을 하였음에도 처음에 가졌던 목적에는 다소 부합되지 않는 것으로 보이며, 세부전공이 다른 많은 저자들이 분담하여 집필한 까닭에 사회복지학에 대한 관점과 체계에서 통일성을 갖추지 못하는 한계를 가지고 있지만, 향후 수정 및 보완해 감으로써 완성도를 높이고자 한다.

이 책의 구성은 한국사회복지교육협의회에서 제시하는 기본 내용들을 중심으로 전체 14장으로 나누어 집필하고자 노력하였으며, 구체적인 내용은 다음과 같다. 1장은 사회복지개론의 도입부로서 인간의 삶과 사회복지에 대한 내용으로 인간의 욕구, 삶의 주기와 사회복지, 현대사회와 사회문제를 다루었다. 2장은 사회복지의 개념과 학문적 성격으로 사회복지의 개념과 의미, 사회복지의 관점, 사회복지 관련 개념, 사회복지의 학문적 성격으로 구성하였다. 3장은 사회복지의 동기로 상호부조, 종교적, 인도주의적, 공리주의적, 정치적, 경제적, 이데올로기적, 전문직업적 동기를 다루었다.

4장은 사회복지의 가치와 이념 그리고 윤리로서 사회복지의 가치와 실천윤리, 사회복지정책과 이념으로 구성하였으며, 5장은 사회복지의 구성요소로서 사회복지의 자원과 주체, 전달체계를 중심으로 작성하였다. 6장은 사회복지의 역사로서 사회복지 역사연구의 중요성, 서양 사회복지의 역사, 한국 사회복지의 역사를 살펴보았다. 그리고 7장은 복지국가와 복지사회로서 복지국가의 어원, 개념, 특징 등을 살펴보고, 복지사회의 발생배경과 개념을 기술하였으며, 복지국가와 복지사회를 비교하였다.

8장은 사회복지의 미시적 실천방법으로 실천대상자의 정의와 유형, 실천가치와 이론, 실천과정과 기술을 중심으로 논의하였으며, 9장은 사회복지의 거시적 실천으로 지역사회복지, 사회복지정책, 사회복지행정에 대해서 기술하였다.

10장은 사회복지의 정책분야로 사회보험, 공공부조, 사회서비스, 각종 사회서비스와 바우처에 대한 이해로 구성하였다. 11장과 12장은 사회복지실천분야로서 아동복지, 청소년복지, 노인복지, 장애인복지, 여성복지, 가족복지, 의료사회복지, 정신보건사회복지, 학교사회복지, 다문화복지로 나누어 작성하였다.

13장은 전문직으로서의 사회복지에 대한 내용으로 전문직의 개념, 사회복지사의 활동과 전문성, 사회복지사 가치, 지식 및 기술의 전문성, 사회복지사의 전문자격 및 훈련현황을 제시하였다. 그리고 마지막 14장은 사회복지의 전망과 과제를 다루었다.

본 책의 내용들은 저자들의 독창적인 이론들로 구성된 것이 아니라 사회복지학을 먼저 공부한 분들의 수고로움의 결과들을 정리한 것임을 밝혀둔다. 그러므로 저자들의 바램은 예비사회복지사가 사회복지학을 공부하는데 도움이 되기를 기원하며 조심스럽게 책을 세상에 내어 놓는다. 그리고 바쁜 일정에도 기꺼이 출판을 허락하신 청목출판사 임직원들에게 진심으로 감사를 드린다.

2014년 2월
저자 일동

차 례

제1장 인간의 삶과 사회복지

1. 인간 욕구

1) 욕구의 개념

욕구(needs)는 삶을 살아가면서 자신이 원하는 것을 이루거나, 하고자 바라는 것이다. 이러한 욕구는 인간의 생존, 자율, 생활의 계획, 사회적 행위자의 의무를 다하기 위해 필요하여 구하는 것으로 볼 수 있으며, 충족되거나 해결되어야 할 문제와 같은 의미로 사용되는 성격을 갖는다. 즉, 목적을 위해 필수적인 것이 결여되거나 결핍된 것을 지칭하는 것으로 욕구는 구체적으로 보면 생존 또는 안녕 그리고 만족을 위해 신체, 심리, 경제, 문화 등의 개인적이고 사회적 요구를 의미하는 것이다.

따라서 욕구의 개념에는 '충족해야 할 기본적 욕구', '해결을 필요로 하는 문제', '충족할 수 있는 욕구', '충족되어야 할 욕구' 등이 포함되어 있다. 욕구의 목적이 갖는 중요성은 여러 연구에서 언급되는데,

Plant 등은 욕구의 목적을 생존과 자율이라고 보며, Miller는 삶의 계획을 욕구의 목적으로 보고 있다. 윌리엄슨(Willamson, 1978)은 인간은 욕구를 가지고 있으며, 그것은 개인에게 특별하고 중요한 것으로 이들 욕구는 개인의 인격, 문화적 배경 및 사회계층과 깊이 관련되어 일어난다고 하였다.

미나한(Minahan)과 동료 학자들(1982)은 "인간이 개인 또는 가족 구성원으로 기능하기 위한 잠재력을 충분히 발휘하는 것을 제한하는 확인될 수 있는 어떤 조건"이라고 정의하면서, 이러한 욕구의 개념 규정에는 다음과 같은 네 가지 성질 또는 요소가 포함되어 있다고 주장한다. 첫째, 욕구는 개인 또는 가족이 갖는 확인 가능한 사회적, 경제적 또는 건강관련 문제를 나타낸다. 둘째, 이러한 사회적, 경제적 또는 건강관련 문제들은 유사한 특성을 갖는 개인과 그 밖의 개인을 구별하는 근거로 작용한다. 셋째, 문제로부터 영향을 받거나 욕구가 있는 개인들은 한정된 지리적 범위 내에 있을 수 있다. 넷째, 확인된 문제나 욕구는 개인 또는 조직이 지금 제공하는 서비스나 앞으로 제공할 서비스에 의하여 직접적으로 해결되거나 충족될 수 있는 것이다.

이렇게 볼 때 욕구는 인간의 생존, 자율, 생활의 계획, 사회적 행위자의 의무를 욕구의 목적으로 보며, 욕구는 인간이 자신의 존립을 위해 필수적으로 충족해야 하는 본질적인 현상이라 할 수 있다.

사회복지학에서 욕구의 의미는 "인간이 사회생활을 영위함에 있어서 충족시켜야 할 기본적인 것을 나타내는 것으로 유기체의 행동을 일으키게 하는 생활체 내부의 원인이다. 즉, 욕구는 유기체가 존재하기 위해 무엇인가 필요한 것을 구하는 본질적인 현상을 의미한다고 볼 수 있다. 이렇게 인간욕구는 다양하지만 사회복지를 논할 때의 욕구는 인간이 원하는 어떤 것이나, 혹은 모든 것을 뜻하는 것이 아니기 때문에 기본욕구라는 개념이 등장하게 되는 것이다.

기본적 욕구는 인간의 욕구들 중에서도 누구에게나 공통적이면서도 필수적인 것들의 최저 수준을 충족시켜 줄 때 적용되는 것으로 다음의 세 가지로 설명된다. 첫째는 공통적인 욕구이다. 공통적이란 의미는 의·식·주, 직업, 교육, 건강, 화목한 가정, 가족, 쾌적한 환경 등으로 특정한 개인이 갖는 인종, 종교, 성, 연령, 교육수준, 사회경제적 지위 등과는 관계없이 모든 인간이 지니는 욕구를 말한다. 이 욕구 원리는 사회복지서비스를 제공함에 있어서 가끔 무차별적 평등의 원리로 표현되고 있다. 둘째는 필수욕구로써 인간다운 삶을 유지하면서 필수적으로 요구되는 욕구이며, 셋째는 최소욕구이다. 최소욕구는 말 그대로 인간으로써 최소한의 생활을 유지할 수 있도록 요구되는 욕구이다. 최소욕구는 개인의 최저수준을 지원하고, 그 개인이 좀더 나은 삶을 유지할 수 있도록 국가적, 사회적으로 지원을 바라는 욕구라고 할 수 있다.

사회적 욕구는 사회적 위험 때문에 개인의 욕구를 충족시키지 못하는 사회 구성원들이 발생했을 때, 그들이 당면하고 있는 사회적 위험을 사회가 공동의 노력을 통해 해결하려는, 그리고 해결할 수 있는 욕구를 의미한다. 따라서 사회적 욕구는 기본적 욕구들 중에서 사회적 위험과의 관련성이 높은 욕구를 지칭하는 것이다. 사회위험이 발생하면 그 위험에 처한 사람이나 가족들은 삶을 영위하는데 필요한 기본 욕구 충족에 어려움을 겪게 된다. 그러나 위험에 처한 사람들의 수가 많아지고 사회적으로 용납할 수 있는 범위를 넘어서게 되면 그러한 사회적 욕구의 미충족 상태는 해결해야 할 사회문제로 규정된다. 이렇게 일단 사회문제로 규정되면 당연히 문제를 해결하기 위한 광범위한 사회적 노력이 나타나게 되는데, 사회복지는 이러한 대표적인 사회적 노력의 일환으로 작용하게 되는 것이다.

이와 같이 사회복지와 관련된 욕구는 일생을 살아가면서 삶의 각 단계에서 만나게 되는 문제들을 잘 헤쳐 나갈 수 있게 개인의 기능을 향상시키도록 돕고, 욕구가 충족되게끔 사회 환경을 개선하여 사람들과 그들이 처한 환경 사이의 상호작용을 활성화시키려는 노력이다. 그러므로 사회복지는 한 사회의 구성원들이 가지고 있는 욕구에 대한 직접적 또는 간접적 대응이라고 할 수 있다(Macarov, 1995: 17).

사회복지의 서비스를 받는 대상자를 우리는 클라이언트(client)라고 한다. 초기 사회사업에서 클라이언트란 힘없는 자(powerlessness)나 의존자(the dependent)라는 뜻으로 사용되었지만, 점차 사회복지가 전문화되어 감에 따라 그 개념은 욕구가 있는 사람(needful person)이나 고객(customer)으로 변화되고 있다(mendelsohn, 1980: 6) 따라서 인간과 사회문제를 취급하는 기초로서 제기되는 것이 욕구이며, 사회복지는 인간의 욕구를 충족시켜 좀더 나은 삶을 영위하도록 하는 사회적 제도라고 할 수 있다.

2) 인간 욕구의 이론

(1) 브래드쇼의 욕구유형

Bradshaw는 먼저 두 가지 다른 유형의 욕구를 규범적인 것과 상대적인 것으로 구분하고 있으며 이는 다른 유형의 욕구를 의미한다(Bradshaw, 1972). 규범적 욕구는 하나의 고정된 수준으로서 전문가에 의해 설정된다. 반면에 상대적 욕구는 다른 것과의 비교에 바탕을 두고 있다. 빈곤을 예로 들어 설명한다면, 빈곤은 일반적으로 2개의 주요 개념인 절대적인 것과 상대적인 것으로 구분할 수 있으며, 절대적 빈곤은 살거나 생존하기 위해 필요한 최소한의 생활수준 욕구를 충족시키기 위한 필수품을 구입하는데 필요한 소득수준 이하를 의미하며, 이러한 절대적 빈곤은 규범적으로 규정된다. 그리고 상대적 빈곤은 전체 국민의 복지 또는 소득수준과 관련해서 상대적인 저소득 상태를 의미하며, 상대적 욕구를 반영한다고 할 수 있다.

그리고 Bradshaw는 욕구를 두 가지의 다른 범주, 즉 느끼는 욕구(felt need)와 표현된 욕구(expressed need)로 구분한다. 느끼는 욕구는 사람들이 갖추어야 한다고 스스로 느끼는 것이고, 표현된 욕구는 원하는 것을 강하게 표현하는 것이다. 다시 말해, 느끼는 욕구는 다른 사람에게 자신의 욕구에 대해 말하지 않아도 알 수 있는 것을 의미하며(사람들은 두려움, 걱정 또는 수치 때문에 간혹 서비스를 요구하는 것을 꺼린다), 표현된 욕구는 자신의 요구사항에 대하여 다양한 의사소통을 통하여 표출되는 것이다. 그러므로 욕구의 규범적 또는 상대적 관념과 달리 이 범주들은 욕구가 있는 사람들에 의해 형성된다.

(2) 매슬로우의 욕구유형

Maslow는 심리학자로서 욕구(각 개인을 위해 충족되어야 하는 일련의 조건)의 '서열'에 대해 기술한다. 우리가 기본적 욕구라고 부를 수 있는 목표에는 최소한 5가지 세트가 있다. 이것은 간단히 말해 생리, 안전, 사랑, 존중 그리고 자아실현이다. 이런 기본적 목표는 서로 연관되어 있으며 우세의 서열에 따라 정렬된다. 이는 가장 우세한 목표가 의식을 독점하고 우세의 우선순위가 떨어지는 욕구는 최소화되고, 심지어 잊혀지거나 거부되기도 한다는 의미다. 그러나 욕구가 상당히 충족되면, 다음의 우세한(더 높은) 욕구가 나타난다(Maslow, 1943: 395).

매슬로우는 종종 인본주의 심리학의 창시자로 묘사된다. 인간행동과 동기부여를 이해하기 위한 그의 탐구는 정신분석학으로 그를 인도하였는데 그는 여기서 정신분석학이 신경증과 불안 행동, 행동주의로부터의 방법에 지나치게 몰두하고 있으며 너무 기계적이라는 것을 발견했다. 그는 아이가 태어나는 것을 본 사람은 아무도 행동주의자의 성향을 가지지 않는다는 것을 그의 첫 아이의 탄생 후 인지하게 되었으며, 욕구단계의 개념을 제안했다. 자아실현을 위한 욕구는 인간행동이 완전한 잠재력을 실현하기 위해 가지는 욕구이고 이것은 다른 욕구들이 충족되었다면 즉시 충족된다고 하였다. 자아실현은 인간행동이 타고난 재능과 가능성을 키우고 극대화시키기 위한 선천적인 성향으로 묘사된다.

매슬로우는 처음에 인간의 욕구를 다섯 가지로 분류하였다가 두 가지를 추가하여 일곱 가지로 제시하고 이들 간에 위계적 관계가 있다는 '욕구위계설'을 주장하였다. 즉, 생리적 욕구, 안전의 욕구, 애정 및 소속의 욕구, 자존의 욕구, 인지적 욕구, 심미적 욕구, 자아실현의 욕구 이다. 그에 따르면 인간은 점차 높은 수준의 욕구 충족을 원하게 된다. 다음은 매슬로우의 욕구 위계를 피라미드 형태의 그림으로 나타낸 것이다. 더 낮은 욕구가 더욱 강력하며, 만족을 먼저 요구한다. 일반적으로 하위의 욕구가 부분적으로 만족되어야 상위 욕구가 추구될 수 있게 된다.

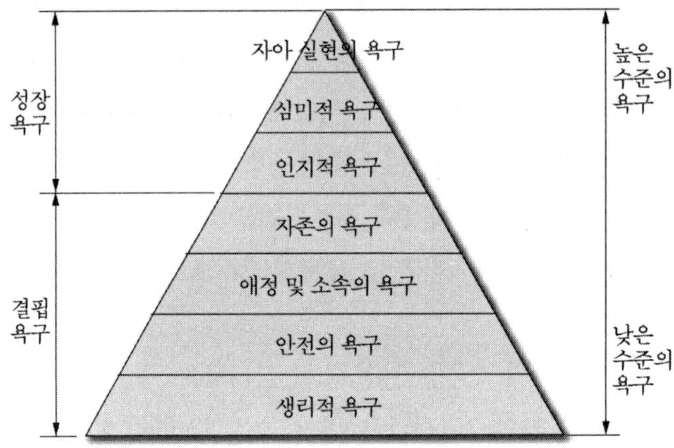

〈그림 1-1〉 매슬로우의 욕구단계

첫 번째 단계는 의·식·주 등 기초적인 생리적 욕구(Physiological Needs)를 포함한다. 예컨대, 배고픔, 갈증, 수면, 성욕, 피로 등 감각적 자극에 대한 유기체적인 욕구를 말하는데, 이는 생명의 유지와 직접 관련되는 기본적 욕구이다. 만약 이 욕구가 충족된다면 이것은 다음 욕구가 충족되기 위한 실현과정의 계기를 만든다.

둘째, 안전의 욕구(Safety Needs)는 개인이 처한 환경 내에서 안정성, 안락함, 평정, 평온에 대한 욕구로써 일단 생리적 욕구가 만족되면 개인은 새로운 안전의 욕구에 관심을 갖게 된다. 이러한 안전의 욕구는 위기와 위험으로부터의 보호와 평화로움을 느끼고, 공포, 불안, 무질서로부터의 자유로움을 느끼고, 구조, 질서, 법, 제약으로부터 벗어나고 싶은 욕구를 의미한다. 이러한 안전의 욕구가 충족되면 다음 단계로 가기 위한 고유의 동기가 생긴다.

셋째, 애정 및 소속의 욕구(Love and Belongingingness)는 주로 생리적 욕구와 안전의 욕구가 충족되었을 때 건전한 사랑의 관계로 나타난다. 사람은 한 집단 내에서 타인과의 애정적인 관계를 형성하거나, 준거집단과 원활한 사회적 관계 등을 갈망하는데 한 집단 내에서의 타인과의 의미 있는 관계 등을 갈망하는 이러한 욕구를 사회적 욕구라고도 하며, 사랑과 관심, 애정, 믿음을 받고 싶은 욕구를 포함한다.

넷째, 자존의 욕구(Esteem Needs)는 능숙함, 자신감과 성취감을 맛보고 타인으로부터 인정받고 싶어하는 욕구로 존경의 욕구라고도 한다. 이러한 욕구는 개인의 능력, 신뢰감, 자신감, 자기개발, 긍정적인 자아관 등을 통해 나타나게 된다. 여기까지가 인간이 결핍되었을 때, 그것을 충족시키고자 하는 '결핍욕구'이다. 이런 욕구들은 충족되지 않으면 그 충족동기가 강해지고, 일단 충족되면 감소한다.

다음 단계부터는 '성장욕구'의 범위이다. 이 성장욕구의 3가지 중 인지적 욕구와 심미적 욕구는 나중에 추가된 단계이므로, 위계순서가 학자에 따라 다르게 주장되기도 한다. 자아실현의 욕구를 가장 높게 보는 관점도 있고, 심미적 욕구가 최상단계에 위치한다고 보는 관점도 있다.

다섯째, 인지적 욕구(Cognitive Needs)는 모르는 것을 이해하고 탐구하고자 하는 욕구이며, 지식과 이해, 효기심, 탐험, 의미 추구 등을 포함한다. 여섯째, 심미적 욕구(Asthetic Needs)는 자연과 예술에서 질서, 조화, 미적 감각 등을 추구하려는 욕구이다. 일곱째, 이상의 모든 욕구가 충족됨으로써 자아실현에 대한 욕구(Self-Actualisation)가 발생하는데, 자아실현은 자신이 성취할 수 있는 모든 것을 이루려는 욕구를 말한다. 예컨대, 자아를 실현한다는 것은 자신의 재능, 능력, 잠재력을 충분히 발휘하여 자기가 원하는 유형의 사람이 된다는 것이다. 이 세 가지 욕구는 성장욕구 또는 메타욕구(meta needs)라고 한다. 이러한 욕구들은 결핍욕구처럼 충족되면 동기가 감소되는 것이 아니다. 결코 완전히 충족될 수 없으며, 오히려 더 많은 충족을 위해 강한 동기가 계속해서 발생된다. 보다 고차원적이고 인간을 인간답게 하는 2차적 욕구인 것이다.

매슬로우는 이러한 일곱 가지 인간의 욕구는 그 중요성과 강도에 따라 위계적으로 배열되어 있으며, 개인에 따라 차이가 있고, 특정 시기에 강하게 나타나지만 모든 욕구가 동시에 존재한다고 보고 있다. 그리고 매슬로우의 생리적 욕구는 안전의 욕구보다 중요하고, 안전의 욕구는 소속감과 사랑에 대한 욕구보다 중요하다는 것이다.

그러나 매슬로우의 이 개념에는 세 가지 큰 문제 및 중요한 한계점이 있다. 첫째, 매슬로우의 우선순위에는 논쟁의 여지가 있다는 것이다. 사랑은 정말로 안전보다 하위인가? 둘째, 기본적 욕구를 서열에 따라 정리할 수 있다는 것이 도무지 명확하지 않다. 매슬로우가 제안한 개념의 준거 틀 안에 해당하지 않는 방식으로 인생을 살아가는 사람들이 많다. 이를테면 많은 사람들은 감옥에서 잘 먹기보다는 영양실조에 걸리더라도 자유로운 상태를 택할 것이다. 또한, 창조적인 사람은 그들의 창조력을 실현하기 위해 말하고, 먹고, 쉬기 위한 기초적인 생리적 욕구를 희생한 것으로 알려져 왔다. 이것은 사람들에게 영향을 미치는 것은 서열이라기보다는 상호 욕구의 전체적 세트라는 것을 의미한다. 셋째, 이 접근법을 복지의 제공에 직접 적용하기가 어렵다. 교육이 한 개인의 감정적 욕구만큼 중요하지 않다는 것은 거의 확실하다. 그러나 교육은 사회서비스로서 대체적으로 조직화되어 있는 반면, 감정적 욕구의 제공은 그렇지 않다.

매슬로우는 욕구단계의 개념화에서 인간욕구를 분석하고 인간성장과 발달의 개념, 인간잠재력의 동기부여와 최대화를 욕구충족과 결부시킨 최초의 인물 중의 하나이다. 이와 같이 매슬로우의 모델은 대부분의 상황에서 대부분의 사람에 대해서 거칠게나마 일반화된 설명을 제공할 수 있을지는 모르지만 그것은 인간 동기부여의 설명으로서는 실제로 적절하지 않다.

2. 삶의 주기와 사회복지

인간의 삶의 주기는 상호적으로 연관되어 있으며, 각각의 연령이나 시기에 따라 삶의 주기도 변해간다. 또한 연령, 시기별 단계에 수행해야 할 과업이 적절하게 이루어지지 않았을 경우에 다음 단계에 수행해야 할 과업에 어려움을 겪을 가능성이 높아진다고 할 수 있다.

한 개인의 삶이 충만한 것이 되기 위해서는 삶의 주기별 보편적 발달과업의 성취가 중요한데, 사회복지는 개인의 삶의 각 주기에 따른 욕구와 문제와 위험들에 대한 대처기제로 작용한다.

사회복지학에서 삶의 주기에 대해 관심을 가지는 이유는 몇 가지로 설명할 수 있다. 첫째는, 사람이 일생을 영위하는데 있어 연령별 혹은 생애의 시기별 욕구가 다양하다는 점이다. 만일 다양한 시기별 욕구를 적절하게 충족시킬 수 없을 때, 그 사람은 문제에 봉착하게 되며, 복지증진이란 생각할 수 없기 때문이다. 사람이 출생해서 성장하고, 성인으로서 개인의 만족스러운 생활과 함께 가정적으로나 사회적 의무를 충실히 수행하기 위해서 요구되는 여러 가지 요건과 욕구가 존재한다(현외성 외, 1993: 33).

인간의 삶의 주기 분류와 관련하여 자아심리학자인 에릭슨(Erikson)은 인간의 발달을 출생에서 사망까지 여덟 단계로 나누고, 각 단계마다 겪게 되는 심리사회적 측면의 발달과업 또는 위기에 해대 논하였다. 에릭슨은 각 단계에서 겪어야 하는 발달의 위기를 긍정적인 것과 부정적인 것의 두 가지를 동시에 제시하면서 위기의 극복과정을 통해 개인의 성격이 발달한다고 보았다.

그가 제시한 발달위기를 살펴보면, 제1단계(영아기 0세~18개월)는 신뢰감 대 불신감이다. 영아기의 신뢰는 다른 사람에 대한 믿음과 자신에 대한 믿음을 포함하면서 어머니의 사랑이 신뢰의 초점이 된다. 이 신뢰감은 부모에 의해 아동의 기본적 욕구충족에 바탕을 두고 있다. 제2단계(유아기 18개월~3세)는 자율성 대 수치와 회의감으로써 자율적이고 창의적인 사람이 되느냐, 의존적이고 자기 회의로 가득찬 사람이 되느냐하는 것이다. 부모의 사려깊은 보호와 함께 유아를 격려해 주면 유아의 자율성은 발달하게 된다.

제3단계(아동 전기 3세~6세)는 주도성 대 죄책감으로 앞 단계의 자율성에 일의 착수, 수행, 도전 등을 첨가시키는 특징을 갖는다. 아동은 활발히 활동하며 호기심과 탐색의 방법으로 주도하는 것과 주도성을 부모가 억제하고 처벌하면서 발생하는 두려움이나 죄책감으로 주저하는 것 사이에 갈등이 발생하게 된다. 제4단계(아동 중기 6세~12세)는 근면성 대 열등감이 나타날 수 있는데, 이 시기의 아동은 인간생활 적응에 필요한 기초능력을 익히게 된다. 가족과의 관계를 벗어나 어떤 일을 행함에 있어 누구로부터 인정을 얻으려고 하며, 이러한 인정의 획득을 통해 아동은 근면성을 갖게 된다. 그러나 격려되지 않거나 칭찬이 주어지지 않으면 열등감이 싹트게 된다.

5단계(청소년기 12세~18세)는 정체감 대 정체감 혼미이다. 이 시기의 청소년은 자신이 어떤 사람이 될 것인지 관심을 가지고 부모로부터 독립하려고 하며, 자신이 다른 사람들에게 어떻게 지각되어지는가에도 관심을 가지게 된다. 이 단계의 궁극적 목표는 자아정체감의 발달인데 자기의 위치, 능력, 역할, 책임에 대한 확신이다. 이 청소년기에 자기존재에 대한 확신을 가질 수 있다면 자아정체감이 획득되지만 그렇지 못하면 자아정체감의 혼란에 빠질 수 있다. 제6단계(성인기 18세~24세)는 친밀성 대 고립감으로 자신에 대한 자아정체감이 형성되면 자신의 정체감을 타인의 정체감과 관련짓기를 원하며, 7단계(중장년기 24세~54세)는 생산성대 침체성으로 이 단계는 자녀를 낳아

키우고 교육시키는 데에 깊은 애정을 보이는 시기이다. 따라서 다음 세대를 위한 양육과 교육과정에 참여하지 못하면 침체성이나 자기몰입의 침체를 가질 수도 있다.

마지막으로 제8단계(노년기 54세 이후)에는 자아통합성 대 절망감이라는 위기이다. 자신의 전 생애를 아주 유익한 것으로 받아들이고, 자신의 삶이 가치롭다고 느끼는 통합성 대 자신의 생애를 헛된 것으로 판단하여 절망감을 갖는 다는 것이다.

이와 같은 발달단계별 위기는 모든 인간에게 보편적인 것이지만 모든 사람이 발달 위기를 성공적으로 극복하지 못하는 경우에는 문제가 되며, 단계별 위기 극복이 개인 외부의 사회적 환경이 공통적으로 저해되는 경우 사회문제가 되기도 한다.

사회복지는 이와 같은 발달단계의 진행에 걸림돌이 되는 개인의 욕구 미충족이나 사회문제에 대처하고자 하는 기제(mechanism)로서 인간의 삶의 주기 전반에 관련된다. 따라서 사회복지에서 다루는 욕구는 개인적 차원에서 희망되어지는 것이라는 단순한 요구의 개념이 아닌 다른 사람의 평가를 포함한 사회적 단위에서 무언가의 개념으로 넓은 의미로 이해되어져야 한다. 즉, 욕구라는 개인적 가치만을 추구하는 개념보다는 삶의 주기에서 이루어져야 하는 공동적 사회적 가치의 개념으로 이해되어져야 하기 때문에 사회복지는 사회적인 개념의 욕구에 더욱 관심을 가지게 된다.

3. 현대사회와 사회문제

우리 인류의 최대의 꿈은 무병장수였다. 인류는 무병장수를 위해서 과학, 철학, 문학, 의학 등의 다양한 학문과 기술을 발전시켜 왔다고 해도 과언이 아닐 것이다. 1930년대 한국의 평균수명은 40세 이하였고, 조선시대 왕들의 평균수명은 47세였으며, 그토록 오랫동안 살고자

했던 진시황제는 39세에 요절했다. 현재 평균수명은 80세를 넘었으며, 조만간 100세를 바라보고 있다. 그런데 이젠 그토록 염원했던 장수가 인류의 위협으로 다가왔으며, 사회문제의 핵심으로 거론되고 있다. 참 아이러니한 현상이다. 예전엔 사회문제가 아니었던 것이 현재는 사회문제가 되고 있다.

사람이 살아가는 사회에서 문제가 없었던 적은 없었고, 새로운 시대에서는 새로운 사회문제가 발생하여 왔다. 경제가 발전하여 절대적인 삶의 수준은 여유로워지고, 대학교육이 일반화되어 교육수준이 높아지고, 학문과 이론이 정교해짐에 따라 지식과 정보는 넘쳐나고, 과학과 기술의 발전으로 편리하고 편안한 생활을 영위하지만 현재도 사회문제는 줄어들 기미를 보이지 않고 가까운 미래에도 사회문제가 쉽게 해결될 것 같지 않다.

그렇다면 사회문제란 무엇인가? 사회문제는 왜 발생하는가? 사회문제와 사회문제가 아닌 문제를 구분짓게 하는 특성은 무엇인가? 또한 사회복지학의 관점에서 사회문제는 어떻게 인식하여야 하는지를 살펴보자.

1) 사회문제의 개념과 정의

사회문제에 대한 개념정의는 그리 간단하지 않다. 이 말은 우선 사회와 문제라는 두 개의 추상적인 개념의 복합어라는 면에서 정의가 어렵고, 어떤 현상을 한 사회의 문제로 볼 것이냐는 객관적인 측면과 주관적인 측면의 요소들을 고려한 판단으로 결정되며, 이런 판단은 결국 개개인의 주관성을 배제하기 어렵기 때문에 합의적인 정의에 도달하기 어렵다(Merton & Nisbet, 1966: 1; Henslin, 1990: 4-5; 최성재, 1995: 23 재인용).

사회문제는 사회 가치관이나 윤리의식, 시대와 사회환경 등의 변화에 따라 영향을 받는다. 예를 들어 인종문제는 19세기까지 서양에서 사회문제가 아니었다. 다만 뜻있는 사람이 제기하는 인권문제였으며, 노동력을 싸게 공급받기 위한 경제문제였다. 많은 사람들은 백인과 흑인은 '다른' 인간이고 차별받는 것을 당연한 것으로 여겼다. 하지만 20세기 들어 인종문제가 심각한 사회문제로 인식되었다. 미국의 경우 1960년대 흑인인권가인 마틴 루터 킹이나 말콤 엑스 등에 의해 진정한 의미의 사회문제가 되었다. 그리고 2008년 비록 흑백 혼혈이지만 최초의 '흑인' 대통령이 당선되었다. 한국의 경우 다인종 사회가 아니었기에 인종문제라는 것이 없었다. 하지만 2000년 전후 동남아를 비롯한 많은 외국인들이 노동이나 결혼 등의 이유로 입국하여 적지 않은 수를 이루자 사회문제화되고 있다(김치영 외, 2009: 19).

이처럼 사회문제는 고정된 것이 아니고 사회를 이루는 사람들의 가치관에 따라, 환경과 시대의 변화에 따라 달라지고 다르게 정의된다. 사회문제의 개념에 대한 학자들의 견해는 〈표 1-1〉과 같이 다양하다. 그러나 이들의 정의를 종합하면, 사회문제는 사회 또는 개인에게 해로운 조건을 영향력 있는 집단이 사회문제라고 규정하고 집단행동을 통해 해결되어야 한다고 생각하는 것이다.

〈표 1-1〉 사회문제에 대한 여러 학자들의 정의

학 자	사회문제에 대한 정의
Merton & Nibet (1966: 1)	사회질서의 상당부분이 일반적으로 받아들여지고 있기는 하나 또는 그 이상의 규범을 위배하고 있다고 간주되는 행동양식
Perry & Perry (1976: 4-5)	사회의 상당수의 사람들이 그들의 가치와 윤리기준에 의하여 사회질서를 위협한다고 판단하고 사회적 행동으로 그 개선이 가능하다고 생각하는 현상
Etzioni (1976: 34)	사회적으로 형성되며 사람들이 문제로 인식하고 사회가 그 상태의 개선을 바라는 사회적 상태
Shepard & Voss (1978: 1)	한 사회의 다수의 사람 또는 일부의 영향력 있는 사람들에 의하여 바람직스럽지 못한 것이라고 생각되어 주의를 요하게 되는 사회적 상황
Sullivan et al. (1980: 10)	사회의 한 영향력 있는 집단이 어떤 사회적 상태에 대하여 사회의 가치를 위협하고 있고 집단적 행동으로 개선이 가능하다고 인식하는 것

Rubington & Weinberg (1981: 4)	사회 다수의 사람들의 가치와 양립할 수 없는 상태로서 그 다수의 사람들이 그러한 상태를 변화시키기를 동의하는 상태
Kornblum & Julian (1992: 3)	삶의 질과 사회의 가치를 위협하는 상태로서 그것을 개선하기 위하여 무엇인가를 해야 한다고 사회의 사람들 대부분이 동의하는 것
Henslin(1990: 4)	사람들이 관심을 가지고 있고 변화되기를 원하는 사회의 한 측면
Eitzen & Zinn (1992: 2)	다수의 관찰자들이 부적합하고 개선이 필요하다고 느끼는 사회적 상황
Lauer (1992: 33)	어떤 조건이나 행동유형이 다른 조건이나 행동유형과 모순되고 바람직한 삶의 질과 양립할 수 없으며, 사회생활의 여러 다른 수준에서 작용하는 요소들에 의하여 야기되거나 촉진되거나 계속되고 집단 간의 갈등에 관계되며, 그 해결을 위해 사회행동이 필요한 것
Curran & Renzetti (1993: 4)	사회적으로 중요한 위치에 있는 대중(a critical mass of people)이 사회에 해롭거나 바람직하지 않다고 생각하는 조건(conditions considered harmful or undesirable)
Beeghley (1999: 4)	상당히 많은 사람들(a significant numbers of people)이 해로운 것이라고 간주하고, 또 정치적으로 개선(improvement)이 필요한 것으로 인식하는 조건
Miller & Holstein(1993), Sullivan(2000: 5)	사회적으로 영향력 있는 집단(a large number of people)에게 영향을 미치며, 또 집단행동(collective action)을 통해 해결 가능하다고 생각하는 조건
Zastrow (2000: 2)	영향력 있는 집단이 어떤 조건이 많은 사람들에게 영향을 미친다고 확신하여 문제로 규정하고 또 집단행동에 의해 해결될 수 있다고 생각하는 것
Mooney, Knox, & Schacht (2002: 3)	사회구성원의 일부(a segment of society)가 사회에 해가 된다고 판단하여 치료가 필요하다고 생각하는 조건

2) 사회문제의 특성

앞에서 사회문제의 다양한 정의를 살펴보았지만, 사회문제를 논의하는 많은 문헌들은 사회문제의 엄격한 정의를 규정하지 않는 경우가 많다. 사회문제를 정의하기 위해서는 사회문제와 그렇지 않은 문제를 구분할 수 있는 그 어떤 특성을 도출해야 하고, 그러한 특성을 도출해 내는 과정을 통해야만 사회문제의 개념이 자연스럽게 정의될 수 있기 때문일 것이다.

슈나이드(Schneider et al., 1981: 4-8)는 사회문제의 특성으로 첫째, 그 원인이 사회적인 것이라는 점, 둘째, 그것이 사회구성원의 가치 지향에 비추어 문제로서 정의·평가된다는 점, 셋째, 광범위한 시민적 관심을 불러일으킨다는 점, 넷째, 그 문제의 직접적 피해자 외의 많은 사람에게도 영향을 미친다는 점, 그리고 다섯째, 그 문제에 대처하기 위한 행동이나 개입을 만들어 낸다는 것 등을 들고 있다.

최성재(1995: 25-27)는 다수 학자들의 사회문제의 정의를 소개하고 그러한 정의 속에서 사회문제의 특성을 규명하는 공통적이고 중요한 요소를 찾아내는 접근으로 다음과 같이 정리하고 있다. 사회문제는 어떤 사회적 현상이 첫째, 사회적 가치(또는 규범)에서 벗어나 있으며, 둘째, 상당수의 사람이 그 현상으로 인하여 부정적 영향을 받고 있으며, 셋째, 그 원인이 사회적인 것이며, 넷째, 다수의 사람들이나 영향력 있는 사람들이 문제로 판단하고 있고, 다섯째, 그 사회가 그 개선을 원하고 있고, 여섯째, 개선을 위하여 집단의 사회적 행동이 요청되는 것이다.

(1) 그 원인이 사회적인 데에 있는 문제

어떤 문제가 사회문제이기 위한 가장 중요한 조건은 그 문제의 발생원인(cause)과 특성에 있어서 '사회적(social)'이어야 한다는 것이다. 사회문제의 원인이 사회적인 데에 있다는 것은 사회문제가 불완전한 사회체계에 의하여 발생함을 의미한다. 그런데 어떤 문제의 원인이 사회적인 것인지 아닌지에 대한 판단은 쉽지 않다. 세상에 존재하는 모든 문제는 바라보는 관점과 인식에 의해 사회적인 문제 또는 개인적인 문제로 판단이 가능하기 때문이다. 흔히 그 원인이 개인적이며 비사회적인 것처럼 보이는 현상도 실제로는 사회적인 문제로 판단할 수 있으며, 사회적인 원인으로 보이는 것도 개인적인 문제로 판단될 수 있다는 것이다.

예를 들면, 신용카드를 사용하여 신용불량 거래자가 된 사람을 생각해 볼 수 있다. 신용불량자가 된 것은 그 원인을 개인적인 것과 사회적인 것으로 판단할 수 있다. 개인적인 원인으로 보는 시각에서 보면 신용불량자가 된 것은 지극히 개인적인 결함에서 그 원인을 찾는다. 개인의 도덕적 결함과 경제관념의 부족, 책임감의 부재 등에 의해서 신용불량자가 되었다고 본다. 한편, 대기업들이 무분별하게 신용카드를 발급하였고, 신용카드 사용에 대한 기본적인 교육과 안정장치 없이 정부가 앞장서서 대기업들이 공식적인 '돈놀이'를 하도록 방치한 결과이므로 사회적인 원인으로 바라보는 시각도 있다. 또한, 자살의 경우도 경제적 압박이나 소외감에 의해서 이루어지는 경우가 많으며, 경쟁사회에서의 대인관계의 갈등이 알코올중독을 일으키기도 한다.

그러므로 사회문제는 사회현상을 바라보는 관점을 개인적인 결함에서 바라보는 것이 아니라 사회체계의 결함과 실패에서 그 원인을 찾아야만 가능한 것이다.

(2) 사회적 관심을 불러일으키는 객관적 상황이 존재

사회문제는 사회적 관심을 불러일으키는 것에 성공한 문제이다. 다시 말하면 사회문제의 조건을 갖춘 것이라고 하더라도 사회적 관심 밖에 있다면 그것은 사회문제가 아니다. 사회적 관심의 대상이 되기 위해서는 해로움의 정도가 객관적으로 드러나야 한다. 다시 말해서 약물중독이 사회문제가 되기 위해서는 약물중독자의 수나 약물복용으로 인한 사망자의 수가 제시되어야 한다는 것이다. 관련 자료가 역사적 또는 국제적으로 비교될 수 있으면 설득력을 더할 수 있다. 예컨대, 약물사용자의 수가 시계열별로 얼마나 증가되었는가, 또는 다른 나라에 비해 그 수가 얼마나 더 많은가에 관한 통계자료가 제시되면 좋다는 것이다(Beeghley, 1999: 4-5).

그러나 그러한 객관적 조건은 사회문제의 필요조건일 뿐 충분조건은 아니다. 사회문제는 사람들이 사회문제라고 생각하는 문제이다. 즉 사회적 위험을 포함한 객관적 상황은 사회의 중요한 이슈로 대두되기 전까지 계속 존재해 왔던 것이다. 아무리 객관적 조건이 갖추어져 있다고 하더라도 많은 사람이 그것을 문제라고 생각하지 않거나 관심을 가지지 않으면 사회문제가 되지 않는다.

예를 들면 1980년대 이전의 의료보장 불평등은 현재보다 더욱 심각한 객관적 상황이 존재하였다. 하지만 그 당시에는 그것이 사회문제가 아니었다. 어차피 대다수의 사람이 의료혜택을 받을 수 없는 빈곤한 상태였고, 의료제도 및 인프라가 이루어지지 않은 상태에서 해결될 수 있는 문제도 아니었기 때문이다. 하지만 현재는 모든 국민들에게 의료보장의 기회가 열려 있고, 의료보장의 중요성이 더욱 커졌지만 실질적인 의료보장 기회에서 불평등이 존재하고 있으며, 의료보장의 양극화가 심각하다는 사회적 관심으로 인식되고 있다.

또한, 미국의 경우 자동차 사고로 인한 사망자의 수는 마약으로 인한 사망자 수의 세 배 이상에 달하며, 자동차 사고로 인한 재산상의 손실액도 마약의 경우보다 훨씬 많다고 한다. 더욱이 자동차는 공기를 오염시키고, 여러 질병을 유발시키며, 지구 온난화의 주범이다. 이 말은 자동차가 마약보다 인간에게 훨씬 더 해롭다는 것을 의미한다. 그럼에도 불구하고 자동차 사고를 사회문제로 보는 사람은 별로 없고, 마약이 사회문제가 아니라고 보는 사람도 거의 없다. 마약이 사회문제인 것은 상식에 속한다. 왜 그럴까? 사회문제는 이러한 객관적인 요소뿐만 아니라 주관적인 요소가 있기 때문이다(Beeghley, 1999: 4).

(3) 지배적 사회가치나 규범에서 벗어난 현상

가치는 좋고 나쁘고(good and bad), 옳고 그리고(right and wrong), 바람직하고 바람직하지 않고(desirable and undesirable)에 관한 사회적 동의(social agreements)를 말한다. 가치는 어떤 사회적 조건이 사회문제가 되는지를 판정하는 데 중요한 역할을 한다. 왜냐하면 사회적 조건이 사회구성원들의 가치와 양립할 수 없거나 모순될 경우 사회문제로 간주되기 때문이다. 예를 들어, 빈곤과 노숙자 문제는 인간의 복지적 가치를 해치고, 범죄는 정직, 사유재산, 비폭력의 가치를 파괴하며, 인종차별주의, 성차별주의, 이성애주의(異性愛主義, 동성애 부정)는 평등과 공평(fairness)의 가치에 해를 주기 때문에 사회문제가 된다(Mooney, Knox & Schacht, 220: 6).

그러므로 사회문제는 한 사회의 지배적 사회가치나 규범에 벗어난 행동으로 사회에 바람직하지 못한 결과를 가져오는 것이라고 일반구성원이 생각하는 문제이다. 따라서 사회문제를 규정하는 것은 도덕적 평가의 요소를 강하게 내포하기 때문에 어떤 형태의 가치지향성을 가진다. 예를 들어, 버스나 지하철에서 많은 젊은이가 노인에게 좌석을 양보하지 않는 현상을 보고 그것이 사회문제라고 생각한다면, 그러한 문제규정이 우리 사회가 경로(敬老)의 가치를 유지해 나가야 한다는 가치지향을 표출하는 것이 된다.

사회규범이 잘 통합된 사회에서는 어떤 행동이나 현상이 사회적으로 문제가 되는지 명백하다. 그러나 규범적 혼란이 발생하면 사회문제의 규정도 혼란스러워질 수밖에 없다. 규범적 혼란이 심해져서 어떤 것이 따라야 할 규범인지, 또는 규범이 무엇인지 알 수 없게 되는 아노미(anomie) 상태가 발생하면 서로 상반된 행동이 모두 문제로 지적되기도 하고 둘 다 합리화되기도 한다. 그러나 이러한 갈등이 반드시 사회에 바람직하지 못한 결과만을 가져다주는 것은 아니다. 비록 집단적 적대감이 형성되고 고착화되는 부정적 측면이 있지만 자신의 가치를 더욱 명료화시키는 등의 긍정적 측면 또한 있다(최선화 외, 2008: 17).

(4) 피해 범위가 넓고 심각성이 있는 문제

먼저 생각해 볼 수 있는 것이 사회문제에 관련된 사람들의 숫자인데, 유해조건이라 하더라도 관련된 사람의 수가 적으면 사회문제가 되기 어렵다는 것이다. 극소수의 사람들에게만 해당하는 문제라면 사회문제가 아니라 개인적 문제(personal problems)일 뿐이며, 많은 사람들이 관련되어야만 대중들의 관심을 끌게 되고 또 그 해결방안을 놓고 논쟁이 벌어진다. 앞에서 예를 들었던 신용카드 신용불량거래자가의 경우에도 신용불량자가 적은 숫자일 경우에는 사회적 관심의 대상이 되지 못하고, 신용불량자가 많이 양산되어 사회적 기능에 문제가 발생하면 사회적 관심의 대상이 되어 사회문제로 논의되는 것이다.

그러나 문제가 만연(widespread)되어 있어야만 사회문제가 된다는 것과 문제의 심각성(severe)을 혼돈해서는 안 된다. 유아용 침대에서의 아이의 질식사는 그 부모에게는 심각한 문제가 되겠지만, 그런 문제에 봉착하는 부모는 극소수이기 때문에 그것은 사회문제가 아니다(Zastrow, 2000: 4). 또한, 겨울철에 많은 사람들이 피해를 광범위하게 겪는 감기를 사회문제로 규정하지 않는다. 그 이유는 감기라는 현상은 심각성 및 긴급성을 가지고 있지 못하기 때문이다. 그리고 홍수 자체는 사회문제가 아니나 홍수로 인한 주택 및 생활터전의 피해를 겪는 사람이 많고, 긴급하게 사회적 도움이 개입되지 않으면 주민들의 생활이 위협받게 되는 경우엔 사회문제로 규정되어 서비스가 개입된다.

(5) 영향력 있는 집단이 사회문제로 규정한 문제

사회적 다수(majority)가 사회문제라 하고, 많은 사람들이 피해를 입고 있으며, 피해의 심각성이 있어도 반드시 사회문제가 되는 것도 아니다. 사회적 다수의 생각이 잘못될 수도 있기 때문에 사회적 다수가 사회문제를 규정한다 해서 무조건 사회문제가 되지는 않는다. 우리 사회에서 과거 국가보안법에 대한 태도가 좋은 예이다. 국가보안법은 군사정부시절에 많은 사람들이 개선되어야 한다고 주장하였으나 개선되어야 할 사회문제로 인식되지 않았다. 장애인에 대한 대학입학 및 직업선택에서 차별적으로 적용하는 것을 오랫동안 사람들은 문제라고 인식하지 않았다. 그 이유는 장애에 대한 편견과 잘못된 인식을 기반으로 한 생각 때문이었다. 그러나 현재는 심각한 차별로 규정하고 사회문제로 간주한다. 그러므로 우리는 어떤 조건을 다수가 사회문제라고 여긴다 하여 이를 무비판적으로 수용할 것이 아니라 그 타당성에 대해 의심을 품어 보아야 한다(Curran & Renzetti, 1993: 4-5).

다음의 예를 살펴보자. A복지관에 새로 입사한 사회복지사는 관장으로부터 기존에 복지관에서 실시하고 있지 않는 새로운 프로그램을 개발하도록 과업을 받았다. 신입사회복지사는 문헌검토와 전문가의 자문을 받아서 지역사회의 노인들의 욕구를 조사하기 위한 설문지를 작성하여 조사를 실시하였다. 욕구조사는 지역의 사회복지학과 재학생을 선발하여 조사원 교육을 실시하고 철저하게 자료수집을 실시하였다. 그리고 수집된 자료를 통계처리하여 복지관과 지역사회에서 그동안 몰랐던 노인들의 심각한 문제를 발견하였다. 신입사회복지사는 그러한 심각한 문제를 해결되어야 할 지역사회문제로 규정하고, 이를 해결하기 위한 프로그램을 어렵게 만들었다. 그래서 최종보고서를 작성하여 관장에게 제출하였다. 그런데 신입사회복지사는 관장으로부터 심한 야단을 맞았다. 보고서는 아주 학술적으로 잘 만들어졌는데, 문제는 예산이었다. 새로운 프로그램을 위한 예산으로 2억 원이 필요한 것이었다. 그래서 욕구조사는 없었던 일로 되었다.

위의 예에서 알 수 있듯이 지역사회에 많은 사람들이 문제라고 인식하더라도 실질적인 사회문제로 규정되는 것은 사회적 영향력이 큰 집단을 통해서 이루어진다. 흔히 이러한 영향력이 있는 집단을 여론주도층 또는 권력집단이라 하고, 대통령·도지사·국회의원 등과 같은 정치인, 종교계의 지도자, 교수, 전문직 등이 그 속에 포함된다. 이들은 경우에 따라선 여론을 만들기도 하는데, 특히 강력한 힘을 가진 정부와 기업계는 여론을 조작하여 특정 상황을 사회문제로 만들 수 있는 능력을 지니고 있다(Eitzen & Zinn, 2000: 6).

이처럼 영향력 있는 집단이 사회문제로 규정해야 사회문제가 된다면 아무래도 사회적으로 힘 있는 집단(powerful group)의 가치와 기준을 침해했을 때 사회문제로 규정되기 쉽다. 사회문제를 규정하는 영향력은 관심을 나타내는 사람의 수(number), 관심 표출의 강도(strength), 관심을 나타내는 사람들의 권력(power) 등 세 가지 측면에서 측정될 수 있다.

(6) 문제에 대한 대처와 개입이 가능

사회과학의 특성은 집합적이고 집단적인 공통성에 관심이 많다. 그러므로 사회문제도 개인의 차원에서 대처되고 해결될 수 있는 문제가 아니라 사회적 차원의 개입이 필요한 경우라야 한다. 이러한 사회적 차원의 개입은 다양한 정치경제적 의사결정 과정에 의해서 영향을 받으며, 많은 사회적 자원의 투입을 요구한다. 결국 그 자원은 대부분 국민의 세금으로 충당되기 때문에 사회문제는 사회문제의 직접적 피해 당사자뿐만 아니라 사회 전체 구성원에게도 간접적으로 영향을 미치는 문제로서, 문제에 대한 대처와 개입이 가능해야 한다. 즉, 개선의 여지가 없는 것은 사회문제가 아니다.

예를 들면, 인간은 누구든지 죽고 또 죽음에 대한 공포심을 갖고 있다. 죽음은 바람직하지 않은 조건인 것이다. 그러나 죽음은 사회문제가 되지 않는다. 인간의 능력으로 해결되지 않기 때문이다. 노인문제도 이와 비슷하다. 사람이 늙는 것은 생물학적 필연이며, 영양 수준의 개선과 현대 의학의 발전으로 사람의 평균수명은 지속적으로 증가하고 있어 초고령사회를 피할 수 없다. 노인인구의 증가는 사회에 바람직하지 않은 면이 있지만, 그렇다고 해서 노인인구를 사회문제로 규정할 수는 없다. 노화는 인간의 능력으로는 근본적으로 어떻게 대처할 수 있는 것이 아니기 때문이다. 그러나 많은 학자들이 노인문제를 사회문제로 보는 것은 노인이 사회문제가 되는 것이 아니라 고령화로 인한 노인부양 부담의 증가, 노인이 겪는 사회경제적 곤란과 건강문제 등이 사회문제가 된다는 것이다.

그리고 과거에는 기아, 정신병, 지적장애, 빈곤 등은 신의 뜻 또는 피할 수 없는 운명으로 간주되었다. 그때만 해도 그런 것들은 인간의 힘으로 해결할 수 있는 문제가 아니었기 때문에 사회문제가 아니었다. 이와 관련해 1950년대와 1960년대 우리나라의 빈곤 수준은 현재보다 훨씬 심각했다. 그럼에도 당시에는 빈곤이 사회문제로 인식되지 않았다. 그 이유는 당시 빈곤은 사회문제라기보다는 일반 사람들의 생활 그 자체였기 때문이다. 대다수 국민이 가난하게 살고 있고 또 사회가 빈곤을 해결할 능력이 없을 경우 그것은 사회문제가 되지 않는다.

또한 지진, 태풍, 화산폭발 등과 같은 자연재해는 그 자체로는 사회문제가 될 수 없다. 자연재해가 아무리 많은 사람들에게 해를 준다 하더라도 인간의 노력, 즉 집단행동에 의한 사회적 노력으로 해결될 수 있는 것이 아니기 때문에 자연재해 그 자체보다는 결과로 일어나는 사회적 영향을 고려하여 사회문제가 될 수도 있다.

3) 사회문제와 사회복지

사회복지는 사회구성원들이 가지고 있는 사회적 욕구와 사회적 문제를 해결하기 위한 일체의 사회적 노력이다. 그래서 사회복지는 개인, 가족, 집단, 조직, 지역사회, 전체 사회를 대상으로 각종 사회복지서비스를 제공하고, 사회복지 프로그램을 통해서 그들의 문제해결에 노력하는 전문적 활동으로 이루어진다. 사회복지와 관련된 전문적 활동체계는 크게 개인이나 가족 또는 집단을 대상으로 문제를 갖는 개인을 사회적응적 인간으로 변화시키려는 치료중심의 미시적 실천활동과 개인이나 가족보다는 조직과 지역사회 또는 전체사회를 대상으로 이들의 모순 또는 역기능 현상을 바로잡으려는 사회구조와 제도변화의 거시적 실천활동 또는 정책적 접근으로 나누어진다.

이와 같이 사회문제를 보는 사회복지의 대립적 시각은 사회문제에 대한 사회복지적 대책과 관련해서 매우 중요한 의미를 갖는다. 사회문제에 대한 사회복지대책의 방향을 개인의 교정에 초점을 둘 것인가 아니면 사회체제의 변화에 초점을 둘 것인가를 결정하는 중요한 역할을 한다. 이러한 측면을 개인비난론과 체제비난론의 시각으로 나누어서 살펴볼 수 있다.

개인비난론이란 저소득 밀집지역에 위치한 학교에 다니는 학생의 학업 실패의 원인을 공부에 대한 무관심, 가족의 영어 구사능력 부족, 부모의 낮은 교육수준 등 학생 개인과 부모의 결함에서 찾는 입장으로 피해자 비난론이라고도 한다. 이런 입장을 취하면 사회복지적 문제해결 방법도 제도의 변화가 아니라 잘못을 저지른 개인의 변화에서 찾고자 하며, 다음과 같은 결과를 초래할 수 있다(Caplan & Nelson, 1972: 208; 최선화 외, 2008 재인용).

첫째, 개인비난의 접근방법은 기존의 정치, 경제, 사회, 교육 등과 관련된 사회제도나 체제에 근거 없는 정당성과 면죄부를 부여하는 효과를 갖는다. 그래서 대량 실업문제가 야기되어도 실업을 당한 사람의 능력과 기술이 문제이지 한 국가의 경제제도와 경제정책은 문제시되지 않는다.

둘째, 개인비난의 시각은 기존의 사회질서를 유지하는데 도움을 줄 뿐만 아니라 이를 비판하는 세력과 집단을 통제하는 구실을 한다. 사회적 규범에 일탈적 행동을 보이는 정치범, 범죄자, 동성연애자, 정신질환자 등을 감옥이나 정신병원에 수용하는 이유를 여기서 찾을 수 있다. 이와 같은 통제방법이 문제의 원인을 개인에게 돌리면서 온전한 사회를 보호하는 유일한 길이며 사회문제를 해결하는 첩경이라는 것이다.

마지막으로 사회문제에 대한 개인비난의 시각은 개인이 자신이 처한 상황이나 운명을 극복하려는 노력에 부정적 영향을 준다. 개인비난의 시각은 사회적 다위니즘(Social Darwinism)이라는 정치사회적 이념 또는 이데올로기를 구현하는 하나의 방법으로 사회문제에 연루된 사람은 열등하기 때문에 열등한 대우를 받아도 마땅하다는 것이다. 능력과 자질이 뛰어난 사람이 보다 큰 명예와 부를 누릴 수 있다면, 마찬가지 이치로 능력과 노력이 부족하고 정상적 사회생활을 영위하지 않는 일탈자는 고난과 불행을 감수해야 한다는 것이다. 이러한 사회적 다위니즘은 빈민, 장애인, 그리고 노인이 자신의 처지를 개선하려는 노력과 동기를 박탈하고 그들에 대한 정부의 사회복지적 급여나 서비스의 제공을 불필요한 것으로 간주하고 있다.

반면에 체제비난론에서는 학업실패의 원인을 과밀학급, 비능률적인 교과과정, 학교자원의 지역간 불균형, 교사 자질 부족 등 교육환경에서 찾는다. 체제비난론은 사회문제의 원인을 개인의 무능력이나 과실과는 무관한 사회구조나 제도에 근원적 문제의 원인이 있다고 보는 시각이다. 그러나 체제비난론에 편향되면, 사회문제는 매우 복잡한 사회현상으로 부분적으로 개인에 의해 야기되고 또한 부분적으로 사회체제에 의해서 발생될 수도 있지만, 개인이 야기한 사회문제에 대해서는 외면하는 위험이 있다. 순수하게 심리적인 이유로 타인에 해로운 행위나 공격적인 행위를 하는 경우도 있는 것이다. 그리고 경직된 결정론의 입장에서 서게 되는 위험도 있다. 개인을 개성을 가진 개체로서가 아니라 환경의 피동체나 로봇이라고 여기게 된다는 것이다(Eitzen & Zinn, 2000: 14-15).

결국, 각종 사회문제를 면밀히 살펴보면 사회문제의 원인을 단지 개인의 탓으로만 돌릴 수 없는 경우가 허다하다. 빈곤문제, 실업문제, 청소년문제, 장애인문제 등에 관해서 학자들의 연구결과를 종합해 보면 문제의 원인이 사회제도나 경제정책에 그 뿌리를 두고 있다는 실증적 자료와 증거가 제시된다. 문제는 사회복지사가 사회문제를 보는 시각이 어느 한편으로 치우쳐 균형을 잃게 되는 경우 그들의 노력이 별로 효과를 거둘 수 없다는 점이다. 사회문제는 매우 복잡 다양한 원인에 의해서 야기되는 일종의 사회현상으로 문제를 보는 시각에 따라 문제를 해결하는 방법과 접근법에서 그 강조점을 달리할 수 있다. 사회문제의 해결에 효과적으로 대응하기 위해서는 사회복지가 개인과 가족의 상담과 치료업무에만 치중해서도 안 되며 개인과 가족의 변화를 무시한 채 제도나 체제변화에 전념해서도 안 된다.

그러나 현재 한국사회복지의 현실을 감안한다면, 개인적인 접근도 중요하지만 사회복지사들이 사회구조와 제도에 대한 관심을 더욱 기울여야 할 것이다. 그동안 사회복지는 제도권 속에서 주어진 예산과 주어진 절차에 따라서 성실하게 사회복지서비스를 수행해 왔다. 이러한 제도권 밖에 존재하는 사회적 욕구와 문제에 대해선 덜 민감하였으며, 오히려 종교와 시민단체들이 그러한 역할을 진행하여 왔다. 그러므로 지역사회에 존재하는 각종 욕구와 문제를 찾아보고, 제도와 서비스의 사각지대가 존재하는지 확인하고, 사각지대가 존재한다면 사회적 이슈와 문제가 되도록 노력해야 한다. 그러한 노력으로 사회구조적 차원의 변화를 이룰 수 있으며 개인적인 어려움도 해결될 수 있을 것이다.

제 2 장 사회복지의 개념과 학문적 성격

1. 사회복지의 개념과 의미

1) 사회복지의 어의적 의미

복지란 사회에서 인간으로써 기본적으로 누려야 할 바람직한 상태와 함께 기본적인 행복을 추구하며 살지 못하는 사람들을 돕는 수단이라 할 수 있으며, 개인이 평안하고 만족스런 생활상태 또는 건강과 번영, 풍요, 행복, 안녕(well-being)의 상태로써 삶을 만족스럽게 잘 지낸다는 의미를 지니고 있다. 즉 복지란 안정된 삶, 생활욕구가 충족된 삶, 행복한 삶을 의미하며 인간이 가치 있는 존재로 행복하고 충실한 삶을 살고자 하는 우리의 이상이자 목표의 의미를 갖는다.

사회복지(social welfare)란 용어는 '사회적(社會的, social)이라는 형용사'와 '복지(福祉, welfare)'라는 두 개념의 합성어이다. 사회(社會)의 어원은 고대 중국에서 25가구를 사(社)라 불렀고, 이러한 사(社사)들이 많이 모인 것을 사회라고 하였다. 그리고 복지(welfare)

는 안락하고 만족한 생활상태 또는 사람의 인간관계, 즉 인간의 공동체적인 행위체계를 의미한다고 한다.

복지를 의미하는 평안하고 만족스런 상태는 결코 물질적인 조건이나 환경적인 상황에 의해서만 충족되는 것은 아니다. 신체적·사회적·심리적·정신적·영적 조건 등의 복잡한 요인들에 의해 통합적으로 이루어질 수 있다. 따라서 현대사회에서 사회복지는 부자와 가난한 자 모두를 포함하여 다양한 연령 대상의 사회적 기능을 향상시키기 위하여 사람들의 사회적·경제적·건강적 욕구뿐만 아니라 여가적 욕구를 충족시켜 주고자 노력하는 것을 의미한다(Zastrow, 2007).

이렇게 보면 사회복지의 언어적 의미는 공동체 사회에서 사회 내적인 관계를 기초로 구성원들의 전 생애에 걸쳐 건강하고 안락한 바람직한 삶을 추구하는 사회적 노력이라고 할 수 있다(김기태 외, 2007). 따라서 사회복지는 어의적으로 쾌적하고 안녕된 생활을 달성하기 위한 사회구성원 간의 공동체적인 노력이라고 정의할 수 있다.

또한, 사회적(social)이란 다음의 사전적 의미를 가지고 있다. 첫째, 개별적(individual)의 반대 뜻을 가지고 있다. 그러므로 사회적이란 의미는 공동체적이며 연대적이란 의미를 지니며, 집합적(collective), 집합주의(collectivism)로 확장될 수 있다. 달리 말하면, 반집합주의(anticollectivism)와 개인주의(individualism)와는 반대적인 의미를 가지고 있다. 둘째, 경제적(economic)과 시장적(market)의 반대 의미를 지닌다. 시장에서 사람들은 주로 쌍방이전의 교환방식에 의한 상품의 구매로 욕구를 충족한다. 그러나 사회적이란 의미는 이러한 방식이 아닌 경제외적, 비시장적, 시장외적, 비이윤추구적이란 의미를 지니며, 일방이전과 탈상품의 성격을 강하게 가진다. 셋째, 사회적이란 보편적이란 의미를 가진다. 넷째, 사회적이란 평등지향적이란 의미를 가진다. 다섯째, 사회적이란 지속적으로 상황에 따라 변화한다는 의미를 내포하고 있다.

이러한 정의 가운데에는 사회복지의 개념을 구성하는 중요한 요소인 복지증진의 의미와 사회성의 의미를 내포하고 있다(김영모 외, 1991: 3). 그리고 사회변화와 더불어 제기되는 사회문제와 관련되어 명백히 될 수 있는 계속적인 의미의 변화성을 지니고 있다(전재일 외, 2005: 3). 또한 사회복지(social welfare)는 개인의 행복을 추구할 뿐 아니라 사회 구성원 모두의 행복을 추구하기 위하여 사람과 사람 사이의 관계성을 강조하고, 노력하면서 모든 사람이 행복한 사회를 추구하는 것이다.

또한 사회적으로 취약한 계층들을 위한 공공 혹은 민간의 조직화된 사회서비스로 정의되면서 사회복지는 '사회적으로 편안하고 만족스러운 상태'를 의미하는 것으로 볼 수 있다. 그러므로 사회복지는 사회구성원들 간의 협력적이고 공동의 노력을 전제로 하며, 사회복지는 개인의 행복이나 안녕뿐 아니라 사회전체의 행복과 안녕을 의미하는 개념이라고 할 수 있다.

이처럼 개인의 행복과 사회의 행복을 추구하기 위하여 사회복지의 용어는 매우 다양하게 활용되고 있으며, 빈곤이나 불행이 없는 사회, 국민 대다수가 자유롭고 평등한 생활을 영위할 수 있는 사회를 추구하기 위하여 사회복지와 관련된 개념인 사회보장, 사회서비스, 사회사업, 사회복지서비스 등의 개념을 토대로 행복한 삶을 달성하기 위한 목적으로 국가는 사회와 국민에게 복지를 추진하고 있다.

앞에서 언급한 여러 가지 의의적 의미 및 개념을 종합하여 한 문장으로 표현한다면, 사회복지(social welfare)는 사회구성원들의 복시실현을 위한 사회적인 노력이다. 사회구성원은 서비스의 대상을 의미하는데, 이러한 대상에 대해선 바라보는 관점이 다양하며, 사회복지 정책과 제도마다 다르게 규정하고 있다. 그리고 복지실현이란 사회복지의 궁극적인 목표로서 사회문제 및 사회적 욕구가 해결된 상태를 의미하고, 사회적 노력이란 사회복지의 성격으로서 사회복지의 실행 주체와 형태를 의미한다. 이와 같이 사회복지에 대한 대상, 목적, 성격을 구체적이고 체계적으로 공부하는 하는 학문이 사회복지학이다.

2) 협의의 사회복지

협의의 사회복지는 사회복지를 소극적이고 한정된 개념으로 받아들이면서, 개인과 가족의 삶에 대한 일차적 책임은 먼저 그 개인에게 있다는 사상과, 삶을 위한 모든 재화는 시장에서 얻어야 한다는 시장경제의 원칙을 바탕으로 한다. 협의의 사회복지는 사회생활상의 곤란 또는 장애를 받고 있는 자, 즉 장애인, 노인, 아동 등의 요보호자에 대한 보호, 육성, 지도, 치료, 재활 등의 서비스 시책으로서의 사회사업 또는 사회복지사업과 동의어로 사용되고 있다.

또한, 협의의 사회복지는 최소한의 복지를 지향하여 지금 당장 현저하게 삶의 질이 떨어져서 개인이나 그 가족의 노력으로는 정상적인 사회생활을 영위할 수도 없고, 회복할 수도 없는 상태에 이르러 삶 자체가 파괴될 정도에 이른 경우에만 한정하여 국가가 개입해야 한다는 입장이다. 따라서 협의의 사회복지는 매우 협소하게 서비스의 대상과 범위를 엄격하게 제하는 사회복지 영역으로 작동된다.

또한, 사회복지는 궁극적으로 전 국민의 복지를 추구한다고는 하지만, 실제적으로 여러 가지 사회문제로 인해 고통을 겪고 있는 사람들로 그 범위가 한정되므로, 협의의 사회복지는 특정 문제를 안고 있는 사람들에 대한 정책과 프로그램, 급여, 서비스 등을 제공하여 사회복지가 도달하고자 하는 목적을 실현하는 과정에서의 구체적 수단으로 적용된다. 영국의 구민법과 같은 빈곤계층을 대상으로 한 공공부조와 19세기 후반 영국과 미국의 박애사업이 좁은 의미의 사회복지의 초기 형태이며, 현재의 사회보장제도에서는 주로 공공부조, 사회복지서비스 등이 좁은 의미의 사회복지로 이해되고 있다.

그러므로 협의의 사회복지는 사회복지를 소극적이고 한정된 개념으로 보는 견해로 일반적인 사회복지 대상범주를 빈곤계층, 아동, 노인, 장애인 등의 사회적 약자나 요보호자로 한정하여 경제적 지원과 보호,

지도, 교육, 훈련, 재활, 치료 등의 서비스를 제공하는 것을 의미하며 정상적인 생활을 영위하지 못하는 개개인을 대상으로 경제적, 정신적으로 도와주는 사회적 노력이며 실제 사회복지사들이 활동하고 있는 영역인 사회사업실천, 사회사업 기술 등이라고 볼 수 있다.

3) 광의의 사회복지

광의의 사회복지는 협의의 사회복지에 비해 더 광범위한 용어라고 할 수 있다. 광의의 사회복지는 국가에 있어서 최저한(national minimum), 또는 평균적인 욕구가 충족되지 않은 개인, 가족, 집단 등에 대한 여러 가지 사회적 서비스를 총칭한다. 대상범주가 전체 사회구성원을 대상으로 전통적인 공공부조와 사회복지서비스 외에 사회정책, 사회보장, 보건, 의료, 주택, 고용, 교육, 문화 등을 포함하는 것으로 생활의 다양한 측면에서 인간다운 삶의 질을 확보하면서 비복지(diswelfare)를 해결하기 위한 모든 사회적 서비스인 것이다.

사회구성원 전체의 전반적 복지를 포괄하는 넓은 개념인 광의의 사회복지는 개인과 사회 전체의 복지를 증진시키려는 모든 형태의 사회적 노력을 포함하며, 사회문제의 치료와 예방, 인적자원의 개발, 인간생활의 향상에 직접적 관련을 갖는 일체의 시책과 과정을 포함한다(조홍식, 2008: 163).

사회복지의 의미를 광의의 개념으로 보면 다양한 인간의 욕구나 사회적 필요를 해결하기 위한 활동으로 법, 프로그램, 서비스를 포함하는 사회체계로 볼 수 있다. 실제 넓은 의미의 사회복지는 사회복지 전문직의 활동범위를 뛰어넘는 것이며, 정부부처의 소관업무로는 보건복지부뿐만 아니라 고용노동부, 국토교통부, 교육부 그리고 문화체육관광부 등에 광범위하게 걸쳐있다.

현대사회에 있어서 모든 사람은 자신의 능력과 자아를 개발하여 가능한 삶의 질을 높여 가려는 노력을 하게 마련이며, 광의의 사회복지

개념은 이러한 노력을 극대화시키기 위하여 현대의 국가와 사회는 법적·제도적 장치로서 뒷받침하고 적극 개입해야 한다는 이념을 바탕으로 하고 있다. 이처럼 광의의 사회복지의 개념은 개인의 삶의 질을 높이고 사회가 유지될 수 있도록 하는 모든 방법을 포함하며, 이들 방법을 통해 실현하고 도달하고자 하는 목적, 즉 사회복지의 가치적 측면을 제시해 준다.

그러므로 광의의 사회복지는 특수한 처지에 놓은 요보호자만을 대상으로 하는 일시적·보충적 개념이 아니라 모든 사회구성원을 대상으로 하는 항구적·보편적·제도적 개념으로서 모든 인류가 생애의 전 과정을 통해서 언제, 어디서나 인간다운 생활이 보장될 수 있도록 제공받게 되는 개념이 되는 것이다.

2. 사회복지의 관점

1) 잔여주의와 제도주의

사회복지는 그것이 사회 내에서 어떻게 기능하느냐에 따라 다르게 정의될 수 있다. 윌렌스키와 르보(Wilensky & Lebeaux, 1970; 장인협 역, 1979)에 따르면 사회복지는 제도적 개념과 잔여적 개념으로 구분된다. 웰렌스키와 르보는 미국 사회에서 산업화가 충분하게 진행되기 이전에는 시장제도나 가족제도의 실패를 임시적으로 보충하는 잔여적 기능을 사회복지가 수행하였지만, 산업화가 성숙되고 세계대공항을 거치면서 사회복지가 독립된 하나의 제도로서 기능하게 되어 잔여적 개념(residual concept)에서 제도적 개념(institutional concept)으로 사회복지의 의미가 변화되었다고 주장한다.

일부에서 윌렌스키와 르보(Wilensky and Lebeaux)를 인용하면서 잔여주의에 대비되는 것은 보편주의가 아니라 제도주의라고 설명하고 있다. 타당한 지적이다. 그러나 보편주의 도입의 역사적 목적이 잔여주의를 약화시키기 위한 것이라는 점과 모든 시민에게 급여를 제공하는 보편주의가 일차적 안전망으로 작용하는데 반해, 자산조사를 통한 잔여주의가 빈곤에 처한 이후에야 급여자격을 부여하는 최후의 안전망이라는 점(Anttonen and Sipilä. 2008)을 고려한다면, 잔여주의와 대비되는 것이 제도주의만이라는 주장은 적절하지 않다. 특히 우리가 보편주의 여부를 시민권에 근거해 판단한다면 인구사회학적 특성 또는 기여여부에 따라 대상을 선별하는 보편주의와 자산이나 소득에 따라 대상을 선별하는 잔여주의는 정반대의 개념에 있게 된다.

잔여적 사회복지 개념은 사회복지를 하나의 독립된 제도가 아닌 급박한 상황이 생길경우 일시적인 지원 체계로 본다. 만일 사회의 다른 제도장치들이 잘 마련되어 가정, 아동, 노인, 장애인, 자원봉사자 등의 기능들이 잘 수행되고 있고, 취업, 경제적 제도가 잘 마련되어 있다면 사회복지는 필요하지 않다는 것이다. 즉, 잔여적 개념으로서의 사회복지는 가족이나 시장경제가 제 기능을 원활히 수행하지 못할 때 생기는 문제를 보완 또는 해소하기 위한 것으로서 사회복지는 사회제도의 기능을 임시로 보충하는 것이 된다.

제도적 사회복지개념은 산업사회에서는 시장제도나 가족제도만으로는 인간이 사회적 지위에 따른 사회적 역할을 적절하게 수행하지 못하기 때문에 기존의 사회제도를 대체하거나 보충하는 새로운 사회제도인 사회복지제도가 필요하다고 본다. 제도적 개념은 기본적으로 사회는 모든 구성원들이 자신의 잠재능력을 최대한 발휘하고 사회적으로 원활한 기능을 할 수 있도록 사회복지서비스를 제도로서 제공해야 할 책임을 갖고 있다고 보는 견해다. 산업사회에서는 가족이나 사회가 아동양육 기능이나 노인 보호의 기능을 완벽하게 수행할 수 없고, 시장제도도 완전고용을 달성할 수 없기 때문에 영구적으로 최선의 기능을 수행하는 사회복지제도가 필요하다는 것이다.

제도적 관점에서는 사회복지사 시혜적인 것이 아니라 사회구성원의 권리로서 인식되어지기 때문에 사회복지서비스 수급자는 사회에서 열등한 사람으로 취급되지 않고 하나의 권리, 즉 복지권(welfare right)을 갖는 존재로 이해된다.

제도적 개념으로서의 사회복지는 현대 사회에서 가족과 시장경제가 제 기능을 수행하는 것이 불가능하기 때문에 건전한 사회를 유지하기 위해 사회구성원 간의 상부상조는 다른 사회제도의 기능과는 구별되며, 독립적으로 수행되는 별도의 제도라 할 수 있다. 그동안 우리 사회는 잔여적 관점에 입각한 사회복지가 지배적이었으나 최근에는 사회복지에 관한 제도적 접근이 꾸준하게 증가하였다. 국민연금제도, 노령연금, 장애인연금, 요양보호 등의 제도적 접근은 현대 산업사회에서 국민들이 직면하게 되는 사회적 위험과 필요적 욕구 인식에서 구성원의 권리로 인식된다. 이처럼 특정한 사회문제에 대해 국가와 사회가 이를 제도적으로 대응하느냐, 잔여적으로 대응하느냐 하는 것은 사회복지의 기능에 있어 매우 중요한 차이다.

2) 선별주의와 보편주의[1)]

보편주의와 선별주의는 복지국가를 둘러싼 논쟁의 핵심쟁점으로 부상하고 있다. 언론보도를 보면 보편주의와 선별주의 논쟁은 단순한 정책선택을 넘어 이 시대의 진보와 보수를 가르는 준거가 되고 있는 듯하다. 일반적으로 보편주의는 복지정책의 대상으로 모든 시민을 포괄한다는 의미로 이해되고(Anttonen and Sipilä, 2008), 선별주의는 정책대상을 표적화해 선별하는 것으로 이해된다. 즉, 국내 언론과 정치권에서 보편주의와 선별주의를 대립되는 용어로 사용하면서, 보편주의는 모든 시민을 포괄하는, 선별주의는 꼭 필요한 가난한 사람들에게

1) 윤홍식(2011), "보편주의 복지국가 비판의 불편한 진실과 과제" 『페미니즘 연구』 11(1)에서 인용.

복지가 제공되는 것으로 이해되고 있다.

그러나 이러한 이해와 달리 보편주의와 선별주의에 대한 합의된 정의는 없으며, 더욱이 보편주의와 선별주의를 대립되는 논리로 이해하지도 않는다. 윤홍식(2011)이 정리한 내용을 보면, 보편주의를 정책대상의 포괄수준으로 판별하는 경우가 있는가 하면(Raitano, 2008; Anttonen and Sipilä, 2008), 사회보험과 같은 특정정책의 포괄 수준에 따라 구분하기도 하기도 한다(Esping-Andersen, 1990; Scruggs and Allan, 2006). 또한 길버트와 테렐(2006)은 보편주의와 선별주의를 구분하는 기준으로 복지가 사회적 급여로 제공되는지 아니면 개인의 욕구에 기초하는지에 따라 구분한다. 티트머스(1968)의 논의에서도 선별주의는 잔여주의, 즉 자산과 소득조사에 근거해 대상을 선별한다는 의미로 사용된다.

윤홍식(2011)은 보편주의에 대한 합의된 정의가 없다는 것은 "정책의 대상으로서 보편주의가 고정된 개념이 아닌 인구집단의 포괄범위에 따른 연속적 개념이기 때문"이라고 주장한다. 보편주의 정책은 포괄대상의 범위에 따라 하나의 연속선상에 위치해 있는 동적인 개념이라는 것이다. 보편주의를 이렇게 정의하면 대상으로 보편주의는 선별주의와 구분되는 개념이 아니라 선별주의에 의해 보완되는 개념이 된다. 보편주의는 연령, 고용, 기여여부 등에 따라 대상을 선별하는 여과장치를 가지고 있는 것이다(Kildal and Kuhnle, 2002).

한편 김연명(2011: 18)은 보편주의 복지국가를 "포괄적인 사회복지 관련 서비스가 전체 국민에게 보편주의로 적용되는 국가체제"로 규정하고 있다. 김연명도 전체 국민을 포괄한다는 의미로 보편주의를 이해하고 있다. 그러나 보편주의를 단순히 대상의 포괄범위로 규정하면 보편주의를 정의하는데 모호함이 발생한다. 예를 들어, 고소득층을 제외하는 70% 복지를 보편주의 복지정책이라고 할 수 있느냐는 것이다. 김연명(2011: 17)의 대답은 "완벽한 보편주의도 아니고 선택주의도 아닌 모호한 할당원리"라고 적고 있다. 그러면 90%의 대상을 포괄하면 보편주의이고 10%의 대상을 포괄하면 보편주의가 아니라고 할 수 있을까? 전체 취업자의 40%만 가입하고 있는 고용보험은 보편주의 정책인가?

즉 보편주의 여부의 문제는 대상의 포괄범위가 아닌 자원의 할당원리가 시민권의 권리에 기반한 연령, 아동유무 등 인구사회학적 특성 또는 사회보험과 같이 기여에 기반 하는지 아니면 자산조사에 근거하는지에 따라 구분되는 것이 타당해 보인다. 그렇기 때문에 정책대상을 놓고 볼 때 보편주의와 선별주의의 이분법적 구분은 불가능하며, 대상의 포괄범위에 따른 연속적인 개념으로 이해하는 것이 타당하다. 보편주의는 선별주의 없이 존재할 수 없으며, 보편주의에 대립되는 것은 선별주의가 아닌 자산조사에 근거해 빈자와 부자를 구분하는 잔여주의가 되어야 한다(윤홍식, 2011). 보편주의는 만병통치약이 아니기 때문에 긍정적 차별이 필요하며(티트머스, 2006), 이는 보편주의와 선별주의가 상호 대립적인 자원할당 원리가 아닌 상호보완적인 할당원리임을 주장하는 것이다.

그러나 국내에서 선별주의와 보편주의를 상반대되는 개념으로 사용하는 잘못을 범하고 있다. 왜냐하면 우리가 알고 있는 대부분의 복지정책은 그 대상을 결정하는데 있어서 선별적인 원칙을 적용한다. 아동수당의 경우 넓게는 미성년 자녀가 있어야 수급이 가능하며, 기초노령연금은 65세 이상이 되어야 수급이 가능하다. 고용보험의 실업급여는 기여금을 내고 고용보험에 적용받는 노동자만이 수급이 가능하다. 인구사회학적 특성에 따라 선별하지 않지만 공공부조도 자산과 소득수준에 따라 대상을 선별한다.

이처럼 대부분의 복지정책은 인구사회학적 특성과 기여여부 또는 자산조사에 근거해 대상을 선별하는 여과장치를 가지고 있는 것이다. 그리고 인구사회학적 특성과 기여여부에 따라 대상을 선별하는 복지정책을 넓은 의미에서 보편주의 복지정책이라고 부른다. 아동수당, 기초노령연금, 사회보험 등이 그 예이다.

반면 자산과 소득에 따라 특정 수준 이하의 개인 또는 가구에게 급여를 제공하는 정책을 잔여주의 정책이라고 부른다. 다시 말해 선별주의는 시민권에 기반한 인구사회학적 특성, 기여여부, 자산과 소득조사에 따라 대상을 선별한다는 의미를 가지고 있다. 선별주의가 이러한 자원할당원리를 의미한다면 선별주의는 보편주의의 대립적 이념이 될 수 없다. 선별주의는 어떤 기준으로 대상을 선별하는가에 따라 보편주의 정책(아동수당, 사회보험 등)의 대상을 결정하는 준거가 되기도 하고, 잔여주의 정책(공공부조)의 대상을 결정하는 기준도 되는 것이다. 그렇게 때문에 굳이 선별주의 개념을 보편주의와 대립되는 개념으로 고집한다면 "자산과 소득조사에 근거한 선별주의" 정도가 적절한 개념이 될 것이다(윤홍식, 2011).

3. 사회복지와 관련 개념

1) 사회사업

사회사업(social work)이란 용어가 자선사업의 의미를 내포한다는 인상을 갖고 있어 제한적으로 사용하게 됨에 따라, 사회복지를 광의와 협의로서 구분하여 프리드랜더와 엡트(Friendlander & Apte)는 "사회복지(social welfare)는 국민복지에 기본적인 것으로 인정된 사회적 욕구를 충족시키기 위하여 그리고 사회질서의 회복을 위하여 제반 급부를 확보하거나 강화시키는 법률, 프로그램, 급여 및 서비스체계이며, 사회사업(social work)은 개인, 집단, 지역사회가 개인적·사회적 만족과 독립을 누릴 수 있도록 도와주는 인간관계에 대한 과학적 지식과 기술에 바탕을 둔 전문적인 서비스다."라고 하였다.

좀더 구체적으로 프리드랜더는 사회복지란 개인과 집단을 도와 그

생활과 보건 및 개인관계와 사회적 관계에 만족할 만한 수준을 얻도록 하며, 개인의 안녕과 사회질서를 유지하기 위해 그들의 전능력을 발휘하여 그 가족 및 지역사회의 욕구와 조화된 행복을 촉진하도록 하기 위한 사회복지대책과 기본적으로 필요하다고 인식된 욕구를 충족시키기 위한 규정들을 강화하거나 보장하는 법률, 프로그램, 급여 및 서비스들의 조직화된 체계라고 정의하였다. 반면 사회사업은 인간관계에 관한 과학적인 지식과 기술에 기반을 둔 전문직업적 봉사활동이며, 개인, 집단, 지역사회가 사회적 혹은 개인적 만족을 얻고 독립을 성취하도록 돕는 인간관계에 있어서의 과학적 지식과 기술에 기초한 전문적 서비스라고 정의내리고 있다.

일반적으로 사회복지는 사회구성원이 각자 사회기능을 원활히 수행함으로써 만족감을 성취하는 복지적 사회를 뜻하면서 정책과 제도적인 측면을 강조하여 사회구성원이 정책이나 제도를 통하여 자신의 욕구를 충족할 수 있도록 도움을 주는 체계적이고 조직적인 활동을 말하고, 사회사업은 역동적 개념으로 그러한 사회가 구현될 수 있도록 과학적이고 전문적인 지식과 기술로써 실천하는 활동과 함께 개인이 사회적으로 만족감과 행복을 얻을 수 있도록 개인이나 집단을 돕는 전문적인 방법과 기술을 말한다.

미국사회복지사협회(National Association of Social Workers, 1983)는 사회사업이란 개인, 가족, 지역사회가 사회적 기능을 원활하게 수행할 수 있도록 그들의 능력을 향상시키거나 회복시킬 수 있도록 도와주는 전문적인 활동이라고 정의하였다. 즉 사회사업의 목적은 개인, 가족, 이웃의 사회적 기능 향상이며, 이를 위해서 전문적인 기술과 지식의 기반 위에서 이루어지는 실천활동으로 규정하고 있다.

결론적으로 사회복지를 인간의 복지를 증진시키기 위한 정부나 민간단체들의 사회적 서비스, 제도 등의 체계적이고 조직적인 노력이라고 할 때 사회사업은 사회복지의 전문영역으로 개인이 그 일상생활의 과정에서 사회적 기능을 원활히 수행하기 위해 사회사업가가 제공하는 전문적 활동이라고 할 수 있다. 또한 사회사업은 사회복지서비스 중 사회복지사에 의해 행해지는 전문적인 활동을 의미하기 때문에 사회복지서비스의 일부가 되지만, 임상심리전문가, 특수교사 등에 의해 제공하는 사회복지서비스나 자원봉사활동과 같은 서비스는 사회사업의 영역에는 속하지 않는다.

2) 사회보장

영국의 베버리지 보고서에는 사회보장의 5대악을 결핍, 질병, 무지, 불결, 나태(want, disease, ignorance, squalor, idleness) 중 결핍으로부터의 자유(freedom from want)를 지향하며, 빈민과 같은 특정한 집단을 넘어 전 국민을 대상으로 전 국민에게 최저한의 소득을 보장해주기 위한 제도라고 규정했다. 베버리지는 사회보장을 소득보장을 의미하는 것으로 정의하였는데 사회보장은 실업, 질병 및 사고, 노령, 사망, 예외적 지출과 같은 특정의 위기상황에 대처하기 위한 필요한 금전적 혜택의 제공 즉, 실업, 질병에 의해서 수입이 중단된 경우, 노령에 의한 퇴직이나 본인 이외의 사람의 사망에 의해 부양의 상실을 대비하기 위해, 또한 출생, 사망, 결혼 등과 관련된 특별한 지출에 대비하기 위한 소득의 보장을 사회보장이라고 정의하였다.

사회보장(social security)이란 사람들이 살면서 직면하는 여러 가지 위험들인 질병, 노령, 실업, 장애, 사망, 출산, 빈곤 등으로 인하여 소득이 일시적으로 중단되거나 장기적으로 소멸되거나, 지출이 크게 증가하여 사람들이 이전의 생활을 못할 때 이전의 생활을 할 수 있도록 하는 모든 국가 프로그램들이다. 즉 빈곤에 초점을 맞추어서 소득의 일시적 중단이나 영구적 상실에 대하여 최저 생활을 전제로 하는 소득보장을 위해 국가가 행하는 종합적 제도를 사회보장제도라고 할 수 있으며, 전 국민의 연대책임과 사회적 권리에 기초하여 전 국민의 소득재분배에 의하여 일정한도 이상으로 보장하고, 최저한도의 생활과 기본적 생활을 할 수 있도록 하기 위한 제도상의 모든 체제를 말한다.

우리나라의 사회보장기본법에서는 "사회보장이란 출산, 양육, 실업, 노령, 장애, 질병, 빈곤 및 사망 등의 사회적 위험으로부터 모든 국민을 보호하고 국민 삶의 질을 향상시키는데 필요한 소득·서비스를 보장하는 사회보험, 공공부조, 사회서비스를 말한다"라고 넓게 정의하였다.

또한 미국에서의 사회보장이란 용어는 1929년 대공황이 점점 심화되어 미국 사회에 유래 없는 경제적, 사회적 위기를 초래하자 당시 미국 대통령인 루즈벨트는 1934년에 경제보장위원회를 설치하여 포괄적인 소득보장계획안을 만들도록 하였다. 이 위원회가 제시한 보고서를 토대로 한 정부법안이 1935년 의회에 상정되어 법안심의를 받는 과정에서 그 법의 명칭이 사회보장법으로 불리어지면서 이후 사회보장이란 개념이 널리 확산되었고 1935년에 제정된 미국의 사회보장법(Social Security Act)에서 사회보장이란 용어가 공식적으로 사용되었다. 이것은 일반복지(general welfare)의 증진을 위해 연방정부가 관장하는 노령급여제도를 실시하고, 주 정부가 관장하는 노인, 맹인, 요보호 아동, 장애아동을 위한 복지, 모자복지, 공중보건 및 실업보상법의 관리운영을 지원하며, 사회보장청의 신설과 재정조달 및 기타 목적을 추진하기 위한 법이 다소 복잡하긴 하나 미국의 사회보장은 일반 복지의 증진을 궁극적 목적으로 하는 연방정부 관장 사회보장연금, 주정부 관장 실업보험, 공공부조, 사회복지서비스(노인복지, 아동복지, 장애인복지, 모자복지 등) 및 공중보건 등으로 구성된 제도이다(정무성 외, 2010). 미국의 사회보장은 개인과 가족의 물질적 욕구를 충족하고, 저축을 소진시키는 질병으로부터 노인과 장애인을 보호하며, 가족을 유지하고, 아동의 건강하고도 안정적인 성장을 보장하기 위한 법정 프로그램으로서 사회보험, 공공부조 및 복지서비스를 포함한다(원석조, 2008).

사회보장의 정의를 내릴 때 가장 많이 인용되는 ILO는 사회보장을

"질병, 부상, 출산, 실업, 노령, 사망 등으로 인한 소득의 중단 또는 감소에 의하여 발생하는 사회적, 경제적 곤란에 대처하기 위하여 사회가 그 구성원들에게 제공하여 주는 소득보장, 의료제공, 아동수당 등과 같은 공적인 조치"라고 정의하고 있다. 또한 사회보장은 국민이 그의 생활을 영위해 나감에 있어 소득의 중단 또는 영구적 상실 및 질병과 부상 등 생활상의 제 곤란에 대하여 국가가 소득의 재분배를 통한 국민의 생존권 및 실현과 최저생활 확보를 전제로 그의 소득보장을 도모하는 총체적인 국가정책이다.

3) 사회복지서비스

사회복지서비스는 국가·지방·자치단체 및 민간부문의 도움을 필요로 하는 모든 국민에게 상담·재활·직업 소개 및 지도·사회복지시설 이용 등을 제공하여 정상적인 사회생활이 가능하도록 지원하는 제도를 말하고, 사회적 서비스란 국민의 요구와 문제에 구체적으로 호응하기 위하여 다양한 공적·사적 기관들에 의해 제공되는 프로그램이나 서비스, 기타 활동을 말한다고 하겠다. 이러한 사회적 서비스들은 개인이나 가족에 대한 서비스, 집단에 대한 서비스, 일반 지역사회 서비스는 물론 사회적 약자를 위한 서비스를 포함하게 된다(장인협, 1991: 29~36).

사회복지서비스는 사회복지사들의 주된 활동의 장이 되며 주로 비경제적 보장이다. 그리고 여기에서의 재원은 대부분 국가의 일반 조세재원과 민간재원의 혼합인 경우가 많다(조흥식 외, 2008). 우리나라 사회복지사업 우리나라 사회복지사업법 제2조 4항에서는 "사회복지서비스"라 함은 국가·지방자치 단체 및 민간부문의 도움을 필요로 하는 모든 국민에게 상담·재활·직업소개 및 지도, 사회복지시설의 이용 등을 제공하여 정상적인 사회생활이 가능하도록 제도적으로 지원하는 것을 말한다고 규정하여 사회복지서비스 제공을 제도화하고 있다.

4) 사회서비스

최근 새로운 사회적 위험에 대응하기 위한 사회서비스 수요가 급증한 가운데 사회서비스 관련 정책 및 프로그램들이 쏟아져 나오고 있다. 사회서비스정책들은 주로 보건복지부에서 형성·집행되지만 그 외 다른 부처에서도 다양한 프로그램들이 추진되고 있으며, 전통적 사회복지서비스를 넘어서서 일자리 창출, 산업화 등의 문제까지 다루는 사회정책의 영역이 확대되는 흐름을 보여주고 있다.

그러나 사회서비스 관련 이론 및 정책에 대한 담론들이 충분히 논의되지 않은 가운데 정부의 정책들이 앞서 추진되는 경향이 있다. 학계의 담론과 정책 현장의 프로그램들 사이의 유기적인 연계 없이 현실에서는 이미 임의적 해석과 편의적 개념 적용이 전개되고 있는 것이다. 어떤 국가에서는 사회서비스 개념이 현금 또는 급여서비스를 포함하고 있는 반면, 다른 국가에서는 이러한 서비스가 사회서비스에서 명확히 제외되어 있다(Munday, B. R, 2007). 이렇게 사회서비스 개념은 학문적·정책적으로 합의된 바가 없으며, 국가마다 상당한 이해의 차이가 있다. 그만큼 사회서비스에 대한 개념 정의를 시도하는 것은 그 자체가 하나의 도전이라고 볼 수 있는 어려운 작업이다(김은정 외, 2008).

사회서비스의 개념 정의는 주체, 대상범위 및 분야, 특성 등의 어느 한 부분에 초점을 맞출 수 있으며, 이러한 개념의 속성을 포괄하여 정의할 수도 있지만 개념의 포괄범위는 공간적·시간적 맥락에 따라 달라질 수밖에 없다. 그러나 개념의 유용성을 높이기 위하여 많이 사용하는 방법은 광의, 협의, 최협의의 개념으로 구분하는 것이다. 첫째, 광의의 사회서비스 개념은 사회정책과 구분하기 쉽지 않을 정도로 광범위한 영역을 포함하며, 인적 자원의 보존, 보호, 개선을 직접적인 목적으로 하는 조직화된 활동을 의미한다. 둘째, 협의의 사회서비스 개념은 사회적 보호, 장애, 질병 등 사회적 약자를 지원하는 사회복지서비스를 의미한다. 영국의 '대인사회서비스'와 미국의 '인간서비스'가 이에 해당한다. 셋째, 최협의의 사회서비스 개념은 '사회적 돌봄'을 의미한다(윤영진, 2010).

최근 우리나라의 사회서비스에 대한 연구의 동향을 보면 연구 또는 정책설계의 목적에 따라 협의 또는 최협의의 개념으로 정의하는 경우가 많지만, 범위를 확대하여 광의의 개념으로 보는 경향이 나타나고 있다.

전면 개정된 사회보장기본법[2]에서는 "사회복지서비스" 대신 "사회서비스"가 공식 법률 용어로 규정되고, '사회서비스란 국가·지방자치단체 및 민간부분의 도움이 필요한 모든 국민에게 복지, 보건의료, 교육, 고용, 주거, 문화, 환경 등의 분야에서 인간다운 생활을 보장하고, 상담, 재활, 돌봄, 정보의 제공, 관련 시설의 이용, 역량 개발, 사회참여지원 등을 통하여 국민의 삶의 질이 향상되도록 지원하는 제도'라고 정의하고 있다. 이는 광의의 개념 정의에 해당되며, 사회서비스 이용 및 이용권 관리에 관한 법률 시행령과 사회적기업육성법에서도 비슷하게 광의의 개념을 적용하고 있다.

이러한 사회서비스는 개념의 범위와 상관없이 부분경합성과 부분배제성을 갖지만 본질적으로 비경합적이고 비배제적인 공공재적 특성을 갖기 때문에 국가 및 지방정부와 같은 사회적 개입은 정당성을 갖는다. 다만 준공공재(가치재)로서의 성격을 감안할 때 서비스 공급주체가 국가와 지방정부 외에 비영리단체 또는 영리단체일 수 있으며, 비용부담도 조세 외에 수혜자 부담이 병행될 수 있다.

사회보장기본법이 전면적으로 개정되면서 "사회복지서비스" 대신 "사회서비스"가 공식 법률 용어로 규정되었고, 법 개정 이후 2년이 되어 가지만 사회서비스는 여전히 낯선 영역으로 사회 전면에서 법률 개정의 의미와 가치를 인식하지 못하고 있다. 2012년 총선과 대선 정

2) 법률 제11690호, 2013년 3. 23, 타법개정.

국에서 사회복지 확대가 시대의 핵심 과제로 설정되었지만 진정성 있는 사회적 합의나 지속 가능한 국가재정에 대한 실천의 논의는 없이 상징 선언에 그치고 있으며, 사회서비스에 대한 정부 정책도 기존의 기조들과 큰 변화 없이 그대로 유지되고 있다.

지역사회서비스는 이러한 사회서비스를 중앙정부 차원이 아닌 지방정부 및 지역사회 단위에서 적용되는 개념이다. 그중에서도 지역사회서비스 투자사업은 정부가 적극적으로 지역사회서비스 확대를 위해서 추진한 정책이며, 특히 지역사회서비스투자사업 중에서 지역개발형 사업의 경우 지역의 복지서비스 욕구를 스스로 발굴하고 이에 부응하는 서비스를 스스로 설계하여 실행한다는 점에서 지역의 복지기획 및 실행역량을 키우는 데 상당한 의미가 있는 서비스로 간주된다(보건복지부, 2009).

5) 자선사업

사회복지학사전에는 자선사업을 산업혁명 전후에 사용되어진 용어로 그 성격은 자선에 대해 보다 사회성도 가지고 있고 과학적 조직성을 기초로 한다는 점에서 양자를 구별짓는다. 또 자선행위가 개인적 행위인데 대해 자선사업은 자선적 색채를 가진 사회적 구제사업으로 보았다. 자선사업의 전개는 영국 미국에서 그의 전형이 보이지만 중세 기독교적 자선이 18세기 계몽의 소산인 박애를 통해 산업혁명기에 자선사업으로 성립했다. 그것은 동시에 근대사회사업의 출발점으로 되고 있다고 정의하고 있다. 자선사업은 개인적인 금품 시여를 통해 개인이나 집단을 도와주는 비공식적, 비전문적 활동이다. 즉, 친인척 간의 부조, 금품 시여 등이 이에 해당되는데 사회복지의 비공식적 영역을 구성하는 것으로 공식적인 의미의 사회복지나 사회사업과는 구별된다.

자선사업은 공식적인 제도하에서 수행되는 것이 아닌 비공식적 활동을 원하며, 자선 수혜자의 권리성은 전혀 없다. 만일 자선가가 어렵게 사는 이웃 학생에게 현금을 지원했다고 하더라도 그 옆집에 더 어려운 처지에 있는 학생이 그 자선가에 자신도 지원해 달라고 할 근거는 전혀 없다는 것이다.

4. 사회복지의 학문적 성격

사회과학[3])이 사회현상, 즉 사회내의 인간관계와 행위에 대한 연구라면, 사회복지학은 복잡한 사회현상 중의 하나인 사회복지와 연관된 인간관계와 행위에 대한 연구라고 개념 정의할 수 있다.

1) 사회과학[4])으로서의 사회복지학

(1) 사회복지학은 실천과학이다

사회복지학은 인간의 복지를 위한 지식체계이다. 이 지식체계는 인간과 사회의 발전을 목표로 실천한다. 특히 사회복지학은 본래 현실적인 문제의식에서 문제해결의 노력의 결과로 발전하는 것이므로 사회현실의 모순과 갈등의 해결을 지향하는 실천적 입장과 불가분의 관계에 있다.

3) 과학의 특성은 ① 설명을 목적으로 하고 ② 경험적이며 ③ 체계적이고 논리적이고 ④ 일반화(객관성)를 모색하고 ⑤ 가치중립적이며 ⑥ 분석적이고 ⑦ 재생가능성이 있다는 것이다.

4) 사회과학의 보편적 성격은 ① 인간은 근본적으로 자연과 사회 속에서 살아가고 있다 ② 인간의 삶의 내용과 일상생활은 무수히 많고 다양한 사실들로 가득차 있다 ③ 이들 사실들 가운데서 과학적 탐구노력은 즉 객관적인 지식을 얻으려는 인간의 노력은 제1차적 경험적 사실을 바탕으로 하고 있다(경험과학의 탄생) ④ 일상생활을 통한 경험적 사실에는 자연적 사실과 사회적, 역사적 사실이 있는데, 자연적 사실은 자연적 현상을 인식의 대상으로 삼고, 사회적, 역사적 사실은 인간에 의해서 행해지거나 형성되는 인문적 세계의 여러 현상을 인식의 대상으로 삼는다는 이 네 가지로 살펴볼 수 있겠다.

(2) 사회복지학은 경험과학이다

사회복지학은 현실의 구체적 경험에서 얻어진 사실들을 검증과 수정을 통하여 일반적 법칙을 유출하는 과학이다.

(3) 사회복지학은 역사과학이다

사회복지학은 사회현상에 대한 법칙을 규명함에 있어서 항상 우리가 현재의 사회적 사실을 다룬다고 할 때에도 이미 그것은 과거가 되어 있다. 지나간 과거를 여러 가지 자료나 관찰에 의하여 재구성하고 이를 분석하고 설명하려는 것은 어디까지나 역사과학의 기초 위에서만 사회복지학이 가능하기 때문이다.

(4) 사회복지학은 인식과학이다

사회현상은 복잡하며 더욱이 사회복지학 연구의 대상이 되고 있는 사회현상이란 목적과 의식을 가지고 인간과 인간이 상호작용하는 관계이기 때문에 이러한 인간관계 전체를 하나의 총합적, 전체적 인식체계로서 규명하고 있다(한국복지연구회, 1996).

2) 거시적 접근과 미시적 접근의 관계

한국사회복지학은 미시적 접근과 거시적 접근의 공존을 당연하게 여겨왔다. 그러나 1980년 이후 사회복지학 연구자의 학문적 관심이 분화되고, 학회가 다양화하고, 학문의 이론 지향성이 강화되는 한편, 사회과학에서 학제적 접근에 대한 관심, 학부제의 도입 등으로 양접근의 분리가능성이 논의되기 시작했다.

한국사회복지학은 학문의 이념적 분화가 충분하게 진행되지 못하여 거시적 접근방법은 주로 집합주의 입장을, 미시적 접근방법은 상대적으로 개인주의의 입장을 취하는 것으로 이해되고 있다.

양접근 방법의 통합에 적극적인 입장은 거시적 접근과 미시적 접근의 대립이 아니라 유기적 관계의 강화가 필요하다고 보는 반면, 통합에 소극적인 입장은 사회복지 현상의 연구와 전문적 양성은 별개의 목표로 구분되어야 한다고 보고 접근방법의 분리를 지향한다. 이러한 분리의 문제는 사회과학이 갖는 딜레마 중의 하나인 '구조와 행위의 이분법'에 있다. 즉 사회현상의 이해에 있어 인간행위의 창조적인 측면을 강조하는 입장과 인간행위에 대한 사회구조의 영향을 강조하는 입장간의 차이이다. 따라서 구조와 행위간의 이론적 딜레마의 문제는 사회복지학에만 적용되는 것이 아니라 사회과학 전반에 적용되는 문제이다.

그러나 사회복지학 고유의 내적 일치성이 어디에 있는가 하는 의문에 대한 하나의 답은 사회복지학이 Wilensky와 Lebeaux가 '기능적 일반화'라고 표현한 인간욕구의 통합성에 근거하여 구할 수 있다. 즉 인간의 욕구는 거시적 접근과 미시적 접근으로 분리해서 접근할 수 있는 성질이 아니라 통합적인 측면이 있기 때문에 양접근방법이 사회복지학이라는 하나의 경계에 포함될 수 있는 것이라고 보는 입장이 타당하다.

3) 사회복지학과 관련 학문과의 관계

(1) 경제학

경제학은 ① 적절한 생활수준의 유지와 소득의 분배, ② 생활수준의 측정과 결정, ③ 조세와 복지서비스와의 관계, ④ 임금 시장체계 등 현재 경제체제의 특성, ⑤ 아동의 노동이나 저임금과 같은 노동문제 등에 관한 지식을 사회복지학에 제공하였다. 그리하여 사회복지는 일상생활 욕구의 충족상태 또는 생활상태가 좋은 것이 사회복지의 기초라고 생각하여 개인의 소득보장을 중점적으로 연구하는데 중점을 두었다.

(2) 정치학

정치학은 정치구조에 있어서 대표자의 유형과 공공행정의 기능으로서 공공서비스와 인사행정, 예산과 회계행정, 정책결정과정, 그리고 공공기관과 사설조직과의 관계에 대한 지식이다. 이에 사회복지학은 복지국가건설을 위한 복지정책을 연구하여 복지정책에 대한 정부의 역할, 행정조직, 전달체계 등의 개선 및 발전지식을 연구하는데 중점을 두었다.

(3) 사회학

사회학은 사회의 현상과 구조를 연구하는 학문으로 사회구성원 간에 상호작용이 언제, 어떻게, 왜 이루어지는가를 과학적으로 밝히고 있다. 그러므로 사회학자는 사회문제나 사회현상의 원인과 결과를 사실적으로 밝히는 것이 목적이고 이것을 위해 사회조사, 참여관찰, 통계검증 등과 같은 과학적인 연구조사 활동에 초점을 맞춘다.

사회복지실천은 사회구성원들 간의 상호작용이나 사회문제의 원인과 결과를 연구한다는 면에서는 사회학과 유사하지만 사회구성원의 사회적 기능을 향상시키고 사회문제를 해결하는 구체적인 방법을 개발하고, 개입하는 활동에 더 많은 비중을 두는 것이 사회학과는 다르다(임은희, 2004).

(4) 법학

현대 사회복지는 법률적 사회복지이기 때문에 법적인 근거가 있어야 사회복지서비스를 실시할 수 있다. 생존권, 복지권, 환경권 등이 헌법과 사회복지사업법에 기초하여 시행되고 있다. 특히 권리로서의 사회복지와 사회보장을 주장하고 있는 현대사회에서는 특히 법적인 장치로서 복지수급권, 조치권, 생존권 등에 대한 연구와 지식을 필요로 한다.

(5) 심리학

심리학은 인간의 사고, 정서, 행동 등을 연구하는 학문이므로 개인의 내면적 세계나 성격적 특성 그리고 행동의 원인을 밝히는 것이 목적이다. 사회복지실천도 인간의 내면적 특성이나 행동을 연구하고 심리치료를 제공하는 면에서는 심리학과 유사하나 사회복지실천은 클라이언트의 심리·정서적 문제를 치료하기 위해 상담 외에 사회경제적 서비스를 동시에 제공하는 것이 특징이다(임은희, 2004).

(6) 정신의학

정신의학은 의료모델에 기초하여 환자의 정신질환을 진단하고, 처방하며, 약물이나 주사 투여 혹은 입원을 통해 이들의 질병을 치료하고 건강을 회복시키는 것이 목적이다. 사회복지실천도 정신질환자를 돕는다는 면에서는 정신의학과 동일하지만 정신의학은 환자 개개인의 질병을 의료적으로 치료하고 회복시켜 주는 것에 중점을 두는 반면 사회복지실천은 심각한 정신질환의 치료보다는 클라이언트와 이들 가족의 일상적인 심리문제를 해결하고 이들의 사회적 기능을 향상 내지 회복시키는 것에 중점을 둔다(임은희, 2004).

제 3 장 사회복지의 동기

인간의 욕구를 충족시키기 위해 노력하는 사회복지는 다양한 동기에 의해 발전되어 왔다. 일반적으로 동기(motivation)는 사람으로 하여금 행동을 일으키게 하는 내적인 요인을 뜻한다. 사회복지발달과 관련된 이러한 동기들은 보통 종교적 동기, 인도주의적 동기, 공리주의적 동기, 전문직업적 동기 등으로 구분해 볼 수 있지만, 여기서는 Marcarov(1978: 43-150)가 제시한 상호부조의 동기, 종교적 동기, 정치적 동기, 경제적 동기, 이데올로기적 동기를 포함하여 살펴보고자 한다. 역사적으로 사회복지의 동기를 이해하는 일은 사회복지의 공적·사적 책임에 대한 발전적 개념을 모색하는 한 방법이다.

1. 상호부조의 동기

1) 상호부조의 개념

가장 오래되고 가장 보편적인 사회복지의 동기 중 하나는 상호부조

(mutual aid)의 동기로서 서로가 서로를 돕는다는 뜻이다. 사회복지의 역사에서 본다면 상호부조의 동기는 인간이 야생동물과 자연의 위협으로부터 자신의 생명을 지키기 위해 서로 협력한 집단생활을 영위한 때부터 시작하여, 오늘날 일상생활 속에서 접하게 되는 가족, 이웃, 노동조합, 지역사회, 다양한 사회복지제도 등을 통해 여전히 중요하게 작용하고 있다. 인간은 옛날이나 지금이나 상호부조를 통해 경제적인 지원뿐 아니라 정서적 지지, 사회관계, 정보, 활동 등의 자원을 가족, 이웃 등과 공유하고 있다. 다시 말해, 상호부조는 오늘날의 사회보험제도와 운영원리를 공유하고 있으며, 사회행동이나 자조집단 등의 사회복지 방법 또는 실천과도 연계되어 있다.

상호부조는 도움이 제공되는 방식에 대한 통제가 도움 받는 사람들 자신에 의해 좌우되는 도움의 형태로서 서로간에 도움을 주기 위해 사람들이 결속한다. 그러므로 상호부조는 도움 제공자와 도움 받는 자가 서로 입장이 뒤바뀔 수 있다는 점에서 도움을 주는 자로부터 도움을 받는 자에게로의 도움의 흐름이 존재하며, 양자의 구분이 명확한 자선과 박애, 공공복지, 사회복지서비스와 구분된다(Handel, 1982). 즉, 자선은 부자나 유복한 자가 빈자에게 일방적으로 자원을 이전하는 것을 의미하며, 공공복지는 납세자가 납부한 조세를 공공부조를 통해 혹은 사회복지서비스 기관을 통해 도움이 필요한 사람에게 일방적으로 이전되며, 사회복지서비스도 기술과 지식을 가진 전문가가 그것들이 부족한 자에게 서비스를 제공하는 도움의 형태로 불평등한 관계를 바탕으로 하고 있다.

상호부조에는 참여자들 사이에 동일한 직업, 동일한 인종집단, 동일한 지역거주, 동일한 문제를 보유하는 등의 공유된 정체성인 동류의식(consciousness of kind)이 존재한다. 서로가 서로를 돕고자 하는 이러한 동기는 점차 사회가 개인화됨에 따라 약화될 수 있지만, 동시에 사회복지제도를 통해 다시 회복될 수도 있는 것이다.

2) 상호부조의 형태

(1) 상호부조의 중심으로서 가족

상호부조의 가장 기본적인 지점은 두 사람 이상의 사람들이 가족으로서의 정체성을 가지고 지속적으로 관계를 맺어가는 가족이다. 가족은 상호부조의 기능만을 수행하는 것은 아니지만, 가족 구성원들 간의 지속적인 상호부조를 통하여 전통사회에서 매우 중요한 기능을 수행하였으며, 전통적 농경사회에서의 확대가족은 공동생산과 소비의 중심으로서 가족 성원들이 복지기능을 담당하였다. 오늘날에도 전통적인 대가족제도가 강력하게 남아 있는 사회에서는 사회복지에 대한 국가의 역할이 약한 경향이 있다. 왜냐하면, 가족구성원에 대한 가족의 강력한 보호제공이 때로는 외부로부터의 도움을 억제하는 효과를 가지기 때문이다.

산업화의 진행과정으로 전통적인 대가족제도는 점차 핵가족제도로 변화되었다. 즉, 가족 구조의 다양화(한부모 가구, 독신가구, 노인단독가구 등), 노동시장에 대한 여성의 참여증대를 통한 여성취업률 증가, 이혼율과 재혼율 증가 등으로 가족의 상호부조 기능이 상당히 약화되었지만 여전히 일차적으로 도움을 제공하고 제공받는 주요 사회제도이다. 사회복지에 대한 국가나 제3섹터의 역할이 점차로 커지는 배경 중의 하나는 바로 가족구조의 변모에 따라 초래된 가족의 상호부조 기능의 약화에 있다. 그리고 이러한 상호부조의 기능을 하는 가족을 강화시키고자 하는 국가 정책으로는 가족수당 혹은 아동수당, 부양가족에 대한 세금공제 등을 들 수 있다.

(2) 가족 이외의 상호부조 조직과 활동

상호부조의 가장 기본적인 지점은 가족이지만, 사회가 점차 복잡해짐에 따라, 상호부조의 기능을 수행하는 다양한 형태들이 많이 등장하게 되었다. 이러한 상호부조의 형태를 살펴보면 다음과 같다.

① 계

오늘날 계는 서민들의 금융조직으로서 또는 친목모임으로서 널리 퍼져 있다. 하지만 조선시대까지의 계는 한국인의 사회생활의 광범위한 영역에 걸친 생활공동체 조직으로 다양한 형태로 존재하였다. 가장 일반적인 계조직인 동계는 주로 하층민의 생활공동체 조직으로 촌락의 모든 주민이 구성원이며, 임원을 선출하고 마을의 생업이나 동제와 같은 의례, 공동 노동조직으로서의 두레, 촌회 등을 주관하며 상호부조하는 일상생활의 필요에서 자율적으로 조직되었다(백종만 외, 2001).

② 두레

두레는 기본적으로 경작을 위한 공동노동의 조직으로 그 기원은 계보다 더 오래되어 원시시대까지 거슬러 올라갈 수 있지만 오늘날에는 사실상 소멸되었다. 두레가 작업을 하는 농지는 그 마을의 전체 농지인데, 마을의 공유지, 과부나 병약자 등의 노동력 결핍자의 경작지에 대해서는 무상으로 해 주었다. 또한 장정 두 사람을 낸 가족과 한 사람을 낸 가족이 상호부조하는 경우에는 서로 제공한 노동력의 차이를 놓고 그것을 계산하여 따지는 일이 없이 공동으로 함께 작업하였다. 즉, 두레의 특징은 이에 참여하는 구성원들이 자신들의 삶 속에서 발생하는 다양한 문제를 해결하는데, 이해관계를 초월하여 반대급부를 기대함 없이 공동 부조를 한다는 것이다(백종만 외, 2001).

③ 품앗이

품앗이는 두레와 달리 상호부조를 하되 반대급부를 보다 더 정확히 계산하여 교환하는 방식이다. 가령 경작지의 경우에도 노동력을 정확하게 교환하여 협조하면서 다른 구성원의 일을 함께 해주는 것이다. 협조를 받은 사람은 정확하게 협조받은 노동력을 계산하여 반대급부로서 그만큼의 노동력을 갚아준다. 이러한 품앗이는 정확한 반대급부가 있지만 완전히 이해타산에만 기초한 노동력의 교환이 아니라 이해계산의 토대 위에서 적극적으로 상호협력하는 것을 중시한다(백종만 외, 2001).

④ 우애협회

산업화 초기 단계에서 노동조건이 매우 열악하였으며, 다수의 노동자들이 빈곤한 삶을 영위하게 되었지만, 빈곤에 대한 국가의 구빈법적 조치들은 지나치게 제한적이었고 가혹하였다. 이러한 상황에서 빈곤한 노동자들이 스스로를 보호하기 위한 다양한 상호부조 기제들을 발전시켰다. 즉, 개인적·사회적 욕구에 대한 노동자 자신의 자조적 대응에 의해 많은 수의 자조조직들이 18세기에 등장하였으며, 그 중에 하나가 우애협회(Friendly Societies)였다.

우애협회는 빈민들에 의해 처음 시작되었으나, 후일 그것의 결성과 발전을 격려했던 보다 유복한 사람들의 관심을 끌기 시작하였다. 대부분의 우애협회는 사교와 상호부조를 결합하였으며, 가입한 조합원들의 일정 기여액을 통해 사망, 질병, 재해 등 예기치 않은 지출 등에 일정액의 공제 수당금을 지불할 목적으로 구성되었다.

⑤ 협동조합

협동조합은 18세기 중반부터 노동자, 농민 또는 자영업자나 소기업가들이 자조정신에 입각하여 시작한 운동이다. 거대자본의 막강한 힘에 대항하여 경제적으로 물품을 구매하기 위해 소비조합, 소생산자들의 상품생산과 판매를 원활하게 하기 위해 생산조합, 저리의 이자로 대출을 받기 위해 신용조합을 형성하는 운동이 협동조합운동이었다. 근대적 협동조합의 시작은 1844년 영국 랭커셔 공업지대의 로치데일에서 결성된 소비조합이며, 19세기 초반 프랑스에서는 자본의 지배로부터 자신들을 방어하려는 수단으로 생산조합 위주의 협동조합을 발전시키게 되었고, 독일은 도시와 농촌의 소생산자들에게 자금을 융통해 주기 위한 신용조합이 먼저 발생하여 협동조합을 주도하였다. 한국에서도 협동조합의 설립운영에 관한 기본적인 사항을 규정하여 자주적, 자립적, 자치적인 협동조합 활동을 촉진하고 사회통합과 국민경제의 균형있는 발전에 기여함을 목적으로 2012년 1월에 협동조합기본법을 재정하여 2012년 12월부터 시행되고 있다.

3) 상호부조의 영향

동서양을 막론하고 상호부조 제도들은 현대 사회복지에 다음과 같은 중요한 영향을 미쳤다. 첫째, 상호부조 제도의 근간을 이루었던 호혜성의 원리 혹은 보험원리로부터 근대 사회보험제도의 기본원리가 태동되었다. 물론 그렇다고 상호부조제도들과 사회보험이 동일한 것은 아니다. 양자 모두 사람들을 결합함으로써 소득을 제공한다는 유사성이 있으나 상호보험은 자발적인데 비해 사회보험은 강제적이라는 점이 다르다. 국가가 노령인구에게 최소의 소득을 그들 상호간에 보장하도록 기여를 강제하는 것은 오늘날 널리 받아들여지고 있다.

둘째, 전근대사회의 상호보조는 현대 사회복지의 한 방법인 자조집단의 출현에 영향을 미쳤다. 상호부조에 내재된 가입과 운영에서의 자발성은 오늘날 비슷한 문제를 안고 있는 사람들 사이에서 문제해결의 경험을 공유함으로써 서로간에 도움을 주는 자조집단의 운영이념과 일맥상통하고 있다. 전문사회사업이 발전한 사회에서 비전문가인 문제 공유자들이 스스로 모임을 만들어 문제해결을 도모하게 된 것은 사회사업 전문주의가 지닌 한계에서 비롯되었다.

셋째, 전근대사회의 상호부조가 현대 사회복지에 미친 영향의 하나는 문제해결을 위해 문제를 지닌 구성원 스스로가 나서거나 참여하는 사회행동(social action)의 발전이다. 오늘날의 사회행동은 참여자들에 의해 자발적으로 구성되고 자율적으로 운영되는 것을 이상적인 것으로 생각한다.

이러한 상호부조의 세 가지 영향은 공통의 원칙과 하나의 강력한 충동을 지니고 있다. 즉 자발적 행동의 원칙, 자신들 스스로가 고안해 내고 자신들 스스로가 방향을 결정하는 결사체에 결집한다는 원칙, 자신의 삶을 독자적으로 스스로 책임진다는 원칙이 그것들이다.

2. 종교적 동기

인간은 사회적 동물일 뿐만 아니라 동시에 종교적 동물이라는 전제 하에서 도움을 받는 자와 마찬가지로 도움을 주는 자도 한 인간으로서 종교적인 감정과 신념을 갖는다는 점에서는 서로 일치하는 것이다. 그러므로 초기 종교적 동기는 자선적 동기의 의미를 지닌다. 대부분의 종교에서 언급하는 형제애와 이웃사랑은 서로 돕고 불우한 타인까지도 구제하는 자선행위를 강조하고 있다. 자선은 종교적 사랑과 자비로부터 나온다. 사랑과 자비는 종교적 이상을 실현하기 위한 핵심적 교리이자 덕목이다. 이에 따라 종교는 많은 사회복지나 구제기관을 세우고 활동을 해왔으며, 오늘날 사회복지 발전의 중요한 디딤돌이 되어 왔다.

이러한 종교적 계명에 따른 시혜적인 구호활동인 종교적 동기에 의해 전통사회에서 주로 사회복지활동이 전개되었다. 자원활동에서부터 분배에 이르기까지 대부분의 사회복지가 종교적 계명에 기초하여 이루어졌다. 특히, 종교의 교리는 여러 사회복지 활동을 위한 근거를 확립해 주었고, 여러 사회에서 사회정책의 이념을 제공해 주기도 하였다. 우리나라의 경우는 불교의 자비 사상이 서구의 경우는 기독교의 이웃사랑이 영향을 크게 미쳤으며, 이러한 종교적인 자선행위를 통해 구원을 받고자 혹은 속죄하고자, 혹은 신의 뜻과 명령을 이행하고자 하는 종교적 믿음에 의해 사회적 구제활동, 즉 가난한 자와 아픈 자에 대한 자선이 행하여졌다. 서구의 경우, 개별 종교인이나 사회가 사회복지에 관여하는 주요 이유가 신의 사랑을 실천하는 개인의 행위를 라틴어로 '까리따스(caritas)', 영어로 'charity'라 하는 자선으로 표현되었다.

근대혁명 이후 종교와 국가 사이의 세력관계가 역전되기 시작하여 종교가 수행해오던 사회복지의 역할은 대부분 국가가 위임하게 되었다. 그로인해 종교의 역할은 국가의 사회복지가 제공하지 못하는 영역을 보완하는 정도로 범위가 축소되었다. 종교에 의한 새로운 구제 방법 중 주목할만한 것은 교회지도자들에 의해 도시지역의 빈민들을 구제하기 위해 조직적으로 활동되었던 사회개량운동이다. 이 운동은 런던의 '자선조직화운동'에 영향을 주었고, 이 운동으로부터 현대 전문사회사업의 3대 방법론에 포함되는 개별사회사업과 지역사회조직이 발생하게 되었다. 이 자선조직화 운동에 참여했던 우애 봉사원들은 현대적 사회복지전문가의 효시가 되었다. 또한, 바넷 목사가 빈민들과 함께 거주하며 빈민들에게 교육 및 사회적 서비스 제공한 토인비 홀은 최초의 인보관으로 집단사회사업이 나타나게 되었다.

1980년대 이후에 제기된 복지국가의 위기는 사회복지의 민영화를 가져왔으며, 민간복지의 상당부분을 담당하고 있는 종교계의 비중을 강화하는 계기가 되었다. 즉, 국가는 사회복지자원의 일부를 민간에 보조하는 역할을, 사회복지서비스의 수행은 민간이 담당하는 식으로 역할분담이 점차 등장하기 시작하면서 종교의 비중이 커지게 되었다. 이러한 분담은 국가에 의한 공공복지와 종교에 의한 민간복지의 차별성을 약화시키는 한편 종교에 의한 민간복지 서비스의 융통성을 상실케 하는 결과를 초래하기도 하였다(백종만 외, 2001).

그러나 종교의 동기에서 비롯되는 자선사업은 보통의 경우 주는 자(giver)의 심리태도에 의해서 실시되며, 받는 자의 입장은 비교적 중요시하지 않는 특성을 가진다. 즉, 고통을 받는 사회적 약자가 될 수 밖에 없는 이유나 환경의 부조리에 관심을 두기보다는 인간 정서의 본능적 동정심에 기초해 왔으며, 사람이 도움을 받게 되는 결과에만 초점을 두어 도움을 받을 사람과 그렇지 못한 사람을 구분해 온 측면이 제도화되기도 하였다.

이러한 종교적 동기는 권리로서 사회복지의 개념이 부각되면서 종교적 동기에 의한 사회복지는 많이 약화되었지만, 자원봉사활동이나 종교단체의 복지활동에서는 여전히 중요한 동기로 작용하고 있으며,

이러한 종교적 동기의 구현은 여전히 사회복지실천의 중요한 부분이 되고 있다.

3. 인도주의적 동기

근대적인 인도주의의 근원은 18세기에 새로 등장한 중간계급자들의 인권문제와 관련하여 살펴볼 수 있다. 당시의 사상은 박애주의, 인도주의, 평등 및 사회정의 등의 이념이 주요한 동기가 되어 하층계급과 빈곤한 사람을 돕는 자선을 합리화시켰던 것이다(Hillman, 1956).

인도주의는 무엇보다도 인간생활에 있어서 고통을 경감하고 나아가서 향락을 증진시키는데 그 원류를 찾아볼 수 있다. 이러한 인도주의적 동기의 특징은 인간이란 계급으로 인해 상하로 나누는 것이 아니라, 항상 모든 인간은 평등한 관계에서 서로 사랑해야 하며, 친절을 베풀고 도움을 주어야 하는 것이 인간의 의무라는 것이다. 따라서 인도주의적 동기에서 타인을 돕는다는 것은 결코 우월자가 열등자를 천시하여 원조하는 것이 아님을 전제하고 있다.

이과 같은 인도주의의 근본적인 사상을 바탕으로 해서 당시의 많은 사회사업가 및 활동가들은 교정, 주택, 보건 등의 개선을 시도하는 사회개혁운동과 사회사업활동에 적극 참여하였으며, 그 외에도 사회정의의 실천면에서도 공헌한 바가 매우 컸다. 따라서 인도주의는 사회복지의 이념적 토대이며, 우애, 자선, 온정, 박애 등으로 사회사업의 역사와 더불어 영원한 동반자의 관계라 하겠다.

4. 공리주의적 동기

공리주의(Utilitarianism)는 19세기의 Bentham에 의해 체계화 되었고, Mill과 그의 아들을 중심으로 한 영국의 철학적 급진주의 학자들에 의해 발전되었으며, 19세기 중엽까지 개인주의와 합리주의를 사상적 기초로 하여 공리 또는 '최대다수의 최대행복'을 인간행위의 규범으로 채택한다는 윤리학설에서 그 원천을 찾을 수 있다.

즉, 벤담에 의하면 인간의 본성은 고통과 쾌락을 추구하고 고통을 피하는데 있으며, 쾌락과 고통은 인간행위에 대한 선악판단의 기준이 되는 것이라고 했다. 이러한 원리는 개인뿐만 아니라 사회에도 적용될 수 있으며, 이기적인 개인의 결합체인 사회의 기본원리를 '최대다수의 최대행복'이라 하였다.(사회복지사업사전, 1970). 그러하여 벤덤은 법이나 정치제도 또는 도덕이나 종교도 모두 '최대다수의 최대행복'에 기여하는지 여부에 따라서 그 정당성이 판단되어야 한다고 주장했다. 특히 그는 국가의 기초는 인간의 필요성에 있으며, 그 필요성은 '최대대수의 최대행복'에 있다고 주장했다. 이러한 공리주의적 동기의 본래적 의도는 영국의 산업혁명과 더불어 일어나 개인주의적 사상의 대두로 말미암아 사회복지로서 '최대다수의 최대행복'의 실현을 윤리적 과제로 삼는데 있다.

그러므로 공리주의는 사회구성원 전체의 효용이 극대화되도록 재화가 배분되는 것을 가장 바람직한 것으로 여긴다. 여기서 재화란 상품과 서비스뿐 아니라 권리, 자유, 정치권력 등을 모두 포함하는 광범위한 것으로 이해할 수 있다. 또한, 사회 전체의 효용이 극대화되기 위해서는 재화가 효율적으로 생산되어야 할 뿐만 아니라, 형평에 맞게 분배되기 위해서는 정부개입이 필요하다는 것이다.

정부의 개입을 통한 사회복지의 궁극적 목적은 모든 국민과 사회가 동시에 만족하고 바람직한 사회를 실현하고자 한다는 측면에서 공리주의적 동기에 그 기초를 두고 있다는 것이다.

5. 정치적 동기

사회복지에서 정치적 동기가 부각되기 시작한 것은 국가 혹은 정부가 사회복지에 대한 관심을 표현하기 시작한 데서 찾을 수가 있다. 그러므로 사회복지의 역사에서 보면 1601년 영국의 엘리자베스 구빈법(The Poor Law)부터라고 할 수 있다. 이 법에서는 사회에서 도와줄 가치가 있는 사람과 도와줄 가치가 없는 사람들을 나누어서 도와줄 가치가 없는 사람은 일에 대한 관심이 없는 나쁜 사람들로 규정지어 도와줄 가치가 있는 사람들을 보호하기 위한 방편으로 적용하였다. 이와 같은 흐름은 오늘날에도 이어져 사회의 안정을 추구하기 위하여 빈곤계층이나 반사회적 행동을 하는 사람들에게 최소한의 복지적 개입을 추구하고 있다.

이러한 형태의 복지적 개입은 시민자체를 양분화 시키는 결과를 초래하고 있다. 대표적으로 한국의 국민기초생활보장제도의 조건부 수급자 제도 및 유럽의 사회부조제도에서 나타나는 근로연계복지를 들 수 있다. 근로연계복지는 수급자에 대한 기존의 무조건적인 급여제공과는 달리 경제활동 프로그램에의 참여를 조건으로 급여 제공이 이루어지는 조건부 급여 제공의 성격을 띠고 있다. 뿐만 아니라 수급자의 의무 불이행시에는 급여 수준의 삭감 혹은 급여 중단이라는 징벌적 성격 역시 근로연계복지 특징 중의 하나이다.

'가치있음' 용어는 19세기 구빈법 시대의 용어로서 그 여부에 따라 빈곤집단에 대한 처우 방식이 다름을 의미하고 있는 것으로 이후 현대복지국가와는 무관한 개념으로 치부되었다. 하지만 최근의 근로연계복지개념은 수급자를 양분시키고 있는데 이에 내재되어 있는 개념이 바로 '가치있음'이다. 구체적으로 국가와의 계약(action plan) 체결 및 계약 내용을 충실히 이행하는 수급자는 가치있는 시민 혹은 적극적 시민(active citizen)으로 인정되지만 반대의 경우는 낙인 부여(stigmatization)와 함께 의무 불이행에 대한 권리 박탈을 감수할 수밖에 없는 소극적 시민(passive citizen)으로 간주되는 것이다(J. M. Bonvin and N. Farvaque, 2007: 58; A. Serrano-Pascual, 2007: 19-21). 여기서 제기되는 또 다른 문제는 계약의 이면에 내재하고 있는 계약 자체의 불평등 관계, 계약 내용의 적절성 여부는 논의의 대상에서 빠져 있을 뿐만 아니라 이러한 상황 자체가 당연한 것으로 간주된 채 단지 계약의 이행 여부만이 '가치있음' 여부의 척도로 사용되고 있다는 점이다.

물론 정부가 사회복지를 제공하는 동기에는 인도주의적 목적이나 경제적 이유 혹은 종교적 신념도 있을 수 있지만, 정치적 동기의 측면에서 본다면 정치적 권력의 획득, 사회적 불안의 회피, 정치적 과정 자체의 부산물이라는 세 가지 측면에서 찾을 수 있다.

사회복지는 정치적 권력을 획득하고 유지하는 중요한 수단으로서 역할을 하기도 한다. 독일의 비스마르크는 아동과 여성 근로자의 공장 노동시간 제한을 반대했고, 농업과 공업 분야에 대한 정부의 지원도 반대하였다. 그러나 노동계급 운동과 독일 사민당의 사회주의적 도전이 강해짐에 따라 그것을 억제하고 포섭하기 위해 1882년에 일련의 사회보험제도를 도입하게 되었다. 1930년대 미국은 대공황이 발생하여 대규모의 실업이 사회경제적 문제가 되었다. 정부는 정치적 권력을 유지하기 위한 방법으로 사회보장제도를 고안하였다. 한국에서도 1961년 5·16쿠데타로 집권한 박정희 정권은 정치적 안정과 정권의 정당성을 확보하기 위한 수단으로 1963년에 산업재해보상보험제도를 도입하고, 국가의 부담없이 사용주가 부담하게 하였다.

사회복지는 사회 불안의 예방을 위한 수단으로서 역할을 하기도 한다. 그 예로서 영국의 구빈법(1601년)은 사회복지에 대한 국가의 책임을 처음으로 분명히 하였는데, 주요 동기는 부랑 거지들의 강도와 같은 위험을 줄이기 통제수단으로 도입된 측면이 강하다. 또한 미국의 사회보장법(1935년), 빈곤과의 전쟁(1960년대) 등은 대공황 혹은 대규모의 폭동 등의 사회불안 해소하기 위한 방편으로 도입되었다.

그리고 최근의 선거제도에서 빈곤계층 등의 표를 얻기 위한 수단과 정치적 포용력을 보여주는 상징적인 형태로 사회복지를 활용하고 있다.

6. 경제적 동기

사회복지는 사회문제를 예방하는 데 관심이 있다. 사회복지를 통해서 사회문제를 예방한다면 상당한 사회적 비용을 줄일 수 있다. 자본주의 사회는 생산, 분배, 소비, 재생산의 경제적 과정을 거치는데, 사회복지는 이러한 경제적 과정과 매우 밀접한 관계를 지닌다. 빈곤계층이 많아질수록 사회는 궁핍해진다. 사람들의 구매력이 줄어들수록 생산이 침체되어 경제적 어려움이 발생된다. 따라서 구매력을 높이기 위해서 빈곤계층에게 사회복지프로그램을 개입하고 발전시킨다. 이는 복지의 경제적 측면에 입각한 정책으로 볼 수 있다. 또한 저출산 사회에서 사회복지는 출산율을 높여 노동력을 확충하는 등의 새로운 사회문제에 적극적으로 개입하기도 한다.

이처럼 사회복지활동 과정에 일정한 비용이 필요한 경우라면 사회복지와 경제는 불가분의 관계를 맺는다. 그렇지만 사회복지에서 경제적 동기는 사회문제에 드는 비용을 감소시킬 목적과 그러한 사회문제의 존재가 경제에 부정적 결과를 초래할 수 있는 가능성에서 찾을 수 있다. 다시 말해, 사회복지 프로그램을 통해 사회문제와 그 결과를 경감하거나 제거함으로써 사회적 비용을 감소시키고자 한다. 예를 들면, 실업자들을 위한 직업훈련에 대한 투자는 공공복지에 대한 의존을 감소시키는 목적이 있다. 또한, 1997년 말 경제위기 이후 저성장·고실업의 경제구조가 장기화되면서 실업가구를 포함한 저소득층의 생계유지 문제가 심각하게 대두되었고, 이러한 사회문제를 해결하기 위한 사회적 비용을 감소시키고자 기존의 사회복지제도를 개혁하여 국민기초생활보장제도를 도입하였다.

그리고 사회복지의 경제적 동기는 사회문제가 경제에 미치는 부정적 결과 감소 위해 작용되기도 한다. 사회문제로 인해 사람들이 노동하지 않거나 노동할 수 없거나 충분히 생산적이지 않을 때에 사람들의 생산적 고용을 증진하기 위한 목적으로 사회복지 프로그램이 고안되기도 한다. 예를 들면, 조기 퇴직 혹은 청년층 실업이 심각한 사회문제로 제기되면 사회복지 프로그램의 필요성이 강하게 요구되어 제반 프로그램을 통한 개입이 이루어진다.

그런데, 사회복지의 경제적 동기는 정치적 동기와 서로 교차되는 측면이 많다. 정치적 동기에서 살펴본 미국 대공황의 예에서 사회복지제도의 주요 변화는 사회불안을 예방하기 위한 정치적 동기뿐 아니라, 대공황으로 인한 실업문제를 해결하기 위한 경제적 동기도 함께 작용하였다.

7. 이데올로기적 동기

이데올로기(Ideologie)라는 용어는 원래 희랍어로서 어원적으로 이념을 의미하는 이데아(idea)와 논리를 의미하는 로기(logie)의 합성어이다. 따라서 이데올로기는 이념의 논리로 직역되며, 한 개인이나 사회집단의 구성원들에 의해서 공통적으로 소유되는 것으로 사상과 행동을 이끄는 관념이나 신념의 체계라고 할 수 있다. 즉, 이데올로기는 그 이데올로기를 가지고 있는 개인이나 사회집단이 놓여 있는 사회적 위기와 상황, 개인과 사회집단이 지향하는 목표와 미래상, 그리고 가져야 할 이미지에 관한 신념체계이지만, 단순히 과학적, 철학적 지식이 아니고 개인이나 사회집단 구성원이 그것을 행위의 의미, 근거로서 수용하고 있는 것이다.

사회복지의 동기로서 가장 강력한 것 중 하나는 타인을 도와야 한다는 신념, 느낌, 태도 혹은 이데올로기이다. 이것은 상호부조의 동기와 다른 점은 원조자와 피원조자를 단정지을 수 없는 점에 있고, 정치 혹은 경제적 동기와 일치하는 점이 많다 하더라도 서로 간에 쉽게 충돌을 일으키기 때문에 하나의 중요한 동기가 된다. 사회복지의 실천과 연구에 관계하는 사람에게 있어서 사회복지의 또는 사회복지제도와 이데올로기의 관계를 명백히 해두는 것은 대단히 중요한 과제가 된다. 왜냐하면 사회복지실천과 제도는 이데올로기의 영향을 크게 받을 뿐만 아니라 이데올로기에 의해 사회복지의 가치와 원리, 방법 등이 달라지기 때문이다.

이타주의는 사회복지의 이데올로기 동기 중 대표적인 것 중 하나로 타인을 도와야 한다는 신념이라고 할 수 있다. 이타주의라는 용어는 19세기 실증주의의 창시자인 오귀스트 콩트가 만들었으며, 이기주의에 대한 적절한 반대어로 널리 쓰이고 있다. 외부로부터의 어떠한 보상도 기대하지 않고 타인을 이롭게 하는 행동을 수행하는 이타주의는 상호부조와 다른 개념이며, 기본적으로 개인에 초점을 둔 것이지만, 이것이 전체 사회로 확산되는 경우에는 인간중심주의(humanitarianism)가 된다. 즉, 인간중심주의는 사회적인 차원에서 인류의 복지와 행복에 관심을 두고 이를 증진하도록 돕는 것을 말하다. 노령연금은 인간발달의 마지막 단계에 있는 노인들의 복지와 행복을 배려하는 인간중심 이데올로기가 반영된 제도라 할 수 있다.

8. 전문직업적 동기

사회가 복잡해짐에 따라 사람을 돕는 활동에도 다양한 지식기반과 기술이 요구되고 있다. 많은 사람들과 조직들이 사회복지에 관심을 가지고 이를 위해 헌신하고 있다. 그 중 일정한 교육을 이수하고 일정한 자격을 취득한 후 평생을 사회복지에 몸담는 사람들이 있다. 그 이면에는 앞서 언급한 다양한 동기들과도 관련이 있지만, 한편으로는 사회복지와 관련된 전문적인 지식과 기술, 가치를 실현하기 위함이다.

사회복지가 전문직업으로 등장하면서 사람을 돕는 일에 매력을 느끼는 사람들이 증가하고 있으며, 법률가나 의사들과 마찬가지로 사회복지도 전문적 서비스를 목표하지만, 인간 본질에 대한 서비스를 지향한다는 관점에서 사회복지전문직의 독특성이 나타난다. 따라서 사회복지서비스 활동은 하나의 예술적 기술이며, 도움을 필요로 하는 사람에게 바람직한 사회적 기능을 수행함으로써 행복할 수 있도록 의도적으로 변화시키는 과정이다. 따라서 사회복지의 가치와 윤리에 입각하여 전문지식과 기술을 발휘하고 활용하여 원조 전문가로서 소임을 다하는 것은 바로 전문직업적 동기에서 사회복지를 행하는 것이다.

모든 전문직은 사회에서 책임져야 할 할당된 기능을 가지고 있으며 국가, 지역사회, 기관, 클라이언트, 그리고 전문직 자체로부터 공식적 또는 비공식적 인정 내지 인가를 받아서 실천되어야 한다. 과거에 사회복지 및 사업이 전문직의 속성을 갖추고 있느냐는 논란이 일어오곤 했다. 결론적으로 사회복지는 전문직으로서의 갖추어야 할 조건을 충족시킬 수 있는 개념과 기준을 가지고 있다고 보아야 한다.

Ernest Greenwood(1957)는 모든 전문직은 ① 체계적 이론, ② 권위, ③ 지역사회의 인가, ④ 윤리강령, ⑤ 전문적 분화(culture)의 다섯 가지 사항을 갖추어야 한다고 했으며, Bernard Barber(1965)는

① 높은 경지에 올라 있는 일반화되고 체계적인 지식, ② 자기 이해 중심적이기보다 지역사회의 이익을 중시, ③ 전문적 협회와 윤리강령을 통한 행동 통제, ④ 일의 성취에 대한 보상체계가 전문직의 본질적 속성이라고 규정지었다.

그러므로 다음과 같은 측면에서 사회복지는 전문직의 속성을 갖추고 있다고 볼 수 있다.

첫째, 전문직과 비전문직을 구별하는 중요한 요인은 요구되는 기술을 일관성 있는 이론의 체계로 조직화할 수 있는 지식의 보고에 그 바탕을 두고 있다. 현대 전문직들은 그들이 필요로 하는 지식의 양이 막대하게 요구될 뿐만 아니라 대부분의 지식이 불확실성을 띠고 있는 것이 많기 때문에 모든 전문직들은 그러한 불안전한 지식을 바탕으로 인간 생활의 긴급한 상황에 개입하게 되는 경우 끊임없는 불안과 도전을 받게 된다. 이러한 현실은 전문가들로 하여금 새로운 지식을 탐구하려는 노력으로 이끌게 된다. 사회복지도 과학적인 연구 방법을 통해서 새로운 이론을 구성하려고 연구하고 있고 현재 사회복지는 일반적으로 동의되고 있는 지식 기반을 개발하고 있다. 그러나 사회복지 지식의 핵심이 무엇인가에 대한 일반적인 동의가 있지만 아직 구체적으로 동의된 지식 기반에 도달하지 못했다는 지적도 있다. 사실 현재까지는 사회복지가 실천의 방향에 많이 기울어지고 있고 사회복지 실무자들이 지식적인 방면의 추구보다는 인간의 실질적이고 정서적인 문제에 더 관심을 기울여 왔기 때문에 이론적인 측면에서 그 발달이 지연되었는지 모른다.

둘째, 한 사회의 발전을 위해서 중요한 일은 전문직이 지니는 권한을 인간의 안녕과 지역사회의 이익을 위해서만 발휘해야 하며 전문직 자신들의 필요를 만족시키기 위한 것이나, 제공하는 서비스의 대가로 자신들이 발전하게 되는데 사용되지 말아야 한다. 사회복지는 인간의 욕구와 사회적 관심사에 대한 반응으로서 개발되었기에 전문직의 핵심 속성을 갖추고 있다. 또한 전문가들은 클라이언트의 권리를 보호해 줄 의무를 지닌다. 사회복지 전문직은 사회복지사의 행위에 대한 윤리적 통제를 할 수 있는 윤리강령을 가지고 있다.

셋째, 전문직은 다음 몇 가지 요소들을 겸비하고 있는 사람들만이 전문지식을 실천할 수 있도록 실천자의 권리에 대해 제재 조치를 마련하고 있는데 그 요소들은 다음과 같다. ① 일정한 연한을 지닌 교육을 완수해야 한다. ② 시험제도가 있어 그 시험 과정을 거쳐야 일정한 능력의 수준을 인정받는다. ③ 자격증, 등록증, 또는 면허증과 같은 증명서에 의해서 실천행위를 규제한다.

넷째, 모든 전문직들은 자체 조직한 전문기구가 있다. 이러한 조직은 전문조직에 가입된 개인 성원들이 그들의 일을 잘 수행할 수 있도록 돕고 전문가로서의 권리를 보호해주며 전문직업의 수준을 높이는데 힘쓴다. 사회복지전문직에는 사회복지사협회라는 조직이 있어 다양한 활동과 서비스를 제공함으로써 전문적 문화개발에 힘쓰고 있다(조휘일 · 이윤로, 2003).

따라서 사회복지는 역사적으로 자선이나 박애의 동기에서 유래된 측면이 있지만 사회복지사는 절대적으로 구제의 사명, 희생의 이타심 등의 동기에 사로잡힐 하등의 이유가 없다. 그러므로 사회복지사는 법률가, 의사, 교육자, 종교가 등의 다른 전문직이 자신의 철학과 기본원리에 입각해서 최선의 서비스를 제공하고 정당한 대가를 받는 것처럼 맡은 일을 수행해야 한다. 이러한 맥락에서 사회복지사가 확고한 철학과 전문적 기술 및 지식을 가지고 사회복지서비스를 충실히 수행하는 것은 사회복지의 전문직업적 동기에 입각해 있다는 것이다.

제 4 장 사회복지의 가치와 이념 그리고 윤리

사회복지의 가치는 「사람과 사회」 이 두 가지 원소에서 출발한다. 당사자와 사회에 대하여 사람다움과 사회다움, 그 격을 찾는 것이다. 그래야 사람을 사람답게 도울 수 있고 사회를 사회답게 만들 수 있기 때문이다.

사람을 사람답게 돕고 사회를 사회답게 하는 가치, 이것이 사회복지 가치의 근원이다. 특히 당사자를 사람답게 하는 인격적 가치와 지역사회를 공동체답게 하는 사회적 가치, 이것이 사회복지 가치의 핵심이다(한덕연, 2010). 또한 사회복지 실천윤리의 핵심이기도 하다. 본 장에서는 사회복지의 가치와 이념 그리고 윤리에 대하여 고찰하고자 한다.

1. 사회복지의 가치와 실천윤리

사회복지를 여타의 전문직과 가장 뚜렷하게 구별되게 하는 핵심요소는 사회복지가 존재 기원을 두고 있고 자신의 목표로써 추구하고 있는 가치와 윤리이다. 따라서 사회복지전문직의 독특한 지식과 실천기술은 스스로 독립적인 존재근거를 갖기보다는 사회복지전문직이 추구하는 가치와 윤리와 부합하거나 기능적인 한에서 정당성을 부여받게 된다. 사회복지에 있어서 가치와 윤리는 사회복지지식 및 사회복지실천기술과 함께 3대 중심축이 된다. 그런데 엄밀히 말해서 가치와 윤리는 차이가 있다. 가치는 믿음과 같은 것으로 좋고, 좋지 않음, 그리고 바람직한 것에 대한 지침이나 선택기준이 되는 것이며, 윤리라고 하는 것은 도덕적 판단이며 철학이다. 그러나 양자 간의 일반적인 차이에도 불구하고 사회복지실천에서는 사회복지전문직이 그들의 전문지식과 실천기술을 바탕으로 클라이언트의 사회적 기능을 조력해 주거나 사회정의적 차원에서 사회변화를 구현하고자 할 때 판단기준과 행동의 지침이 된다는 점에서 본다면 같은 맥락에서 다룰 수 있다. 즉, 가치는 윤리적 원칙들을 정립하는 데 지침이 되는 정도이다.

1) 사회복지의 가치(value)

가치란 도대체 무엇인가?에 대한 물음에 대하여 학자들의 정의를 보면, 레비(Levy, 1976)는 가치란 '사람에 관하여 그리고 사람을 다루는 적절한 방법에 대하여 전문직이 갖고 있는 신념'이라 하였으며, 로웬버그(Lowenberg, 1995)는 가치란 '믿음과 같은 것으로 좋고 바람직한 것에 대한 지침이며 적합한 행동의 선택에 대한 지침'이라 하였다. 그리고 최옥채(2005) 교수에 의하면, 가치란 '인간이 자신의 생활에서 추구하는 특정 목표'라고 할 수 있다. 따라서 사회복지실천에서의 가치란 '사회복지사가 클라이언트를 돕는 과정에서 경험하는 여러 가지의 작은 목표들'이 될 수 있다.

그리고 사회복지의 기본 가치에 대하여 Friedlander(1980)는 개인존중의 원리, 자기결정의 원리, 기회균등의 원리, 사회연대성의 원리를 중심으로 이루어져 있다고 하였다.

첫째, 개인존중의 원리는 모든 사람이 인간으로서의 가치와 품위, 존엄을 지닌다.

둘째, 자기결정의 원리로 개인이 자기의 욕구를 어떻게 충족할 것인가는 사회복지사나 타인에 의해서가 아닌 자기 스스로의 선택을 통해 결정할 권리를 갖는다. 즉, 인간의 자율성 및 자발성 존중을 의미하며,

셋째, 기회균등의 원리로 모든 개인에게는 균등한 기회가 주어지며, 각 개인의 능력에 따라 처우를 받는다. 즉, 기회의 균등성을 의미하며,

넷째, 사회연대성의 원리로 각 개인은 자기 자신뿐만 아니라 가족 및 사회에 대하여 책임을 진다.

한편 사회복지의 전문직 가치는 사회복지사 개인의 가치(personal value)와 종종 상충되어 윤리적 갈등을 초래한다. 물론 경우에 따라서는 사회적 가치(social value)와도 충돌되는 경우도 없지는 않다. 전문직으로서의 가치가 중요한 이유는 바람직한 사회복지가치관이 원동력이 되기 때문이다.

따라서 사회복지의 가치는 어떻게 분류되며, 주요 가치는 무엇인가를 여러 학자들의 견해를 바탕으로 정리해 보면 다음과 같다. 사회복지전문직의 가치를 비교적 먼저 유형화시킨 학자로는 펌프리(Pumphrey)와 레비(Levy) 그리고 존슨(Johnson) 등이 있다.

(1) 펌프리의 전문직 가치

펌프리는 1959년에 철학의 분류방법에 속하는 가치론에 바탕하여 사회복지의 가치를 궁극적 가치(ultimate values)와 도구적 가치(instrumental values)로 구분하였다.

첫째, 궁극적인 가치라고 하는 것은 인간존중, 공평한 처우와 차별금지 등의 다소 추상적인 목적을 지향하는 것이고, 둘째, 도구적 가치는 클라이언트를 수용하거나 비밀보장을 하고 의사 결정은 클라이언트가 스스로 하도록 하는 등의 비교적 구체적인 사회복지 실천의 목적에 두고 있다. 어떤 의미에서는 도구적 가치는 목적이라기보다는 궁극적 가치나 목적에 도달하기 위한 수단적 가치에 해당한다(Pumphrey, M., 1959 : 40-49).

(2) 레비의 전문직 가치

레비(1973)는 사회복지 전문직이 업무를 수행할 때 다음의 세 가지로 구분하여 설명하고 있다. 즉, 사람우선의 가치, 결과우선의 가치, 수단우선의 가치를 말한다.

첫째, 사람우선 가치인데, 클라이언트를 하나의 개별화된 인간으로 보고 그의 능력과 권한을 인정해 주는 가치관이다. 사회복지(실천)의 대상인 사람 자체에 대해 전문직이 갖추고 있어야 할 기본적 가치관으로, 개인의 가치와 존엄성, 개인의 건설적인 변화에 대한 능력과 욕구, 상호책임성, 소속의 욕구, 공통적인 인간의 욕구, 그리고 개개인의 독특성에 대한 가치 등이 거론된다.

둘째, 결과우선 가치로 서비스를 제공하여 발생되는 결과에 대한 가치관으로, 사회가 개인의 발전을 위해 사회참여에 대한 기회를 동등하게 제공해야 한다는 사회적 책임에 대한 믿음이다.

셋째, 수단(도구)우선 가치로 서비스를 수행하는 방법과 수단 및 도구에 대한 가치관으로, 이는 사람은 존경과 존엄으로 다루어져야 하고, 자기결정의 권리를 가져야 하며, 사회변화에 참여하도록 북돋워져야 하고, 하나의 독특한 개인으로 인정되어야 한다는 믿음과 같은 것이다. 인간의 자율성으로 요약될 수 있는 이 가치는 사회복지실천의 과정에서 매우 중요하게 지켜져야 할 가치라고 할 수 있다. 즉, 사회복지사가 판단할 때 아무리 바람직해 보이는 결정이더라도, 클라이언트의 자율적 결정이 아닌, 강요된 것이라면 이는 사회복지의 기본 가치에 어긋나는 것이다. 특별히 제한되어야 하는 경우가 아니라면 모든 결정과정에서 클라이언트의 자율성이 보장되어야 한다.

(3) 존슨(Johnson)의 가치

존슨은 가치를 상대적 중요성에 따라 크게 궁극적 가치, 차등적 가치, 도구적 가치로 구분하였다.

첫째, 궁극적 가치인데, 세 가지의 가치 중 최고의 위치를 점하고 있는 궁극적 가치는 사회적인 상황이나 시대적 상황 등에 관계없이 불변하는 가치로서 인간의 존엄성, 사회정의 등이 여기에 속한다. 궁극적 가치는 널리 인정받는 것으로서 사회복지사에게는 매우 일반적이면 서도 기본적인 지침이 된다.

둘째, 차등적 가치로써 세 가지의 가치 중 중간에 위치한 차등적 가치는 사회문화적인 영향이나 개인의 경험에 따라 의견이 다르게 나타날 수 있는데 낙태, 동성애, 안락사 등에 대한 개인의 가치가 여기에 속한다.

셋째, 도구적(수단적) 가치로써 세 가지의 가치 중 가장 아래단계에 있는 도구적 가치는 궁극적 가치를 달성하기 위한 수단이나 방법이 되는 것으로 이것은 행동지침이나 윤리로 나타난다.

한 예로 인간의 존엄성을 존중하는 수단으로 개인의 자기결정권이나 비밀보장을 인정하는 가치를 들 수 있다.

2) 사회복지와 실천윤리

윤리(ethics)란 어떤 행동에 대한 옳고 그름을 나타내는 판단기준으로서 인간이 마땅히 행하거나 지켜야 하는 도리이다. 즉, 사회복지사가 반드시 지켜야 하는 행동원칙이나 지침을 의미한다.

1970년대 중반 이후 사회복지윤리에 대한 대표적이면서 대별되는 개념이 정의되었다.

첫 번째는 다양한 배경을 가진 사회복지사들이 자신이 행하는 복잡다단한 실천분야에서 직면할 수 있는 다양한 윤리적 쟁점들에 대해 올바른 판단을 내릴 수 있도록 하는 체계적인 준거틀이다.

두 번째는 구체적 전문직 형태로 개념규정(how to)이다. 사회복지실천가들로 하여금 무엇이 올바른 윤리적 실천방법인가를 인식할 수 있게 도와주며, 전문적인 사회복지실천상황에서 초래되는 윤리적 측면들과 관련된 올바른 실천행위를 결정하고 행동에 옮길 수 있는 방법이다.

이를 바탕으로 김기덕(2002)은 『사회복지윤리학』을 다음과 같이 정의내리고 있다.

사회복지의 기본적 사명과 그에 근거한 제반 실천 활동의 도덕적 측면들에 대한 개념, 원칙, 이론 등을 정립하고 이를 정당화하고자 하는 체계적인 노력이다.

리머(Reamer, 1998)는 사회복지윤리학이라는 하나의 완성된 학문체계를 염두에 두고, 이 체계 구성부분들을 중심으로 다음과 같이 구분하기도 하였다.

① 사회복지의 기본가치 및 원칙, ② 사회복지 분야에 발생하는 윤리적 갈등(딜레마)의 본질과 성격, ③ 윤리적 의사결정, ④ 사회복지 실천과정에서 발생하는 윤리적 과실과 위법행위, ⑤ 사회복지윤리의 교육과 전파 등

(1) 사회복지실천과 윤리문제

사회복지실천에는 사회복지의 영역에 따라 실천방법이 달라지게 된다. 공공부조에서와 같이 정책이나 제도적으로 접근하는 방법이 있을 수 있고 이때에는 행정이나 정책적 지식을 갖춘 전문가가 필요하게 된다. 그리고 사회복지서비스나 개별적이고 특수한 인간 서비스 욕구에는 인간심리의 변화를 조력할 수 있는 전문가를 필요로 하게 된다.

이러한 사회복지를 실천하는 사람으로서의 전문직은 사회복지사가 대표적인 직업에 해당한다. 그 외에도 심리치료사나 기타 상담직과 행정가들이 사회복지실천에 참여할 수 있을 것이다. 이들이 사회복지실천의 현장에서 사회복지활동을 하는 주된 목적은 이미 존재하는 문제를 해결하거나 개선하고자 하는 변화를 일으키는 것과 관련되어진다. 혹은 향후에 발생할지도 모를 서비스 문제나 욕구를 다루게 되는 것이다. 따라서 이들 사회복지 관련직이 그들의 사회복지활동에서 경험

하게 되는 윤리적 갈등문제는 비단 그 개인의 윤리적 딜레마에 한정되는 것이 아니라 사회복지실천을 둘러싼 윤리문제가 되는 것이다.

(2) 윤리적 딜레마와 윤리적 지침

사회복지사는 매일 복잡한 윤리적 이슈와 관련된 결정을 한다. 때때로 이것은 클라이언트 자신의 윤리적 문제를 가려내도록 돕는 것이고, 다른 경우는 사회복지사가 취하고자 하는 행동이 윤리적 관점으로부터 적절한 것인가를 결정하는 것을 포함한다. 모든 가능한 실천대안들이 사회복지사에게 윤리적 딜레마를 느끼게 한다. 윤리적 딜레마는 사회복지사가 두 가지 이상의 윤리적 의무를 갖고 있지만 한 가지를 위반하지 않고는 다른 것을 지키거나 따를 수 없는 상황에서 필연적으로 발생한다.

예를 들어 예산이 삭감되거나 스태프(staff)가 부족한 시기에 사회복지사는 부족한 자원을 배치하는 최상의 방법에 대한 결정과 같은 윤리적 딜레마에 점차 직면한다. 이런 경우 어떤 클라이언트에게 서비스를 제공하는 결정이 다른 클라이언트에게는 필요한 서비스를 보류하거나 제한하는 결과를 가져온다. 따라서 이들에게는 전문가 윤리(professional ethics)가 요청되는 것이다. 전문가 윤리는 일반 사회윤리와 밀접히 연관되어 있으나 꼭 같지는 않다. 사회복지가치는 사회가 지키는 가치에서 나왔으나 반드시 사회가치와 일치하지만은 않기 때문이다. 즉 전문가 윤리는 사회윤리와 같은 근거에서 나왔으나 세부적으로 들어가면 다를 수가 있다. 우선순위, 강조점, 집중성, 적용성 등에서 차이점이 있다. 사회적 윤리와 전문가 윤리 모두 평등의 원칙을 강조하지만 전문가 윤리는 클라이언트의 이익을 다른 사람의 이익에 우선한다.

한편 윤리적 딜레마를 해결하기 위한 대표적인 학자들의 지침은 다음과 같다.

첫째, 리머(Reamer, 1990)의 윤리적 지침

① 생명, 건강, 음식, 생활필수품, 정신적 평형상태 등에 대한 권리는 부, 교육, 여가, 오락, 비밀 등과 같은 부가적 권리(이익)에 우선한다.

② 개인의 자기결정권은 원칙적으로 존중되어야 하지만 그것으로 인해 타인의 기본적인 행복에 피해를 입히는 상황이 예상되는 경우에는 제한될 수 있다.

③ 자발적으로 자유롭게 동의한 법, 규칙, 규정 등을 따르는 의무가 개인의 권리를 우선할 수 있다.

④ 개인의 복지권이 법과 규칙, 지원단체의 협정 등에 우선한다.

⑤ 기본적인 해악을 방지할 의무와 공익을 증진할 의무는 개인의 재산통제권보다 우선한다.

둘째, 로웬버그와 돌고프(Lowenberg & Dolgoff, 1996)의 윤리적 원칙

① 윤리원칙 1 : 생명보호의 원칙

② 윤리원칙 2 : 평등과 불평등의 원칙

③ 윤리원칙 3 : 자율성과 자유의 원칙

④ 윤리원칙 4 : 최소 손실의 원칙

⑤ 윤리원칙 5 : 삶의 질의 원칙

⑥ 윤리원칙 6 : 사생활 보호와 비밀보장의 원칙

⑦ 윤리원칙 7 : 진실성과 정보개방의 원칙

이상과 같이 르웬버그와 돌고프(Lowenberg & Dolgoff)는 윤리원칙을 7가지를 제시하였다. 그는 일정 순서에 기초한 윤리원칙을 서열화하여 제시하였다. 즉, 원칙 1은 원칙 2에 우선하며, 원칙 2는 원칙 3에 우선한다는 식으로 의사결정을 이끌어낸다.

3) 사회복지실천의 가치와 윤리

사회복지의 목적이 개인의 변화와 사회개량에 있어 왔음은 사회복지역사를 보면 자명해진다. 사회복지실천의 개념을 케이스워크나 그룹워크에 좁혀서 접근할 때는 인간의 존엄성, 인간의 자기결정권, 인간의 평등 및 기회균등권, 그리고 인간 고통에 대한 사회연대성 등을 사회복지의 핵심 가치로 볼 수가 있다. 가치가 좋고 바람직한 것에 대한 선호나 믿음이라면, 윤리는 어떤 행동에 대한 옳고 그름을 나타내는 판단기준으로서 인간이 마땅히 행하거나 지켜야 할 도리이다. 즉, 윤리는 사람들에게 무엇이 옳고 그른지를 결정함에 있어 지침이 되는 원칙을 제시한다. 가치가 보편적이고 관념적인 체계인 반면, 윤리는 가치와 일치된 행위로 이끄는 행동상의 규칙들이라고 할 수 있다.

윤리는 가치에서 나오기 때문에 가치와 조화를 이루어야 한다. 하지만 둘 사이의 차이점은 가치는 무엇이 좋고 바람직한지에 관심을 두는 것이고, 윤리는 무엇이 옳고 그른지에 관심을 둔다. 예를 들어, "사회복지사는 클라이언트의 행위를 녹음하고 기록하며 관찰을 하기에 앞서 클라이언트로부터 고지된 동의를 얻어야 한다"는 윤리적 규칙은 사생활보호라는 가치에서 나온 것인데, 여기에서 사생활보호는 바람직한 가치이고, 고지된 동의는 그 가치에서 나온 윤리적 규칙이다. 따라서 사회복지의 가치는 사회복지실천이 추구해야 하는 방향성을 제시하며, 윤리는 전문직으로서의 사회복지사가 반드시 지켜야 하는 행동의 원칙과 지침을 제공한다. 가치와 윤리는 공통적으로 당시의 풍습과 관례의 영향을 받기 때문에 사회의 변화에 따라 사회복지실천의 가치와 윤리도 변화한다.

4) 사회복지 윤리원칙의 기준

(1) 전미사회복지사협회(NASW)의 윤리강령

사회복지전문직의 윤리는 사회복지의 핵심에 놓여 있다. 사회복지전문직은 그 기본 가치, 윤리원칙, 윤리기준을 명확히 해야 할 책무를 지닌다. NASW 윤리강령은 사회복지사의 행위를 지도하는 이러한 가치 원칙 기준을 설명한다. 이 강령은 직무, 업무환경 또는 대상 인구집단 따위와 상관없이 모든 사회복지사 및 모든 사회복지 학생들에게 적용된다.

NASW 윤리강령의 6가지 목적은 다음과 같다.

① 사회복지의 임무는 핵심 가치를 기반으로 한다.

② 사회복지전문직의 핵심 가치를 반영하며, 사회복지실천을 이끄는데 사용되는 일련의 특정 윤리기준을 수립하는 총괄적인 윤리원칙을 요약한다.

③ 전문직 의무에 갈등이나 윤리적 불확실성이 발생할 때 사회복지사가 적절한 고려 사항을 규정하는 것을 돕기 위한 목적으로 제정되었다.

④ 일반대중이 사회복지전문직의 책임으로 간주할 수 있는 윤리기준을 제공한다.

⑤ 사회복지에 대한 임무 가치 윤리기준 윤리원칙에 생소한 사회복지사에게 지침을 제공한다.

⑥ NASW 소송 절차에 관한 더욱 자세한 정보에 대해서는 NASW Procedures for the Adjudication of Grievances를 참조하도록 한다.

전미사회복지사협회(NASW)의 윤리강령의 윤리원칙에 나오는 윤리적 가치는 다음과 같다〈표 4-1〉.

다음의 포괄적인 윤리원칙들은 사회복지서비스의 핵심 가치, 사회정의, 개인의 존엄성 및 가치, 인간관계의 중요성, 성실성, 능력을 바탕으로 한다. 이러한 원칙들은 모든 사회복지사가 열망하는 이상을 규정한다.

〈표 4-1〉 NASW의 윤리강령의 윤리원칙

전문적 가치	윤리적 가치
서비스	워커의 주요 목적은 어려움에 처한 사람들을 도우며 사회문제를 다룬다.
사회정의	워커는 사회의 부정의에 도전한다.
개인의 존엄성과 가치	워커는 개인의 고유한 존엄성과 가치를 존중한다.
인간관계의 중요성	워커는 인간관계의 본질적인 중요성을 인정한다.
성실	워커는 신뢰성 있게 행동한다.
능력	워커는 능력 범위 내에서 사회복지를 실천하며 그들의 전문성을 발전시킨다.

NASW의 윤리강령의 윤리원칙 중에서 '사회정의'의 가치는 궁극적이고 보편적인 가치라고 할 수 있다. 사회복지사는 사회적 변화, 특별히 유약하고 억압받는 사람 및 집단을 위한 사회적 변화를 추구한다. 사회복지사가 추구하는 사회변화(social change)를 위한 노력은 빈곤, 실업, 차별, 기타 유형의 사회적 불공평에 그 주된 초점을 둔다.

이러한 강령에 깔려 있는 가치는 불평등 혹은 불공평을 바로 잡는 '평등'이라는 궁극적인 가치이다. 그렇다면 '사회정의'는 본질적으로 '평등'이라는 가치와 연관이 됨을 알 수 있다.

인간이 국가를 형성한 이후 그 발전과정에서 지속적인 관심의 대상이 되어온 것은 자원의 배분문제이다. 자본주의 초기 발달시기에는 생산자원의 축적을 통한 국가의 힘을 키우는 정치세력이 주도권을 잡았다면 어느 정도 자본축적이 이루어진 후기 산업사회 단계에서는 사회적 재분배를 주장하는 정치세력을 득세하고 복지국가의 원리가 보편적으로 적용되기에 이른다. 사회적 재분배는 바로 '배분적 정의'를 뜻하는 것으로 복지국가 이전 시기에서부터 정치윤리에서는 중요하게 여겨왔다. 그만큼 정치의 기능 중에는 사회정의(social justice)[1]를 구현하는 목적의 비중이 크다고 할 수 있다.

(2) 한국 사회복지사 윤리강령

전문을 보면, 사회복지사는 인본주의 · 평등주의 사상에 기초하여, 모든 인간의 존엄성과 가치를 존중하고 천부의 자유권과 생존권의 보장활동에 헌신한다. 특히 사회적 · 경제적 약자들의 편에 서서 사회정의와 평등 · 자유와 민주주의 가치를 실현하는데 앞장선다. 또한 도움을 필요로 하는 사람들의 사회적 지위와 기능을 향상시키기 위해 저들과 함께 일하며, 사회제도 개선과 관련된 제반 활동에 주도적으로 참여한다. 사회복지사는 개인의 주체성과 자기결정권을 보장하는 데 최선을 다하고, 어떠한 여건 에서도 개인이 부당하게 희생되는 일이 없도록 한다. 이러한 사명을 실천하기 위하여 전문적 지식과 기술을 개발하고, 사회적 가치를 실현하는 전문가로서의 능력과 품위를 유지하기 위해 노력한다.

이에 우리는 클라이언트 · 동료 · 기관 그리고, 지역사회 및 전체사회와 관련된 사회복지사의 행위와 활동을 판단 · 평가하며 인도하는 윤리기준을 다음과 같이 선언하고 이를 준수할 것을 다짐한다.

이러한 전문의 내용 중 사회복지사의 기본적 윤리기준을 제시하면 다음과 같다.

첫째, 전문가로서의 자세

① 사회복지사는 전문가로서의 품위와 자질을 유지하고, 자신이 맡고 있는 업무에 대해 책임을 진다.

---

1) 정치철학에서는 사회정의(social justice)보다는 공평(equity)이라는 용어를 많이 사용한다.

② 사회복지사는 클라이언트의 종교, 인종, 성, 연령, 국적, 결혼상태, 성 취향, 경제적 지위, 정치적 신념, 정신, 신체적 장애, 기타 개인적 선호, 특징, 조건, 지위를 이유로 차별 대우를 하지 않는다.

③ 사회복지사는 전문가로서 성실하고 공정하게 업무를 수행하며, 이 과정에서 어떠한 부당한 압력에도 타협하지 않는다.

④ 사회복지사는 사회정의 실현과 클라이언트의 복지 증진에 헌신하며, 이를 위한 환경 조성을 국가와 사회에 요구해야 한다.

⑤ 사회복지사는 전문적 가치와 판단에 따라 업무를 수행함에 있어, 기관 내외로부터 부당한 간섭이나 압력을 받지 않는다.

⑥ 사회복지사는 자신의 이익을 위해 사회복지전문직의 가치와 권위를 훼손해서는 안 된다.

⑦ 사회복지사는 한국사회복지사협회 등 전문가 단체 활동에 적극 참여하여, 사회정의 실현과 사회복지사의 권익옹호를 위해 노력해야 한다.

둘째, 전문성 개발을 위한 노력

① 사회복지사는 클라이언트에게 최상의 서비스를 제공하기 위해, 지식과 기술을 개발하는데 최선을 다하며 이를 활용하고 전파할 책임이 있다.

② 클라이언트를 대상으로 연구하는 사회복지사는 저들의 권리를 보장하기 위해, 자발적이고 고지된 동의를 얻어야 한다.

③ 연구과정에서 얻은 정보는 비밀보장의 원칙에서 다루어져야 하고, 이 과정에서 클라이언트는 신체적, 정신적 불편이나 위험·위해 등으로부터 보호되어야 한다.

④ 사회복지사는 전문성을 개발하기 위해 노력하되, 이를 이유로 서비스의 제공을 소홀히 해서는 안 된다.

⑤ 사회복지사는 한국사회복지사협회 등이 실시하는 제반교육에 적극 참여하여야 한다.

2. 사회복지정책과 이념

본 내용에서는 이념에 앞서서 정책의 가치에 대한 고찰을 한 후 사회복지정책의 이념에 대하여 알아보겠다.

1) 사회복지정책의 가치

사회복지정책은 복지 문제의 해결을 위해 전문적 지식과 기술을 필요로 하는 효율적인 방법이라는 점에서 전문성을 띠며, 어떤 문제로 인하여 인간의 존엄성을 훼손당하거나 위협받는 사람들을 도와주는 데 필요한 정책 활동이라는 점에서 가치 지향적 분야이다(송근원, 2004). 사회복지정책의 바탕이 되는 사회적 가치들은 각 사회의 전통적 관념이나 사회적 관습, 문화적 인식 또는 사회 지배적 가치 등에 영향을 받는다. 그래서 어느 시기에는 평등이 자유보다 우세하기도 하고, 갈등하기도, 또한 대립하기도 한다. 이와 관련하여 Titmuss(1974)는 다양한 정책목표를 달성하기 위해 여러 가치 중에 어떠한 것을 선택하지 않을 수 없다고 하였다. 이를테면 효율성을 강조하면 적절성이 떨어질 수 있고, 평등을 강조하다 보면 효율성이 떨어질 수 있다. 이러한 경우 어떠한 가치를 우선적으로 선택할지에 대한 사회적 합의가 필요하다. 그렇다면 사회복지정책은 어떠한 가치들을 바탕으로 하는가? 사회복지정책에서 고려해야 할 중요한 가치 중에 자유, 평등, 적절성, 효과성, 효율성, 사회정의, 연대의식, 민주주의, 접근성에 대해서 알아보자.

(1) 자유

자유(freedom)이라는 개념은 개인이 억제나 구속에서 벗어나(소극적 자유) 무엇인가를 할 수 있는 것(적극적 자유)을 의미한다(Spicker,

1988).

먼저 소극적 자유(negative freedom)는 외부로부터 간섭 혹은 속박이 없는 상태를 말하며, 즉 '~로부터의 자유'를 가리킨다. 이러한 소극적 자유는 사람이 자신의 활동을 누군가에게 간섭받지 않는다면 자유로운 것으로 보며 불간섭의 영역이 넓을수록 개인의 자유도 넓어진다. 또한 소극적 자유는 자유의 기획 측면을 강조하는 표현으로 기회(opportunity)의 보장을 중요시하며 자유권의 형태로 발전한다.

다음으로 적극적 자유(positive freedom)는 자신이 선택한대로 행동할 수 있는 자유로, 즉 '~를 향한 자유 또는 ~에 대한 자유'를 말한다. 속박의 부재가 아니라 개인이 스스로 행동할 수 있는 능력을 강조하는 표현으로 사람들이 개인의 목표를 향해 접근할 수 있도록 개인의 능력을 확대하려는 것이다.

(2) 평등

광범위한 의미의 평등(equality)은 사회복지정책의 기반이 되는 가장 중요한 가치 중의 하나이다. Furniss와 Tilton(1997)은 평등이란 모든 사람은 만족스러운 삶을 누릴 수 있는 권리를 동등하게 지니고 있다는 신념이라고 말할 수 있으며, 이것이 만인의 평등권으로서 실현된다고 하였다.

일반적으로 평등을 세 가지 유형으로 나누는데, 기회의 평등(equality of opportunity), 조건의 평등(equality of condition), 결과의 평등(equality of outcome)이다.

먼저, 기회의 평등은 모든 사람이 자신의 소질과 능력을 자유롭게 개발할 권리와 기회를 가질 수 있는 것뿐 아니라 동일한 업적에 대해서는 동일한 보상을 받는 다는 것으로 오늘날 자본주의 사회에서 가장 널리 퍼져 있는 평등의 범주이다. 이는 모든 사람에게 모든 사회적 제도에 대한 접근을 균등하게 대우한다는 입장이다. 이는 혈통, 종교, 가문 등의 불평등을 유발할 수 있는 조건들을 고려하지 않고 개인의 능력을 중요시한다. 또한 기회의 평등은 자본주의 사회에서 모두에게 기회를 평등하게 주어 자유경쟁을 통해 결과를 결정하게 하는 것으로 시장에서의 일차적 분배를 강조하며 평등의 개념 중 가장 소극적인 평등의 개념이다.

다음으로, 조건의 평등은 기회의 평등과 연관되는 것으로 사회적 기회를 획득하려는 자유경쟁의 출발조건을 평등하게 정비하고자 노력에서 출발한다. 이는 개인의 능력에 모든 것을 맡기는 것이 아니라 개인의 욕구·노력·능력에 따라 사회적 자원을 다르게 배분하는 것을 의미하므로 공평(equity)이라고 불리기도 한다.

마지막으로, 결과의 평등은 법적 조치나 정치적 수단을 이용하여 출발점이나 개인의 능력 등은 고려하지 않고 마지막 결과의 평등만을 추구하는 것이다. 가장 적극적인 평등의 개념이라 할 수 있으나 자유로운 경쟁이나 개인적 역량의 발휘는 무시될 수 있다. 또한 개인의 욕구 또는 능력과는 상관없이 사회 구성원 모두에게 사회적 자원을 동등하게 배분하는 것이다.

(3) 형평성(비례적 평등)

형평성(equity)의 가치는 공정한 처우(fair treatment)라는 의미와 연관된다. 이 개념은 비례적 평등(proportional equality)을 말하는 것으로서 개인의 업적, 능력, 공헌도 및 갹출 등에 따라 사회적 자원을 배분하는 것을 의미한다. 예를 들면, 사회보험에서 보험료를 많이 기여한 사람에게 많은 급여의 혜택이 돌아가는 것도 형평의 가치를 반영한 것이며 전통적으로 영국의 구빈정책에서 활용되어 온 열등처우의 원칙[2)]도 그 한 예가 될 수 있다.

(4) 적절성

적절성(adequacy) 사회복지급여의 할당이 얼마나 평등한가 또는

2) 정상적인 노동을 권장하기 위해 구빈법의 구제 수준을 지역사회 내 최하급 극빈 노동자의 생활수준보다 낮은 수준에서 정하는 원칙

그의 기여에 따른 비례적인 것(형평)이냐 하는 것과는 다르게, 서비스 대상자의 욕구를 충족시킬 수 있는지를 평가하는 기준이다. 즉, 사회복지급여의 할당은 개인이 살아가고 있는 사회적 수준에 적절한 정도의 수준이어야 한다는 것을 말한다. 이 사회적 수준의 적절한 정도의 수준은 시장과 환경에 따라서 변화하는 특징을 지닌다. 또한 적절성은 최저생계비 혹은 최저임금, 빈곤선 등으로 구체화되며 사회복지정책의 목적이 삶의 질 향상과 인간다운 삶의 보장에 있으므로 적절성의 가치가 가장 많이 내포되어 있다고 할 수 있다.

(5) 효과성

효과성(effectiveness)은 사회복지정책이 어느 정도로 목표달성에 적합하였는지를 나타내는 것이다. 사회적 서비스가 필요한 사회적 약자의 욕구를 충족시키는 방법은 다양하다. 다양한 접근 중 선택한 사회복지정책이 대상자의 욕구를 과연 어느 정도로 적합하게 목표를 달성하였는지에 대한 관심을 의미한다.

따라서 효과성 확보를 위한 적절한 정책대안의 선택이 중요하다. 종종 사회복지정책은 사회복지대상자의 자립과 복지증진에 목표가 맞추어지기 때문에, 사회복지정책 프로그램 효과성의 가치는 과연 대상자의 자립과 복지증진에 얼마만큼 효과적으로 대응하였느냐는 문제로 관심이 기울어진다(김종명 외, 2009).

또한 1970년대 복지국가가 재정위기에 직면하여 재편하는 과정에서 기존의 사회복지정책 프로그램이 더 효과적으로 운용되기를 기대하는 한편, 그에 따른 방안으로 평가에 대한 관심을 기울이게 되었다. 그러한 일환으로 개별 사회복지기관의 기능과 사회복지전문가의 역할에 대한 평가도 동시에 관심이 증대되었다. 소위 '책임성'의 문제가 그것이다(현외성, 2008).

(6) 효율성

효율성(efficiency)은 최소한의 자원을 투입(input)하여 최대의 산출(output)을 만들어 내려는 관심을 의미하여 비용측면과 관련된 가치이다. 사회복지정책에서 효율에는 수단으로서의 효율과 파레토 효율(배분적 효율)이 있다. 수단으로서의 효율의 개념이 특정 목표 달성을 위하여 최소의 자원을 투입하여 최대의 결과를 의미하는 데 비해, 파레토 효율의 개념은 더 이상 어떠한 개선이 불가능한 최적의 자원배분 상태로서 사회적 자원의 바람직한 배분이라는 보다 포괄적인 측면에 초점을 두고 있다(김태성, 2003).

(7) 사회정의

정의(justice)는 아주 오래 전부터 논의되어 온 개념이다. 그것은 올바른 행위의 판단이란 의미에서 윤리학과 연결되어 있다. 우리가 어떤 행위가 올바른가? 또는 공정한가? 하는 판단을 내려 올바르다고 생각하면 정의롭다고 말한다. 많은 경우 이런 올바름, 공정함의 판단 기준은 평등과 연결된다. 즉 학기말 시험 후 교수가 학생들에게 열심히 공부했든, 성적이 좋든 상관없이 모든 학생들에게 똑같은 점수를 준다면(절대적 평등의 구현) 이런 경우 우리는 공정하지 않게 느낀다. 반면 현대에 와서 부나 재산에 따라, 성별에 따라 투표권의 수를 달리 한다면(상대적 평등의 구현) 이 역시 불공정하게 생각한다. 그러므로 정의는 근본적으로 평등의 개념과 관계가 있다. 평등이 추상적인 가치 개념이라고 한다면 정의는 점 더 구체적이고 실제적인 가치라고 할 수 있다.

현대에 와서 정의는 사회정의[3]라는 용어와 동일시된다. 사회정의는

3) 사회정의에 대한 개념을 보면 "일반인의 통념으로 판단한 올바른 사회적 윤리. 법 앞에서의 평등이나 정당한 보수 따위와 같이 모든 개인이 한결같이 인간다운 생활을 누릴 수 있는 최소한의 조건을 보장하는 것을 기본으로 한다."고 되어 있다(다음이나 네이버를 검색하여 확인해 보세요). 이런 개념은 사회복지(보장)가 모든 국민들에게 생존권을 보장하는 것이라는 개념과 일맥

한 사회에서 선과 악을, 사회적 자원을 어떻게 올바르게 분배할 것인가에 대한 합당한 기준에 대한 것이다(김기덕, 2002 참조). 사회적 자원의 분배에 대한 이론은 공리주의, 자유주의, 평등주의, 공적주의 등 대단히 많다. 여기서는 사회복지정책에 많은 영향을 미친 John Rawls의 견해를 보기로 한다.

(8) 연대의식

연대의식(conscience solidaire)은 사회구성원 상호 간 또는 구성원과 사회 간의 상호의존을 지탱하는 의식으로서 사회구성원이 공통적으로 가지고 있는 귀속의식을 나타낸다. 자본주의 사회에서 지나치게 개인의 능력이나 경쟁을 강조한 나머지 인간의 소외 및 사회적 불평등 현상을 심화시키고 있는데, 이러한 상황에서 사회구성원 간의 연대의식이 작용할 때, 구성원들이 공통의 위험에 빠지게 되더라도 이를 해결하기 위해 협동하게 되는 것이다(남기민, 2000). 오늘날의 대표적 사회위험인 빈곤, 노령, 질병, 사망, 재해 등에 대해서 사회적 연대 차원에서 마련되고 있는 사회보험제도들은 이러한 사회적 위험에 대한 공동의 협동과 책임을 전제로 한 사회적 연대의식이라는 가치의 실현이다(박경일 외, 2000).

(9) 민주주의

사회복지정책 가치로서 민주주의(democracy)는 국가의 주권이 국민으로부터 나오고 국민을 위하여 정치를 실행하는 것이다. 이에 대한 요건들을 살펴보자.

먼저 국민은 누구나 1인 1표의 보통선거권을 통하여 정치에 대한 권력을 행사할 수 있다는 것, 또한 적어도 2개 이상의 정당들이 선거에서 정치 강령과 후보들을 내세울 수 있어야 한다는 것, 국가는 출

상통한다. 결국 사회복지와 사회정의는 대단히 밀접한 관계를 가졌다는 것을 알 수 있다. 이런 맥락에서 외국의 많은 학자들이 사회복지는 사회정의를 이루는 것이라는 주장을 이해할 수 있다.

판·결사·언론의 자유 등 모든 구성원의 권리를 보장하여야 한다는 것, 정부의 정책은 국민의 복리증진을 위한 것이어야 한다는 것, 국가는 책임 있는 비판을 보장하여야 한다는 것, 그리고 정권교체는 평화적 방법으로 이루어져야 한다는 것 등이다(네이버 백과사전). 이 중에서 민주주의 하에서 이루어지는 국민의 1인 1표의 경우, 빈부 및 능력 등의 차이에 관계없이 동등하게 투표권을 행사하는 것으로, 이는 인간으로서의 권리를 제도적으로 보장하고 궁극적으로 인간존중을 실현하는 것이라고 할 수 있다(남기민, 2006: 32). 또한 민주주의 요건인 국민에 대한 정부의 복리증진에 근거하여 각종 사회보장정책 등이 추진되고 있다. 이는 한국의 민주주의헌법규정 제 34조[4]에도 잘 나타난다(김경우 외, 2008).

(10) 접근성

사회복지정책 가치로서 접근성(approach)은 사회복지 서비스를 필요로 하는 국민 누구나 그 서비스에 대하여 얼마나 쉽게 접근할 수 있는지, 얼마만큼 편리하게 이용할 수 있는지를 나타내는 것이다.

예를 들어, 사회복지시설이 모두 도시 위주로 설치되어 있다면 도시에 거주하는 서비스대상자들은 그 시설을 쉽게 이용할 수 있으므로 접근성이 높은 수준인 반면에, 농촌·섬지역 등에 거주하는 대상자들의 시설에 대한 접근성은 낮을 수밖에 없으므로 서비스 이용의 문제가 발생하는 것이다. 그러므로 사회복지정책에서 복지서비스의 제도적 확충뿐만 아니라, 실질적으로 대상자들이 서비스에 접근할 수 있도록 물리적인 접근성의 확보 또한 중요한 것이다.

---

4) 헌법 제 34조는 ① 모든 국민은 인간다운 생활을 할 권리를 가진다. ② 국가는 사회보장·사회복지의 증진에 노력할 의무를 진다. ③ 국가는 여자의 복지와 권익의 향상을 위하여 노력하여야 한다. ④ 국가는 노인과 청소년의 복지향상을 위한 정책을 실시할 의무를 진다. ⑤ 신체장애자 및 질병·노령 기타의 사유로 생활능력이 없는 국민은 법률이 정하는 바에 의하여 국가의 보호를 받는다. ⑥ 국가는 재해를 예방하고 그 위험으로부터 국민을 보호하기 위하여 노력하여야 한다(법제처, www.moleg.go.kr).

2) 사회복지와 이데올로기(이념)

본 내용에서는 George와 Wilding의 복지이념을 중심으로 전개하고자 한다. Vic George와 Paul Wilding(1976; 1994)은 복지국가에 대한 관점 즉, 정치적 이념의 차이에 따라 복지국가를 구분하였는데, 1976년 연구에서는 반집합주의(anti-collectivism), 소극적 집합주의(reluctant collectivism), 페이비언주의(Fabian socialism), 마르크스주의(marxism) 등 네 가지로 구분하여 설명하였다. 그 후 1994년에는 반집합주의는 신우파(신자유주의), 소극적 집합주의는 중도노선, 페이비언주의는 사회민주주의, 마르크스주의는 그대로 이름 붙여 설명하면서, 페미니즘과 녹색주의를 더해 6가지로 복지이념을 구분하였다.

(1) 반집합주의(신우파)

반집합주의는 19세기 영국을 지배했던 이념으로, 1940년대에서 1970년대 초까지 시대착오적 사상으로 취급되었으나, 1970년대 후반 경기침체로 인해 다시 부활하고 있다(이태복, 2006).

반집합주의는 기본적으로 집합주의에 대해 부정하는 입장으로, 정부의 개입에 대하여 반대하는 유형이다. 반집합주의자들이 주장하는 기본 가치는 자유, 개인주의, 불평등이다. 이들이 말하는 자유는 타인으로부터 간섭 또는 강제 받지 않는 소극적 자유를 의미한다. 자유는 모든 인간이 지닌 천부적 권리이므로 어떠한 불가피한 상황에서도 자유의 축소는 정당화되지 않는 한 사회조직은 이 권리를 지켜 나가야 한다고 주장한다.

따라서 반집합주의자들은 복지국가에 대한 관점 역시 반대입장이 분명하다. 물론 사회적 최저수준을 보장하기 위한 정부의 역할까지는 인정하지만, 그 이상을 보장하는 것에는 반대한다. 이들이 생각하는 정부의 역할이란 시장의 자발적 작동을 위한 규칙을 만드는 규칙제정자로서의 역할과 스스로의 삶을 영위할 수 없는 사람을 보호하는 가부장적 역할로만 제한되어야 한다고 주장한다(김종명 외, 2009). 또한 이들은 사회복지서비스를 무료로 보편적 제공을 하게 되면 한정된 자원으로 무한정인 수요를 감당할 수 없으며, 결국 국가는 가수요를 조장하게 된다고 생각한다. 즉, 복지국가는 경제적인 면에서 비효율적이고 개인의 자유를 박탈할 것이라고 주장한다. 그들은 서비스의 국가독점은 효율성을 충분히 고려하지 않고 필요 없는 지출을 초래하기 때문에 경제성장에 바람직하지 못하다고 주장한다(신윤창 외, 2001).

(2) 소극적 집합주의(중도노선)

소극적 집합주의는 다른 말로 케인즈주의라고도 하는데, 이는 소극적 집합주의가 케인즈(J. M. Keynes) 경제이론을 토대로 하기 때문이다. 케인즈는 자본주의 경제가 유지되기 위해서는 시장실패를 해결하기 위해 국가의 적절한 개입을 주장하였다. 1929년 세계 대공황을 겪으면서 케인즈의 경제이론은 공공정책 결정에 많은 영향을 미쳤다.

케인즈는 고전적 자유경제학자들이 생각하는 실업, 이자, 불평등 등의 개념에 대해 다르게 이해하고 있었다. 고전적 경제학자들은 임금수준이 높아지면, 고용주는 고용을 거부하게 되고, 그렇다면 실업률이 높아질 것이라고 주장한다. 그러나 케인즈는 고용이 증가해서 소득이 증가하게 되면, 유효수요(소비행위)가 증가하게 되어 경제가 활성화된다고 주장했다.

적절한 수준의 국가개입을 옹호하는 케인즈의 원래 목적은 자본주의를 보호하고 유지하기 위함이었다. 그러므로 자본주의의 기본가치인 자유, 경쟁, 개인주의 등을 신뢰하고 국가개입이 불가피하다는 실용주의적 입장을 취한다(이태복 외, 2006).

소극적 집합주의자들은 반집합주의자들의 복지국가에 대한 태도가 이념적이고 원칙적인 반면에, 이들은 복지국가의 실용성에 대하여 강조한다. 그러나 실용주의적이고 인도주의적 입장을 취함에 따라 지나친 불평등에 대한 개입을 인정한다. 이들은 지나친 불평등의 경제성장에 오히려 장애요인으로 작용할 수 있기 때문에 불평등을 해소할 때 경제가 성장한다는 실용주의적 입장을 취한다.

따라서 소극적 집합주의자들은 정부의 개입에 대하여 조건부인정의 입장을 취하며, 복지국가에 대한 관점은 실용주의적 입장을 취한다. 또한 빈곤완화에 대한 책임은 국민최저 수준의 보장만을 인정하므로, 낮은 수준의 사회복지정책을 지향한다고 볼 수 있다. 베버리지(Beveridge), 케인즈(Keynes), 갤브레이스(Galbraith) 등이 이들을 대표한다. 베버리지는 최저수준의 보장을, 갤브레이스는 다른 대안이 실패하여 국가의 개입이 불가피할 경우에 사회복지정책이 필요하다고 본다.

(3) 페이비언 사회주의(사회민주주의)

페이비언 사회주의는 자본주의 체제가 필연적으로 실패할 수 있다는 점에서 이에 대한 폐해를 해결하기 위해서 정부의 개입이 불가피하다는 입장이다. 그런데 자본주의를 수정의 대상이라 아니라, 극복의 대상이라고 본 점이 케인즈주의와의 차이점이다.

페이비언 사회주의는 영국의 독특한 점진적이고 실용주의적인 사회주의로 1884년 영국 페이비언협회에 기원을 두고 있다. 버나드 쇼(G. Bernard Shaw), 시드니와 베아트리스 웹(Sidney & Beatrice Webb)부부, 토니(R. H. Tawney) 등 지식인들이 주도했으며, 이들은 초기에는 혁명적 노동운동과는 거리를 두었지만, 2차 대전 후 그들의 이념은 영국 노동당의 복지국가이념이 되었다(이태복 외, 2006).

페이비언 사회주의의 기본가치는 평등, 자유, 우애이다. 반집합주의자들이 불평등이 자연스러운 것이라고 하는 데 반해. 이들은 불평등이 자연적 정의에 어긋난다고 주장한다. 이들은 사회정의, 사회적 조화, 사회적 효율성, 개인적 자아실현 등 네 가지 측면에 바탕을 둔 평등을 주장한다. 즉, 불평등을 해소하지 않으면 비효율이 증대되기 때문에 불평등을 감소시킴으로써 사회안정과 사회조화 등을 실현시킬 수 있을 것이라고 주장한다. 그리고 가치는 인본주의적 입장과 연결되는데, 인본주의적 가치란 사회구성원들로 하여금 자신의 잠재력을 실현할 수 있는 여건을 만들고, 상대적으로 배제된 사람의 복지에 보다 우선순위를 부여함을 의미한다(신윤창 외, 2006).

(4) 마르크스주의

마르크스주의자들은 기본적으로 자본주의체제를 착취체제로 보며, 자본주의의 비인간성을 비판하는 입장이다. 이들은 자유, 평등, 박애 등의 사회가치를 강조하며, 특히 자유를 적극적자유로 해석하고 적극적 자유의 실현을 위해서는 경제적 평등이 보장되어야 한다고 주장한다. 이들은 경제적 평등이 전제되지 않는 한, 정치적 평등 또한 실현될 수 없다고 본다. 왜냐하면 경제적 평등이 보장되지 않는다면, 정치권력은 경제권력의 시녀로 작용할 수 있다고 판단하기 때문이다. 또한 평등은 특권의 부재이며, 모든 사람에게 적절한 기회가 주어지는 것을 의미한다. 한편 이들이 강조하는 가치 중 하나인 박애(fraternity)는 인간이 서로가 필요한 존재라고 인식하고 좋은 사회를 만들기 위해 협동적으로 살아가는 것을 의미한다. 이러한 박애는 자본주의의 개인주의와는 여러 면에서 서로 대치되는 가치이다(김종명 외, 2009).

마르크스주의자들이 생각하는 정부의 역할은 생산 및 분배수단의 국유화이며, 정치적 민주주의를 확대시켜 노사갈등을 감소시키고 노사협조를 증진시키는 것이다. 그러나 사회복지정책을 통하여 자유와 평등을 보장하고 경제적 평등이 보장되는 사회를 얼마나 실현할 수 있을지에 대해서는 굉장히 회의적 입장이다. 이들은 사회복지정책이 근본적인 문제를 해결하는 것이 아닌, 일시적 방편이라고 비판한다.

(5) 페미니즘

오랜 기간 동안 서구 복지국가의 발달은 자본과 노동 간의 투쟁과 타협으로 이해되었으나, 페미니즘은 성차별적인 정치권력의 결과에 초점을 맞춘 새로운 관점을 추가하였다. 복지국가가 노동시장에서 여성들이 평등한 지위를 보장받을 수 있도록 하는 데 필요한 서비스를 제공할 수 있다는 측면에서는 강한 지지를 보이면서도, 한편으로는 주로 남성들이 정책입안자이고 여성들은 단지 정책수혜자로 머무는 남성지배적인 국가라고 비판한다.

(6) 녹색주의(또는 생태주의)

환경에 대한 관심은 전 세계적으로 다양하고 또한 긴 역사를 갖고 있지만, 이데올로기로서 녹색주의의 기원은 최근(1970년대)에 발생한 것이다. 앞에서 언급한 페미니즘이 여성에 대한 배려가 가능한 풍요사회에서 나타났듯이, 녹색주의도 지구의 미래를 배려할 수 있는 탈산업사회에서 등장했다. 이들은 경제성장을 개인적 풍요나 공공서비스 자원을 증가시킴으로써 복지를 강화하는 수단으로 보고, 경제성장이야말로 엄청난 비복지라고 생각한다. 복지국가의 급여 및 서비스를 경제성장과 소비확대의 산물로 보고 이를 지구환경의 심각한 문제로 간주한다.

제5장 사회복지의 구성요소

1. 사회복지의 자원과 주체

사회복지의 주체란 복지정책을 형성하고 실행하는 주체를 말한다. 일반적으로 정책의 주체를 중앙정부와 지방정부라는 국가 조직으로 보는 견해가 지배적이다. 실질적으로 정부가 사회복지정책을 수립하고 실행하는 과정에서 주도적이고 지배적인 역할을 하고 있는 것은 사실이다. 그러나 모든 국가에서 동일한 형태나 정도로 국가가 사회복지정책의 주체로 형성되어 있는 것은 아니다. 특히 1980년대 이후 유럽과 미국 등 제반 선진국가의 행정에 신공공관리론(NPM)이 등장하면서 사회복지분야에서도 '시장원리 도입, 비공식부문에 대한 새로운 인식, 자조집단의 강화' 등으로 사회복지 공급주체가 다원화되고 있다(김종명 외, 2009).

이러한 사회복지 공급주체와 관련하여 Johnson(1987)은 '국가, 자원부문(voluntary sector), 비공식부문(informal sector), 상업부문(commercial sector)' 등이 복지를 공급하는 주체적 역할을 하고 있다고 설명하였다. Evers(1990)는 '가계, 국가, 시장경제 등' 세 축이

복지공급의 주축을 이루면서 일정한 변화와 배합을 통해 '자조집단, 자원봉사조직, 소규모직업조성집단, 협동' 등의 다양한 복지 공급주체를 형성한다고 주장하였다. Gilbert와 Terrell(1998)은 사회복지 공급주체를 '가족을 포함한 친족, 종교, 기업, 시장, 상호부조, 정부' 등 여섯 가지로 분류하였다. 이상의 논의를 바탕으로 이 절에서는 공급주체의 공공부문을 중앙정부와 지방정부로, 민간부문은 가족, 친족, 종교, 기업, 상호부조 등으로 보고 사회복지정책의 주체와 관련하여 공공복지의 필요성과 민간부문의 효율성에 대하여 살펴보겠다.

1) 공공부문

(1) 공공복지의 필요성

국가가 주도하여 사회복지의 재화나 서비스를 제공하여야 하는 이유는 크게 두 가지로 나누어 볼 수 있다.[1] 첫째는 규범적이고 가치적인 이유이고 둘째는 경제적 효율성의 이유이다. 복지국가의 필요성에 대한 논의에서는 주로 전자의 이유가 많이 거론된다. 즉, 복지국가는 평등, 소득재분배, 인간의 존엄성, 연대 등의 가치를 실현하는 데 필요하다는 논리이다. 이러한 가치의 실현을 위해 국가가 사회복지서비스를 국민들에게 적극적으로 제공해야 한다고 보는 입장이다(김태성 · 성경륭, 2008).

국가가 주도하여 복지서비스를 제공해야 하는 두 번째 이유는 국가의 제공방법이 다른 방법(시장이나 가족)에 의한 것보다 더 효율적으로 제공할 수 있다는 것이다. 즉, 시장이나 가족에 의해서 사회복지서비스가 제공되는 것이 국가에 의해 제공되는 것보다 비효율적이라는 것이다. 일반적으로 시장에서 재화가 효율적으로 배분되기 위해서는

1) "여기서 국가가 주도한다는 의미는 국가가 국가예산으로 사회복지를 제공하는 것뿐만 아니라 국가가 민간부문에서의 사회복지의 재화나 서비스의 제공을 조정, 통제, 규제하는 것 모두를 포함한다."는 입장이다(김태성 · 성경륭, 2008).

첫째, 그 재화가 공공재(public goods)[2]가 아닌 사유재(private goods)이어야 하며, 둘째 그 재화의 거래에서 외부효과(externality)가 발생되지 말아야 하며, 셋째 그 재화에 대한 수요자와 공급자 모두가 충분한 정보를 가지고 있어야 하며, 넷째 규모의 경제(economy of scale)의 효과가 적어야 한다. 하지만 이러한 조건들이 모두 충족되지 않을 경우에는 시장에서 재화가 비효율적으로 배분될 수 있기 때문에 사회구성원이 만족하는 배분이 이루어지지 않을 수 있다. 이러한 상황에서 국가가 개입하여 이러한 '시장의 실패'를 해결할 수 있고 사회적으로 바람직한 자원의 배분을 유도할 수 있다. 이 장에서는 이러한 것들에 대해 자세히 살펴보고자 한다.

(2) 중앙정부

현대 산업사회에서 사회복지서비스 제공의 가장 영향력 있고 중요한 주체는 국가와 지방자치단체이다. 국가는 국민의 최저생활보장과 생활향상에 대한 책임을 지며, 지방정부는 국가정책에 협력하되 지역사회의 독특한 복지욕구를 충족시키기 위해 노력해야 한다. 국가가 사회복지를 주도해서 제공해야 한다는 당위성은 앞서 여덟 가지 측면(공공재적 성격, 외부효과, 불완전한 정보, 역의 선택, 도덕적 해이, 규모의 경제, 시장의 실패, 위험발생의 상호 의존 등)으로 살펴보았다.

우리나라 보건복지부는 전반적인 사회복지정책을 수립하고 그 집행을 관장하며 감독하는 중앙행정부서이다. 중앙정부는 첫째, 타 지역으로의 파급효과가 큰 복지기능을 수행하며 둘째, 규모의 경제 셋째, 기획관리기능 넷째, 전국적 통일이 필요한 업무를 담당하고 있다. 이러한 중앙정부의 특징과 기능에 따르면, 현재 우리나라에서 행해지는 사회복지정책 중 전국적으로 통일되고 규모가 큰 사업인 연금정책과 국민건강보험, 공공부조, 그리고 부양가족에 대한 세제혜택 등은 중앙정

2) 순수한 의미의 공공재는 사유재와 달리 그 재화를 소비하는데 있어서, 비경쟁적이고 비배타적인 성격을 지닌다(Rosen, 1988). 또한 공공재는 다른 말로 사회재 혹은 집합재로 불리기도 한다(김태성 · 성경륭, 2008).

부가 관장하는 것이 바람직하다고 볼 수 있다(박경일, 2008).

(3) 지방정부(지방자치단체)

보편적으로 지역의 특수성, 접근성(근접성),) 현지 비용 절감, 집행성 및 단순성이 있는 업무 등은 지방정부에서 제공하는 것이 효과적일 수 있다. 지방정부는 중앙정부의 전국적 정책의 틀 안에서 각 지역의 대인적 · 구체적 · 개별적 특성을 고려하여 조사, 시설설치, 입소 조치 등과 같은 실제적 집행을 각 지역의 실정에 맞게 수행하도록 권장된다. 이를테면, 사회복지시설, 경로당, 사회복지관, 재가복지 봉사센터 운영 등은 각 지역의 특성에 맞게 지방자치단체가 주도적으로 개별 프로그램을 편성 · 운영하는 것이 효과적일 것이다(박경일, 2008).

지방정부가 사회복지를 주도적으로 공급함에 있어서 장점은 지역의 특수성과 욕구를 가장 잘 알고 있기 때문에 지역주민이 해결을 요구하는 욕구에 적절한 복지서비스를 능동적으로 제공할 수 있다는 장점이 있다. 또한 문제 해결과정에서 지역주민의 참여를 유도 · 연계시킬 수 있으므로 복지제공의 효율성과 효과성을 높일 수 있다. 그러나 지방정부가 주도적으로 복지제공을 하면, 지자체 간 혹은 지역 간 복지수준의 불평등화가 초래될 수도 있다. 이를테면 재원 또는 기술과 능력 등이 부족한 지자체의 경우 상대적으로 전문화된 복지프로그램을 진행하기 어려울 것이며, 해당 지역주민은 낮은 복지수준에 머무를 수 있다. 이와 같은 지역 간 복지수준이나 급여의 불평등은 지역 간 위화감을 초래하면서 사회통합의 장해요소로 작용할 수 있다. 따라서 중앙정부와 지방정부의 복지정책의 책임과 업무를 적절하게 분권화하여 국민 모두에게 평등한 복지혜택을 충분히 제공받을 수 있도록 노력해야 한다.

〈표 5-1〉 중앙정부와 지방정부 비교

구 분	중앙정부	지방정부
필요성	• 사회복지 재화나 서비스가 속성상 공공재적 성격이 강한 경우 • 대상이 되는 사람이 많을수록 기술적인 측면에서 유리한 경우 • 평등(소득재분배)과 사회적 적절성의 가치를 구현하는 경우 • 다양한 사회복지에 대한 욕구를 체계화하여 다양한 프로그램을 통합, 조정하거나 이러한 정책들을 지속적이고 안정적으로 유지하는 경우	• 지역주민의 욕구를 더 효율적으로 해결할 수 있음 • 지방정부 간의 경쟁논리에 의해 재화의 가격과 질의 측면에서 수급자에게 유리해질 수 있음 • 중앙정부에 비해 비교적 창의적이고 실험적인 서비스 개발이 용이하여 수급자들의 변화하는 욕구에 적극 대응해 나갈 수 있음 • 수급자들이 정책결정에 참여할 기회가 많아져, 수급자의 입장이 반영될 가능성이 높아짐
한계점	• 서비스에 관한 수급자의 선택이 반영되기 어렵기 때문에 수급자들의 효용을 극대화하는 데 한계가 있어 자원의 비효율적인 배분의 문제가 발생할 수 있음 • 공급자의 독점성으로 공급자가 다수인 경쟁적인 체계에 비해 가격과 질에 있어 수급자에게 불리할 수 있음 • 정부조직의 관료성으로 수급자의 욕구에 대한 대응이 빠르지 못하고 지역 특수적인 욕구에 융통적이지 못함 • 지방정부 혹은 민간부문의 전달체계에 비해 수급자가 쉽게 접근하기 어려운 경향이 있음	• 지역 간의 커다란 불평등을 야기시켜 사회통합을 저해할 수 있음 • 중앙정부에 비하여 규모의 경제효과가 적어 사회보험의 경우 기술적 측면에서 불리함 • 지방정부 단위의 프로그램은 단편화할 가능성이 큼 • 프로그램의 안정성과 지속성의 측면에서도 불리함

출처 : 박경일(2008)에서 재인용.

2) 민간부문

민간복지는 개인이나 비영리 사회단체 및 기업과 같은 민간부문이 주체가 되어 행하는 비정부 사회복지활동을 의미한다. 정부의 활동이 아닌 비정부기구라는 의미에서 NGO(Non-Governmental Organization)라는 이름으로 널리 쓰이고 있으며, 대부분 비영리적으로 활동하기 때문에 비영리단체 등과 함께 쓰인다.

그동안 민간부문은 보통 공공부문이 행하지 못하는 복지서비스, 특히 전문적이거나 특수한 서비스, 혹은 공공기관의 서비스 사각지대 대상자에게 공공기관의 보조적 역할을 수행하면서 복지공급을 담당하였다. 그러나 최근 들어 다양한 복지수요의 증가, 복지재정의 약화, 민간부문의 기술적 · 재정적 발달 그리고 복지이념에 대한 인식변화, 세계화, 정보화 등 사회환경의 변화에 따라 공공부문과 거의 대등한 위치에서 복지공급의 주체역할을 담당하고 있다. 이러한 민간부문은 비영리민간조직(NPO)과 영리민간조직 등으로 구분할 수 있다(정정길 외, 2003). 이 절에서는 먼저 민간부문의 효율성에 대하여 살펴본 뒤, 민간부문의 역할과 특성에 대하여 구체적으로 살펴보겠다.

(1) 민간부문의 효율성

① 정부의 실패

순수한 중앙정부에 의한 복지서비스의 독점적 제공은 독점성과 관료제적 경직성 등에 따른 일부 문제점이 제기되고 있다(강혜규, 2003; 김미성, 2004). 즉, 경쟁대상이 없는 독점공급은 불필요하게 높은 비용에 서비스가 공급되어도 견제하기 어렵고 비용절약의 유인이 없는 단점이 있다. 또한 관료제는 특유의 경직성으로 인해 다변하는 사회에서의 주민욕구에 적절히 대응하지 못하기 때문에 오히려 책임성이 떨어지기 쉽다. 따라서 중앙정부를 중심으로 한 공공부문은 민간부문이나 시장의 대안적 제공자로서 재정조달을 하고 욕구를 조사하고 우선순위를 매기며, 서비스를 위탁하고 성과를 감독하는 조정자의 역할이 강조된다고 할 수 있다. 따라서 공공부문에 의한 독점적 경쟁과 관료제적 경직성을 극복하고 주민에게 능동적으로 대응하고 책임 있는 복지서비스를 공급하기 위해서는 정부를 견제하고 경직성을 띠지 않는 민간부문의 개입이 필요하다(김종명 외, 2009).

② 서비스 공급 · 전달에서 민간부문의 장점

최근 민간부문이 더욱 강조되고 있다. 사회복지위탁사업, 바우처사업, 비영리단체들의 증가 등이 그 예라고 할 수 있다. 민간부문의 장점으로는 첫째, 공급자간 경쟁을 통해 비용을 낮추고, 서비스의 질을 향상시킬 수 있다는 것이며 둘째, 다양한 공급자들의 존재하는 한, 서비스 대상자들의 선택권이 보장될 수 있다. 마지막으로 민간부문은 공공부문보다 덜 관료적이며, 효율성이 높은 편이다.

민간부문의 강조와 더불어, 한 사회에서 복지의 원천은 다양하며, 복지제공주체로서 국가 이외에 시장, 비공식부문, 자원부문 등의 역할을 포괄적으로 고려할 것을 강조하는 '복지다원주의(welfare pluralism)'의 개념이 확산되고 있다. 또한 복지다원주의란 복지혼합(welfare mix), 복지혼합경제(mixed economy of welfare)와 유사한 의미로 사용되기도 한다.

(2) 비영리민간조직

비영리민간부문 혹은 비영리민간조직(NPO, Non-Profit Organization)은 특정인의 이해와 영리를 목적으로 설립되어 운영되는 영리조직과 대비되는 개념으로 일반사회의 공익 등을 목적으로 설립되어 비영리사업을 영위하는 조직을 말한다(김종명 외, 2009). 이는 민간이 운영한다는 점에서 공적부문과는 다르고, 이윤을 추구하지 않는다는 점에서 영리부문(민간기업)과 다르다. 또한 혈연이나 지연에 기초하여 공급되는 비공식부문과 달리, 비영리민간부문은 사람들의 자발성(voluntarism)에 기초하여 공급된다는 점에서 차이가 있다(박경일, 2008).

비영리민간부문은 사회복지 제공의 국가책임성을 강조하는 복지국가의 성립 이후 축소되었다가 최근에 다시 중요성이 제기되고 있다. 복지국가 재편기의 재정위기와 맞물려 비영리민간부문과 비공식 부문이 활약하는 다원적인 복지사회가 대두되며 최근 다시금 관심이 고조되고 있다. 이 부문은 국가서비스의 발달 지체로 인한 부분을 메워주는 역할을 한다.

이러한 주요한 기능 때문에 앞으로 비영리민간부문의 사회복지서비스 공급은 계속 필요할 것이다. 그 이유는 ① 현재 공공정책으로 대응하지 못하는 서비스는 민간사회복지기관이 제공할 수 있다. ② 비영리민간부문은 종파적인 서비스 혹은 특정 종족이나 이익집단을 위한 서비스를 적절하게 제공할 수 있다. ③ 사적인 익명의 알코올중독자 모임과 같은 자조집단(self-help group)의 중요성에 대한 인식이 증대되고 있다. ④ 비영리민간기관은 요보호자나 복지대상자를 위해 종종 정부와 대립되는 관점에서 대변자의 기능이나 공무원에 대한 민원조사관의 기능을 담당할 수 있는 최선의 방편이 될 수 있다. ⑤ 위의 네 가지 기능과는 별개로 비영리민간부문은 비록 재원의 적은 부분을 차지하더라도 사회복지의 주된 기능을 계속 행사할 것이다(남세진, 1992: 135~136).

이러한 비영리민간 조직은 다음과 같은 요건을 갖추고 있어야 한다(김종명 외, 2009).

- 사업의 수혜자가 불특정 다수일 것
- 구성원 상호 간에 이익을 분배하지 않을 것
- 특정 정당 또는 선출직 후보에 대한지지·지원이나 특정 종교의 교리전파를 주된 목적으로 설립·운영되지 않을 것
- 상시 구성원 수가 100인 이상일 것
- 최근 1년 동안 공익활동의 실적이 있을 것
- 법인이 아닌 단체인 경우 대표자나 관리인이 있어야 함

한편 우리나라 「비영리민간단체지원법」에 의하면 국가나 지방자치단체는 비영리민간단체의 고유한 활동영역을 존중하고, 창의성과 전문성을 발휘하여 공익활동에 참여할 수 있도록 적극 노력해야 한다. 이 법 규정에 의한 지원을 받고자 하는 비영리민간단체는 해당 공익활동의

주무 장관이나 시 · 도지사에게 등록을 신청할 수 있으며, 행정안전부 장관이나 시 · 도지사는 등록된 비영리민간단체의 공익사업 소요경비를 지원할 수 있다. 매년 지원할 수 있는 공익사업의 유형을 결정하고, 공익사업선정위원회에서 개별적 지원사업 및 지원금액을 정한다. 개별적 지원사업의 선정은 공개경쟁방식을 원칙으로 한다는 등의 규정을 두고서 비영리민간단체에 대한 정부의 지원을 제도화하고 있다.

(3) 영리민간조직

영리조직이란 장기요양시설사업, 실버사업, 보육사업 등과 같이 시장의 원리를 바탕으로 이윤을 추구하기 위하여 복지시설, 요양시설 등을 설치하여 운영하는 조직을 말한다. 즉, 영리를 목적으로 복지시설을 설치하고 이용자에게 일정한 이용료를 부과하여 복지서비스를 제공하는 것을 의미한다(김종명 외, 2009). 사회복지분야에서의 영리민간조직은 최근 들어서 발전하는 추세인데, 그 배경은 먼저 복지국가의 재정적 위기 속에서 공공부문에 의한 복지서비스 제공에는 한계가 있었기 때문이다. 둘째, 1990년대 이후 공기업 민영화가 많이 추진된 것처럼 복지분야에서도 서비스 질 향상을 위해 민영화, 민간위탁방식 등 다양한 방식으로 시장에 맡기기 시작하였다. 셋째, 지속적 경제성장으로 생활수준이 향상되면서 구매능력이 생긴 계층이 크게 증가하였기 때문이다. 넷째, 인구고령화 등 사회환경이 급변하면서 요구되는 복지수요와 자원의 양이 증대하여 이에 신속히 대응하는 과정에서 영리민간조직이 복지를 공급하게 되는 흐름이 나타났다(현외성, 2008).

또한 영리조직이 비영리조직 및 공공조직과 다른 점은 ① 영리조직은 이용자들에게 이용료를 부과하여 서비스를 구매하게 한다는 점, ② 자유시장원리에 기초하여 영리조직 간 상호 경쟁한다는 점이다. 한편 이 특징에서 사회복지서비스에 대하여 이용료를 부과하는 사안에 대해서는 찬반 논쟁이 일어난다. 먼저 사회복지서비스 이용료 부과에 대해 옹호하는 입장을 살펴보자. 사회복지 서비스의 직접적인 이용자가 그 비용을 부담할 필요가 있다는 주장은 서비스에 부과되는 요금이 가지는 심리적, 행동적 결과에 대한 가정을 전제로 하고 있다(Gilbert & Specht, 1993: 166~167). 심리적 결과란 서비스 이용자가 이용료를 부과함으로써 서비스를 받는 수혜자가 된다는 사실에 대해 느낄 수 있는 열등감 또는 낙인을 약화시키고 개인의 존엄성이 손상되는 것을 막을 수 있다는 것이며, 행동적 결과란 서비스 이용에 대해 이용료를 부과함으로써 서비스에 대한 수요를 억제시켜 불필요하거나 과도한 서비스의 이용을 방지할 수 있다는 것이다.

(4) 국가와 민간의 혼합체계 : 민 · 관 협력체계

1990년대 이후 복지국가 재편과정에서 작지만 효율적인 정부, 성과중심의 정부, 고객지향적 정부 등 신공공관리론(NPM)[3]적 요소를 대거 도입하면서 대대적 행정개혁을 추구하였다. 이 과정에서 복지분야에서도 국가에 의한 사회복지서비스의 생산과 전달주체로서의 국가역할 등에 대한 비판과 축소가 제기되었다. 그 결과 민간부문의 역할이 증대되고 국가와 민간의 혼합체계가 형성되는 등 민간부문의 활동영역과 중요성이 증대되었다. 특히 민·관 협력체계에 의한 공공서비스 공급이 중요한 주체로서 등장하였다(김종명 외, 2009).

이와 같은 정부와 민간부문의 혼합체계를 통하여 공공부문의 단점을 보완하여 사회복지 서비스 전달의 효율성, 접근성, 융통성 등을 높일 수 있다. 그러나 민간부문의 단점인 평등추구의 어려움, 규모의 경제에서 단점 등을 나타낼 수도 있다.

한편 사회복지서비스를 제공함에 있어서 민·관 협력체계의 장점은

3) '시장주의'와 '신관리주의(new managerialism)'를 결합해 전토적인 관료제 패러다임의 한계를 극복하고 작은 정부를 구현하기 위해 개발된, 1980년대 이후 영미 국가들을 중심으로 등장한 정부 운영 및 개혁에 관한 이론이다. 즉 신공공관리론은 정부관료제의 운영체제가 경쟁의 원리에 기반한 시장 체제를 모방, 계층제적 통제를 대체함으로써 정부관료제의 효율성을 높이자는 것이다. 신공공관리의 주요 정책 수단으로는 인력 감축, 민영화, 재정지출 억제, 책임운영기관, 규제 완화 등이 있다(출처 : 네이버 용어사전).

다음과 같이 정리할 수 있다(문순영, 2001). 첫째, 정부가 비영리민간 조직에 보조금을 지원함으로써 정부가 직접 서비스를 제공하는 데 따르는 문제점을 피하면서 민간부문의 장점을 살려 신속하고 전문적인 서비스를 제공할 수 있다. 둘째, 정부는 비영리민간조직과 계약[4]을 통한 서비스 공급방식을 사용함으로써, 접근이 곤란한 집단이나 소수집단이 처한 특수한 상황에 맞는 프로그램을 탄력적으로 제공할 수 있다. 셋째, 정부는 지역사회에서 이미 활동하고 있는 비영리조직이 가진 각종 자원과 전문성 기술 등에 의존함으로써 정부가 서비스를 제공하는 경우보다 특수집단의 상황에 더 적절한 서비스를 제공할 수 있다.

2. 사회복지의 전달체계

1) 사회복지 전달체계의 기본개념

사회복지 전달체계의 개념은 학자마다 다르게 규정하고 있는데, 우선 Gilbert와 Terrell(1988)은 "사회복지서비스 전달체계란 지역사회

4) 민간위탁은 위탁자와 수탁자 간의 계약으로 행해지는데, 계약방식은 서비스 계약, 관리운영 계약, 임대차 계약, 그리고 양여권 계약 등 다양하다(김경혜, 2000).
- 서비스계약은 민간참여의 가장 단순한 형태로 지자체가 운영·관리의 전반적인 책임을 갖고 구체적이고 한정된 서비스만 외부 조달하는 방식이며, 정부는 모든 고정자산 및 운영자금의 재원조달을 담당하게 된다.
- 관리운영계약은 수탁자는 정해진 위탁관리비로 시설운영 및 관리를 책임지고, 정부는 재정적인 책임을 담당하는 형태이다.
- 임대차 계약은 민간 임대사업자가 정부에 임대료를 지불하고 일정기간 시설을 임대하여 운영하는 방식으로 정부는 시설소유권을 보유하고 신규 시설투자와 재원조달, 주요 시설교체 등에 책임을 진다.
- 양여권 계약은 민간부문이 시설의 운영·보수·유지관리뿐만 아니라 서비스 향상을 위한 신규 자본투자에 이르기까지 서비스 공급 전반에 걸쳐 책임을 지는 형태이다.

체계 속에서 사회복지서비스의 공급자와 클라이언트 간을 연결시키기 위한 조직적 장치"라고 협의적으로 정의하였으며, Freedlander와 Apte(1974)는 "클라이언트 측면에서 이를 둘러싼 일체의 공·사적 복지 조직환경을 포함한 공·사적 기관과 이들 기관 사이의 서비스 전달망"이라고 광의적으로 정의하였다. 최성재·남기민(2001)은 "사회복지서비스 전달체계란 지역사회 내에 존재하는 사회복지서비스의 공급자 간을 연결시키기 위하여 또는 공급자와 클라이언트 사이를 연결시키기 위하여 만들어진 조직적 체계"라고 정의하였다(우종모 외, 2005).

즉, 사회복지 전달체계란 지역사회 내의 서비스 공급자들과 공급자간 또는 공급자와 수요자간을 연결시키기 위한 조직체계(organizational arrangement)이다. 여기서 공급자는 크게 두 가지 측면으로 나누어 볼 수 있는데, 첫째, 공공행정조직인 정부(지방정부 포함)이고, 둘째, 민간부문으로 개인, 기업, 종교단체, 사회복지법인, 시설 등이 포함된다. 그리고 수요자는 사회복지서비스에 대한 욕구를 지난 모든 국민과 지역사회주민에 해당된다고 볼 수 있다.

2) 사회복지 전달체계의 민영화와 상업화

사회복지 전달체계(서비스 전달)의 분석은 다음 두 가지 선택차원과 관련된다. 먼저 공공기관이 직접 서비스를 전달할 것인지 또는 민간기관(영리기관 및 비영리기관)과의 계약을 통해 간접적으로 전달할 것인지의 선택차원이며, 이것은 오늘날 '민영화'라는 쟁점으로 나타난다. 다음은 민간기관 중 영리기관을 선택할 것인지 또는 비영리기관을 선택할 것인지의 문제로 이는 '상업화'라는 쟁점으로 나타난다(Gilbert & Terrell, 2002).

(1) 민영화

민영화란 공공기관이 직영하던 사회복지서비스를 민간기관에게 그 역할을 이양하는 것과 일정한 계약을 통하여 민간기관 및 비영리단체에게 운영을 위탁하는 것을 의미한다. 1980년대 이후 영미에서 복지개혁이라는 이름하에 민영화가 많이 추진되었는데, 민영화는 자유시장 이데올로기의 확산과 시민참여의 확대라는 두 가지 요인의 영향을 받았다. 그러므로 민영화에는 시장주의의 경쟁이라는 이점과 공공기관에서의 관료제라는 약점이 공존한다.

민영화 주창자들은 민간기관이 경쟁요소를 통하여 사회복지 서비스의 공급과 전달에 강점을 지니며, 공공기관은 서비스독점권을 가지기 때문에 경쟁상대가 없으므로 서비스 효율성이 떨어질 수밖에 없다고 믿는다(원석조, 2006).

그러나 사회복지영역에서 민영화를 통한 민간기관의 서비스제공이 항상 바람직하다고 볼 수 없다. 사회복지 서비스를 민영화할 경우 정부는 재정을 부담하거나 조정을 하는 정도의 제3자의 입장이 되고, 민간기관은 서비스의 공급자가 되며, 서비스 수급자는 소비자가 된다. 이때 소비자는 서비스비용을 부담하지 않으므로 서비스 거래에 있어서 수급자가 간여할 부분이 극히 제한적이다. 또한 일반적으로 복지소비자들은 빈민, 노인 등 사회적 취약계층으로서 서비스에 대한 정보의 접근이 어려운 경우가 많다. 이처럼 제3자가 비용을 부담하는 경우 제공되는 서비스의 질과 비용이 담보된다는 보장이 없다. 이처럼 시장 안에서 경쟁과 소비자 선택이 보장되지 않는 것을 '계약의 실패'(contract failure)라고 한다(Gilbert & Terrell, 2002:156).

(2) 상업화

1960년대까지만 해도 사회복지영역은 공공기관과 민간 비영리단체의 배타적 영역이었다. 그러나 최근 들어 사회복지 영역에 영리기관의 참여가 확대되면서 영리를 목적으로 하는 상업화 경향이 나타나고 있다. 이에 대하여 사회복지 주창자들은 영리기관의 부상에 대하여 부정적인 시각으로 본다. 이들은 사회복지의 가치와 이윤추구라는 요소가 양립할 수 없다고 본다. 그러나 만약 영리기관이 서비스 전달에 있어서 가장 효과적이고 효율적인 수단임을 보여줄 수 있다면, 이러한 도덕적 반대는 설득력을 얻기 어려울 것이다. 또는 반대로 영리기관이 비영리기관에 비해 효율성과 효과성이 떨어진다면 서비스의 민영화를 막기 위한 반대조차 필요 없게 될 것이다. 하지만 사회서비스의 효율성과 효과성을 정확히 측정한다는 것은 매우 복잡하며 어렵다.

사회서비스는 목적이 다양하며 모호하기까지 하기 때문이다. 이와 같이 경험적인 측정이 어렵다는 사실에도 불구하고, 영리기관과 비영리기관의 상대적 효과성을 비교하기 위한 많은 연구가 진행되었다. 영리기관과 비영리기관의 효과성을 비교한 연구를 보면, 비영리기관들이 클라이언트의 욕구에 더 민감하다는 결과를 제시한 연구도 있으며, 영리기관이 더 효과적인 서비스를 제공하는 영역을 제시한 연구도 있고, 영리기관과 비영리기관 간에 유의미한 차이가 없다는 결과를 제시한 연구도 있다.

결론적으로 어느 쪽이 더 나은지에 대해 뚜렷한 결론을 내릴 수 없다고 할 수 있다. 하지만 영리조직과 비영리조직의 특성을 구분할 수는 있다. 이론적으로 볼 때, 비영리조직은 영리조직에 비해 더 높은 공적 책임성을 갖는다. 그 이유는 비영리기관은 지역사회의 광범위한 이익을 증진시키는 데 목적을 두는 사람들이 최고 의결기구인 이사회를 구성하는 반면에 영리기관의 이사회는 소유주의 재정적 이익을 보호하는 것을 중시하는 사람들로 구성되기 때문이다. 간단히 말하자면 비영리기관은 영리추구를 목적으로 하는 기업이 가진 자본주의 정신(the capitalist spirit)과는 매우 다른 자선정신(a charitable ethos)을 바탕으로 한다(Gilbert & Terrell, 2002: 162).

3) 사회복지 전달체계의 분류

사회복지 전달체계를 분류할 때 관점에 따라 다양하게 접근할 수 있는데, 보통 운영주체에 따라 분류, 또는 구조적 기능에 따라 분류하는 방식이 많이 논의된다.

(1) 운영주체에 따른 분류

이 방식은 사회복지전달의 운영주체에 따라 전달체계를 구분하는 것으로, 공공전달체계와 민간전달체계로 구분한다. 전자는 정부나 지방정부 등 공공기관이 주체가 되어 일정한 요건을 갖춘 사회복지 대상자에게 일정한 급여나 서비스를 제공하는 것이며, 후자는 개인 또는 민간기관·시설, 기업 등 민간부문에서 서비스 대상자에게 일정한 급여나 서비스를 제공하는 체계를 말한다.

공공전달체계와 민간전달체계는 서비스 전달을 하기 위한 자원동원의 방식으로도 구분되는데, 공공체계는 주로 세금에 의해서 동원되고, 민간체계는 기부, 후원, 위탁, 정부보조, 자원봉사 등과 같은 자원으로 동원된다. 그러므로 공공전달체계는 세금형태의 고정적인 자원에 의해 유지되며 관료제적 구조에 의해 운영되므로 서비스 전달의 안정성을 확보할 수 있는 반면에, 급격하게 변화하는 사회 환경에 대해 민감하게 대응할 수 있는 탄력성이 부족한 편이다. 반면 민간전달체계의 경우, 자발적이고 다양한 주체에 의해서 전달되므로 환경변화에 대하여 탄력적으로 대응할 수 있는 장점이 있으나 서비스 전달의 안정성과 일관성을 유지하기는 어려운 한계를 갖는다.

한편 최근의 사회복지서비스 분야의 전달과정을 살펴보면, 운영주체가 공공부문 또는 민간부문 등으로 명확하게 구분되어 있지 않고, 오히려 공공부문과 민간부문이 유기적으로 네트워크를 구축하여 혼합전달체계의 형태로 다양한 복지서비스를 제공하는 경우가 급격하게 증가하고 있다(김종명 외, 2009).

〈표 5-2〉 사회복지의 전달체계의 운영주체에 따른 분류

구 분	구 성
공공전달체계	보건복지부 → 광역자치단체(특별시 · 광역시 · 도) → 기초자치단체(시 · 군 · 구) → 읍 · 면 · 동 → 수혜자
민간전달체계	개인, 기업, 민간사회복지기관(시설), 복지재단, 자원봉사단체, 사회복지협의회 등과 수혜자

출처 : 우종모 외(2007)

(2) 구조적기능에 따른 분류

사회복지 전달체계의 구조적기능에 따른 분류란 사회복지서비스를 공급하는 주체 간에 구조와 기능이 어떻게 분류되는지를 바탕으로 분류하는 방식으로, 이 관점에서 전달체계를 분류하면 행정체계와 집행체계로 구분할 수 있다(우종모 외, 2005).

행정체계는 서비스 전달을 기획, 지휘, 관리하는 등을 수행하는 조직이나 인력을 말하며, 집행체계는 서비스 공급자와 대상자가 직접 상호접촉을 가지며 서비스를 직접 전달하는 업무를 수행하는 조직이나 인력을 의미한다. 이러한 집행체계는 행정체계로부터 일정한 지원과 감독 등을 받으며 운영되고 주로 사회복지전담공무원이 이에 해당되며, 이들은 서비스대상자와 직접 대면하여 상담하거나 물품을 전달하는 서비스 전달 기능뿐만 아니라 대상자와의 상담계획을 세우거나 행정상 필요한 회의참석 등 행정기능도 같이 수행한다(김종명 외, 2009).

〈표 5-3〉 사회복지의 전달체계의 구조적기능에 따른 분류

구분	체계의 기능
행정체계	서비스 전달을 기획, 지휘, 지원, 관리하는 기능(간접지원)
집행체계	전달자가 클라이언트에게 직접 전달하는 기능(직접전달)

출처 : 우종모 외(2007)

4) 사회복지서비스 전달체계 유형별 특성

(1) 중앙정부에 의한 전달체계의 역할과 문제점

가. 사회복지전달체계에서 중앙정부의 역할이 중요한 이유

① 의료나 교육서비스 등은 공공재적 성격이 강하여 모든 국민들을 대상으로 하는 것이 유리한데, 현실적으로 이것은 중앙정부만이 할 수 있다.

② 사회보험과 같이 급여의 대상이 되는 사람이 많을수록 중앙정부에서 제공하는 것이 기술적인 측면에서 유리하다.

③ 사회복지정책이 추구하는 가장 중요한 목표인 평등(소득재분배)과 사회적 적절성의 두 가치를 구현하는 데 있어 중앙정부가 가장 유리하다.

④ 급여(또는 서비스)를 지속적이고 안정적으로 유지하는 데 가장 유리하다.

나. 중앙정부에 의한 전달체계의 문제점

① 수급자의 개별적 선택이 반영되기 어렵기 때문에 효용을 극대화하는 데 한계가 있다. 즉, 자원의 비효율적인 배분의 문제가 발생할 수 있다.

② 독점성으로 인해 공급자가 다수인 경쟁적 체계에 비하여 가격과 질에 있어서 오히려 불리할 수 있다.

③ 수급자의 욕구에 대한 대응이 빠르지 못하고 지역특수적인 욕구에 대한 대응이 융통적이지 못하다.

④ 관료주의적 권위주의, 경직성, 획일주의, 행정편의주의가 발생하고 복지대상자의 다양한 욕구에 대하여 능동적, 선별적 서비스를 제공하기 어렵다.

⑤ 관련 중앙부서들 간에 통합성이 결여되어 있거나 부족하며, 때로

는 업무내용의 중복으로 책임소재가 불분명하다.

⑥ 심각한 문제 중의 하나로 전문인력의 부족을 들 수 있는데, 대표적인 예로 사회복지업무를 총괄하고 있는 보건복지부에서도 아직까지 사회복지전문인력인 사회복지사의 공무원 채용이 이루어지지 않고 있다.

(2) 지방정부에 의한 전달체계의 역할과 문제점

가. 지방정부의 역할이 중요한 이유

① 지방자치체제가 정착되어감에 따라 그 역할과 중요성이 강화되고 있다.

② 중앙정부에 비하여 지역주민들의 욕구에 보다 신속히 접근하여 보다 효율적인 해결을 도모할 수 있다.

③ 지방정부 간 경쟁논리에 의하여 서비스의 개발이 활발히 이루어질 경우 서비스의 양과 질을 향상시킬 수 있다.

④ 주민들이 정책결정에 직접 참여하거나 간접적으로 영향을 미칠 수 있는 기회가 많아지고 있다.

나. 지방정부에 의한 전달체계의 문제점

① 지역(시·도, 시·군·구) 간의 불평등으로 인하여 사회통합에 장애요인이 될 수 있다.

② 중앙정부에 비하여 상대적으로 프로그램의 안정성과 지속성 측면에서 불리하다.

③ 자치단체장이 바뀜에 따라 일관된 정책추진에 혼선이 빚어질 수 있고, 또한 사회복지에 대한 마인드가 없을 경우 사회·경제적 취약계층에 대한 급여나 서비스가 상대적으로 감축될 수 있다.

④ 중앙정부에 비해서는 덜 하지만 사회복지전문인력이 부족하다. 특히 시·도와 시·군·구의 사회복지 관련부서의 경우 아직까지도 대부분의 인력이 일반행정직으로 구성되어 있는 실정이다.

(3) 민간에 의한 전달체계의 역할과 문제점

가. 민간의 역할이 중요한 이유

① 정부에 의한 서비스를 받지 못하는 사람들에 대한 서비스 또는 정부가 제공하기에 부적합한 서비스를 제공할 수 있다.

② 정부의 사회복지활동에 대하여 직·간접적인 압력단체 역할을 할 수 있다.

③ 국민에 대한 정부의 직접적인 사회복지비용 절감에 기여할 수 있다.

④ 정부의 사회복지활동에 비하여 보다 융통성 있는 서비스 제공이 가능하다.

⑤ 비슷한 서비스에 대한 선택의 기회제공으로 경쟁을 유발할 수 있고, 이는 서비스의 질을 높이는 데 긍정적인 영향을 미친다.

나. 민간에 의한 전달체계의 문제점

① 정부에 대한 높은 의존도와 함께 사회복지법인의 소극적인 자세가 지속되고 있다.

② 정부의 지나친 개입으로 인하여 자율적인 운영에 어려움이 있고, 또한 클라이언트를 위한 서비스보다 예산을 지원해주는 공공기관의 평가틀이나 지시에만 맞추는 경향이 있다.

③ 각종 협의회, 협의체의 역할이 매우 미비하고 유명무실한 경우가 많다.

④ 서비스 간 또는 기관 간 연계가 부족하여 통합적인 서비스의 제공이 이루어지기 힘들다.

⑤ 사회복지 전문인력인 사회복지사의 전문성 수준이 높지 않고, 슈퍼바이저의 슈퍼비전 능력 및 노력이 부족하다.

5) 사회복지 전달체계의 한계점과 개선방안

2000년대의 사회복지환경은 크게 변화하고 있다. 국가 외부의 세계화 물결, 그리고 국가내의 분권화, 정보통신의 발달 그리고 국민 참여 욕구의 증가 등으로 인해 공공부문의 업무변화가 요구되는 실정이다. 그러나 한국의 공공복지 전달체계는 급변하는 사회복지 환경에 대처함에 있어서 다음과 같은 한계점을 지니고 있다(강혜규, 2002; 2003; 2005).

(1) 중앙부처 및 관련 기관 간의 수평적 연계조정의 미비로 인하여 비효율적이다. 즉, 한국의 공공복지 전달체계는 행정기관 및 관련 기관 간의 수평적 연계와 조정이 미흡하기 때문에 복지업무의 중복 및 누락 등의 비효율을 초래하고 있으며, 각종 프로그램에 대한 개발이나 집행에 대한 질적 관리가 미흡한 것으로 지적되고 있다. 또한 최근에는 지방에 다양한 복지사무를 위임하면서 그 책임소재가 불분명하고 중복수행의 문제가 발생하고 있다.

(2) 행정조직의 이원화로 인하여 전달체계의 비효율성이 발생한다. 최근 많이 조정되거나 분리되기도 하지만, 여전히 복지분야의 정책과정을 보면 정책결정은 보건복지부, 정책집행은 행정안전부에서 관장하는 이원적 구조를 극복하지 못하고 있다. 실제 복지분야 정책결정의 상당부분은 보건복지부에서 하지만, 보건복지부는 이를 실질적으로 집행할 만큼의 전국적 하위조직을 확보하지 못하고 있다. 결국 광역자치단체와 기초자치단체 및 일선행정기관으로 전달되어 주요 정책을 집행하는데, 이때 각 지방정부와 일선행정기관은 실질적으로 행정안전부에서 통제하고 있다. 이 과정에서 행정안전부는 복지분야 업무를 일정부분 통제하게 되고, 이는 결국 이원적 집행구조로 비효율성을 초래할 수밖에 없게 된다.

(3) 한국의 전달체계는 중앙집권 상의하달식의 수직적 전달체계로

경직적 전달구조를 형성하고 있다. 즉, 복지정책이나 복지서비스는 보편적으로 중앙정부(보건복지부)에서 광역자치단체로, 광역자치단체는 다시 기초자치단체로, 기초자치단체는 일선행정기관인 읍·면·동 주민자치센터나 민간위탁기관으로 업무를 전달한다. 따라서 이러한 다단계의 전달체계 구조는 일선 공급자의 전문성과 자율성을 발휘할 수 없게 만든다. 또한 수혜자의 개별성과 다양성을 충분히 고려하지 않기 때문에 소비자의 다양한 요구에 능동적으로 대처할 수 없다. 따라서 수요자 중심보다는 공급중심의 전달체계의 한계점을 지니며, 결국 공급자와 수요자가 긴밀하게 상호 교류하지 못함으로써 비효율적·비효과적 복지서비스 공급이 행해진다. 또한 충분하지 못한 교류와 소통으로 인해 수요자 입장에서도 복지서비스에 접근하는 데 불편함이 초래된다. 이 외에도 지역단위별 사회복지서비스 전담기관의 부재, 공공복지 담당자의 비전문성의 문제, 복지재정의 취약성의 문제 등 많은 한계점이 존재한다.

그렇다면 이와 같은 공공복지 전달체계의 한계점을 개선하고 효과적인 사회복지서비스 전달을 위해 제기되고 있는 공공복지 전달체계 개선방안을 살펴보면 다음과 같다(백종만, 2005; 이봉주, 2008; 이재완, 2005; 김종명 외, 2009에서 재인용).

(1) 사회복지 전달체계 개선에 관한 중장기적 계획이 선행되어야 한다. 우리나라 사회복지 전달체계의 핵심쟁점은 사회복지 전달체계상의 기본구조를 형성하고 있는 전문화된 공공복지 행정시스템이 현재 제대로 구축되고 있는지와 이에 대한 충분한 인력과 예산이 확보되고 있는가의 문제이다. 이러한 기본 문제상황을 해결하기 위한 중장기적 계획이 부재한 가운데 정부가 제시하는 사회복지 전달체계 개선방안은 임시방편적 처방에 불과할 뿐이다.

(2) 사회복지 전달체계의 개선은 전문인력의 확보가 전제되어야 한다. 사회복지 전달체계는 그 구성단위인 조직과 서비스, 인력이 어떻

게 구성되는지에 따라서 다양한 형태로 나타난다. 사회복지서비스는 휴먼서비스로서 인간을 대상으로 제공되기 때문에 서비스를 담당하는 적정 전문인력이 부재하다면 그 정책효과는 반감될 수밖에 없다. 복지정책의 실질적 실현은 사회복지 전달체계의 최일선에서 활동하는 전담인력의 존재여부와 그들의 전문성에 큰 영향을 받는다. 따라서 사회복지 전달체계의 개선은 전문인력의 확충에서 시작되어야 할 것이다.

(3) 사회복지 전달체계의 접근성을 향상시키기 위하여 사회복지서비스 인프라 구출을 정책적으로 다뤄야 한다. 특히 지방정부 간 사회복지서비스 인프라 격차가 큰 상황을 고려할 때, 지방정부 간 복지수준의 차등화 그리고 이에 따른 지역 간 위화감 형성 등 불안요인이 예견되므로 중앙정부가 낙후지역 사회복지인프라를 확충하기 위해 집중적 투자 등 낙후된 사회복지서비스 인프라 확충방안을 적극적으로 마련해야 한다.

6) 주민생활지원서비스 전달체계

정부는 수요자 중심의 공공복지 전달체계를 효율적으로 구축하고 지방자치단체의 복지역량을 강화하여 지역주민이 체감할 수 있는 복지서비스 제공과 지역복지 공동체의 활성화에 주력하였다. 그리하여 보건복지부와 행정자치부는 수요자 중심의 통합적 서비스 제공을 위해 주민생활지원서비스[5] 전달체계로 조직을 전면 개편('07. 7)하였다(박경일, 2008).

5) 주민생활지원서비스란 취약계층에게 제공되는 복지 · 보건서비스 이외에 주민생활의 질 향상을 위해 제공되는 고용 · 주거 · 평생교육 · 생활체육 · 문화 · 관광서비스를 포괄하는 개념이다.

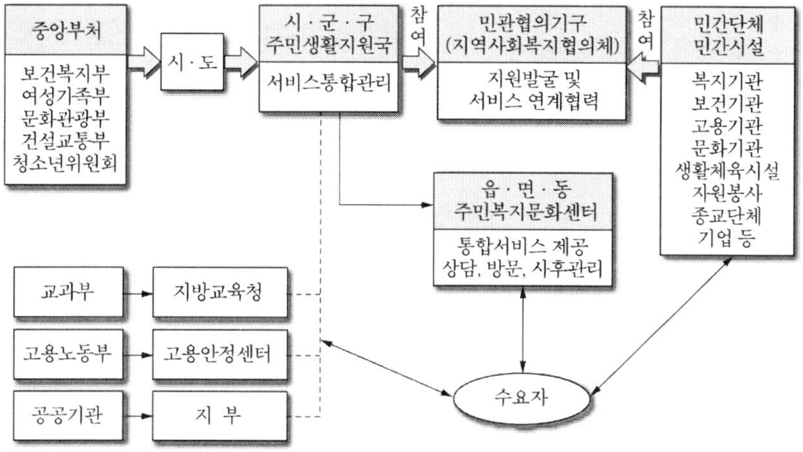

〈그림 5-1〉 주민생활지원서비스 전달체계

제 6 장 사회복지의 역사

사회복지학은 어떤 사회현상에 내재하는 사회문제에 대처하는 사회적 시책을 강구하는 학문으로서의 성격이 강하다. 따라서 다른 사회과학이 순수성이 강하다고 한다면 사회복지학은 응용성과 실용성이 상대적으로 강하다고 할 수 있다. 때문에 사회복지학도는 역사라고 일컬어지는 사회복지의 흐름을 이해하고 사회현상 일반에 대한 폭넓은 지식과 통찰력은 물론 사회과학적 방법론 등에 대한 이해를 갖추어야 한다. 그래야만 현재 당면한 사회문제와 사회적 욕구를 올바로 이해하고 그것의 미래를 예측하는 연구자로서의 구실과 구체적 문제의 해결에 기여하는 실천가로서의 구실을 적절히 해낼 수 있을 것이다.

사회복지가 해결하고자 하는 사회문제가 시대에 따라 확대되어 왔기 때문에 사회복지의 개념과 영역도 확대되어 온 것이다. 그러므로 사회복지라는 개념은 결코 고정적인 것이 아니고 앞으로도 사회변화와 사회문제의 성격변화에 대응하면서 계속 변화·발전해 갈 것이다. 따라서 사회복지의 본질, 사회복지의 개념, 사회에서 사회복지가 차지하는 역할과 비중 등을 정확하게 파악하기 위해서는 사회복지가 발전해 온 과정을 깊이 연구하고 이해하지 않으면 안 된다. 그러므로 앞으로의 사회복지 발달사를 공부하기 위해서는 사회복지 흐름을 이해하는 방향으로 이루어져야 할 것이며 각 각의 역사적 상황들에 있어 본질적인 연구가 이어져야 할 것이다.

1. 사회복지 역사연구의 중요성

1) 역사연구의 의의

역사연구는 인간의 자기인식을 목적으로 하고 있다. 인간에게 있어 가장 중요한 것은 자기 자신을 아는 일일 것이다. 이 말은 자기의 개인적인 특수성을 아는 일이 아니라, 인간으로서의 자기의 본질을 안다는 의미이며, 자기 자신을 안다는 것은 무엇을 할 수 있겠는가를 아는 것이다. 그러나 무엇을 할 수 있겠는가 하는 것은 이를 시도(試圖)해 보지 않고서는 알 수 없는 것이지만, 그 가능성을 아는 유일한 길잡이는 과거에 있어서 인간이 무엇을 해 왔는가라는 점에 있다. 따라서 역사의 가치는 인간이 무엇을 해 왔는가, 그리하여 인간이란 무엇인가를, 우리에게 가르쳐주는 데 있다고 할 수 있다.

사회복지의 역사를 공부해야 하는 이유를 찾기에 앞서 우리는 먼저 "역사란 무엇인가?"라는 의문을 제기해 볼 필요가 있다. 이 질문에 대한 답을 제시하기는 것은 매우 힘든 일이다. 그 주된 이유는 무엇보다도 역사란 무엇인가에 대한 견해나 이해가 예나 지금이나 역사학자들 혹은 관련 철학자들 사이에 적지 않은 차이를 보이기 때문이다.

계몽주의 시대의 합리적인 역사가들은 계몽주의적 시각에서 합리주의에 기초를 둔 역사연구를 통하여 과거의 도덕성을 예시함으로써 보편적이고 불변하는 인간을 보여주려고 하였다. 따라서 미신, 환상, 종교적 신앙 등은 위험한 것으로 간주되었다. 이렇게 본다면 계몽주의 시대의 역사연구는 추상적이고 철학적인 성격이 강했다고 할 수 있다.

낭만주의 시대는 계몽주의의 추상성과 보편적 원리를 예시하는 역사적 철학이론이나 원리의 보기들을 제시하는데 있지 않고 과거를 소중히 하고 보존하는 어떤 것으로서 현재의 국가 및 사회제도들을 진실하게 이해하고 인식하기 위해 유일하면서도 적절한 기초로서 생각해 내는데 있었다.

1차 세계대전을 전후하여 과거 사실보다는 현재 역사가의 입장과 위치를 강조하는 경향들이 등장했다. 크로체는 역사가들이 과거의 문서나 사건의 중요도를 판단하는 경우 현재의 관심사에 의해 좌우된다고 하면서 "모든 역사는 현대사이다."라고 하였다. 이는 현재의 제도, 법 등 사회를 구성하는 양식에 대한 역사가의 관심과 문제의식에 따라 역사연구의 방향, 사료의 해석, 연구 결과의 의미 등이 재구성 될 수 있음을 보여주는 것이다.

20세기 후반에 들어와서는 포스트모더니즘의 영향으로 극단적 상대주의 경향이 역사학의 한 흐름으로 등장했다. 이들 역시 사료의 해석에 대한 상대성을 기초로 역사연구에서의 객관성을 부정하며 과거의 객관적 사실이 존재할 수 있음을 인정하지 않는다. 이들의 작업이 비록 극단적이며 때로는 왜곡된 경우도 있지만 우리가 역사를 공부해야 할 필요성과 의의라는 측면에서 보면 나름대로 의미가 있다.

하지만 우리가 단지 과거를 이해하고 재구성하는 것만이 역사를 연구하고 공부하는 것이라고 생각한다면 이는 너무 좁은 식견이다. 한 가지 역사적 사실만을 알기 위해 많은 역사학자들은 엄청난 노력과 땀을 쏟아부으며 연구하는 것보다 그 일이 발생하게 된 배경과 원인, 조건 및 특성, 영향과 결과, 의미 등을 전반적으로 이해하기 위해 노력한다. 역사연구의 의의를 이해하는 데에 핵심적 관심사가 되는 것은 과거와 현재 사이의 관계라고 할 수 있을 것이다.

또한 역사는 확실한 문제의 해결책이 아니고 참고자료라는 점을 주의해야 한다. 그 이유로는 첫째로 과거자료는 그것의 양이나 객관성 및 신뢰성에서 상당부분 제약을 받기 때문에 과거의 사건이나 현상의 원인, 조건, 과정 및 결과 등에 대한 충분한 자료를 구하는데 한계가 있다는 점이다. 두 번째로는 하나의 사건이나 현상에서 객관적이고 신뢰성 있는 결과를 발견하여 제시하려면 상당한 시일을 필요로 하는 경우가 많다는 점이다. 하지만 현실의 사회문제 특히 사회복지의 문제나 쟁점들은 시급성을 요하는 경우가 많다. 세 번째로는 포스트모던 역사학에서 나타난 것처럼 현재 역사가의 관점과 이해관계가 지나치게 반영될 경우 극단적으로는 왜곡된 결과를 도출할 수가 있다. 또한 상대주의적 관점 때문에 동일한 과거사에 대하여 상반된 결과를 제시함으로써 역사연구의 결과를 현실적으로 참조하는데 혼란을 초래할 수 있다.

2) 사회복지 역사연구의 의의

사회복지 역사연구는 사회복지 발달사 연구로 표현되고 있다. 그러나 진작 발달이라는 것이 무엇을 의미하는가에 대한 저술가의 정의는 찾아보기 어려운 것이 사실이다. 사회복지 발전 내지 발달이 무엇인가를 생각할 때에는 두 가지의 문제를 해명하지 않으면 안 된다. 첫째는 발달 내지 발전이 무엇을 의미하는가에 대한 정의를 내리는 것이고, 둘째는 과연 역사가 발전하는가 아닌가라는 보다 근본적인 문제에 대한 저술가 나름대로의 역사관이 명시되어야 한다는 것이다.

발전 내지 발달이라는 용어는 어떤 한 단계에서 보다 바람직한 한 단계로 변화하는 것을 의미한다. 그런데 바람직한 단계가 어떤 것인가는 주관적인 판단에 의존하지 않을 수 없다. 따라서 무엇을 사회복지 발달이라고 볼 것인가는 역사를 서술하는 저술가의 역사관에 따라 달라질 것이다. 하지만 역사를 서술한 저술가들이 공통되게 사회복지가 발전한다는 인식을 명확하게 제시하는 것은 점진적 진화과정을 파악할 수 있다는 것과 사람은 미미하지만 항시 변화하기 때문에 역사를 통한 사회복지 발달을 이해하는 것은 사회복지를 연구하는데 있어 가장 기본적인 인식이라는 것이다. 때문에 우리는 사회복지 발달사를 이해하기 위해서는 역사연구에 대한 고찰이 이루어져야 하고 이를 위해서는 사회복지 역사연구의 의의를 이해할 수 있어야 한다.

그렇다면 왜 우리는 사회복지의 역사를 공부해야 하는 것일까?

첫째, 사회복지의 본격적 등장과 발전은 자본주의의 생성 및 발전과 궤를 같이 해왔다. 실제로 오늘날 많은 국가가 시행하고 있는 복지제도들은 자본주의 발전 과정에서 대량으로 발생하여 사회적 위협 요인으로 등장한 문제들과 그 속에 사는 사람들의 욕구에 대한 대응이라고 할 수 있다. 물론 자본주의 이전의 사회에서도 민간차원의 자선이나 공적인 구휼제도를 가지고 있었음은 여러 사료에서 발견된다. 하지만 사회 구성원에 대한 복지가 국민의 기본권과 국가의 의무 차원에서 제공되는 현대적 관점의 사회복지제도는 자본주의 변화와 사회복지 변화를 함께 고려하는 속에서 이해되어야 할 것이다. 이렇게 이해하는 것이 곧 사회복지제도의 역사성을 밝히는 작업이 될 것이다.

둘째, 과거의 사회문제 및 사회적 욕구 그리고 이에 대응했던 사회복지 제도 및 프로그램의 등장과 변천 과정에서 나타난 성공 및 실패 원인, 조건, 배경 등에 대한 지식을 확보함으로써, 현재의 사회복지 정책, 제도, 프로그램 개발에 활용할 수 있다.

셋째, 사회복지의 역사에 대한 이해가 갖는 위의 두 가지 효과를 통하여 궁극적으로는 우리에게 적합한 사회복지 제도발달에 관한 이론을 개발하는 데 중요한 단서를 얻을 수 있다. 이는 사회복지의 역사를 연구하는 과정에서 사회복지제도의 변천 혹은 발전에 내재하는 모종의 법칙성을 발견할 수 있음을 의미한다. 이러한 법칙성이 우리의 사회·문화적 전통과 어우러질 때 한국적 사회복지제도 발달의 이론화도 가능해질 것이다. 불행히도 아직 우리의 사회복지 역사가 짧기 때문에 서구의 사회복지 역사로부터 하나의 제도가 생성·발전·소멸되는 일반적 원리와 조건을 배워야 한다. 이러한 연구와 학습은 오늘날 우리 사회의 특성과 구조를 이해하는 것만큼이나 중요한 일이다.

3) 사회복지역사연구의 필요성

우리는 발달사를 통해서 역사를 알 수 있고 우리가 역사학의 이론과 방법론적 측면에서 어떻게 역사를 바라볼 것인가를 생각할 수 있다. 각자의 생각이 어떻게 내려지는가에 따라서 왜 사회복지의 역사를 공부해야 하는가에 대한 대답이 달라질 수 있을 것이다.

과거에 대한 연구의 결과는 현재 우리의 삶의 다양한 존재양식 및 문제에 대하여 영향력 있는 대안을 제시할 가능성이 있다. 이러한 연구 결과들이 역사를 연구하고 공부하는 중요한 필요성이라고 할 수 있을 것이다. 물론 현재의 우리의 삶에 대하여 문제의 해결책이나 미래에 대해 단지 참고자료이라는 것이지 확실한 예측수단을 원하는 데로 언제나 제공해 준다는 것은 아니다.

인간생존의 역사로서 사회복지발달사를 연구하여 과거 사회복지의 역사성과 사회성을 공부하고 미래 사회복지발전에 기여할 수 있도록 하기 위해서 현재 당면한 사회문제와 사회적 욕구를 올바로 이해하고 그것을 해결하기 위하여 역사를 배움으로 폭넓고 다양한 식견과 균형 잡힌 직관과 판단력을 갖추어 미래를 예측하는 연구자로서의 구실과 구체적 문제 해결에 기여하는 실천가로서의 구실을 적절히 해낼 수 있을 것이다.

2. 서양 사회복지의 역사

서양 사회복지의 역사과정을 4단계(전사단계 - 빈민법 단계 - 사회보험 단계 - 복지국가 단계)로 나누어 고찰하면 다음과 같다(〈표 6-1〉 참조).

〈표 6-1〉 서양 사회복지 역사과정

구분	전사단계	빈민법단계	사회보험단계	복지국가단계
대상자	빈자 등	걸인, 부랑자, 구제가치가 있는 빈민	노동자계급	시민, 개인
복지주체	왕, 수도원	국가, 교회, 봉건 영주	국가, 노동조합	국가, 시민단체
대상욕구	안전 및 보호에 대한 지원	최소한의 생존	산업화·도시화로 인한 사회적 위험에 대한 최소한의 지원	국민최저(national minimum)이상, 직업보장(완전고용)과 복지와의 관련성 중시
주요제도	보호시설, 자선원, 공공부조 등	설 및 거택보호, 공공부조	사회보험, 공중보건·교육·주택/복지의 시작	확대된 사회보장, 시장을 보완하기 위한 케인즈주의적 사회경제정책
권리수준	무권리	무권리, 정책당국의 재량	사회보험에 입각한 권리	시민권
사회복지의 형태 및 내용	민생구휼	구빈법	사회보험태동	복지국가성립기

출처: 김상균 외(2005), 원석조(2006)

1) 전사(前史)단계의 특징과 의의

고대 희랍 및 로마 시대를 거쳐 중세를 통해 박해 및 자선사업이 활발한 시대였다. 이 단계를 사회복지의 역사에 포함시키기도 하고 아니기도 하다. 이 시기는 왕을 통해서, 교회를 통하여 지원이 이루어졌던 시기라고 할 수 있다. 따라서 이 시기에서는 박애와 자선사업의 의의, 상부상조의 영향 등을 중심으로 살펴보겠다(김상균 외, 2002).

(1) 자선(慈善)과 박애(博愛)의 의의

자선과 박애는 그리스, 로마에서 그 기원을 찾을 수 있다. 자선은 교회를 통해서 이루어졌으며, 박애는 정치적인 요소가 많았다.

자선과 박애는 산업화를 거치면서 변용되어 갔다.

산업화 이후 국가기구는 빈곤문제를 비롯한 사회문제에 대하여 개입의 폭을 넓혀 갔다.

그럼에도 불구하고 민간차원의 자발적 도움과 원조의 체계인 자선과 박애는 그 기능과 역할이 쇠퇴하기는커녕 오히려 확대되고 발전되는 양상을 보여주었다.

산업화가 야기한 새로운 사회문제에 대처하기 위해서 자선단체들과 박애조직들은 자선을 과학화하고 조직화하기 위한 노력을 기울였다. 그러한 과정에서 사회사업(social work)이란 전문직도 태동하게 되었다.

현대 공동모금 역시 그리스, 로마시대의 박애전통을 이어받고 있다.

특징적인 것은 오늘날의 공동모금에는 기업조직이 광범위하게 참여하고 있고, 중세이전에 비해 종교적 동기가 상대적으로 약화되었다는 점이다.

현대사회에서 (박애나 자선에 기반한) 민간복지부문이 존재할 필요성을 제기하였다고 볼 수 있다.

(2) 상부상조의 의의

상부상조는 한국의 품앗이, 두레 등과 같은 호혜성 원리에 입각한 복지 유형으로 오랜 역사를 갖고 있다. 고대시대에는 사교, 친목, 부조 등을 위한 비영리단체로 나타났다.

그리고 중세시대에는 길드로 나타났는데, 길드는 상호보호와 상부상조를 위해 조직된 단체라고 할 수 있다. 길드의 상부상조기능은 첫째, 빈곤한 회원에 대한 장례비 지원과 유족에 대한 지원, 둘째, 빈곤한 회원의 딸을 위한 결혼지참금 지급, 셋째, 일종의 건강보험으로 회원 모두를 포괄하여 환자에게 보호를 제공하는 것, 넷째, 지역사회 공익을 위한 활동 수행 등을 들 수 있다(백종만 외, 2001).

이러한 상부상조는 오늘날 그 영향으로 상부상조제도의 근간을 이루었던 호혜성의 원리 혹은 보험원리로부터 근대 사회보험제도의 기본원리가 태동하게 되었고, 전근대 사회의 상부상조는 현대 사회복지의 한 방법인 자조집단의 출현에 영향을 미쳤으며, 전근대 사회의 상부상조가 현대 사회복지에 미친 영향의 하나는 문제해결을 위해 문제를 지닌 구성원 스스로가 나서거나 참여하는 사회행동(social action)의 발전이 아닌가 한다.

2) 빈민법 단계의 특징과 의의: 공공복지 시기

빈민법 시기를 크게 빈민법(poor law)과 신빈민법(new poor law)으로 구성할 수 있다. 이에 해당하는 국가는 영국이다. 빈민법은 봉건사회의 농촌사회로부터 이탈한 부랑인 등을 통제하는 수단이자 법과 질서의 유지라는 목적을 달성한다는 목표 하에서 만들어진 반면, 신구빈법은 일부 구빈법으로 인해 구빈비용의 부담현상이 가중되는 등 여러 가지 변화에 대응하여 새롭게 제정된 것이다.

(1) 빈민법(구빈법)의 기원

빈민의 구제가 법제화되지 않은 시기로서 종교에 의한 자선 제도에 그치고 있었던 시기였다(중세 자선사업의 예: 수도원, 다목적 보호시설, 자선원 등 설립). 빈민법의 기원을 보면 다음과 같다.

첫째, 1531년(Henry 8세, 부랑자 처벌법)에는 종교에 의한 구제 원리는 차츰 사라지고 그 대신 구빈원의 건설과 구빈세(Poor Rate: 1547년부터 강제)제도가 출현했고,

둘째, 1536년의 법에는 최초의 공공정책을 마련한 법으로써 엘리자베스 빈민법의 기초가 되었고,

셋째, 1547년 법에는 가장 엄격한 규정을 도입하였다. 빈민 사형, 노예제도(노동자에 대한 인권은 전혀 보이지 않음), 피비린내 나는 입법, 정주법의 시초 등

넷째, 1563년(the Statute of Artificers: 직인 조례)은 기부를 거부하는 자에 대한 처벌 규정, 기술자 규제법 등이 있었고,

다섯째, 1572년의 법에는 빈민법의 실질적 완성, 전국적인 구빈 대책과 구빈세 제도 확립되는 법률 등이 있었고,

여섯째, 1598년의 법에는 '부랑인단속조항과 빈민구제조항의 분리'라는 의의(빈민구제를 위해서 부랑인을 단속하는 조항), 빈민 감독관직의 설립, 부랑하는 교구민과 노동자들의 송환, 가족들간의 상호부조 등을 의무화 등을 했으며, 빈민 감독관은 구빈업무 담당, 구빈세 징수, 재산 억류 등을 하였다.

(2) 엘리사벳 구빈법(The Poor Law: Elizabethan Poor Law, 1601년)

영국에서 구빈법의 원리가 명확해진 Elizabeth 1세부터 명예혁명을 거쳐서 산업 혁명이 태동하기 시작한 1770년(18세기 후반)까지 지속되었다. 이 시기의 배경을 보면, 장원제도의 붕괴(봉건주의 붕괴), 종교개혁(종교적 변화), 농경사회에서 산업제도사회로(경제적), 종교중

심(신 중심)에서 르네상스 시대(인간중심), 노동관의 변화(일하지 않으면 먹지도 말라; 루터의 경제관), 대량빈민들이 발생하였다. 엘리자베스 구빈법이란 엘리자베스 여왕 치세의 1563년(엘리자베스 5년), 1572년법, 1576년법, 1597법, 그리고 1601년법 모두를 통칭하여 사용하기로 한다. 그 이유는 구빈법의 대명사로 알려진 1601년법은 그 이전 시대의 법과 단절되어 생겨난 법이 아니라 1572년부터 시작된 법을 체계화하여 정비한 것이기 때문이다. 1601년법은 이전의 법 규정에서 친족의 부양범위를 조부모에까지 확대한다는 규정이 달라진 것이다.

이 법률에는 다음과 같은 내용이 들어 있다.

첫째, 빈민의 (구호)관리를 정부 책임으로 하되 빈민의 권리는 수용되지 않음

둘째, 행정 체제의 확립: 추밀원을 정점으로, 교구를 말단 행정단위로 하는 중앙집권적 빈민 통제체제 갖춤

셋째, 세금 재원의 활용: 필요 재원을 교구주민들에게 능력에 따라 부과하는 구빈세(poor rate)로 충당

넷째, 노동 무능력자와 유능력자의 차별

다섯째, 노동능력자의 취업 기회 상실의 인정

여섯째, 아동 보호

일곱째, 작업장 및 구빈원(Workhouse and Almshouse)의 활용

여덟째, 구빈 원조에 대한 친척의 책임

아홉째, 걸인의 수용

그리고 피보호자의 자격을 분류하였다. 그것은 노동능력이 있는 자(일자리 제공, 교정원), 노동능력이 없는 자(구빈원), 그리고 요보호아동(도제 제도)이다.

이 법률의 장·단점으로는 첫째, 단점은 빈민들의 생활을 향상시키려는 순수한 인도주의적 동기보다는 빈민들을 관리하는 체계도, 빈민

들의 노동 능력을 어떻게 활용할 것인가?에 초점(억압, 관리하기 위한 제도), 지배계층(영주, 대지주)자들의 자리를 유지시키기 위해서 빈민들 통제 등을 들 수 있으며, 둘째, 장점은 빈민법을 조직, 빈민들의 처우 개선(C.O.S의 기원), 구조원조 방법(C.O.S), 기술의 발달, 국가적인 정책 전환(개인의 문제 → 국가 문제) 등을 들 수 있다.

(3) 빈민법(구빈법)의 변화

이상의 엘리사벳 구빈법은 정치·경제·사회 등의 변화에 따라 변천과정을 거친다.

가. 정주법(The Settlement Act : 1662년 일명 居住地 法)

이 법률은 실제로 구제를 받는 빈민은 물론이고 일반 노동자들의 거주 및 이동도 일정한 법적 자격 요건으로 제한한 법률이다. 1662~1722년 사이 60년 동안 6번의 거주지법이 개정되면서 거주권을 획득할 수 있는 조건에 많은 수정이 가해졌다. 이 법은 자유의 억압이라는 평가를 받는다. 노령자, 노동능력 없는 자, 유아 등 빈민에게는 물론이고 특히 농촌지역의 빈민들이나 노동자들에게는 자유의 억압과 고통을 안겨준 법이었다(Raynes, 1960). 이 법률의 목적은 노동력의 도시로의 집중을 억제하는 것이다. 이 법률의 장·단점은 다음과 같다.

① 장점(의의)은 노동자가 이동할 수 있는 조건을 법률화, 모든 교구에 대해 그 교구가 새로운 이주자를 거부할 수 있는 권리의 부여, 거주지 문제를 지방적 관행에서 전국적인 제도로 확대 등이며,

② 단점(폐단, 문제점)은 극단의 교구주의(지역주의), 불필요한 소송 문제 때문에 경제적인 문제, 봉건주의시대 사상에 얽매여 있는 폐단 밝음(➪ 농촌의 노동 능력을 도시 산업으로 이동을 막기 위한 제도; 영국의 남부와 북부문제) 등이다.

나. 작업장법(Workhouse Test Act or Knatchbull's Act: 1722)

작업장이란 노동능력이 있는 빈민을 수용하여 강제적으로 노동을 시키기 위해 설립된 시설이다. 전국에 걸쳐서 작업장 설치의 계기가 된 것은 1722년 나치블법이 성립된 것이다. 이는 흔히 '작업장 테스트법(Workhouse test act)'이라고 불리는데, 이 법에서 상정한 빈민이란, 빈민에 대해 형벌적 태도로 작업장 내에서의 생활은 매우 열악하게 하여 빈민들로 하여금 구제의 신청을 꺼리게 하여, 구빈세를 억제하려는 정책수단으로 작용하였다(Webbs, 1927).

이 법률은 작업장을 단일 교구 혹은 연합교구에 의해서 세울 수 있도록 제정되었다.

그리고 작업장 선서를 하게 하였고(빈곤을 죄악시하고 빈민을 노동력의 근원으로 보았기 때문에, 이들이 노동력을 제공할 것을 선서하였을 때에만 구제를 행함), 작업조건이 매우 나쁜 작업장에서 일하기를 기피하는 빈민들이 적지 않을 것이기 때문에, 자연히 구제대상자 수를 줄일 수 있고, 따라서 구빈세 부담을 줄일 수 있을 것이라 기대하였다. 초기 얼마간은 효과가 있었으나, 후에는 비용부담을 더욱 늘리는 결과를 가져와서 실패한 제도로 평가받고 있다.

다. 길버트법(Gilbert's Act; 1782년)

이 법은 1782년 하원의원이었던 길버트가 제안하여 제정된 법으로서 작업장법을 개선할 목적으로 제정된 것이다. 즉, 인도주의적 빈민법이라고 명명한다. 그리고 스핀햄랜드(Speenhamland) 제도로의 이행을 위한 교량 역할을 한 법이다. 결과적으로 빈민법의 개혁시도는 이 법의 실행여부가 각 교구의 재량에 맡겨졌기 때문에 일부지역에서만 소기의 성과를 거두었을 뿐이었기 때문에 실패로 돌아갔다. 그러나 빈민의 처우개선 및 빈민 억압적인 종래의 영국의 빈민법 전통상에 변화를 일으키고 시설외 구제를 확대시키는 계기가 되었다. 그리고 노동 능력 있는 빈민에 대하여 시설외 구조의 적용과 또 노동자의 저임금을 보충해 주는 임금보조제도의 법적 기초가 되었고, 작업장 중심의 공적원조체계로부터의 최초의 일탈을 가져왔다. 한편 구빈행정을 합리화하기 위해 교구연합을 통해 효율적 구빈행정을 시도했다. 교구연합은 유급 구빈사무원(최초의 유급 사무원)을 채용하였는데 이는 사회사업가의 모태가 되었다. 이 법에 대한 강제성보다는 임의성이 더 강했지만, 인도주의적 처우에 따라 교구민의 구빈세 부담이 가중되어 일부의 불만을 일으켰다.

라. 스핀햄랜드법(Speenhamland Act; 1795년): 버커셔 빵법

이 법은 1795년 버커셔 주의 스핀햄랜드 지역에서 결정된 임금보조제도이다.

지금까지의 여러 가지 빈민 대책이 실효를 거두지 못하자 지방의 치안 판사들이 스핀햄랜드 지역에 모여서 그 대책을 강구하기 시작하여 빈민의 궁핍과 노동자의 최저 임금 수준을 설정하기 위함이었다. 그러나 시민의 구빈세 증가의 부담과 노동능률의 저하를 가져왔다. 하지만 이 제도는 인도적이었으며, 최저생계비 이하의 빈민에게 진정한 관심을 기울이는 제도로 평가된다. 또한 빈민구제에 낙인이 존재하지 않았으며, 오늘날의 가족수당이나 최저생활보장의 기반이 되었다는 의의가 있다.

(4) 개정구빈법(Poor Law Reform; 1834년, 신빈민법)의 등장

자유방임주의의 영향으로 구빈법에 대한 새 관념이 대두되었다. 즉, 구빈법이 시장에 개입하였기 때문에 문제가 발생한다고 보았다. 임금은 고용주의 지불능력에 따라 결정되는 것이 시장의 논리였기 때문이다. 결국 자유방임주의 찬성자들은 시장원리를 방해하는 정주법과 스핀햄랜드법의 철폐를 주장하였다.

1834년 왕립위원회가 구성되어 개정 구빈법이 제정되었다. 그 배경으로는 시대변화에 따른 빈민법(구빈법) 개정의 필요성이 제기되었기 때문인데, 산업혁명(기술혁신을 통한 자본축적의 강행), 구빈세 증대,

조세부담의 불공평, 수당제도의 모순, 행정조직의 결함, 새로운 구빈사상의 등장 등이 그것이다. 이 법의 내용을 보면 다음과 같다.

첫째, 빈민처우를 전국적으로 통일시킨다는 원칙(national uniformity)

둘째, 연합 교구제 채택(교구단위의 행정을 구빈법 연맹으로 통합)

셋째, 원외 보조의 금지(노동능력 있는 빈민에게는 작업장 이외에는 일체의 구제를 주지 않음).

넷째, 작업장에의 수용; 노동 능력 있는 빈민

다섯째, 열등처우(the principle of less eligibility)의 원칙이 최초로 등장 실시되었다.

이상의 내용은 그 목적이 빈민구제적 성격보다 구빈 비용의 감소에 있었기 때문에 빈민에 대한 인권침해 요소가 포함된다고 하겠다.

(5) 빈민법(구빈법)의 쇠퇴와 새로운 활동의 등장

19세기에 접어들면서 인도주의적 관심이 증대되면서 구빈법 체제의 한계가 더욱 명확해졌다. 이즈음에 빈민에 대한 자선활동이 시작되었다. 신빈민법에 대한 비인도주의적 측면과는 달리 빈민들을 돕기 위해 자선단체들이 생겨나기 시작하였다. 본 내용에서는 빈민들을 위한 자선활동 단체들에 대해서 고찰하고자 한다.

가. 사회개량운동

산업혁명과 때를 같이 하여 일어난 사회개량운동 중에서 가장 중요한 것은 차티스트(the chartists)운동과 노동조합운동이었다.

차티스트운동은 1830년경 노동자들이 보통선거권을 비롯하여 무기명 투표, 의원들의 재산자격 및 세비지급의 폐지, 평등선거구 설치 등의 정치적 요구를 관철시키기 위해 전개된 운동이었으나 실패로 돌아갔다. 그러나 노동자들은 이를 계기로 그들의 관심을 정치적 목적에서 경제적 조건의 개선으로 전향하였으며 1844년에는 노동자를 위한 최초의 소비조합 매점(공동구매점)을 개설하였다. 또한 노동조합이 조합원의 질병, 사고, 실업, 노령의 경우에 원조하는 상호공제제도가 이루어지고 전국연합체로서 노동조합협의회가 구성되었으며, 1867년에는 노동자의 투표권이 인정되었다.

나. 자선조직협회(Charity Organization Society : COS)

18세기 중엽 영국은 산업화, 도시화로 많은 인구가 도시로 유입되었고 그에 따라 도시빈민들이 발생하게 되면서 이를 해결하고자 1800년대 초부터 많은 수의 민간자선단체가 조직되어 구빈활동을 벌이게 되었다. 그러나 이들의 활동이 비계획적, 무차별적, 비조직적, 비전문적으로 이루어지면서 많은 문제점들이 노출됨에 따라 보다 효율적이고 조직적이며 전문적인 자선사업을 위한 연합체를 결성할 필요가 있게 되었다. 따라서 이러한 민간 사회복지기관들의 활동을 조정하기 위한 목적으로 1869년 런던에서 세계 최초의 자선조직협회가 설립되었다.

자선조직협회의 원리는 원칙적으로 토머스 찰머스 목사의 이론을 따른 것이라고 볼 수 있는데, 그에 의하면 빈곤에 대한 책임은 궁극적으로 개인에게 있으며 구호를 받는다는 것은 자기존중을 파괴하는 것이라고 하였다. 여러 자선단체로부터 중복구제를 받으려는 직업적인 클라이언트들을 방지하고자 하였으며 이를 위해 클라이언트를 자선단체에 등록시키고 또한 연락기관을 설치하였다. 환경조사 및 적절한 원조제공을 통해 자력으로 빈곤을 탈피할 수 있도록 하고자 하였다. 적절한 지원을 제공하기 전에 조사, 등록, 협력, 조정 등을 거친 면에 있어서는 오늘날 사회복지사의 활동과 유사했으나 구제 받을 가치가 있는 빈곤자(the worthy poor)에게만 도움을 제공하고 일할 능력이 있는 거지나 알코올중독자, 창녀 등에게는 도움을 제공하지 않음으로써 도덕적 의무를 강조하였다는 점에서 차이가 있다.

자선조직협회의 원칙은 협력과 조직화를 원칙, 원조의 대상을 '가치 있는 자'(the worthy poor)에 한정, 사례에 의해 한정적으로 선택, 금액과 시기에 적정성을 유지 등이다.

그리고 자선조직협회는 두 가지 측면이 있다. 즉, 긍정적인 측면과 부정적인 측면이다.

첫째, 자선조직협회의 긍정적 측면

① 순수민간단체로서 빈민에 대한 과학적 조사에 있어서 선구적인 역할을 하였다.

② 공공의 구빈정책에 대해서는 반대하였고 사적인 자선, 기부, 자원봉사활동 등 순수 민간의 구제노력을 강력히 지지하였다.

③ 우애방문원(friendly visitor)에 의하여 면밀한 환경조사를 실시하였다.

④ 위원회의 사례결정에 의해 광범위한 사례조사를 실시하였고 사회사업가를 훈련시켰으며 유급사회사업가의 고용배치를 확대하였다.

⑤ 방문구제를 통해 전통적 방법론(개별사회사업 · 지역사회조직) 확립에 커다란 영향을 미쳤다.

⑥ 자의적, 산발적이며 무질서했던 구제사업을 조정하고 합리화했다.

⑦ 자선활동을 전문적인 사회사업으로 승화시켰다.

둘째, 자선조직협회의 부정적 측면

① 자조의 개인주의적 윤리(빈곤은 완전히 당사자의 책임이라는 토마스 찰머스 목사의 주장)를 지나치게 강조하였다. 이것은 자선조직협회가 공공의 구빈정책을 반대한 이유이기도 하였다.

② 빈곤을 개인의 도덕적 결함의 결과로만 간주함으로써 그 사회경제적 뿌리를 무시하였다는 점에서 보수주의적이었다는 비판을 받고 있다.

③ 사생활 간섭의 인상이 짙은 환경조사가 빈민의 스티그마를 유발시킨다는 점과 그에 따른 인간성 상실 및 조사의 비협조로 인한 효율성 저하 등의 비판을 받고 있다.

다. 인보관 운동(Settlement House Movement)

인보관 운동은 실업자의 증가와 인구의 도시집중화에 따라 슬럼지역이 생기는 등 사회가 새로운 도시문제로 시달리게 되자 이러한 도시문제를 해결하기 위해 일어난 운동이었다. 이 운동은 지역사회의 문제를 해결하기 위해서는 문제를 갖고 있는 지역사회로 들어가 빈민과 함께 거주하면서 주변환경의 개선과 빈민의 도덕적 교화에 힘써야 한다는 믿음을 갖고 있던 사람들에 의해 주도되었다. 인보관 운동의 주도적 역할을 한 사람은 바네트(Barnett) 목사였으며, 그의 지도 아래 옥스퍼드대학, 캠브릿지대학 등의 학생들이 대학에서 배운 지식, 교양을 가난한 사람들을 위해 아낌없이 제공함으로써 그들에게 진정한 자립을 촉구하고자 하였다.

1883년 인보관 운동에 앞장서다 폐렴으로 요절한 아놀드 토인비(Arnold Toynbee)를 기념하여 1884년 세계 최초의 인보관인 토인비 홀이 런던 동부의 빈민지구에 문을 열고 그룹활동과 조직화를 위한 활동을 전개하였다. 이들은 빈곤의 원인을 무직이라고 생각하였으며 실직하게 되는 것은 개인의 무지나 게으름과 같은 도덕의 문제가 아니라 산업화의 착취의 결과라고 주장하였다. 즉, 빈곤의 원인이 개인에게 있는 것이 아니라 사회구조에 있다고 보았다.

박애주의·인도주의 정신을 바탕으로 하는 지도층들이 빈민지구로 이주하여 자선활동을 하였다. 산업화로 인해 생성된 빈부 간의 거리를 연결하고, 상호간의 불신을 해소하며, 한 계층이 다른 계층을 무시하는 것을 줄이고, 자선을 행하는 것 이상의 무엇을 하고자 하는 목적으로 설립되었다. 빈민지구를 실지로 조사하여 그 지구의 생활실태를 파악하고, 구제의 필요가 있는 사람에게 원조를 해주는 사업이었다. 사회조사를 통해 여러 가지 통계자료를 구함으로써 이를 법률제정에 활용하도록 하였고 또한 교육적 사업으로서 지역주민에 대한 보건교육, 아동위생, 소년소녀들에 대한 기술교육, 문맹퇴치 및 성인교육을 하였다. 인보관을 설립하여 주택, 도서관, 시민회관 등으로 활용하였으며 체육관을 설치하여 옥외활동을 장려하였다.

엘리트 청년들이 주축이었던 영국의 인보관 운동은 박애보다는 법규를 더 중요시 여겨 1900년대 초반의 사회개혁(입법)에 지대한 영향을 미쳤다. 인보관 운동은 훗날 전통적 방법론(집단사회사업·지역사회조직사업)과 일반사회복지 및 권한부여(또는 역량강화, empowerment) 모델의 발전 및 형성에 영향을 미치기도 하였다.

라. 사회조사 활동: 빈곤의 재발견

1880년대 이후 부쓰(Booth)의 런던 빈민지역 조사와 라운트리(Rowntree)의 요크시 빈민지역 조사를 대표적으로 들 수 있다.

이들의 사회조사에 의해서 빈곤은, 개인적 속성에 의해 결정되는 것이 아니라, 사회적·구조적 결함 때문에 발생하는 것이라는 점이 입증되었다. 이와 같은 조사결과는 사회개혁을 위한 효과적 대책의 필요성을 부각시켰으며, 보다 나은 사회복지정책이나 계획을 실시하기 위해서는 과학적이고 합리적인 사회조사가 선행되어야 함을 알려주었다.

3) 사회보험제도 단계

19세기 후부터 20세기 초까지의 시기를 사회보험제도 단계라 할 수 있다. 사회보험은 각종 사회적 위험에 대한 국가의 개입의 제도라 할 수 있다. 사회보험 시기는 크게 독일의 사회입법(Social Legislation), 영국의 국민보험법(National Insurance Act), 그리고 미국의 사회보장법(Social Security Act), 스웨덴의 사회보장제도로 구성된다. 한편 사회보험 입법은 나라별로 등장배경과 성립시기, 그리고 그 과정에서 차이를 보인다. 그만큼 사회보험의 역사는 나라별로 다양하며 복잡하다. 이 절에서는 사회보험의 역사에서 큰 의미를 갖는 내용과 의의를 살펴보도록 한다.

(1) 독일의 사회입법: 비스마르크 사회보험법

세계에서 사회보험제도를 가장 먼저 채택한 나라이며, 산업화에 있어서 영국보다 늦은 19세기말 선두 산업국가로 등장하였다. 독일의 사회보험은 비스마르크(O. E. L. Bismarck)에 의해 제정된 사회입법들을 말하는데, 이러한 사회입법들은 세계 최초의 사회보험인 건강보험

(의료보험), 산재보험, 그리고 노령폐질연금으로 구체화된다. 1880년대 당시 독일은 국가 내부에서 노동자 계급과 사회주의자들의 세력 확대와 정치적 진출이 두드러지면서 지배층들이 위협을 느낄 정도였다. 이에 대하여 비스마르크는 독일 통일에 이어 독일 민족의 내부적 통일, 즉 사회통합의 필요성을 느끼고 소위 채찍과 당근정책을 실행하였는데, 채찍정책이란 노동운동을 선동하는 사회주의자들에 대한 직접적인 탄압책인 사회주의자 진압법을 말하며, 당근정책이란 노동자계급을 국가내로 통합시키기 위한 어느 정도 양보책인 사회입법을 말한다.

한편 사회입법에 근거한 사회보험을 살펴보면, 먼저 1883년에 도입된 건강보험은 새로운 국가기구를 따로 만들지 않고, 이미 질병급여를 제공하던 기존의 길드, 공장, 기업 및 상호부조조직(공제조합)을 중심으로 건강보험조합인 질병금고(sickness funds)를 만들었고, 이와 별도로 소매업자를 위한 지역 질병금고(local sickness funds)와 여기에 가입할 수 없는 사람들을 위해 교구금고(parochial funds)를 만들었다. 보험료는 노동자가 2/3, 고용주가 1/3을 분담하도록 했다(원석조, 2006). 1884년에 도입된 산재보험은 산재발생의 귀책사유에 관계없이 모든 재해노동자에게 적절한 수준의 보상을 제공할 수 있도록 함으로써 보상을 받지 못했던 많은 재해노동자들의 불만을 완화시키고자 하였으며, 사민주의 세력의 노동운동을 억제하려는 정치적 의도도 존재했다. 한편 산재보험의 기본원칙으로 무과실책임주의를 적용하여 산재사고에 대해 사업주가 과실이 없어도 재해노동자가 보험급여를 청구할 수 있는 권한이 주어졌다. 다음은 1889년에 도입된 노령폐질연금이다. 연금은 건강보험과는 달리 장기보험이다. 비스마르크는 노령폐질연금에서 자신의 의도를 관찰시키고자 했다. 그는 적은 금액이지만 국가에 대한 충성심을 끌어낼 수 있다고 생각했다.

비스마르크의 사회보험은 소위 '당근과 채찍'의 양면성의 정책으로 도입되었다는 것이 일반적인 견해이다. 즉, 사회보험을 통하여 한편에서는 노동자를 회유하고, 다른 한편에서는 억압하는 '회유와 억압' 정책의 소산이라는 의미이다. 그 당시 급진적으로 움직이던 노동계급에 대한 통제정책으로써 1878년 사회주의자 진압법(Sozialistengesetz)을 입법하여 노동운동의 사회주의화를 진압하면서, 그러한 통제에 대한 하나의 양보로서 사회보험을 성립시켜 노동자들을 회유하려고 하였다는 것이다(박광준, 2002). 이러한 음모론적 성격에도 불구하고 비스마르크의 사회입법은 독일 사회정책의 초석을 다졌다는데 의의가 있다.

또한 재정을 주로 자본가계급에게 부담시키면서도 노동자들의 충성심을 국가로 유도하고 사회보험기구 속으로 모든 계급을 편제(regimentation)시켜 의회를 무력화시키려는 고등전략이었다(원석조, 2006).

(2) 영국의 사회보장제도: 국민보험법

개정 구빈법의 극복을 주도한 개혁주의적 자유주의자들이 강제적 사회보험제도의 도입으로 1825년 '단결금지법' 폐지로 노동조합 합법화되었고, 1868년 TUC(Trade Union Congress)결성을 통해서 노동운동이 전국적으로 조직화되었으며, 1879년 경제공황으로 대규모 실업, 자조의 원리 퇴색, 국가개입의 필요성이 대두되었다. 1911년에 영국의 자유당 정부가 제정한 국민보험법은 건강보험과 실업보험으로 구성되는데, 그 당시 자유당정부의 개혁을 주도했던 조지(D. L. George)와 처칠(W. L. S. Churchill)에 의해 추진된 입법이다. 이러한 합작품을 만들어낸 계기는 노동자들의 자주적인 상호부조조직인 공제조합이 재정적인 곤란을 겪었으며, 영국 내 사회주의 부활에 대한 지배계층의 우려 때문이라고 볼 수 있다(김경우 외, 2008).

국민보험의 제 1부인 건강보험을 살펴보면, 건강보험이 도입되기 이전에는 의료관계보험에 가입하지 못한 사람이 노동인구의 반 정도 되었으며, 그들은 구빈법에 의해 낮은 수준의 혜택을 받고 있었다. 이러한 상황에서 도입된 건강보험은 실업의 요인인 질병을 줄여 국가의 효율성을 향상시키기 위한 것으로, 이는 공제조합, 보험회사, 의사 등과 같은 기득권 집단들과의 장시간 협상을 거쳐 탄생하였다(김경우 외, 2008).

이미 조합원들에게 의료급여를 제공하던 공제조합은 국가의 건강보험과 경쟁하기를 거부하였으며, 결국 정부는 공제조합에게 건강보험을 맡김으로써 이들을 포섭하게 된다(원석조, 1996:40~41).

로이드 조지의 건강보험 계획에는 의사들의 협력이 결정적으로 중요하였는데, 영국에서 의사들은 공제조합 하에서 의료서비스를 제공하였는데 공제조합이 항상 진료비를 낮추려고 했으므로 의사들은 불만을 가진 상태였으며, 의사들은 국가의 의료체계가 자신들의 높은 소득을 안정적으로 보장해 줄 것으로 기대하였다. 그리하여 영국의사회는 국민건강보험제도의 적용을 연간 100파운드 소득 이하의 자들에게만 한정시키고 그 이상의 소득을 가진 자들은 사적인 일반환자로서 진료하는 체제를 원하였으나 결국 적용대상자는 연소득 160파운드 이하이어야 한다는 로이드 조지의 안이 받아들여졌으나 의사회와의 타협과 대결과정에서 그는 큰 정치적 역량을 보여주었다(박광준, 2007). 다음은 국민보험의 제 2부 실업보험이다. 건강보험제도는 이미 독일에서 오랜 역사를 가진 제도였던 것에 비해 실업보험은 거의 전례를 찾을 수 없는 영국의 독창적 시도였다. 실업보험은 처칠이 주도하였다. 당시 실업문제 전문가로 인정받던 베버리지의 도움을 받아 실업보험을 입안하였다. 베버리지는 후일 "한 대신의 퍼스낼리티가 겨우 수개월의 중요한 시기에 사회입법의 진로를 크게 바꾸어 놓을 수 있다는 것을 나타내어 주는 한 사례"(Harris, 1984:264)라는 표현으로 처칠의 역할을 강조하였다.[1)]

1) 실업보험법의 성립에 있어서 처칠의 역할에 관해서는 다음의 논문을 참고하라. Bentley Gilbert, Winston Churchill Versus the Webbs : The Origins of British Unemployment Insurance, American Histotrical Journal, Vol. 71, 1966.

(3) 미국의 사회보장법

미국은 경제발전 수준에 비해 사회복지의 실현 정도가 뒤늦다는 게 연구자들의 거의 일치된 견해이다. 미국은 개인주의와 자유에 대해 강한 가치를 가지고 있었으므로 국가의 개입은 늦을 수밖에 없었다. 그러나 1929년 시작된 대공황(great depression)[2]의 경제위기를 경험하고 난 1935년에야 사회보장법을 통하여 국가가 빈곤에 대한 책임을 명시하였다. 미국에서는 빈곤에 대한 만민구제사상이 약하였으며, 사회적 분배시스템을 국가의 책임으로 일관성 있게 확립하려는 노력이 부진하였는데 그 이유는 다음 다섯 가지로 살펴볼 수 있다(Rose & Shiratori ed., 1986).

첫째, 연방주의이다.

둘째, 만민구제의 성격을 지닌 사회정책 도입이 늦은 이유는 미국에서 민족이나 종교의 다양성에서 기인한다.

셋째, 만민구제에 대한 또 하나의 장애요인은 흑인문제이다.

넷째, 전국적이고 보편적인 사회정책의 성립의 가장 큰 저항요인은 미국 사회에 특히 강하게 자리잡고 있는 개인주의적 성향이다.

다섯째, 문제의 해결을 국가에 맡기지 않고 자주적이고 독립적인 기관이나 영리사업에 의해 행하는 경향이 아직까지 놀라울 정도로 강한 편이다.

미국의 국가개입이 시작되는 시점을 살펴보면 1929년에 시작된 대공황의 경제위기 속에서 1933년 당선된 루스벨트는 같은 해 3월 특별회의를 소집하여 적극적인 불황대책을 위한 긴급은행법(Emergency

2) 대공황은 1929년 10월에 일어난 뉴욕증권시장의 주가 대폭락을 계기로 하여 30년대에 엄습한 세계적 불황을 말한다. 1931년 5월에 오스트리아의 크레디트 안슈탈트은행이 파산에 빠진 것을 계기로 구미의 은행에 환불소동 등이 일어났고, 이후 세계적인 금융공황이 초래됐다. 미국, 영국, 프랑스, 독일 등 당시 주요공업국의 생산 수준은 20여 년 전 수준까지 하락하여 불황의 심각도는 이전과 비교해서 가장 높은 수준이었다(김경우 외, 2008).

Banking Act)[3], 농업조정법(Agricultural Adjustment Act)[4], 그리고 국가산업부흥법(National Industry Recovery Act)[5] 등의 법안을 입법화하는 1차 뉴딜정책(New Deal)을 시도하였다. 그러나 루스벨트의 뉴딜정책은 1935년 5월 27일 대법원이 국가산업부흥법이 위헌이라고 판결함으로써 위기에 빠졌다. 그리하여 루스벨트는 1차 뉴딜의 국가통제계획사상을 포기하고 그 대신 정부가 대기업의 독점을 막고 노동자들의 권익을 적극적으로 보호하는 방향으로 제 2차 뉴딜을 펼치게 되었는데, 와그너법(Wagner Act)[6]과 함께 1935년 8월 15일 루스벨트가 서명함으로써 발효된 사회보장법이 그것이다. 이 법은 미국 최초의 연방정부 차원의 복지 프로그램이었으며, 미국 사회보장제도의 근간이 되었다.

한편 뉴딜의 사상적 배경은 케인즈주의에 있었다고 할 수 있는데, 영국의 경제학자 케인즈(Jhon Maynard Keynes : 1883~1946)는 다음과 같이 자본주의의 수정의 필요성을 강조하였다. 19세기에는 불황 시에도 자본주의의 자기조절작용이 가능했지만, 공급이 스스로 수

3) 통화흐름과 외환거래를 통제할 수 있는 권한을 대통령에게 부여하여 재기 가능한 은행에는 대폭적인 대부를 해줌으로써 금융공황으로부터 은행을 구출하여 은행업무의 정상화를 도모하고, 국민들의 은행에 대한 공포, 즉 예금의 인출사태를 수습하는 규정 등을 담고 있다(김경우 외, 2008).

4) 주요 농산물의 경작면적과 생산량을 줄임으로써 농산물 가격을 인상시키고 농산물 가격의 하락을 방지하여 균형가격을 회복하려는 의도에서 제정된 것으로, 몰락한 농업부문을 회생시키기 위해 농민에게 자금 원조를 해줌으로써 농업구제에 대한 적극적인 의지규정 등을 담고 있다(김경우 외, 2008).

5) 기업사이의 과도한 경쟁을 막고, 노산 간 갈등을 조율하여 과잉생산, 파산, 실업 등을 방지하자는 것으로, 각 산업부문마다 공정경쟁규약을 작성하게 하여 지나친 경쟁을 억제시켰다. 그리고 생산 제한·가격협정을 규정하고 적정한 이윤을 확보시키는 한편, 노동자의 단결권과 단체교섭권을 인정하는 동시에 최저임금과 최고노동시간의 규정 및 가격고정에 관한 기준을 통해 노동자에 대한 안정된 고용과 임금을 확보하게 하고, '상품가격 인하-임금 삭감'이라는 악순환을 종식시키는 내용 등을 담고 있다(김경우 외, 2008).

6) 와그너법은 1933년에 제정된 단결권·단체교섭권·최저임금제 등을 규정한 국가산업부흥법이 독점자본의 반대로 대법원에 의해 위헌판결을 받아 실효된 뒤 1935년에 제정된 것으로, 노동자의 단결권 및 단체교섭권을 보호하기 위하여 부당노동행위제도와 교섭단위제도 등의 규정을 담았다(김경우 외, 2008).

요를 창출한다고 하는 세이의 법칙(Say's Law)[7]은 제 1차 세계대전 이후의 심각한 불황 시에는 더 이상 통용될 수 없었으며, 자본주의의 자기회복능력 또한 완전히 상실하였다. 그리하여 국민생활에 대한 국가의 적극적 간섭을 전제로 하는 복지국가의 재정운용에 대한 사상적 기반을 제공한 케인즈정책의 시행은 필연적으로 큰 정부(maximum government)의 등장을 가져왔다(박광준, 2007). 루스벨트의 사회보장법은 미국의 사회복지 역사에서 하나의 분수령을 이룬 것이다. 그전까지 미국인에게 자유주의와 개인주의는 삶 그 자체였다고 해도 과언이 아닐 것이며, 국가가 개개인의 사회경제생활에 간여한다는 것은 미국인들로서는 상상도 할 수 없는 일이었다. 하지만 1930년대 중반 정부의 간섭을 수용한 계기는 바로 1929년의 대공황이었다(원석조, 1997). 사회보장법이 물론 실질적인 소득재분배를 목적으로 하기보다는 경제위기의 회복에 대해 더 집중한 것은 사실이지만, 미국의 국가개입을 일정 부분 실현하고 사회보장의 길을 열었다는 것에 큰 의의가 있다.

(4) 스웨덴의 사회보장제도

1870년대에야 산업화가 시작되었고, 1900년경 새로운 산업국가로 부상하였으며, 스웨덴의 산업화 초기 노동운동은 대중운동(종교부흥운동, 절제운동 등)의 일부이었고 상대적으로 덜 과격하였다. 스웨덴 사회민주당은 1889년 창당되어 1898년 조직한 '전국노동조합 총연맹(LO)'이 이러한 사회민주당과 긴밀하게 협력하는 가운데 노동운동의 중심이 되어 국가 및 자본가와 대등하게 협상할 수 있는 정치적 입지 확보하였다.

7) 세이의 법칙은 고전파 경제학자인 세이(J. B. Say)가 주장한 법칙으로 다음과 같이 요약할 수 있다. 자본주의체제는 간섭이 가해지지 않는 한, 항시 완전하게 자기적응적(self-adjusting)이고 자기규제적(self-regulating)이다. 그 이유는 모든 생산행위가 항상 그 생산물을 구매하는 데 필요한 유효수요를 만들어내기 때문이다. 따라서, 첫째 일반적 과잉생산은 있을 수 없고 둘째, 경제는 완전고용을 쉽게 달성한다(박광준, 2007).

독일의 영향으로 1884년 자유주의자 헤딘(Alford Hedin)은 의회에 사회보험안을 상정하여 질병, 산업재해, 노령 등의 사회적 위험을 포괄하는 안을 제시하였다. 이 안은 하원에서는 통과되었으나 보수주의자들의 반대로 상원통과는 좌절되었다. 이러한 논쟁을 거쳐 사회보험의 제도화가 이루어졌다. 1913년 자유당의 정책의 일부인 보편적인 노령연금 및 장애연금 제도가 도입되었으며, 산업화로 인한 각종 사회문제가 대두되자 개혁의 필요성이 제기되어 사회보험제도 도입이 이루어졌다.

스웨덴은 사회보험제도에 있어서 일찍부터 보편성을 띠었다. 그 이유는 집권당인 자유당이 노동자와 농민을 제도로써 끌어안아야 할 필요성과 다양한 단체들이 정치적으로 영향력을 행사하였기 때문이다. 스웨덴의 사회보장제도는 영국과 흡사하게 자유주의적 개혁의 성격을 띠었으며 복지국가 발전의 기초가 되었다(김승훈, 2010).

4) 복지국가 단계

사회보험 시기 이후 도래한 단계는 복지국가 시기이다. 1·2차 세계대전(1차는 1914~1919년·2차는 1939~1945년)을 거치면서 노동자계급과 함께 시민계급의 세력이 강력해지고 이들은 국가에 대하여 다양한 요구를 하게 된다. 국가는 이들의 요구를 수용하지 않을 수 없게 되자 복지국가를 형성하게 된다. 복지국가는 2차 세계대전 직후 영국에서 처음 등장하여 점차 서유럽 전체로 확산되었다. 특히 사회민주주의 이념을 바탕으로 시장불안정을 해소하기 위하여 사회적 연대와 소득과 부의 평등, 사회적 위험에 대한 공동체의 노력 등을 추구하였다. 또한 복지국가는 국가의 자비나 온정의 관점이 아니라 시민권으로서 복지를 보장했기 때문에 사회복지의 대상을 전 국민으로 확대하였고 소득보장뿐만 아니라 보건의료, 주택, 교육 등 다양한 프로그램을 제공하였으며, 유례가 없을 정도의 많은 재정이 투입되었다.

또한 복지국가 시기에도 사회보험은 복지국가의 핵심제도로 존재하는데, 이로 인해 사회보험시기와 복지국가 시기가 중첩된다고 볼 수도 있으나 양자 간 분명한 차이가 있다. 사회보험의 대상이 화이트칼라와 자영업자에게도 확대되어 본래 노동정책이라는 취지가 사라지고 전 국민을 대상으로 하는 시민복지정책으로 자리 잡았다는 점에서 그렇다. 이러한 복지국가는 2차 세계대전 이후 세계경제의 호황과 시민계급의 정치성장에 따라 1970년대 오일쇼크까지 지속적으로 발전하였다(원석조, 2006: 113).

(1) 베버리지 보고서와 복지국가의 발전

2차 세계 대전 직후 총선에서 예상과 달리 세계적인 전쟁 영웅 윈스턴 처칠의 보수당을 애틀리가 이끈 노동당이 이기고 집권하였다. 전쟁 중이던 1941년 6월 연립내각은 실업보험 전문가 베버리지를 위원장으로 하여, 노동자의 보상을 포함한 국민보험과 관련서비스의 기존 제도를 조사하도록 하여 위원회를 임명하였다. 그 위원회의 보고서는 1년 후에 발표되었고 이것이 베버리지 보고서(Beveridge Report : Social Insurance and Allied Services, 1942)이다. 이것은 복지국가 체제의 청사진이었으며, 이 보고서의 권고가 1945년 노동당 정부에 의해 법제화되면서 영국 복지국가가 탄생하게 되었다(박광준, 2007). 또한 영국에만 국한되지 않고 프랑스, 서독, 스웨덴 등 서유럽 복지국가의 기틀 형성에도 큰 영향을 미치게 된다.

베버리지는 다음의 세 가지 논리에 의해서 출발했다. 첫째, 과거의 경험을 바탕으로 하되, 분파적 이해는 무시한다. 그는 1911년 국민보험법이 다양한 이익집단간의 타협의 산물이었으며 그러한 타협이 결코 쉽지가 않았다는 사실을 잘 알고 있었지만 현재 전쟁 중인 상황에서는 그러한 이해관계를 고려할 시점이 아니라는 것이다. 둘째, 국가재건을 위해 5대 악(Five Giants)을 극복해야 한다. 여기서 5대 악이란 결핍(Want), 질병(Disease), 무지(Ignorance), 불결(Squalor), 나태

(Idleness)를 말한다. 그의 계획은 5대 악 중 우선적으로 결핍에 중점을 두어 소득보장에 초점을 맞추었다. 셋째, 사회보장은 국가뿐만 아니라 개인의 협력을 통해 달성되는 것이다. 국가는 국민들의 최저생활(a national minimum)만을 보장하고 그 이상은 개인과 가족 스스로의 노력에 달려 있는 것이다. 즉, 국가는 자산조사 없이 사회보장을 하나의 권리로 제공하지만, 그 외에는 개인이 자유롭게 선택하는 것이다(원석조, 2006: 115).

다음으로 베버리지 보고서의 사회보장계획은 다음과 같은 6개의 원칙에 기초하여 고안되었다(Geroge, 1973: 29~31).

첫째, 보편성(universality)의 원칙이다.

둘째, 보험(insurance)의 원칙이다.

셋째, 정액갹출, 정액급여(flat rate contribution, flat rate benefit)의 원칙이다. 베버리지 보고서는 이 방식이 역진적(regressive)이라는 것을 인정했지만 1911년 이래 이러한 방식에 익숙해져 있다는 이유로 채택하였다.

넷째, 최저생계(subsistence)의 원칙이다.

다섯째, 국민최저한(National Minimum)의 원칙이다.

여섯째, 행정관리의 일관성(administrative uniformity)의 원칙이다.

이러한 원칙의 대부분은 1911년부터 시작된 사회보험의 원리를 집대성한 것이었으나, 그럼에도 불구하고 이것은 지금까지의 단편적 계획을 종합하여 모든 국민을 포괄하고 또한 모든 종류의 사회적 위험에 대처하는 포괄성을 가진 것이 사회복지사상의 중요한 전진을 보여준다고 할 수 있다(George, 1973; 29~31; 박광준, 2007).

영국은 2차 세계대전이 끝나자 베버리지 보고서에 바탕을 두고 복지국가의 기틀을 마련해 나갔다. 1945년 6월 총선에서 노동당이 전쟁의 영웅 처칠이 이끄는 보수당에 압승을 거둔 것은 사회개혁에 대한 국민들의 바람을 보여준 것이었다.

노동당 정부는 1945년 가족수당법을 시작으로 1946년 국민보험법을 제정하였고, 1946년 국민보건서비스법(NHS)을 통과시켜 1948년 실시하게 되었으며 1948년에 이르러 국민부조법(National Assistance Act)을 제정하여 빈민법 시대를 마감하고 복지국가의 기초를 다졌다.

(2) 복지국가의 확충

이 시기는 2차 세계대전 이후부터 세계적 경제 불황의 시작이었던 1973년의 오일쇼크를 전후한 시기까지이다. 이 시기에는 정치적 성향과 상관없이 모두 복지국가체제가 필요하다는 합의를 하고 복지국가정책의 확충에 노력하였다. 그러한 배경에는 지속적인 경제성장이 사회복지지출 증가를 뒷받침할 수 있었다. 이 장에서는 복지국가 확충의 배경으로서 경제성장과 정치적 합의를 고찰하고 이 시기의 특징을 살펴보겠다.

가. 경제성장

복지국가 황금기로 불리는 이 시기는 지속적인 경제성장이 이루어진 시기와 일치한다. OECD국가들은 경제성장률에 있어서 지속적으로 증가하였다. 그럼에도 불구하고 사회복지비는 증가하였다.

사회복지비 지출이 증가한 원인은 무엇인가? 이에 대하여 몇 가지로 분류해볼 수 있는데 ① 사회복지비용의 자연증가의 발생이다. 예를 들어, 연금제도의 경우 시간의 경과에 따라서 제도의 수급자 수가 증대하여 그에 따라 자연적으로 비용이 증가하게 된다. ② 사회복지제도의 적용범위 확대이다. 적용범위 확대는 먼저 제도가 포괄하던 대상을 국민의 일부에서 전 국민으로 확대한다는 의미와 함께, 기존에 제도가 보장하지 않던 사회적 위험의 범위를 확대하여 더 폭넓은 위험에 대해 보장한다는 의미가 있다. ③ 새로운 사회복지제도의 도입이다. 대부분의 사회복지제도가 확충되어 있지만 사회가 변화하면서 새로운 위험이 발생하여 새로운 욕구가 나타날 수 있다. 그에 대응하기 위한 새로운 제도를 도입하게 됨으로써 사회복지비가 증가될 수 있다. ④ 인구구조의 변화(demographic change)로서 인구고령화의 영향이다. 인구고령화는 노동가능인구(사회보장비를 기여하는 집단)에 비하여 노인 인구층의 수가 많아지는 것으로 이는 연금재정의 압박과 의료제도의 재정압박의 원인이 되었다(박광준, 2007).

나. 정치적 합의 구조

이 시기는 국가-자본-노동 간에 형성된 '화해적 정치 구조'가 지속되면서 경제성장-완전고용-복지국가를 하나의 개념으로 보는 동의의 정치(politics of consensus)가 실현되었다. 이러한 화해적 구조는 국가에 따라서 사회민주당, 노동당 혹은 민주당의 집권 하에 수립되었는데 이 구조의 특징은 다음과 같다(김태성·성경륭, 1995: 112~113).

첫째, 소유와 경영의 자본주의적 경제과정에서 국가나 노동계급 누구도 경영에 관한 자본가계급의 특권적 지위를 박탈하지 않는다. 둘째, 노동계급은 자본가계급과의 합의 하에, 또한 국가의 제도적인 보장 하에 경영과 분배과정에 부분적으로 참여하되 소유와 생산 영역을 사회화하려는 급진적인 시도는 하지 않는다. 셋째, 국가-자본-노동 간의 협력의 결과 이루어지는 경제성장은 자본가계급을 이롭게 하며 노동계급에게는 완전고용과 향상된 복지혜택을 보장하고 국가입장에서는 재정수입의 증가를 보장가능하기 때문에 삼자의 협력은 모두에게 이롭다는 것이다.

그런데 이러한 합의의 정치는 앞에서 살펴본 지속적인 경제성장이라는 배경 하에 이루어진 것이다. 복지국가에 대한 합의의 정치구조 성립은 세금징수를 통한 복지재정의 확충이 전제되었고 복지재정의 확충을 담보하는 것이 경제성장이었기 때문이다. 그러나 이 시기의 정치적 합의는 경제성장을 배경으로, 복지국가에 대한 의견을 기본적으로 달리 하는 정당들이 일시적으로 또한 전략적으로 복지국가체제를 승인한 것일 뿐, 근본적으로 복지국가체제를 동의하거나 승인한 것은 아니었다(Pierson, 1991: 130). 그것은 다시 또 경제위기를 겪으며 이 정치적 합의가 곧 붕괴되는 것에서도 알 수 있다(박광준, 2007).[8]

(3) 복지국가의 위기기와 재편기

복지국가 재편의 시기는 1970년대 중반 이후 사회경제적·정치적·복지측면에서 오일쇼크로 인한 경제위기 등을 배경으로 하여 기존 복지국가체제에 대해 재편을 시도하게 되는 시기이다. 한편 이러한 재편의 시기는 재편이 끝난 것이 아니라 현재까지도 계속 시도되고 있다(박광준, 2007).

복지국가 재편은 복지국가 합의의 정치구조의 붕괴를 배경으로 행해졌는데, 복지국가에 대한 합의를 붕괴시킨 것은 무엇보다도 경제불황이 주요 요인이었다. 그런데 그 경제불황의 원인이 무엇인가에 대해서는 서로 상반된 주장들이 제기되었다. 복지국가체제에 대해 기본적으로 회의시해 온 두 입장을 살펴보자. 하나는 막시스트(Marxist)들로서 이들은 자본주의체제 하에서는 어떠한 정책이라도 국민의 완전한 생활보장은 결코 불가능하다고 믿는다. 다른 입장은 자유방임주의자들에 의한 것으로 이들은 국민생활에 국가의 개입을 강화하는 복지체제는 필연적으로 국가실패를 겪게 된다고 주장한다. 특히 자유주의자의 복지국가 비판은 1970년대에 들어서며 더욱 강화되면서 대중적 기반이 넓어졌으며 이는 복지국가체제의 존립을 위협하였다. 한편 이러한 극단적 입장을 제외하고라도 경제불황의 원인을 복지국가의 제도적 측면에서 찾고자 하는 설명도 제기되어 복지국가 옹호자들과의 논쟁이

---

8) 영국의 경우 1960년대에 들어서며 보수당은 복지국가 비판론을 본격적으로 제시하여, 복지분야에서의 사적 시장의 부활과 선별주의 제도의 도입을 주장했다. 이러한 근거로는 기존의 보편주의 급여와 서비스가 빈곤의 해결에 대해서는 여전히 무력하다는 것이 밝혀졌다는 것이다. 보수당은 1970년대에 들어서자 선별주의식의 정책방향을 드러낸다. 1970년에 탄생한 보수당정부(1970~1974)는 가족소득보조(Family Income Supplement), 집세보조(Rent Rebate), 집세수당(Rent Allowance), 레이트보조(Rate Rebate : 레이트는 지방세) 등을 도입하였는데, 이는 모두 자산조사를 전제로 하는 급여이다(박광준, 1992).

이뤄졌다. 즉, 복지국가체제가 과다한 재정지출과 그에 따른 과중한 조세부담 및 사회보장 부담, 그리고 노동의욕의 감소가 경제불황의 원인이 되었다는 주장과 경제불황은 경제정책의 실패일 뿐 사회복지정책의 확대와는 상관없다는 주장의 대립이다.

결론적으로 복지국가의 재편이 이루어졌다는 것은 전자의 주장이 받아들여진 것으로 볼 수 있다. 결국 '시장의 실패'를 해결하기 위한 복지국가체제는 '국가의 실패'를 가져온 것이 아닌가 하는 인식이 사회에 확산되면서 어떠한 형태로든 복지국가체제에 대한 수정이 행해졌다. 이러한 조치들이 곧 '복지국가재편'으로 불리고 있다(박광준, 2007).

이러한 상황에서 등장한 것이 '신자유주의[9]'(neoliberalism)이다. 신자유주의는 국가권력의 시장개입을 반대하고 시장기능과 민간의 자유로운 활동을 적극 지지하고 중시하는 사상으로서 영국의 대처리즘(Thatcherism)과 미국의 레이거노믹스(Reaganomics) 등이 대표적이다.

대처리즘은 1979년 총선거에서 보수당이 승리하여 대처(M. H. Thatcher)가 수상으로 집권하면서 그동안 노동당정부가 고수해온 각종 국유화와 복지정책 등을 그만두고 민간의 자율적인 경제활동을 중시하는 높은 수준의 경제개혁을 의미한다. 즉 대처리즘의 핵심은 시장

9) 신자유주의란 국가권력의 시장개입을 비판하고 시장의 기능과 민간의 자유로운 활동을 중시하는 이론으로 1970년대부터 케인즈 이론을 도입한 수정자본주의의 실패를 지적하고 경제적 자유방임주의를 주장하면서 본격적으로 대두되었다. 신자유주의는 자유시장과 규제완화, 재산권을 중시한다. 즉 신자유주의자들은 국가권력의 시장개입을 완전히 부정하지는 않지만 국가권력의 시장개입은 경제의 효율성과 형평성을 오히려 악화시킨다고 주장한다. 그러므로 '준칙에 의한' 소극적인 통화정책과 국제금융의 자유화를 통하여 안정된 경제성장에 도달하는 것을 목표로 한다. 또한 공공복지 제도를 확대하는 것은 정부의 재정을 팽창시키고, 근로의욕을 감퇴시켜 이른바 '복지병'을 야기한다는 주장도 펼친다. 이들은 자유방임경제를 지향함으로써 비능률을 해소하고 경쟁시장의 효율성 및 국가 경쟁력을 강화하는 긍정적 효과가 있는 반면, 불황과 실업, 그로 인한 빈부격차 확대, 시장개방 압력으로 인한 선진국과 후진국 간의 갈등 초래라는 부정적인 측면도 있다(두산세계대백과).

이 '선'이며 정부의 개입은 '해'라는 입장으로, 시장의 보이지 않는 손이 모든 수요와 공급을 자동 조절하므로 국가의 과도한 개입은 필요없다는 것이다. 또한 대처는 과거 영국정부의 사회민주주의와 강한 노조, 복지국가 등을 개혁과 청산의 대상으로 삼았다. 즉, 대처리즘은 반사회민주주의, 반노조주의, 반복지국가주의를 주요 내용으로 하는 것이며, 실제로 대처는 민영화정책, 공영주택의 매각, 보충급여의 축소, 자원봉사 등을 통하여 복지정책을 축소하고자 노력했다. 그러나 국민보건서비스와 주요 사회보험은 국민들의 이에 대한 지지가 크게 변하지 않았기 때문에 현실적으로 축소할 수 없었다(김경우 외, 2008).

한편 레이거노믹스는 1980년 미국대통령으로 취임한 레이건(R. W. Reagan)이 인플레이션, 생산성 정체, 국가경쟁력 상실이라는 미국경제의 상황을 해결할 방법으로 집권기간 동안 추진한 규제완화, 감세, 노동유연화 등으로 대표되는 신자유주의정책을 의미하는데, 이는 영국의 대처리즘과 마찬가지로 재정위기를 타개하기 위해 사회복지분야의 정부예산을 대폭 삭감한 것이다(김경우 외, 2008).

가. 복지국가 재편의 원인

① 복지국가 위기론

1970년대까지 복지국가는 계속 확대되다가 그 이후 확대의 폭이 줄거나 어떤 국가들의 경우 오히려 축소되는 경향을 보인다. 대부분의 국가에서 지출규모가 정체되었다는 것은 실질적으로는 지출의 감소를 의미할 수 있는 것이다. 이러한 복지국가 확대의 위축이나 정체현상을 복지국가의 위기라고 부르지만 그 의미는 학자들마다 다양하게 해석하고 있다(박광준, 2007: 393). 보통 복지국가의 위기란 복지국가체제에 대해 회의적이거나 붕괴시킬 수 있는 징후, 과정, 현상 등을 일컫는 개념이다(현외성·박광준 외, 1992: 24:박광준, 2007에서 재인용).

② 복지국가 위기의 징후

'복지국가 위기'라고 부를 수 있는 문제의 양상을 복지국가체제에 대한 연구자 미쉬라(Ramesh Mishra)는 다음과 같이 요약한다(Mishra, 1984: Introduction; 박광준, 2007에서 재인용).

- 스태그플레이션(stagflation)의 시작과 경제성장의 종식
- 완전고용의 종말과 대량실업
- 정부세입은 감소되면서 재정지출은 증가되는 재정위기
- 사회서비스 예산의 삭감
- 복지국가 사회체제에 대한 일반적 신뢰의 상실

미쉬라가 제시한 내용은 주로 경제적 측면에 치중되어 있지만, 복지국가 위기의 징후들은 정치적·문화적 측면에서도 나타난다. 정치적인 측면에서 복지국가 위기론의 배경으로 나타나는 것은 정부활동에 대한 신뢰의 저하, 관료적 행정기구의 비효율성, 이익집단 중심이 다원주의적 정치풍토의 가속화, 국수주의적인 국제관계 등을 들 수 있다. 또한 사회 문화적 측면에서 나타난 위기의 징후들로는 사회적 아노미현상, 사회통합의 이완형상, 계층적 및 성적 갈등현상, 복지국가 정당성의 약화, 사회적 연대감의 약화 등이 있다(Taylor-Gooby, 1985: 6~13; 현외성·박광준 외, 1992: 28~29; 박광준, 2007).

나. 복지국가 재편의 내용과 변화

복지국가의 재편으로 인한 변화 내용을 네 가지 측면에서 간략하게 고찰하겠다.

① 사회복지비용의 삭감과 지출 구성의 변화

GDP 대비 지출비율의 증가와 증가율의 둔화로 복지급여의 감소가 이루어짐으로써 급여의 잔여화(잔여적 사회복지)가 강화되었다. 또한 근로연계복지(workfare) 및 적극적 노동시장이 강화되었다. 따라서 감세정책으로의 전환이라고 하겠다.

② 시장역할의 강화: 민영화

위기 이후 복지국가는 크게 신보수주의적 개편과 조합주의적 재편이 이루어졌고 그 내용은 서로 다르기 때문에 공통적 특성을 도출해 내기 어렵다. 그러한 특성 중 정도의 차이는 있지만 민영화(privatisation)는 1980년대 이후 복지국가에서 나타나는 일반적인 경향의 대표적인 예로 볼 수 있다. 여기서 말하는 민영화는 단순히 국유기업을 민간에 매각 또는 이전하는 조치뿐만 아니라 사회복지시스템에 있어서 민간원리를 도입하는 경향 전체를 표현하는 용어이다(박광준, 2007).

민영화라는 용어는 정치가가 생각해낸 정치적인 저널리스트들에 의해 보급된 용어로써, 보통 '복지서비스에 있어서 사적 생산 혹은 사적 재정의 상대적 역할증가'(O'Higgins, 1985:175)를 의미하는 것이다. 이를 사회복지분야와 관련지어 본다면, 국가급여의 질과 양을 줄인다거나, 어떤 제도에 대한 국가의 지원과 보조를 축소시키는 것, 혹은 국가가 운영하던 제도를 시장기능(민간부문)에 맡기는 방안 등 사회복지제도가 가지는 '사회성'을 부분적 또는 전면적으로 부정하고, 적극적인 국가개입에 의해 행해진 사회복지체제에 대하여 국가개입의 정도나 범위를 줄이고 그만큼 사적시장경제의 원리를 도입해야 하는 일련의 과정을 뜻하는 용어이다(박광준, 2007).

③ 지방정부의 역할 변화

지방정부에 대한 권한이나 책임에 대해서 일부 국가는 확대 또는 축소하지만, 대부분의 국가에서는 강해지고 있다고 볼 수 있다.

④ 노조의 분화와 약화

경제위기 이후 집권한 신우파 정권들은 다양한 법적 규제를 변경하여 노조에서 기업으로 세력균형을 이동시켰으며, 생산구조에 맞는 노동시장 및 경제구조의 유연화를 지향하게 되었다. 그리고 임금에 대한 규제완화와 고용 및 노조의 활동에 대한 법령의 변화로 노동자 집단의 분화와 약화를 가져왔다.

다. 복지국가 재편의 결과와 전망

신우파의 등장으로 인한 복지비감축의 노력은 성공적이지 못했으나 다양한 형태로 복지국가가 위축되고 재편된 것은 분명하다. 이러한 재편으로 인한 복지국가의 전망을 보면, 첫째, 복지국가들이 위기상황을 겪은 것은 사실이지만 이제는 지나가고 있다고 평가하며, 국가의 개입 역할은 여전히 존재하며, 복지제도의 특정 영역에 있어서는 국가의 개입이 더욱 강화될 것으로 전망한다. 둘째, 서구 복지국가들은 높은 경제성장률의 추구 아니면 복지서비스의 과감한 축소 중 정책적 선택을 강요받는 국면에 이를 것인데, 어느 것을 선택한다 할지라도 복지국가의 축소로 귀결할 가능성이 높다는 전망도 있다.

3. 한국 사회복지의 역사

서양 사회복지의 역사는 발전과정이 시기별로 나타나지만 한국의 경우는 서양과는 다른 나름의 발전과정을 갖고 있다. 한국에서의 사회복지 근원은 삼국시대, 고려시대, 조선시대까지 오랜 기간 왕족에 의한 민생구휼에서 찾아볼 수 있다(박병헌, 2010). 본 내용에서는 한국 사회복지의 역사를 다음과 같은 단계로 고찰하고자 한다. 근대이전단계, 일제강점기와 미군정시기단계, 한국사회복지단계로 나누어 기술한다(김상균 외, 2005; 박병헌, 2010; 김승훈, 2010 참조).

1) 근대이전의 단계

(1) 삼국시대의 특성과 복지의 내용

삼국시대는 씨족사회, 부족사회로부터 통일된 민족국가로 성장하는 시기로 볼 수 있다.

삼국시대에는 흉년, 천재지변, 전쟁, 전염병 등에 의해 대량으로 요구호자가 발생하는 경우가 많았으며, 이 경우 국왕은 관곡진급(官穀賑給 ; 국가가 비축하고 있는 관곡을 이재민에게 배급하여 주는 구제), 사궁구휼[四窮救恤 ; 홀아비·과부·고아·노인 등 이른바 4궁(鰥寡孤獨)에게 의류, 곡물, 관재를 지급하여 구휼], 조조감면(租調減免 ; 이재민의 세금을 감면), 대곡자모구면(貸穀字母俱免 ; 춘궁기에 빈민에게 대여한 관곡을 거두어들일 때 흉작으로 상환이 곤란한 경우 원본 및 이자를 감면) 등의 조치를 통해 구휼하였다. 그리고 요구호자에 대한 곡식배분방법에는 두 가지 유형이 있었는데, 하나는 춘궁기에 곡식을 빌려주었다가 추수기에 상환을 받는 진대제(賑貸制)였고, 다른 하나는 이재민과 사궁 등 극빈층에게 곡식을 무상으로 지급하는 진휼제(賑恤制)였다. 이러한 삼국시대의 구휼사업은 책기론(the prince's obligation theory)으로 설명될 수 있는데 책기론, 즉 군주의 책임론이란 중국의 유교이념 중 하나로 민생구휼의 책임이 궁극적으로 왕에게 있다는 것이다. 따라서 이 시대의 특성은 국고에서 재원조달, 각종 재해로 인한 이재민 구휼, 병들고 자립이 불가능한 자의 구제, 4궁(鰥寡孤獨) 보호 등이라고 할 수 있다. 그리고 이 시대의 획기적 사회복지의 제도화는 진대법을 들 수 있다.

진대법(賑貸法)은 '내외대열법'이라고도 하며 고구려 고국천왕 16년(194)때 재상 을파소에 의해 만들어졌다. 〈삼국사기〉에 보면, 흉년이나 춘궁기(3~7월)에 관곡을 빈민들에게 빌려 주었다가 추수기(10월)에 풍작을 기다려 납입하게 하는 제도이다. 무상으로 백성에게 구휼을 행한 것이 아니라 백성들의 능력이 있을 때 다시 상환하도록 한 제도이다. 이 법의 목적은 춘궁기의 빈민구제를 하는 것이며, 영농자금 대여를 통한 농민의 실농(失農)을 방지하고, 관곡의 적절한 활용으로 낭비 및 사장의 방지하며, 일반 국민의 생활을 안정시키는 데 있었다.

(2) 고려시대의 특성과 내용

고려시대 구제제도의 특징 불교가 성행함에 따라 승려와 불도들에 의한 구빈·시료 및 고아보호와 양로사업 등이 성행하였다. 구빈과 관련된 여러 공적 기관이 설치되었고 빈곤정책을 구체적으로 제도화하기 시작했다. 특히 구빈기관을 상설구빈기관과 임시구빈기관으로 나누어 상시적 구제는 물론 위기상황에도 대비하였다. 공적 구제의 재원은 기본적으로 국가에서 조달했지만, 특수한 경우 민간재원에 의해 구제를 충당하는 경우도 있었다. 동서대비원과 같은 관립 의료·수용시설이나 해아도감과 같은 아동시설이 설립되어 한국 사회복지발달사상 처음으로 시설보호가 도입되었다. 구빈기관의 소재지들이 의창, 상평창 등 창곡기관을 제외하고는 대부분 수도에 위치함으로써 전달체계가 지방에까지 미치지 못했으며, 수도에 거주하는 일부 빈민들에 한해 그 혜택이 한정적으로 주어졌음을 알 수 있다.

전형적인 봉건적 농업국가였던 고려는 농민의 빈곤에 대한 구빈사업을 하나의 주요 시책으로 삼았다.

〈고려사〉에 보면, 다섯 가지로 분류하고 있다. 즉, 5대 구제사업(진휼사업)이라고 한다.

첫째, 은면지제 : 개국, 왕의 즉위, 순행, 불사, 국가의 경사, 전쟁 후, 기타 적절한 시기에 왕이 베푸는 각종 은전을 말하는 것으로, 이는 고대 삼국시대에도 실시되었던 제도이다.

둘째, 재면지제 : 천재지변, 전쟁, 질병 등으로 인한 이재민의 조세, 부역 및 형벌 등의 전부 혹은 일부를 감면해 주는 것이다.

셋째, 환과고독진대제(또는 4궁 구제) : 환(鰥·늙고 아내가 없는 자), 과(寡·늙고 남편이 없는 자), 고(孤·부모가 없는 자), 독(獨·늙고 자녀가 없는 자)과 같은 4궁은 삼국시대로부터 구휼의 대상이 되어 왔으며, 고려시대에도 우선 보호의 대상이 되었다.

넷째, 수한질여진대제(또는 질여·진대제도) : 이재궁민에게 쌀, 잡곡, 소금, 간장, 의류 등 각종 물품과 의료, 주택 등을 무상으로 주거나 대여하는 제도를 말한다. 고려시대 구제사업 중 가장 많이 실시되었으며 범위 또한 광범위하여 국가재정이 가장 많이 소비되는 사업이기도 했다.

다섯째, 납속보관제 : 흉년이나 재해가 발생하게 될 경우 백성을 구휼하기 위한 재원조달의 한 방편으로서 일정한 관직을 제공하고 그 대가로 금전을 상납 받는 제도이다.

한편, 고려의 공적 구제기관을 상설기관과 비상설기관으로 나뉜다.

첫째, 상설구빈기관

① 흑창 : 고구려 진대법의 영향을 받은 것으로서, 흉년에 대비할 목적으로 고려 태조 즉위 초(919)에 설치한 진대기관이다. 평상시에 관곡을 저장해 두었다가 비상시 빈궁한 백성에게 대여해 주고 추수기에 상환하도록 하였다.

② 제위보 : 광종 14년(963)에 설치된 것으로, 일정한 재화를 원금으로 설정하고 그것을 대부 활용하여 거기에서 생기는 이자로 기관을 운용하고 아울러 구제사업도 실시하였다. 이는 빈민 구제사업과 이재민 구제사업을 모두 관장하였다는 점에서 구별된다.

③ 의창 : 태조 때의 흑창을 성종 5년(986)에 의창으로 개칭하였다. 이는 각 주(州)와 군(郡)에 두어 평상시에 곡물을 쌓아 두었다가 흉년이나 전쟁, 질병 등 비상시에 대비하였다.

④ 상평창 : 성종 12년(993)에 백성들의 경제생활을 조절하고 흉년에 대비할 목적으로 설치한 것으로서 곡식의 매매를 통한 물가조절 기능과 구빈사업을 함께 하였다. 그러나 후기에 가서는 진휼보다는 조적을 통한 물가조절 기능만을 담당하게 되었다.

⑤ 동서대비원 : 환자치료나 빈민구제를 위주로 기한자, 노인, 고아, 환과고독 등도 수용하여 진휼하였으며 오늘날의 병원과 복지원(수용시설)을 겸한 기관이다.

⑥ 혜민국 : 빈민을 치료하고 약품을 지급하는 국립구료기관으로, 서민만을 위한 구료기관이다.

⑦ 유비창 : 재난으로 인한 빈민구제와 물가조절 등 의창과 상평창의 복합적 기능을 수행한 구제기관이다.

둘째, 임시구빈기관(또는 비상설구빈기관)

① 동서제위도감 : 재난 시 빈민구휼과 병자치료를 위하여 예종 원년(1106)에 설치되었던 비상설구빈기관이다.

② 구제도감 : 예종 4년(1109)에 설치된 것으로, 상설구빈기관인 동서대비원이나 제위보로 구제를 감당하기가 어려울 때 임시로 설치되었던 기관이다. 진휼품으로는 곡물을 비롯하여 죽, 소금, 기름, 채소, 의류, 옷감 등이 제공되었다.

③ 구급도감 : 고종 45년(1285), 대기근에 대응하기 위해 설치된 것으로 빈민은 물론 양반관료와 양반의 과부 및 군사, 승도 등에게도 곡물을 제공하였다.

④ 진제도감 : 천재지변에 의한 재난을 진휼하는 기관으로 충목왕 4년(1348)에 설치되었으며 구제도감, 구급도감과 유사한 기능을 하였다.

⑤ 진제색 : 비상시에 일시적으로 설치되었던 임시적 구빈기관으로 공민왕 3년(1354), 우왕 7년(1381)에 설치되었다.

(3) 조선시대의 특성과 내용

조선시대는 이전 시대에 비해 행정적으로 보다 체계화되었다고 할 수 있다. 고대 · 중세의 내용을 받아들여 이를 제도화 · 법제화하는 데 진전을 보였으며, 창제 또한 고려의 것을 계승했지만 지방자치를 기반으로 사창제가 발달했다는 점이 특징이라 할 수 있다.

조선조의 구제는 백성들 중 한 사람이라도 굶주리면 곧 왕의 책임이라는 왕도주의에 입각하여 시행되었으며, 국가는 빈민 · 이재민을 구

제할 의무가 있다고 생각했다. 빈민구제는 왕의 책임하에 시행하지만, 구빈행정의 일차적 책임은 지방관이 지게 했고, 구호관계 교서나 법 제정 및 지방 구호행정에 대한 지도·감독은 중앙정부가 담당했다. 구제행정에 있어 구호의 신속성을 중시하였다. 고려시대에는 불교의 자비심에 영향을 받아 은혜를 베푸는 구제활동이 주류를 이룬 것에 반하여, 조선시대에는 구제사업에 대한 법적 기초가 마련되었고 유교사상을 기반으로 한 체계적인 구제사업이 행해진 시기라고 할 수 있다.

조선시대는 백성의 불행에 대한 책임이 군주에게 있다는 왕인사상이 지배하여 통치자의 막중한 책임을 대명제로 설정, 국가통치자의 국가와 백성에 대한 책임감과 의무감을 보다 강조했다는 점에서 백성에 대한 구제사업이 보다 체계화된 시기이다. 따라서 이 시기의 복지활동을 보면 곡물저장을 통한 구제를 목적으로 하는 비황제도와 직접적 구빈제도으로서의 구황제도 및 기타 등으로 나눌 수 있다.

첫째, 비황제도(備荒制度, 또는 구휼사업, 사전적 성격) : '삼창'(상평창, 의창(환곡), 사창)

조선시대의 비황제도는 관곡을 내어 이재민이나 빈민을 구제하는 창제를 주축으로 하였으며 고려시대에 비하여 보다 조직화·구체화된 창제로 운영되었다.

① 의창 : 조선시대 의창은 저장된 곡물의 반을 거치하고 나머지 반은 민간에 대부하여 다음 추수기에 환납케 하였는데, 이로 인해 이후 환곡이라 부르게 되었다. 미곡은 의창·상평청·군자창 등에 저장하여 행정에 필요한 경비를 충당하고 나머지 미곡 중 그 반은 거치하고 반은 풍흉에 관계없이 매년 백성들에게 대부하여 추수기에 이를 환납케 하였다.

② 상평창 : 조선시대에는 구호적 의미가 축소되고, 춘궁기 때 대여한 곡식을 상환받는 이익을 위한 제도로 변화되었다.

③ 사창 : 국가적 차원에서의 구제제도가 아닌 촌락이나 부락단위의 민간 구휼제도로서 사민 공동저축, 상부상조, 연대책임, 사민에 의한

자치적 운영 등을 특징으로 한다. 그 특성상 구제의 적절성, 신속성, 편의성을 도모할 수 있었으나, 당시의 사회적·경제적 여건상 널리 보급되지 못했고 대부분의 지역에서는 여전히 관에 의한 환곡이 주를 이루었다.

이러한 삼창은 조선말기에 부정부패의 온상이 되었으며, 후에 여러 창제도가 생겼지만 일제강점기에 모든 창제도는 폐지되었다.

둘째, 구황제도(救荒制度, 사후적 성격)

구황은 삼국시대와 고려시대에는 왕의 의중에 따라 산발적으로 시행되었으나, 조선시대에는 구황청이 설치되어 전문적으로 시행되었다.

① 진휼 및 진대사업 : 이재민, 빈궁민에게 유무상으로 양곡, 장, 미역, 소금, 채소, 면포 등을 급여(→진휼)하거나 대출(→진대)하였다.

② 고조 : 양반계층이 생계가 곤란하여 혼례나 장례를 치르지 못할 경우 관에서 그 비용을 부조하는 제도이다.

③ 견감 : 흉년 또는 재해를 당한 백성에게 지세, 호세, 부역 등을 감면해 주거나 대부된 환곡을 면제 또는 감면해 주는 제도이다.

④ 원납 : 구빈에 소요되는 재원의 충당을 위해 곡물을 받고 관직의 첩지를 주는 일종의 기부제도로 볼 수 있다.

⑤ 시식사업 : 흉년이나 재난 시에 사원 또는 기타 적당한 곳에 취사장과 식탁을 설치하여 기인이나 행인들에게 식사를 제공하였다(홍제원, 보제원, 조치원, 장호원 등).

⑥ 조적 또는 방곡사업 : 흉년 또는 풍년 때 곡가의 변동으로 인하여 경제가 불안정해지는 것을 막기 위해 곡가를 안정시켰다.

⑦ 기타 : 사궁에 대한 보호, 노인보호사업, 구황방 등

셋째, 기타 제도

① 의료구제사업

전의감, 혜민서, 동서대비원, 제생원, 활인원, 진제장 등 다양하게 나

타났으나 의료사업과 구빈사업을 병행하였다. 지방 각지에도 각급 의원, 심약, 월령의 등을 배속시켜 지방의 의료보호 및 의학교육에 종사하게 하였다.

② 아동사업: 자휼전칙(1783)

조선 후기(정조)의 가장 대표적인 아동복지관련법령으로 유기아 및 행걸아의 구제에 관한 법령이다. 요구호아동의 구휼에 있어서 개인·민간의 책임보다 국가의 책임과 역할을 다소 인정한 것이다. 유기아 또는 부랑아 대책에 있어서 영국의 엘리자베스 빈민법의 취지와 유사하다. 정조의 전교와 보호 전반에 대한 9개의 절목으로 구성되어 있다.

③ 오가통

조선시대 다섯 집을 1통으로 묶은 호적의 보조조직으로, 오가작통법이라고도 한다. 하급지방행정구역을 일정 호수(5가구를 1단, 즉 통을 조직)를 표준으로 세분하여 그 구역 내에서 인보상조 및 연대책임하에 치안유지, 복리증진 및 지방행정의 운영을 도왔던 제도이다.

넷째, 민간조직의 복지활동

① 계: 성원 간의 경제적 이익을 도모하기 위해 조직된 것으로 군포계, 공장계, 공인계 등이 있다.

경제적인 이해관계 외에 특정한 비경제적 협력을 달성하기 위해 조직된 혼상계, 화수계 등이 있다. 동지결합, 동문동족의 상호부조·인보상조, 애경사 시 상부상조 등 널리 조직·활용된다. 성원 간의 상호부조 활동으로서, 서구의 길드공동체가 성원의 전체생활을 서로 보호하는 종적인 상호부조의 기능을 하였다면, 이에 반하여 조선시대의 계는 생활의 특정 분야에 한정된 상호부조적 조직이라고 할 수 있다.

② 두레 : 농민공동체의 조직으로서 농사일 등을 협동·협력하기 위하여 촌락단위로 조직된 협동체를 말한다.

③ 향약: 이는 중국의 주자향약을 도입한 것으로서 주민이 교화의

목적을 달성하기 위하여 자치적으로 정한 규약이다. 향약의 4대 실천덕목으로는 덕업상권(德業相勸), 과실상규(過失相規), 예속상교(禮俗相交), 환난상휼(患難相恤)이 있다. 향약의 4대 실천덕목 가운데 사회복지적인 의미를 내포하고 있는 것은 인보의 성격이 강한 환난상휼이라고 할 수 있다. 환난상휼의 구체적 사업은 급난(急難)의 구제·질병의 구제·고아나 약자의 부양·빈궁의 진휼·장례·사창경의 조위·사창의 총영(聰穎) 등이다.

2) 일제강점기와 미군정시기의 특성과 내용: 사회보장제도의 도입

(1) 일제강점기의 특성과 내용

일제 시대의 빈곤정책은 식민통치에 대한 합리화와 황국신민사상의 주입을 위한 이념적 성격이 강하였고 식민지 통치정책의 변화에 따라 빈곤정책도 필요적으로 바뀌는 양상을 띠었다. 급여에 있어서도 일본인과 한국인 사이에는 차별이 심하였는데, 전반적으로 이 시대의 빈곤정책은 빈민의 기본적인 욕구해결에 중점을 두었다기보다는 식민지 지배질서의 안정에 주안을 둔, 다분히 정치적인 성격이 강하였다. 이 시대의 사업을 보면, 조선사회사업연구회(사회사업이라는 새로운 용어 등장, 1921년), 태화여자관(최초의 한국사회복지관, 1921년) 등이며, 대표적인 구빈 사업으로는 첫째, 방면위원제도(1927)로 빈민의 생활실태를 조사하고 그 개선과 향상을 위하여 노력하고 조사활동을 통해서 사회결함을 예방, 보정하려는 데에 목적을 두었다(한국 개별사회사업의 기원). 둘째, 1944년 3월 1일에 공포된 조선구호령은 일본의 구호법을 기본으로 하고 모자보호법과 의료보호법을 가미시킨 것으로서, 근대적인 의미를 둘 수 있는 공공부조의 출발로 볼 수 있다. 조선구호령의 적용대상은 65세 이상의 고령자, 13세 이하의 유아, 임산부, 불구, 폐질, 질병, 상이 기타 정신 또는 신체의 장애로 인해 노동을 하는데 지장이 있는 자 등이며, 조선구호령의 급여내용은 생활·의료·조사・생업・장제부조 등이다. 일제강점기 말엽에 제정된 조선구호령은 1961년 생활보호법이 제정될 때까지 우리나라 공공부조의 기본법 역할을 하였다.

(2) 미군정시기의 구빈제도

1945년 해방과 더불어 미군정(1945년 9월부터 1948년 8월까지)이 시작되었다. 일제강점기의 제반법규와 시설이 형식적으로 계승되었으나 실질적으로는 미군정하의 법령과 규정에 의해 구성되었다. 사회복지시책은 기아의 방지, 최저생계 유지, 보건 및 의료보호, 응급주택보급 등에 중점을 두고 있으나 적극적이고 계획적인 사업추진이나 장기계획은 거의 이루어지지 않았다. 일반적인 구호사업으로 시설구호, 공공구호, 응급구호 및 이재민 구호가 있었고, 귀환전재민과 월남피난민의 수용구호사업과 주택구호사업, 실업구제사업 등이 있었다. 아동노동법규를 공포하여 아동의 노동을 보호하기도 하였는데, 이 법규는 근로기준법이 제도화됨에 따라 폐지되었으나 아동복지에 공헌한 제도로 볼 수 있다. 대체로 미군정하의 구호정책들은 일제의 잔존이 깔린 임시방편적인 성격이 강했기 때문에 문제해결에 있어서는 미미하였다. 미군정시기는 경제회복이나 복지에 주력했다기보다는 안보와 질서유지에 주력했다라고 볼 수 있다.

3) 한국 사회복지단계

(1) 한국정부수립과 전쟁: 1950년대 전후

우리나라에서 현대적인 사회복지사업이 전개된 것은 1950년대에 비롯되었다고 할 수 있는데, 특히 1950년대 후반에서 1960년대 초반에 이르는 기간은 한국전쟁의 영향이 강하게 작용했던 시기로서 사회・경제적으로 매우 피폐한 상황이었고, 이에 따라 많은 요보호대상자들이 생활보호나 구호를 필요로 하게 되었다. 전쟁으로 인하여 수많은 요보호대상자들이 발생하였지만, 사회복지사업의 성격은 극히 자선적·구호적·사후대책적이었다. 이 시기의 사회복지사업은 국가적이거나 전문적인 차원에서 실시되었다기보다는 민간적이고 자발적인 차원에서 수행되는 가운데 그 내용이 영세적이며 비전문적인 것이었다. 사회복지기관이나 시설의 운영이 종교단체나 외원단체들에 의해서 주도되어 어려운 긴급적 상황에 대처해 나갈 수 있었다. 몇몇 외원기관(KAVA)에서는 사회복지사업 교육을 받은 전문직 인력을 고용하여 사회복지사업의 전문적인 기능을 수행하기 시작함으로써 사회복지사업의 전문직의 필요성이 인식되기 시작하였다.

(2) 사회보장제도의 확장기: 1960년대~1980년대 전후

이 시기는 사회보장제도의 기초가 비교적 폭넓게 형성되면서 점진적으로 확대된 시기라 할 수 있다.

이 시기의 몇 가지 특징은 1961년 권위주의적 군사정권이 들어서면서 시민의 기본권 제한, 노동3권의 제한 등이 나타났으며, 1962년 이후 경제개발 5개년 계획으로 경제성장을 이루어졌으나 분배보다는 성장을 위주로 하는 정책이었다. 그리고 이 시기는 사회보장 관련 법률들이 입법화 되었는데, 취약했던 정권의 정당성과 안정을 확보하기 위한 정치적 선택이라고 할 수 있다. 제 5 공화국 동안 사회보험제도의 획기적인 변화는 없었다. 그러나 1983년 사회복지사업법의 개정으로 사회복지협의회가 법적 근거를 마련하였고 사회복지사 자격증이라는 명칭이 있었다. 이 시기의 공공부문의 특징은 정치적 필요에 의한 강제적 사회보험제도의 부분적 도입, 사회복지서비스 관련 제도의 도입되었으나 사회복지비 지출은 정체되었다. 또한 노동자 및 시민의 정치참여는 미약했으며, 외원기관의 쇠퇴로 사회복지법인 사업의 발전을 가져다 오기도 하였다. 이 시기의 사회복지 관련 법률들은 다음과 같다.

가. 1960년대의 사회복지 관련법률

1960년대의 법률들은 공무원연금법, 윤락행위등방지법, 생활보호법,

아동복리법, 재해구호법, 군인연금법, 산업재해보상보험법, 사회보장에 관한 법률, 의료보험법 등이다. 이 법률들의 제정으로 사회보험과 공공부조, 사회복지 서비스의 제도적 기반을 구축하기 시작하였다.

나. 1970년대의 사회복지 관련법률

1070년대에 들어서면서 사회복지사업법, 사립학교교원연금법, 국민복지연금법, 의료보호법, 공무원 및 사립학교교직원의료보험법 등이 제정되었다. 이 시기는 경제성장중심의 정책이었기 때문에 사회복지 정책은 발전을 보지 못했다.

다. 1980년대의 사회복지 관련법률

1980년대에 들어서면서 헌법의 생존권 규정 강화가 헌법에 규정되었고, 사회복지사업기금법, 아동복지법, 심신장애자복지법, 노인복지법, 국민연금법, 최저임금법, 보호관찰법, 모자복지법, 장애인복지법 등이 제정되었다.

이상과 같이 이 시기의 사회복지 관련법률이 제정되고 시행되었으나 실질적인 사회복지의 증대는 이루어지지 않았다. 왜냐하면 많은 법률이 선언적이고 형식적이었기 때문이다.

(3) 사회보장제도의 확대 및 발전기: 1990년대 전후

이 시기는 사회보장 제도가 보편주의적 성격을 강화하면서 복지국가로서의 기반을 구축해 나가는 시기라고 할 수 있다. 정치적으로는 민주주의와 시민사회의 성장 및 신자유주의가 대두가 있었으며, 경제적으로는 대외개방의 확대와 산업구조 조정, 다국적 기업의 국내진출, 경제의 대외의존성 심화, 국제수지 적자, IMF 등으로 사회복지에 영향을 주었다. 그러나 다양한 법률의 제・개정은 사회복지 정책의 지향성이 뚜렷하게 드러났고, 민간부문의 확대로 사회복지의 변화를 가져왔다. 이 시기의 사회복지 관련 법률들은 다음과 같다.

가. 1990년대의 사회복지 관련법률

1990년대는 새로운 법률이 입법화되었고 기존의 제도를 개선하는 작업의 지속과 복지행정의 확대가 이루어졌다. 장애인 고용촉진 등에 관한 법률, 영유아보육법, 청소년기본법, 고령자고용촉진법) 일제하 일본군위안부에 대한 생활안정지원법, 고용보험법, 성폭력범죄의 처벌 및 피해자보호 등에 관한 법률, 보호관찰 등에 관한 법률, 입양촉진 및 절차에 관한 특례법, 사회보장기본법, 정신보건법, 사회복지공동모금회법, 청소년보호법, 장애인·노인·임산부 등의 편의증진보장에 관한 법률, 가정폭력방지 및 피해자보호 등에 관한 법률, 국민의료보험법, 임금채권보장법, 국민건강보험법, 국민기초생활보장법 등의 제정으로 사회안전망 구축에 힘을 쏟았다.

나. 2000년대의 사회복지 관련법률

2000년대에 들어서면서 사회복지를 통해 사회적 약자를 포함한 모든 국민의 사회적 시민권 추구, 사회적 투자전략으로서 복지인프라 확충 등이 나타났다. 2000년대에도 국제적으로 정보화 사회, 디지털 사회, 세계화 등이 본격적으로 전개되고, 지구공동화가 더욱 촉진되었으며, 사회적으로는 '제3의 길'이 사회적 관심을 불러일으키기도 하였다. 국내적으로는 외환위기를 탈출하였으며, 생산적 복지, 적극적 노동시장 정책 등이 국가의 주요 정책방향으로 제시되었다. 고령화가 급속히 촉진되어 사회문제로 대두되었으며, 장애인 고용문제에 대한 이슈가 지속적으로 제기되었고, 남녀평등 및 모성보호에 대한 관심이 고조된 시기이다. 〈의료급여법〉이 제정되어 기존의 〈의료보호법〉을 대체하였으며, 국민건강보험 재정을 건전화시키기 위한 특별법이 제정되었다. 이 시대는 노무현 대통령의 참여정부 시기인데, 제도적인 측면에서 분배를 강조하였다. 그리고 노인장기요양보험의 도입으로 5대 사회보험시대를 열었고 기초노령연금으로 노인에 대한 소득보장 정책을 펼쳤다. 이 시기의 법률은 장애인고용촉진 및 직업재활법, 의료급여법, 농어촌

주민의 보건복지증진을 위한 특별법, 건강가정기본법, 성매매방지 및 피해자보호 등에 관한 법률, 저출산·고령사회기본법, 자원봉사활동기본법, 긴급복지지원법, 식품기부활성화에 관한 법률, 기초노령연금법, 한부모가족지원법, 장애인차별금지 및 권리구제 등에 관한 법률, 노인장기요양보험법, 장애인 등에 대한 특수교육법, 가족친화 사회환경의 조성 촉진에 관한 법률, 다문화가족지원법, 중증장애인생산품 우선구매 특별법, 국민연금과 직역연금의 연계에 관한 법률, 아동·청소년의 성보호에 관한 법률 등이 제정되었다.

다. 2010년대의 사회복지 관련법률

2000년 말경에서 2010년 초까지의 사회복지입법의 배경으로써 이명박 정부시기이다. 이 시기는 민생안정지원을 위한 전국적 민생안정지원체계 구축을 위하여 중앙에 민생안정지원본부를 발족하였으며, 건강한 가정을 도모하기 위한 건강가정기본법을 개정과 다문화가족의 삶의 질 향상과 사회통합을 위한 다문화가족지원법을 제정하였으며, 무엇보다도 민·관 통합전산망 구축으로 사회복지행정을 구현하고자 하였다. 그러나 전반적인 복지정책 및 대상별 서비스 측면에서는 시대적 변화에 적응하는 데에 미비하였다. 왜냐하면 분배라는 복지이념보다는 성장이라는 경제발전에 투입되었던 시기였기 때문이다.

21세기 국민복지의 비전을 '정의롭고 생산적인 복지공동체 구축'에 놓고 전국민 사회보험 실현과 최저생활수준 보장 및 삶의 질 제고를 위한 복지서비스의 확충을 계획하였다. 또한 사회보장발전의 기본이념을 사회적 권리로서의 국민복지기본선의 보장과 생산적 복지에 두고, 보호가 필요한 모든 국민에 대한 최소한의 먹고 입는 문제와 자녀교육 및 의료는 국가책임하에 두고, 단순보호차원의 복지보다는 자활능력 배양 등을 통해 경제발전에 기여할 수 있는 성장과 분배의 기능을 강화하기 위해 그 추진전략을 설정하였다. 이 시기의 법률은 장애인연금법, 성폭력방지 및 피해자보호 등에 관한 법률, 장애인활동 지원에 관한 법률, 사회복지사 등의 처우 및 지위 향상을 위한 법률, 노숙인 등의 복지 및 자립지원에 관한 법률, 치매관리법, 사회서비스 이용 및 이용권 관리에 관한 법률, 장애아동 복지지원법, 입양특례법 등이 제정되었다.

이상과 같이 한국 사회복지의 역사는 서양 사회복지의 역사와 차이점이 많다. 그러나 한국 사회복지의 역사는 차별화된 독창적인 지역복지사업에서 찾아볼 수 있다. 오늘날의 관점에서 보면, 한국의 사회복지 역사는 서양의 사회복지 역사보다 짧지 않다는 것이다. 계, 두레, 향약 등의 복지사업과 가난한 이들을 위한 구휼 사업들이 고대에서부터 있어 왔다는 기록들이 너무나 많다. 따라서 한국의 사회복지 역사를 좀더 심층적인 연구가 필요할 것이다.

제 7 장 복지국가와 복지사회

제2차 세계대전 이후부터 1970년대 중동전쟁으로 인한 석유파동이 오기까지 선진복지국가들은 다양한 사회적 위험으로부터 자국의 국민을 보호하려는 시스템을 마련하여 복지국가의 황금기라고 할 정도로 발전하였다. 지속적인 발전을 거듭해 온 복지국가도 사회·경제적 요인으로 인해 찾아온 어려움의 상황을 극복하려고 복지국가를 재편하려는 다양한 노력을 기울이게 되었다. 저출산·고령화로 인한 인구구조의 변화, 다양한 가족구조의 변화, 경제성장의 둔화, 실업의 증가, 정부의 재정 적자로 인한 조세의 증가, 세계화와 고도화, 기술의 급속한 변화로 복지국가의 재편을 위한 지속적인 노력은 보다 많이 요구되고 있다.

로만신(Romanyshyn)은 현대사회가 발달하면서 상당수의 국가에서 사회복지 개념이 보완적인 것에서 제도적인 것으로, 자선에서 시민권으로, 특수 서비스에서 보편적 서비스로, 최저 기준의 달성에서 최적 기준의 달성으로, 개인적인 도움에서 사회적인 개혁으로, 자발적인 것에서 공적인 것으로, 빈민구제에서 복지사회 건설의 방향으로 변화해 왔다고 일찍이 사회복지발달의 큰 흐름을 표현하였다(조흥식 외, 2013).

이에 본 장에서는 복지국가의 발전과 최근 동향을 먼저 고찰하는 것이 중요하다고 여겨 복지국가와 복지사회의 개념과 내용을 살펴보고 복지국가와 복지사회의 비교를 통해 한국복지사회의 과제를 알아보고자 한다.

1. 복지국가

1) 복지국가의 어원

복지국가란 용어를 가장 먼저 사용하였던 사람은 영국의 켄터베리 대주교 윌리엄 템플(William Temple)이었다. 템플 대주교는 자신의 저서 『서민과 성직자(*Citizen and Churchman*)』에서 복지국가를 사용하였는데 즉, 나치 독일을 전쟁국가(warfare state) 또는 무력국가(power state)로, 영국을 복지국가(welfare state)로 대비시켜 규정한 데서 비롯되었다는 것이다. 템플 대주교에 의하면, 전쟁국가는 시민과 인접 국가를 억압하는 폭군주의 국가라고 하였으며, 이에 비해 복지국가는 시민의 복지를 위해 봉사하고 이웃 국가를 존중하는 하나의 공동체로 대비된다고 하였다. 그러면서도 그는 시민의 복지를 향상시키려는 자비로운 국가 권력의 개입이 많아지면 자칫 전체주의를 가져올 수 있다고 경고했고, 이러한 위험을 해결하기 위하여 가급적 많은 권한과 책임을 비정부기구에 위임할 것을 권고했다(원석조, 2012).

1942년 영국에서 베버리지가 「사회보험과 관련서비스」라는 보고서를 발표하고, 나아가 1944년에 완전고용에 관한 정부의 백서가 발표된 이후 복지국가라는 말에 구체적인 의미부여가 되어 사람들이 주목하기 시작하였다. 그 이유는 광범위한 사회보장과 완전고용을 행하는 것이 국가의 책임으로 보게 되었기 때문이다. 그리고 복지국가(welfare state)라는 어휘가 옥스퍼드영어사전(Oxford English Dictonary)에 처음 수록된 것은 1955년으로, '국민 모두의 적절한 생존과 제반 유리한 조건을 국민 모두에게 보장할 수 있도록 구성되어 있는 정치체제'라고 정의하였다. 우리나라에서는 1959년 '국회보'에 최초로 사용되었고, 1961년 이후 우리말 사전에 복지국가의 정의가 나와 있다.

2) 복지국가의 개념

복지국가는 복지와 국가의 합성어로서, '복지'라는 말의 사전적 의미는 '만족스러운 상태, 건강, 번영, 안녕' 등이며, 국가는 일정한 영토를 보유하며, 국민들과 주권을 가진 집단을 의미하고 있어 복지국가란 국가가 국민의 경제적·사회적 안녕의 보호와 증진에서 중요한 역할을 하는 정부의 개념이라고 브리태니커 백과사전에서 정의하고 있다.

복지국가에 대한 개념을 일률적으로 정의하기란 쉽지 않다. 티트머스(Titmuss, 1979)는 "시장에서는 제공되지 않는 서비스를 국가가 모든 국민에게 제공하는 국가를 복지국가"로 규정하였고, 윌렌스키(Wilensky, 1979)는 "자선으로서가 아닌 국민의 기본원리를 인정하는 최소한의 소득, 영향, 보건, 주택 및 교육 등을 정부가 보호하는 국가를 복지국가"로 정의하였다. 에스핑-앤더슨(Esping-Anderson)은 "복지국가란 국민에게 최소한의 생활을 보장해 줌과 동시에 나아가 국민의 시장에 대한 의존성을 얼마나 줄일 수 있는가, 즉 국민을 탈상품화(de-commodification)시킬 수 있는 국가"로 정의하였다. 신섭중은 "복지국가란 일반적으로 완전고용과 사회보장정책에 의하여 모든 국민에 대하여 곤궁의 원인이 의료, 노령, 실업 및 그 밖의 어떠한 이유로든지 간에 최저한의 생활보장을 목적으로 자본주의의 폐단을 제거함과 동시에 사회주의도 회피하기 위한 제3의 정치경제체제를 지향(志向)하는 것이다."라고 복지국가에 대한 정의를 내리고 있다. 이러한 복지국가에 대한 개념을 종합하여 보면, 복지국가란 사회적 서비스를 제공하고 사회적 문제와 위험한 생활로부터 보호하며 모든 자유와 평등을 포함한 국민이 인간다운 생활을 유지할 수 있도록 보장하기 위해 노력하는 국가라고 할 수 있다.

3) 복지국가의 특징

복지국가의 특징은 최소한의 전국적 수준을 보장하고, 갈등타협의 메커니즘이 있다는 점, 복지국가의 분배정의가 있다는 것이다(김성천 외, 2013: 467-468). 복지국가의 첫 번째 특징은 전국적으로 국민생활의 최저한을 국가가 보장한다는데 있다. 이것은 국가가 국민생활을 시장 기제에 맡기지 않고, 시장에 개입하여 자유경쟁의 결과 낙오한 사회적 약자와 사회적 위험에 처한 자들에 대해서 최저한의 인간다운 생활수준을 국가가 보장한다는 뜻이며, 이 원칙은 열등수급의 원칙(less eligibility) 즉, 노동자의 최저임금보다 더 적은 수준으로 생활급여를 제한하겠다는 구빈법 시절의 원칙보다는 진일보한 것이다. 둘째, 갈등 타협의 메커니즘에서 복지국가는 자유주의자 대 복지주의자 간의 갈등과 투쟁의 결과, 사회권 인정을 통하여 국민에게 어느 정도의 안전을 보장할 때 나타나며, 복지국가는 복지주의자들의 내부에서도 어느 정도의 평등을 지향할 것이냐에 따라 갈등과 대립을 나타낸다. 즉, 베버리지-케인즈주의자들(월렌스키, 헥셔, 미쉬라)처럼 소극적 범위 안에서 평등을 보장할 것이냐, 아니면 사회민주주의자들(코르피, 에스핑-앤더슨)처럼 더 적극적인 평등을 보장할 것이냐 하는 문제로 갈등하다가 타협의 성취를 통하여 복지국가를 실현시킨다는 것이다. 셋째, 복지국가의 분배정의에서 복지국가 내의 제 계급과 세력은 사회적 안전과 사회경제적 평등의 정도를 놓고 끊임없이 갈등과 타협을 통하여 문제해결을 지향하기 때문에 그 자체가 상당한 정도의 가변성을 지니고 있다. 또한 제도적 복지국가의 성장은 복지재정의 증대를 가져오는데, 이러한 복지재정의 충당은 결국 사회적 중상층 계급의 몫이라 할 수 있다. 결국 사회적 재분배성의 문제는 비용분담과 수혜 분배 간의 불일치를 가져오는 문제가 있다 하겠으나, 이 부분은 사회적 약자와 사회적 위험에 처한 사람들에 대한 보호를 사회적 분배정의로 보는 규범적 합의를 전제로 할 때 해결된다고 볼 수 있다.

4) 복지국가의 필요성

복지국가가 필요한 이유는 첫째, 산업화로 인한 사회복지 욕구 증가, 둘째, 독점적 자본의 기능적 필요성, 셋째, 노동자 계급의 힘(power) 증대, 넷째, 이익집단들의 정치적 요구에 대한 대응, 다섯째, 국가구조상의 특성을 들 수 있다.

좀더 구체적으로 살펴보면, 첫째, 산업화로 인한 사회복지 욕구 증가는 산업화되면서 그동안 억제되어 왔던 사람들의 욕구가 분출되면서 복지에 대한 욕구가 증가하게 되어 복지국가의 필요성이 대두되었다. 둘째, 독점적 자본의 기능적 필요성을 들 수 있다. 자본주의는 시장기능에 의해서 모든 것이 움직이는 것이기 때문에 시장에서 힘 있는 사람, 재력이 있는 기업이 더욱 더 발전하여 독점적 자본이 국가는 물론 세계를 지배하는 현상으로 나아가고 있다. 따라서 이를 적절한 수준에서 조정되어야 한다. 셋째, 노동자 계급의 힘 증대를 들 수 있다. 노동자 계급은 산업화 과정에서 더욱 강력한 힘을 발휘하게 되어 각종 요구사항을 제시하거나 목소리를 높이고 있다. 넷째, 이익집단들의 정치적 요구에 대한 대응을 들 수 있다. 사회의 발달은 이익집단의 출현과 더불어 시작된다. 이익집단들의 요구수준을 충족하기 위해서는 복지국가가 필요하다. 다섯째, 국가구조상의 특성으로 복지국가가 지구상에서 가장 이상적인 제도와 정책은 아니지만 현존하는 체제 내에서는 그런대로 국민의 욕구수준을 충족시키고 있는 것으로 볼 수 있다.

복지국가가 등장하는 이유는 크게 개인적 차원과 사회적 차원으로 나누어 살펴볼 수 있다. 개인적 차원의 복지국가는 인간의 기본적 필요를 충족시켜 주기 위해서 필요하다. 즉 인간은 다른 동물보다 존엄한 존재이기 때문에 아무리 어려운 상황에 처하더라도 기본적 삶은 보장되어야 한다는 휴머니즘의 발로에서 등장하게 되었다. 이에 비해 사회적 차원의 복지국가는 사회적 통합과 안정을 위해서, 즉 사회복지를 통해 상부상조함으로써 모든 국민을 하나로 묶어주고, 나아가 안정된 사회를 구축하기 위해서 등장하게 되었다.

이와는 대조적으로 1970년대 중반 이후 선진자본주의 사회가 구조적 불황에 빠져들게 되자, 그 원인을 복지에 대한 부담 탓으로 돌리면서 복지국가를 해체해야 불황을 이겨낼 수 있다는 인식을 가지고 영국의 대처정부와 미국의 레이건정부에 의해 신자유주의 정권이 들어섰고, 이는 유럽 대륙에도 점차 확산되었다(김형수 외, 2013).

5) 복지국가의 형성원리

복지국가는 산업화를 통한 부의 축적이나 민주화를 통한 복지권의 확립이 없었다면 발전하지 않을 수도 있었다. 따라서 복지국가의 형성원리 중 첫째는 복지국가가 자본주의적 산업화의 과정에서 발전하였다는 것이다. 티트머스(Titmuss)의 주장에 의하면, 자본주의적 산업화로 인해 개인의 능력이나 의지와는 상관없이 빈곤 등의 어려움에 직면하게 된 사람들에게 국가의 보상이 주어지게 되면서 복지국가가 발전할 수 있었다는 것이다. 즉, 도시빈민들에게 산업사회의 발전을 도모하기 위하여 국가가 펼친 전략으로 인하여 산업사회는 발전할 수 있었으나, 사회구조적 변화의 원인 때문에 야기된 불행과 빈곤에 대하여 국가가 보상해 줄 의무가 있어 개입함으로써 복지국가가 발전할 수 있었다는 것이다. 둘째는 민주주의의 발전과정에서 복지국가의 발전이 형성될 수 있었다는 원리다. 민주주의 정치는 국민의 권리인 투표권을 보장함으로써 산업화 초기에 소외되었던 서민과 노동자의 정치행동이 가능할 수 있도록 하였다. 따라서 서민과 노동자가 중심이 되어 정당을 만들고 합법적으로 다양한 로비를 통해서 그들에게 필요한 사회복지를 실현할 수 있게 되었으므로 복지국가의 발전은 민주주의의 발전과정에서 형성되었다고 본다. 마샬(Marshall)은 국민이 가지고 있는 공민권, 정치권, 사회권의 권리 중 특히 사회권이 민주주의의 발전과정에서 발달되어 복지국가로의 길을 확실하게 갈 수 있었다고 주장한다.

6) 복지국가 발전의 역사

복지국가 발전의 역사를 조명해 보는 것은 미래의 복지국가의 향방을 예측할 수 있는 중요한 과정이다. 복지국가 발전의 역사를 복지국가의 정착기, 복지국가의 팽창기, 복지국가의 재편기로 나누어 살펴보고자 한다(배기효 외, 2013: 382-386).

(1) 복지국가의 정착기(1920년~1945년)

1920년대부터 제2차 세계대전의 종결시점까지는 세계적 수준에서 진행된 대규모 전쟁과 경제공황이 복지국가 발전의 가장 중요한 원인이었다. 그러므로 이 시기는 복지국가의 실현을 위한 복지국가 정책이 확실한 모습을 갖추게 된 시기인데, 그것은 1929년의 세계대공황과 뒤이은 제2차 세계대전에서 비롯되었다. 다시 말해서 1929년에 시작된 세계적 규모의 경제공황에서 1930년대의 암울한 전쟁 전야기를 거쳐, 제2차 세계대전의 참혹한 역사와 그 후의 복구의 시대로 이어졌다. 1·2차 세계대전 같은 총력전이 치러지는 동안 구미의 국가들은 효과적 국민동원을 위해 전후에 국가가 국민들에게 더 나은 삶을 보장할 것이라는 약속을 할 수밖에 없었다. 국민들로부터 엄청난 희생을 강요하고 동시에 국민생활의 광범위한 영역에 국가가 개입하여 국가의 국민에 대한 복지책임이 증가하게 되었다. 이 시기에서는 이전 시기의 각종 사회보험 이외에 고용, 교육, 보건 및 주택 등의 광의의 사회복지 분야의 정부프로그램이 확대되었고, 뉴딜 정책의 기조와 틀도 안정성을 갖추게 되었다. 또한 사회보험의 개념도 확대되어 '국민최저한(national minimum)'의 개념이 점차 수용되었고 사회권으로서의 사회복지의 의미가 크게 부각되었다. 따라서 이 시기에 복지국가의 개념이 정착되기 시작하였다. 이처럼 가장 어려웠던 시기에 복지국가의 바탕이 공고해진 것은 무엇보다도 공유적 위험과 피해가능성에 따르는 공동체의식과 집단적 대응의 필요성 때문이었으며 이러한 정신적 바탕은 국가개입의 여지를 크게 넓혔던 것이다. 특히 세계 2차대전이 끝나자 사회적 평등주의의 뚜렷한 조류 속에 사회권의 재정의를 위한 진출이 시작되었다.

한편 경제공황은 전쟁과 다른 측면에서 국가의 경제개입과 복지개입을 초래하였다. 1929년부터 1930년대의 경제공황은 세계 곳곳에서 광범위한 생산중단을 가져왔고 동시에 엄청난 수의 실업자를 양산하였다. 복지국가로 성장하게 된 결정적인 계기는 1942년의 베버리지(Beveridge)안과 그것에 근거한 노동당 내각의 포괄적인 사회보장체계의 수립으로 이것은 영국형 복지국가의 탄생을 알리는 획기적인 사건으로 기록되었다. 베버리지계획의 정치적 타결은 1945년의 총선거에서 노동당이 압승함으로써 가능했다고 할 수 있다(양정하, 2008).

이 시기에 영국은 복지국가의 기틀을 마련·실시했던 것이다. 이러한 복지국가의 기틀을 마련하게 된 계기는 복지국가에 대한 대대적이고 체계적인 국가개입이었는데, 이러한 개입은 보수당과 노동당 간의 정치적 정설의 일부로 되었다. 마샬(Marshall)에 의하면 복지에 대한 국가개입은 전후 시기의 주요 정당 간의 합의정치의 반영인 것이다. 이 시기의 베버리지 보고서, 국민보건서비스 및 중등교육의 도입 등은 영국 사회의 경제 및 사회생활에 대한 국가개입이라는 전후 30년간의 특징이었다. 특히 제2차 세계대전을 계기로 사회 제반분야에 대한 국가개입이 있었던 것이다.

이러한 변화들은 무엇보다도 19세기 후반부터 태동하기 시작한 복지국가의 제도적·재정적 기틀을 확고부동하게 정착시킨 것은 물론 복지 수혜자를 확대시킴으로써 복지국가를 지탱하게 하는 지지세력을 확보하게 되었다는 점에서 커다란 의의를 갖는다.

(2) 복지국가의 팽창기(1945~1975년)

이 시기에는 정부지출의 증가에 따른 공공사회지출이라는 특징이 나타났는데, 이 사회지출은 전후의 지속적인 경제성장으로 가능하였다. 이러한 상황에서 제2차 세계대전 이후 15년 동안의 시기는 합의, 권위에 대한 신뢰 및 정당성의 시기였다. 전후 보수당 및 노동당 정부의 정책은 매우 비슷하였다. 언론가들이 1950년대의 사회정책 및 경제정책을 기술하기 위해 버츠켈리즘(Butskellism) 즉, 대립정당이 같은 정책을 들고 나오는 상황을 일컫는 용어를 개발하였던 1950년대에 특히 그러하였다. 대략 1945년에서 1970년까지 영국에 있어 합의정치는 보수당과 노동당 간의 공약을 포함하는데, 그 공약은 혼합경제와 복지국가에 관한 것이었다.

2차 세계대전이 종결된 1945년부터 대략 1975년까지는 '복지국가의 황금기'로 불린 시기였다. 그 이유는 1920~1945년 기간 동안 제도적·재정적 측면에서 그리고 복지수혜자 측면에서 확고하게 정착된 복지국가가 2차 세계대전 이후 약 30년간 지속적으로 경제적 번영과 함께 복지국가의 발전이 모든 측면에서 극대화되었기 때문이다. 그뿐 아니라 이 시기에는 그 이전 시기에 뉴딜, 사회계약, 혹은 역사적 타협을 위해 국가-자본-노동 간에 형성된 화해적 정치구조가 그대로 지속되어, 경제성장-완전고용-복지국가를 한 묶음으로 하는 '동의의 정치'가 장기간 동안 실현되었다.

이 기간 동안 구미 선진국들이 높은 경제성장률, 낮은 인플레이션, 그리고 낮은 실업률을 기록하였다는 것은 그 만큼 이들 국가들이 복지비 지출을 더 많이 할 수 있는 좋은 조건을 가지고 있었다는 것을 뜻한다. 일본과 미국을 제외한 대부분의 나라들이 1960년대까지 대체로 GDP 대비 10%대의 복지비를 지출했으나, 1970년대 중반에 오면서 모두 20% 이상을 복지비로 지출했다.

제도적인 측면에서의 뚜렷한 변화는 없었다고 할 수 있다. 그 이전까지 구축되어 온 다양한 복지제도들이 개별 국가들로 빠르게 확산되어 나라마다 산재보험, 질병보험, 노령연금, 실업보험, 가족수당 등의 제반 복지제도를 갖추었고 또한 사회서비스와 공적부조를 위한 제도도 더욱 확충되었다. 이 시기의 복지국가는 복지 수혜자 또한 보편화되어 복지발전이 절정기에 이르렀다고 할 수 있다.

(3) 복지국가의 재편기(1975년~현재)

지속적인 경제성장에 힘입어 국가의 복지지출이 증대함으로써 복지국가의 확대일로를 걷게 되었다. 그러나 이러한 경제성장에 조율을 맞추어 성장해 온 복지국가는 70년대 중반 이후에 새로운 전환점을 맞게 된다. 1973년에 무려 5배의 유가상승을 가져온 오일쇼크는 2차 세계대전 이후 약 30년간 지속되어 온 자본주의의 안정적 축적체제를 근원적으로 뒤흔드는 결정적 작용을 했다. 경제성장률은 저하되고, 인플레이션은 급증했으며 실업률은 상승했다.

1970년대 후반 이후 사회민주당이 확고한 정치적 헤게모니를 행사하던 구미 선진국의 대부분의 나라에서 보수회귀의 물결이 일어났다. 흔히 신우파(new right) 혹은 신보수주의(neo-conservatism)로 불리는 보수세력은 1973년 오일쇼크 이후의 경제위기가 오직 유가상승이라는 외부적 요인에 의해서만 기인한 것이 아니라, 근본적으로는 자유시장 기제의 작동을 왜곡하는 국가의 경제개입과 복지개입이라는 내적 요인에서부터 비롯되었다고 주장한다. 그리하여 이들은 경쟁력을 강화하고 경제성장과 고용증대를 이루기 위해서 국가의 경제개입을 축소하는 것은 물론 생산비의 경직적 상승을 가져오는 복지지출을 감축해야 한다고 주장한다.

그러나 보수정권에 의한 지속적 복지삭감 노력에도 불구하고 1975

년 이후 국가에 의한 복지비 지출은 실제로는 증가해 왔으며, 실제로 복지비가 증가한 이유는 다음의 다섯 가지 요인으로 설명될 수 있다.

첫째, 노령화의 진전에 따라 노령연금의 지출이 빠르게 증가했다.

둘째, 실업률의 증가에 따라 실업수당과 공적부조 지출도 대폭 증가했다.

셋째, 인플레이션의 심화에 따라 물가에 연계된 각종 급여지출이 늘어났다.

넷째, 복지 수혜자와 복지 분야 종사자 수가 늘어나게 됨으로써 복지삭감에 반대하는 친복지 세력이 증가했다.

다섯째, 선거경쟁은 복지삭감 정책이 가져올 부정적 결과를 두려워하는 정당들로 하여금 이 정책을 피하게 하거나 보다 적극적으로 복지증진정책을 추구하게 만들었다.

이러한 사실은 비록 복지국가에 대한 보수세력의 이데올로기적 · 이론적 공세가 치열했고 복지삭감을 위한 정치적 조치들이 강경했다 하더라도, 경제악화와 인구학적 변화에 따른 복지비 증가의 내적 요인들이 너무나 광범위하고 강력했음을 잘 반영한다고 볼 수 있다.

7) 복지국가의 유형

복지국가의 유형은 다양한 기준들에 따라 학자들마다 다르게 제시하고 있다. 복지국가의 성격에 관한 여러 가지 개념분석에 따른 유형에 대해서 살펴보고자 한다. 윌렌스키와 르보(Wilensky & Lebeaux)는 잔여적 모델과 제도적 모델로 나누었다. 티트머스(Titmuss)는 잔여적 복지모델, 산업적 성취 모델, 제도적 재분배 모델로 나누어 설명하고 있다. 퍼니스와 틸톤(Furniss & Tilton)은 적극적 국가, 사회보장국가, 사회복지국가로 나누었다. 조지와 윌딩(George & Wilding)은 반집합주의, 소극적 집합주의, 페이비언 사회주의, 마르크스주의로 나누었다. 에스핑-앤더슨(Esping-Andersen)은 자유주의적 복지국가,

조합주의적 복지국가, 사회민주주의적 복지국가로 복지국가의 유형을 나누었다. 이 중 가장 유명한 복지국가의 유형인 에스핑-앤더슨의 유형을 중심으로 살펴보고자 한다. 에스핑-앤더슨은 이전에 존재하던 복지국가의 다양한 성격에 대한 연구와 유형화 시도들을 종합하여 유형을 분류하였다. 에스핑-앤더슨의 복지국가 유형구분을 〈표 7-1〉로 나타내었다.

〈표 7-1〉 에스핑-앤더슨의 복지국가 유형구분

지표	자유주의적 복지국가	보수주의적 복지국가	사회민주주의적 복지국가
탈상품화 정도	약함	중간	강함
복지제도 발달정도	빈곤대책 위주	사회입법	사회입법
국가의 역할	주변적	보조적	중심적
소득재분배 효과	낮음	중간	높음
완전고용	없음	경기연동	있음
가족의 역할	주변적	중심적	주변적
시장의 역할	중심적	주변적	주변적
연대성의 양식	개인주의	조합주의	보편주의
전형적인 국가	미국	독일, 이탈리아	스웨덴

자유주의적 복지국가는 개인의 책임을 비교적 강조하며, 소득조사에 의한 공적 부조 프로그램이 가장 중요하고, 복지 수급자의 급여조건을 까다롭게 규정하여 일 대신에 벌로서 복지 혜택을 받는다는 치욕이 존재한다. 탈상품화 효과는 최소화되고 다차원의 사회계층체계가 발생하는 유형이다. 미국, 캐나다, 오스트레일리아, 일본 등이 여기에 속한다.

보수주의적 복지국가는 국가가 사회복지 제공자의 역할을 하되, 사회복지의 제공이 기존 사회적 지위의 차이를 유지하는 데 있다. 국가는 교육과 훈련을 받을 수 있는 시스템을 마련하고 소득보장은 사회보험 방식으로 국민 최저 소득 이상으로 보장한다. 따라서 기여에 따라 혜택이 달라지는 보험원칙을 강조하는 사회보험 프로그램이 가장 중요한 역할을 하는 유형이다. 오스트리아, 프랑스, 독일, 이탈리아, 벨기에 등 대부분의 유럽 국가들이 여기에 속한다.

사회민주주의적 복지국가는 사회민주주의 세력에 의한 사회복지정책의 결과 탈상품화 효과가 가장 크고, 새로운 중간계층의 확대가 이루어지는 국가이다. 국가는 사회적 평등과 사회연대성을 위해 적극 개입하며 각종 사회복지정책, 노동정책을 통한 평등을 지향한다. 즉, 최소한의 생활보장이라는 개념을 넘어서서 가능한 한 최대한의 평등을 추구하고자 한다. 노르웨이, 스웨덴, 덴마크, 아이슬란드, 핀란드 등 노르딕국가가 이에 속한다.

8) 복지국가 위기의 내용

복지국가 위기의 내용은 재정 위기의 문제, 정당성 위기의 문제, 정부 위기의 문제, 사회·문화적 위기의 문제로 분류할 수 있다(남기민, 2012: 391-392). 이에 관해 살펴보면 다음과 같다.

(1) 재정 위기의 문제

프랑스를 제외한 대부분의 복지국가들은 심각한 부재를 안고 있었고 대표적인 복지국가로 불리던 영국은 정부 재무잔고가 특히 심각한 상황에 있었다. 주목할 점은 대부분의 복지국가들에서 이러한 재정적자 누적의 원인으로 국방비와 함께 과잉 팽창한 사회복지비를 제시하였다는 점이다. 하지만 복지국가의 정치구조는 정부의 복지지출의 삭감을 통한 재정의 적자해소를 어렵게 했다. 정치적으로 복지 혜택 감소에 대한 국민들의 저항이 있었으며 선거 민주주의는 이러한 상황에서 취약성을 드러내곤 했다. 또한 경제적으로 침체 국면에 들었기 때문에 세수입 증대를 통한 균형재정도 어려운 입장이었다. 결국 많은 국가들은 사회복지 예산마련을 위해 적자재정을 편성했으며 이는 재정

위기의 악순환 고리를 만들었다(김태성 · 성경륭, 1993: 252-253).

(2) 정당성 위기의 문제

복지국가는 정당성 부여의 원천이 상실됨으로써 정당성 위기가 초래되었다. 이 정당성 위기는 재정위기와 함께 지적되는 복지국가의 대표적 위기이다. 이 정당성 위기는 복지국가가 의회주의와 복지정책을 통해 자본주의 폐해를 해소하고 사회적 정의를 달성할 수 있다는 믿음의 상실을 의미한다(감정기 · 최원규 · 진재문, 2002: 265). 이러한 정당성 위기는 복지국가에 대한 여론의 악화, 사민당과 노동당 등 좌파 정당에 대한 지지감소, 그리고 조세에 대한 저항으로 나타났다. 물론 여론의 악화는 경기침체, 복지 프로그램의 오용과 남용, 경제적 풍요과정에서의 사회적 결속력의 약화 등 다양한 요인에서 비롯된 것으로 볼 수 있으나 여론의 상당부분은 정부의 사회복지 지출확대에 대한 비판에 모아졌다고 할 수 있다. 또한 여론의 악화는 좌파 정당들에 대한 지지의 하락으로 나타났다. 1975년에서 1982년 사이 영국, 미국, 서독에서 우파 정당이 집권하게 되고 사회민주주의 정당이 오랫동안 강력한 영향력을 행사해 왔던 덴마크, 노르웨이, 스웨덴에서도 좌파 정당이 선거에서 패배하였다. 그리고 여론의 악화는 세금 증가에 대한 저항으로 나타났다. 경기침체기에 조세부담에 대한 저항으로 나타난 것이다.

(3) 정부 위기의 문제

복지국가의 황금기에 대규모로 팽창한 정부부문은 그 자체가 거대한 관료기구가 됨으로써 유연성과 효율성을 상실하고 말았다. 또한 사회복지서비스에 대한 정부의 독점성은 경쟁원리의 부재로 인하여 합리성과 효율성을 추구할 수 있는 내부 혹은 외부의 자극이 부재한 상태에서 지속적으로 관료조직을 비대하게 만들었다. 이러한 비효율성과 경직성은 적재적소에 적정량의 재원을 투입하는 것을 어렵게 만들었고

서비스 영역에 따라 과잉 및 과소 문제를 야기시켰으며 정부의 지출에 비하여 효과는 상대적으로 미흡한 문제점을 노출시켰다. 또한 복지국가의 팽창은 경제와 정부의 과부담으로 나타났다. 경제가 호황일 경우에는 이것이 은폐될 수 있는 문제였지만 경제가 침체하고 스태그플레이션이 나타나자 복지국가를 위한 재정의 팽창과 정부의 다양한 개입활동은 경제 및 국가 시스템 전반에 큰 부담으로 작용했다고 볼 수 있다(감정기 · 최원규 · 진재문, 2002: 267).

(4) 사회 · 문화적 위기의 문제

사회 · 문화적 위기로서 사회통합의 이완현상이 시작되었다. 이는 복지국가의 중요한 전제인 사회적 연대가 파괴되는 것을 의미한다. 사회통합의 이완현상은 크게 아노미와 에고이즘(egoism)이 확대되는 것, 즉 규범적 불안정과 사회적 유대의 약화가 증가하는 것으로 설명된다. 대표적 예로서 이혼율과 자살률의 증가를 들 수 있다(현외성 외, 1992: 29-30). 물론 이혼율과 자살률 증가 등의 현상이 반드시 위기인 것은 아니며 하나의 사회 · 문화적 변화로서 이해할 수도 있으나 여기서는 복지국가의 여러 프로그램들이 이러한 현상들을 조장한다는 측면에서, 그리고 새로운 변화에 적절히 대응하지 못한다는 측면에서 문제가 제기되었다.

9) 복지국가 위기에 대한 관점

복지국가 위기 발생의 원인과 해결방안의 관점에 대한 논의로 복지국가 위기를 극복하고 새로운 단계로 나아가고자 하는 노력을 기울여야 할 것이다. 복지국가 위기는 재정 위기의 문제, 정당성 위기의 문제, 정부 위기의 문제, 사회 · 문화적 위기의 문제 등이며 이러한 복지국가 위기에 대한 신보수주의적 관점, 마르크스주의적 관점, 실용주의적 관점에 대해 살펴보고자 한다.

(1) 신보수주의적 관점

신보수주의적 관점에서는 국가의 사회복지사업에 대한 지나친 재정 지출이 결국 복지국가의 위기를 초래하였다고 보며, 즉 정부의 개입 증대로 인한 정부의 과부담이 복지국가 위기에 결정적인 원인이 된다고 하였다. 따라서 이러한 복지국가 위기에 대한 해결방안으로서 국가의 개입을 줄여 재정지출을 감소할 수 있도록 자본주의사회의 자유경쟁시장체제를 적극적으로 이용해야 한다는 관점이다. 또한 사회복지사업에 대한 접근방법을 제도적 원칙이 아니라 잔여적 원칙에 의해 복지수혜자를 제한하고 민간차원의 자발적인 개입에 의해 사회적 욕구를 해결할 수 있도록 하는 것이 필요하다는 관점이다.

(2) 마르크스주의적 관점

마르크스주의자들은 복지국가 위기를 고도로 발달된 자본주의 체제가 갖고 있는 기본적인 모순의 필연적인 결과로 보는 관점을 갖고 있다. 이것은 고도로 발달된 자본주의에서 국가가 자본가들의 자본축적을 유지시켜야 하며, 동시에 이로 인한 정치적, 사회적 문제를 해결하기 위하여 정당화의 기능을 수행할 수 있도록 해야 하며 복지국가의 위기는 두 가지 기능을 수행하면서 국가의 재정파탄을 가져온다는 데 있다. 결국 국가의 재정파탄은 복지국가를 붕괴시킬 수밖에 없다는 논리이다. 마르크스주의 관점은 단순히 정부의 과부담을 넘어 자본주의 체제 자체에 내재된 모순에 근거를 두고 있다.

(3) 실용주의적 관점

실용주의적 관점은 복지국가의 발전에서 나타난 시행착오와 상황의 변화로 인한 일시적인 현상이라고 보고 기본적으로 복지국가의 정치적, 경제적 체제 내에서 해결할 수 있다고 보는 관점이다. 이 관점은 복지국가 위기를 기본적으로 1970년대 석유파동으로 인해 악화된 경제상황 때문이라고 보며, 경제상황이 악화되었기 때문에 복지국가의 위기가 온 것으로 본다. 또한 이 관점은 복지프로그램의 형태나 운영방법이 잘못되어 복지국가의 위기가 발생하였다고 본다. 이러한 복지국가의 위기를 해결하기 위해서는 복지국가 프로그램들이 지방분권화나 민영화 등의 방법을 통해서 운영의 효율화를 기할 수 있다면 국민들의 복지국가에 대한 신뢰감을 회복할 수 있다고 본다.

10) 복지국가의 재편

앞서 살펴본 복지국가 위기에 대한 관점을 토대로 복지국가 위기를 극복하기 위해서는 복지국가의 재편을 필수불가결한 것으로 보인다. 새로운 사회적 구조의 변화 즉, 글로벌시대의 세계화와 산업의 고도화, 탈산업으로 인한 노동시장의 유연화, 새정치를 희망하는 정치구조의 균열현상, 저출산 및 고령화와 경제적 빈곤과 이혼 등으로 인한 가족체계의 불안정, 다양한 경제적 위기로 인한 실업의 증가 등의 현상은 복지국가의 위기 극복에 대한 국민의 인식과 사회복지정책의 수정에 대한 욕구가 증가하게 되었다. 따라서 복지국가의 재편은 각 나라마다 사회적 상황을 고려하여 필요성이 대두되었으며 우리나라의 경우도 예외는 아니었다. 특히 1973년과 1978년의 석유파동으로 인한 경제적 위기는 복지국가의 위기를 극복하려는 다양한 노력이 각 나라마다 진행되었다.

복지국가의 재편은 신보수주의적 재편과 조합주의적 재편으로 위기를 극복할 수 있는 것으로 보고 있다. 신보수주의적 재편이라고 할 수 있는 민영화와 지방정부의 억제, 불평등의 장려 등의 전략과, 조합주의적 재편이라고 할 수 있는 조합주의 즉, 정부와 사용자단체 및 노동조합 간의 정치적 교섭 장치로서 중요한 의사결정기구가 되어 국가정책을 추진해 가는 방식의 국가체제는 복지국가와 혼합경제체제를 거부하지 않고 복지국가를 재편할 수 있는 전략이다.

2. 복지사회

복지국가의 실제 경험으로부터 나온 복지사회는 1970년대 이후 등장하여 서구자본주의 국가들의 이상을 상징하고 있다. 현재 복지국가와 복지사회가 혼용되어 사용되는 경우가 많다. 이 절에서는 복지사회의 발생배경, 복지사회의 개념, 복지사회의 과제를 중심으로 살펴보겠다.

1) 복지사회의 발생배경

복지국가가 진행되는 과정 속에서 사회적 상황의 변화에 따른 새로운 불만의 목소리가 높아지며 많은 사회 문제가 노출되어 해결을 원하는 소리가 높아졌다. 결국 복지사회라는 단어는 복지국가에 대한 과거지향적 비판과 미래지향적 불만의 복합적 산물인 것이다.

1929년 이후의 경제공황, 당시 케인즈의 수요관리 경제이론은 자본주의의 전통에 변질을 가했다. 경제공황이 자본주의의 변화를 초래했던 내적 계기라고 한다면 세계2차대전은 외적 환경을 제공해 준 것으로 해석할 수 있겠다. 사회변혁의 요인들 중에서 전쟁에서 파생되는 영향은 엄청나게 큰 것이었다. 전후 1970년까지 영국의 실업률은 3% 이하의 완전고용을 유지했으며 실질임금의 인상으로 국민의 생활수준은 꾸준히 향상되고 있었다. 그러나 공적부조 대상자의 2/3는 노인들이 점유하게 되었으며, 오히려 인플레이션이 새로운 문제로 등장하게 되었다. 결국 복지국가의 실현에 의해 저임금과 실업에 의한 빈곤은 사라진 반면 노령이나 인플레이션에 의한 새로운 형태의 빈곤이 대두되었던 것이다. 이러한 사회문제를 해결하기 위해 등장한 것이 바로 복지사회라고 할 수 있다. 윌렌스키와 르보는 산업화가 지속될수록 모든 사회제도는 점차 사회복지를 지향하게 되며 복지모형은 잔여적인 것에서 제도적인 것으로 변화됨에 따라 복지국가는 복지사회가 될 것으로 예측하고 있었다.

2) 복지사회의 개념

복지사회는 복지와 사회의 합성어이며, '복지'라는 말의 사전적 의미는 '만족스러운 상태, 건강, 번영, 안녕' 등이고, '사회'란 '2인 이상의 사람들이 공식적 · 비공식적 성격을 지니고 있는 역동적 상호작용 과정의 결과로 이루어진 집단이나 조직'을 일컫는다. 1970년대에 등장하게 된 복지사회란 복지정책이 적극적으로 이루어지고 있고 복지의 수준도 높은 사회로 복지국가의 확대된 형태 혹은 복지국가보다 더 포괄적인 개념으로 이해될 수 있다. 구체적인 내용을 살펴보면 복지사회는 관료주의적 성격을 탈각한 사회, 정부의 역할은 후퇴하고 보다 분권적인 사회, 복지의 향상이 일국단위에서가 아닌 세계적 차원에서 진행되고, 모든 시민의 삶의 질과 생활의 즐거움을 적극적으로 추구하는 사회, 공공부문, 시장부문과 가족 및 볼런티어 등의 비공식적인 부문 모두가 복지 공급을 담당하는 복지혼합사회, 소득재분배 복지형의 복지국가를 뛰어넘어 자산 재분배형의 사회이다.

티트머스(Titmuss, 1968)는 영국의 복지국가를 공공부담의 복지모형으로 결론지으면서 복지사회를 복지국가의 후속적 확대 개념으로 파악하고 있다. 그는 복지사회를 보편주의와 예방주의적 성격을 가진 공공복지 서비스가 확대되는 국가로 보고, 더 나아가 국제적 시각에서 국가 간의 불평등이 없는 균형적 발전의 개념인 복지세계를 제시하였다. 롭슨(Robson, 1976: 15)은 복지국가의 도덕성 결핍현상이 초래된 원인을 복지사회의 기반 없이 맹목적으로 복지국가를 추구하였기 때문이라고 보고 있으며, 복지사회를 복지국가의 전제조건으로 파악하고 있다. 따라서 이타주의와 같은 도덕성이 충만한 복지사회의 기반이 갖추어질 때 진정한 복지국가가 도래한다는 결론을 내리고 있다.

결국 복지사회라는 단어는 복지국가의 실제 경험으로부터 나온 부산물로, 복지국가의 부정개념이 아니라 그 제도의 많은 부분을 전제로 계승함에 의해 성립한다. 즉, 복지국가의 기본선은 변함이 없지만 시대의 진전과 역사적 경험에 의한 여러 원칙이 수정·확충된 것이 복지사회이다.

3) 복지사회와 사회안전망(social safety net)

사회안전망은 원래 브레튼우즈협정 기관들[세계은행(IBRD), 국제통화기금(IMF) 등]에 의해 사용된 용어로, 기존 사회보장제도하에서는 적절한 보호를 받지 못한 채 여전히 위험에 노출된 사람들을 보호하기 위한 대책을 의미한다. 즉 세계은행이 개발도상국과 동구권 국가들에게 차관공여와 함께 구조조정을 요구하면서 그로 인해 야기되는 실업 및 생계곤란자의 양산이라는 부작용을 완화시키기 위하여 최소한의 인간다운 생활을 보장하는 장치로서 사용하기 시작한 용어이며, 이는 기존의 사회보장이나 사회복지라는 개념보다는 좀더 긴박하고 과도기적인 상황에의 대응장치라는 의미를 지닌 채 등장하였다.

한국에서 사회안전망에 대한 논의가 본격화된 직접적 계기는 1997년 경제위기 당시 IMF 및 세계은행으로부터 구제금융의 조건으로 사회안전망의 확충을 요구받으면서부터이다. 한국은 크게 1·2·3차로 사회안전망을 구축하고 있다. 1차 안정망은 일반국민을 대상으로 하는 국민연금, 국민건강보험, 산업재해보상보험, 고용보험, 노인장기요양보험의 5대 사회보험으로 이루어져 있다. 2차 안전망은 1차 안정망에 의하여 보호받지 못하는 저소득층을 위한 공공부조인 기초생활보장제도와 보완적 장치인 공공근로사업을 운용하고 있다. 마지막 3차 안전망으로는 재난을 당한 사람에게 최소한 생계와 건강을 지원해 주는 각종 긴급구호제도가 있다.

복지사회는 사회적으로 약한 입장에 있는 사람들이 안심하고 생활할 수 있는 사회이며 사회 전체가 복지수준의 향상을 목표로 하고 있는 사회이다. 우리들은 고령과 질병으로 사회적으로 약자의 위치로 될 가능성을 누구든지 가지고 있다. 개인의 노력만으로 장래의 불안에 대비하는 것은 많은 자금이 필요하다. 또한 그것이 불가능한 사람도 많이 있다.

사회안전망(social safety net)은 광의로 볼 때 모든 국민을 실업, 빈곤, 재해, 노령, 질병 등의 사회적 위험으로부터 보호하기 위한 제도적 장치로서, 사회보험과 공공부조 등 기존 사회보장제도에 공공근로사업, 취업훈련 등을 포괄한다.

이러한 사회안전망의 목적은 모든 사회적 위험에 대한 '포괄성'과, 사회구성원 모두에게 적용되는 '보편성'을 실현하고, '국민복지기본선(National Welfare Minimum)'을 보장하는 데에 있다. 즉 주거, 의료, 생계보호, 보육, 복지시설, 서비스 등 복지욕구 전반에 걸쳐 국가가 공적 사회보장제도를 통해 보장해줄 수 있는 급여수준을 설정하는 것으로, 사회보험과 공적부조 및 사회복지서비스 부문에 있어서 일정수준 이하인 기존 제도의 급여를 기본적인 선으로 끌어올려야 한다는 것이다.

따라서 복지사회 구현을 위해서는 사회 전체가 만일의 사태를 준비하는 사회안전망의 정비가 필요하다. 복지사회는 인간이 서로가 서로를 도와주어 모든 인간들이 안심하고 생활할 수 있는 사회이다. 미래의 불안이 없는 사회의 실현이 풍요로운 사회의 기본이다.

4) 복지사회의 과제

복지사회의 과제로는 다양한 복지제도의 확충, 사회복지수혜자의 범위 확대, 사회복지혜택의 적절성 증진, 사회복지혜택의 재분배 효과

제고 등이 있다(배기효 외, 2013: 398-399).

(1) 복지제도의 확충

국민 개개인이 생애과정의 각 단계에서 직면하는 다양한 삶의 문제와 위험을 보호·예방하기 위해 보다 포괄적인 복지제도가 수립되어야 한다. 이러한 노력은 국민건강보험제도, 국민연금제도, 산업재해보상보험제도, 최저임금제도, 국민기초생활보장제도를 바탕으로 새로운 제도들을 수립하는 방향으로 진행되어야 한다. 실업보험의 제도화, 취업, 경력발전, 재취업 등을 위해 전 국민을 대상으로 하는 직업훈련, 직업교육 프로그램의 제도화, 유아와 취학 전 아동에 대한 공공교육 프로그램을 제도화, 결혼한 신혼부부의 정착을 돕는 주택지원 프로그램과 생활자금 대부 프로그램의 제도화, 여성의 취업을 촉진하고 뒷받침하기 위한 공공보육 프로그램의 제도화, 이혼한 가정 혹은 한부모가정의 빈곤, 자녀양육, 자녀교육을 보조하기 위한 가족수당제도의 제정 등이다.

(2) 사회복지수혜자의 범위 확대

보편적 복지제도라고 할 수 있는 국민연금, 산업재해보상보험, 최저임금제도의 경우 보다 실질적으로 수혜를 입을 수 있도록 제한규정을 제거하여 주요 복지제도의 혜택을 받을 수 있게 해야 한다. 또한 선별적 복지제도라고 할 수 있는 국민기초생활보장제도와 기타 특수집단을 보호하기 위한 제도의 경우 국가는 면밀한 실태조사를 통해 보호대상자들을 파악하고 이들 모두에 대해 적절한 금전적 지원이나 사회서비스를 제공해야만 한다.

(3) 사회복지혜택의 적절성 증진

전 국민에게, 그리고 문제를 가진 특수집단에게 적절성이 높은 복지혜택을 제공하기 위해서는 무엇보다도 국가가 더 많은 복지지출을 해야만 한다. 이를 위해 국가의 재정규모 자체를 확대하는 것을 적극적으로 고려할 수 있다. 여러 면을 고려할 때 국민경제에서 차지하는 복지비의 비중을 어느 선까지 증가시켜야 하는가 하는 문제에 일률적으로 어느 수준의 복지비 비중이 좋다거나 필요하다고 하는 것은 그렇게 의미 있는 논의는 아니라고 할 수 있다. 왜냐하면 이 문제는 복지비를 증가시킬 때 국민경제가 그것을 어느 정도 지탱해 줄 수 있는가를 고려해야만 하기 때문이다.

(4) 사회복지혜택의 재분배 효과 제고

복지제도를 확충하고, 수혜자의 범위를 확대하고, 혜택의 적절성을 증진시키면서 동시에 복지혜택의 재분배 효과도 제고되어야 한다. 이를 위해서는 다음과 같은 세 가지 차원의 중요한 개혁이 이루어져야 한다.

첫째, 세입 재분배의 효과를 증가시키기 위해 장기적으로 간접세의 비중을 낮추고 직접세의 비중을 높여야 한다.

둘째, 세출 재분배의 효과를 증가시키기 위해 국민건강보험, 산업재해보상보험, 국민연금 등에 대한 국가의 재정적 기여를 제도화하여야 한다.

셋째, 국민기초생활보장제도와 기타 특수집단에 대한 사회서비스의 강화를 통해 역시 국가의 복지비 지출을 증가시켜야 한다.

3. 복지국가와 복지사회의 비교

복지국가와 복지사회를 비교하기 위해서는 국민에게 지극히 한정적이고 현상적으로 받아들일 수 있는 제도중심의 복지국가 개념이 매우 중요한 개념이 될 수 있다. 따라서, 복지국가를 이상적인 국가형태로 전제한다면, 각 개인들에게는 사회성, 근면성, 책임성이 포함되어 있는 복지사회의 건설이 매우 중요할 수 있고, 복지국가를 초월하여 이상적인 사회로 복지사회를 전제하게 된다면, 국민 개개인 모두가 사회적 연대감을 위한 공동체 의식의 복지정신을 갖추는 것이 필요하게 된다. 이 절에서는 이러한 관점을 토대로 복지국가와 복지사회의 차이점을 통해 비교해 보고자 한다.

1) 복지국가와 복지사회의 차이점

복지국가와 복지사회의 개념은 다르므로 차이점을 알아본다는 것은 복지국가와 복지사회를 비교하기 위한 기본적인 접근방법이 될 것이다. 오늘날에는 복지국가와 복지사회가 혼용되어 사용되는데, 양자의 목표는 같으나 강조점에는 차이가 발생한다. 왜냐하면 복지국가는 국가에 의해서 형성되고 유지되는 복지사회를 의미하고 있다. 따라서 사회구성원의 복지가 충분하게 국가에 의해서 제공되는 사회제도로서 국가복지를 통해 풍요로운 삶이 유지되는 경우를 복지국가라고 부른다. 그러나 복지사회가 반드시 복지국가는 아니다. 국가가 개인들의 복지에 개입함이 없어도, 시민사회 내에서 개별 사회구성원들의 복지가 이루어질 때 우리는 이러한 사회를 복지국가는 아니지만 복지사회라고 볼 수 있기 때문이다.

아래의 〈표 7-2〉는 여러 가지 차원에서 복지국가와 복지사회의 차이점을 살펴본 것이다.

〈표 7-2〉 복지국가와 복지사회의 차이점

구분	복지국가	복지사회
이데올로기 차원	자유주의	사회(평등)주의
주체	정부	개인, 공동체, 집단, 회사 등
대상 및 범위	정부가 결정	사회일반
의지	수동적	능동적
복지서비스	행정적	총체적

〈표 7-2〉에서 알 수 있듯이 서구적 맥락에서 국가와 사회가 엄연히 다르듯이 복지국가와 복지사회는 다른 개념이다(김승의 외, 2009).

첫째, 이데올로기적으로 복지국가는 자유주의의 진화과정에서 발생한 데 반해 복지사회는 사회주의적 경향이 강하다고 할 수 있다. 사회주의의 인간해방과 평등의 구현은 사회복지 자체이기도 하다.

둘째, 복지의 주체와 대상과 범위 및 수단이 무엇이냐에 따라 구분된다. 복지국가는 정부가 주체가 되고 대상과 범위도 정부가 결정하여 사회복지를 구현한다는 의미가 강하다. 반면 복지사회는 주체도 다양하고 대상도 사회일반으로까지 확장된다. 개인과 공동체, 집단과 회사가 다 주체가 되고 기초적 복지 개념을 훨씬 뛰어넘는 적극적이고 포괄적이며 전반적인 복지의 총칭으로 볼 수 있다. 누구나 인간답게 행복한 삶을 살 수 있는 모든 사회적 조건과 환경을 조성하는 것을 복지의 지표라고 할 때, 진정한 복지사회의 추구는 한없이 진행될 것이다.

셋째, 복지국가는 경찰, 야경국가에 대응해서 탄생한 만큼 한계를 띨 수밖에 없다. 피동적인 행정적 복지서비스의 제공만으로는 실효를 거두기 어렵다. 복지사회는 정부에 더해 시민사회 등 모든 사회적 주체들이 능동적으로 전반적인 복지서비스를 창출해 내고 끝없이 증진시켜 나갈 때 비로소 구현될 수 있다고 하겠다.

2) 복지국가와 복지사회의 비교

복지국가란 사회적 서비스를 제공하고 사회적 문제와 위험한 생활로부터 보호하며 모든 자유와 평등을 포함한 국민이 인간다운 생활을 유지할 수 있도록 보장하기 위해 노력하는 국가인데 비해 복지사회(welfare society)는 복지국가와 관련해서 말하는 주장이 있는데, 즉, 영국, 북유럽 국가를 복지국가라고 하고, 프랑스, 독일 등 서구선진국가를 복지사회라고 부르고 있어 차이가 있다. 또한, 복지국가가 정치행정의 과제인데 반해 복지사회는 국민의 의식태도에 관한 것이다. 그러므로 복지국가의 사회적 기반을 복지사회라고 부르거나 복지국가가 하나의 국가체제로 보는 것에 대해 복지사회는 보다 개방되어진 복지 세계와 동의어로 사용하는 예 등이 있다. 그리고 발달단계를 규정하는 주장으로서 복지사회를 주장하는 경우도 있다.

복지사회라는 용어는 국가와 시민사회 간의 새로운 균형을 강조한다. 복지사회는 최저한의 소득보장뿐 아니라 사회구성원 개개인의 성장을 극대화하려는 목표가 중시된다. 복지사회의 개념은 최저수준의 소득보장을 근간으로 하는 복지국가의 논리만으로 충족될 수 없는 '사회의 인간화'를 강조한다. 롭슨(Robson, 1976)은 복지국가는 전체사회의 복지구현에 대한 책임을 정부가 실천하는 것이고, 복지사회는 일반구성원이 복지에 대한 권리에 상응하는 의무를 이해하고 받아들이고 실천하는 것이라고 했다.

제8장 사회복지의 미시적 실천방법

사회복지실천은 클라이언트체계 수준에 따라 미시적 실천과 거시적 실천으로 분류된다. 클라이언트에게 직접 서비스를 제공하는 방법으로 초기 사회복지 실천부터 이루어져 왔다. 미시적 실천은 사회복지사가 직접적으로 클라이언트를 지지하거나 능력을 강화시키고, 그들의 환경에서 적응력을 향상시킨다. 이를 수행하기 위해 미시적 실천은 개인, 가족, 집단을 중심으로 이루어지며, 대면적인 접촉을 통해 이루어지기 때문에 직접적 실천이라 할 수 있다.

1. 실천대상자의 정의와 유형

1) 실천대상

초기의 사회복지실천은 주로 사회적 약자에 초점을 두고 선별적 서비스를 제공했다. 점차 보편적 복지로 전환되면서 일부 대상에서 전국민으로 그 대상을 확대하고 있다. 사회복지 실천대상은 위기개입,

환경의 변화와 적응에 어려움이 있는 사람, 경제적·심리적인 도움이 필요한 사람 등 욕구가 충족되지 않은 사람을 우선적으로 지원한다. Hepworth, Rooney & Larsen(1997)은 사회복지 실천대상에 대해 구체적으로 제시하고 있다. 노숙인, 학대아동 및 가족, 심각한 갈등이 있는 부부, 가출과 비행 폭력이 있는 가족, 위법으로 인해 처벌받은 가족, 에이즈환자와 가족, 미혼모 청소년, 개인이나 가족문제가 있는 동성애자 또는 양성애자, 질병이나 장애로 인한 일상생활이 어려운 가족, 부모나 위탁부모 사망으로 돌봄을 받지 못하는 자녀, 기본적인 자원이 결핍된 이민자와 소수인, 심각한 신체적, 발달적 장애를 가진 사람과 가족, 자신을 돌보지 못하는 노인, 기본적 자원이 결핍된 이주노동자, 학교적응에 어려움이 있는 아동, 심각한 사건이나 삶의 변화를 겪으면서 스트레스를 가진 사람 등을 제시하고 있다.

사회복지실천대상 체계에 따라 미시적 접근, 중범위 접근, 거시적 접근으로 구분되기도 한다(Landon, 1995). 일반적으로 미시적 체계 개입은 개인, 가족, 소집단, 개인의 관계변화를 촉진하는 것에 초점을 두고 중범위 개입은 표적집단, 팀, 조직적 구조, 사회서비스 네트워크의 변화를 도모하는 것에 초점을 둔다. 이에 반해 거시적 체계 개입은 근린지역, 지역사회, 사회의 변화를 추구하는 것으로 주민조직화, 지역사회계획, 지역사회 개발, 사회행동 및 국가단위 정책 변화의 도모를 위한 활동에 초점을 두고 있다(Miley et al., 1995).

실천대상에 대한 관점도 변화되고 있는데, 클라이언트라는 용어에서 점차 이용자로 변화되고 있다. 이것은 기존의 '클라이언트'가 서비스의 수혜자 측면을 강조했던 점에 비해 최근에는 클라이언트의 권리와 권한부여의 측면에서 '이용자'로 변화되고 있다(Trevithick, 2000).

2) 실천대상의 유형

최근 사회복지실천은 통합적인 접근방식을 제안하고 있으나 사례의 규모의 특성, 목적에 따라 실천대상을 유형화하여 접근한다. 미시적 수준은 대상의 규모가 적고, 클라이언트에게 직접적으로 접촉하여 서비스를 제공한다. 본 교재에서는 미시적 수준의 사회복지실천은 개인과 대면을 기본으로 주로 활동하는 개입과 가족 및 집단으로 유형을 구분하였다.

(1) 개인을 대상으로 하는 실천

사회복지실천에서 개인을 대상으로 접근한다는 것은 아동, 노인, 장애인과 같은 욕구를 가진 클라이언트 개인에게 서비스를 제공하는 것이다. 즉 개인을 대상으로 하는 실천은 개인을 일대일로 직접 접촉하고, 그들의 문제를 해결하거나 욕구를 충족시켜 주고, 개별적인 환경의 적응력 강화를 위한 일련의 과정이다. 다른 유형의 접근보다 개인에 초점을 두고 있어 각 개인의 심층적인 접근이 가능하다. 뿐만 아니라 상황과 환경 속에서 개인이 갖는 문제나 욕구와 같은 개별 인간의 고유성을 충분히 고려한다는 점에서 다른 실천대상의 유형보다 독특성을 가진다.

개인을 대상으로 하는 실천은 개입대상을 개인에 초점을 두고 있으나 개인과 관련된 체계를 포함한다. 즉, 개인의 횡단적 측면이 고려되어야 하는데, 인간은 환경과 끊임없는 상호작용이 이루어지므로 개인의 환경과 체계가 파악되어야 한다. 가족관계, 또래관계, 학교사회, 지역사회와 같은 환경내에서 이루어지는 역동과 관계, 상호작용을 파악하여, 개인에게 가장 효율적인 서비스를 제공해야 한다. 이때, 횡단적 측면을 강조하는 것은 클라이언트를 포괄적으로 이해하고, 동시에 서비스 제공을 위한 자원을 파악함으로써 그 개인에게 필요한 서비스를 제공할 수 있다. 한편, 개인을 대상으로 한 실천은 그들의 종단적인 접근도 필요하다. 각 개인에 대한 그들의 성장과정 동안의 건강, 경제력, 사회력, 환경, 양육자, 양육자와의 관계, 살아온 지역의 문화, 영향력 있는 존재 등에 대한 심층적인 이해를 필요로 한다.

개인을 대상으로 하는 실천은 사회복지사와의 1 : 1 관계로 이루어지기 때문에 개인과 사회복지사와의 관계를 중요하게 다룬다. 개인의 문제해결을 위한 다양한 모델과 이론을 활용할 수 있다. 개별실천의 활동은 학대받은 아동, 위탁아동, 저소득 노인, 자활사업 대상자, 정신보건센터 정신장애인, 중증장애인, 가정폭력 피해 여성 등이 이에 해당된다.

(2) 가족을 대상으로 하는 실천

현대사회는 여성의 사회활동 증가, 이혼과 가족해체, 재혼 등으로 가족의 형태가 다양해지고, 기능과 역할이 변화되고 있다. 가족은 개인의 출생에서부터 자연스럽게 소속되는 집단이며, 성장의 밑거름이 된다. 가족은 문제의 발생장소인 동시에 해결책을 제공하는 역할을 한다. 가족단위의 실천은 가족이 가진 폭력, 이혼, 자녀문제, 실업, 자녀양육의 어려움 등 가족문제에 대해 원인을 탐색하고, 가족구조와 역동, 교류, 상호작용, 관계 등의 사정과정을 거친다. 가족과 주변환경과의 교류와 상호작용을 고려한 개입이 이루어진다. 사회복지사는 지역사회자원의 연계, 네트워크 구축, 지지망 확보를 통해 가족구성원간의 관계와 가족구성원의 변화를 유도해야 한다. 가족에 대한 전문적인 사회복지실천은 다음의 기본가정을 고려해야 한다(Garvin & Seabury, 1984).

① 가족에 대한 직접실천은 다양한 이론과 개입방법을 이해하고 적용해야 한다. 이론적인 틀에는 체계적, 행동적인 관점이 포함된다.

② 가족중심의 실천은 상황속의 인간과 환경속의 인간을 강조한다.

③ 가족의 욕구나 결손뿐만 아니라 강점도 파악하여 가족에 대한 실천이 이루어져야 한다.

④ 경험상의 지식으로 실천방법을 지속적으로 개발하여야 한다.

⑤ 지식의 개발은 명제적인 지식과 과정상의 지식 모두를 포함한다.

다른 유형의 개입보다 가족 전체를 하나의 단위로 접근하므로 가족

구성원 개인이 가지는 문제나 욕구보다는 가족이 가지는 문제를 다루는데 효과적이다. 가족과 끊임없는 상호작용이 이루어지기 때문에 개별적인 접근보다 개입기간이 단축될 수 있으며, 개입의 효과가 지속될 뿐만 아니라 극대화될 수 있다. 가족단위의 개입은 다음과 같은 장점을 가지는데 치료 및 서비스에 대한 부정적 태도를 가지고 있어 다루기 어려운 클라이언트의 거부적인 반응을 감소시키고, 저항하는 클라이언트에 대한 접근을 가능하게 할 뿐만 아니라 서비스 중단을 감소시키고, 가족의 관여를 유도할 수 있다(김혜경 외 5인, 2011). 가족개입은 정신역동, 대상관계, 해결중심적 단기치료, 구조적 가족치료 등 가족치료와 관련 모델이 활용된다. 가족을 대상으로 이루어지는 실천은 부모와 자녀와의 갈등, 부부간의 갈등, 고부간의 갈등과 같은 가족체계에 대한 개입에서 적용된다. 가족치료상담센터, 종합사회복지관, 건강가정지원센터, 가정위탁지원센터, 정신보건센터, 아동보호전문기관 등이 해당된다.

(3) 집단을 대상으로 하는 실천

인간은 살아가면서 다양한 집단에 소속되며, 집단내의 다양한 경험과 구성원간의 교류와 상호작용은 개인의 삶과 성장에 영향을 미친다. 집단은 유사한 목표를 가지고 있거나 동아리와 같은 공동의 관심사를 중심으로 모인 집합체이다. 공통의 관심사를 가진 집단을 대상으로 한 실천은 구성원의 문제를 해결하거나 욕구를 충족시키고 그들의 기능을 강화시키는 데 효과적이다.

사회복지사가 집단실천을 하기 위해서는 집단이라는 특수성을 이해해야 한다. 집단실천은 개별 구성원들을 하나의 집단으로 구성하여 개입하기 위해 다음의 사항을 고려해야 한다(남세진 · 조흥식, 1997).

① 3인 이상의 집합체다.

② 집단성원이 소속감을 가져야 한다.

③ 집단성원이 공통의 목적이나 관심사를 가져야 한다.

④ 집단성원끼리 정서적 결속과 함께 상호의존적이며 상호작용이 이루어져야 한다.

⑤ 집단 성원의 기능과 역할을 규제하는 규범을 가져야 한다.

집단은 규모와 종류, 목적과 학자마다 다양하게 분류하고 있는데, 집단의 유형을 살펴보면, Toseland and Rivas(1995)는 치료집단(treatment groups)과 과업집단(task groups)로 분류하고 있다. 집단의 가입·탈퇴의 자율성 여부에 따라 개방집단과 폐쇄집단으로 분류된다. 상호작용과 결속력의 정도로 살펴볼 때 직접적으로 대면하고 긴밀한 관계를 유지하는 1차 집단과 간접적인 상호작용과 직접 접촉이 없는 2차 집단으로 분류하기도 하며, 구성방법에 따라 가족, 친구, 또래집단과 같은 자연발생집단과 치료집단과 같은 인위집단으로 구분된다.

집단실천은 자신의 문제를 해결하거나 성장을 원하는 구성원들에게 사회복지사가 전문적인 지식과 기술을 바탕으로 의도적인 집단경험의 기회를 제공하는 것이다. 집단의 역동과 상호작용을 활용하여 집단 성원의 욕구와 문제를 해결하고 집단의 결속력을 강화시키고, 집단 구성원의 변화를 유도한다.

집단실천은 개인 실천과 달리 집단 내에서 다른 사람과 공감을 가질 수 있다. 개인의 문제를 스스로 해결할 뿐만 아니라 다른 사람에게도 도움을 줄 수 있다는 점에서 더욱 긍정적인 면이 부각된다. 집단실천은 다양한 계층에 다양한 방법으로 접근하는데, 미술공예, 운동, 게임, 음악 등 다양한 주제에 대한 토론 등으로 구성될 수 있다. 집단실천의 대상은 학교폭력 피해자, 가정폭력피해여성, 우울증 환자, 알코올중독자, 성폭력 피해자 등이 해당된다.

2. 실천가치와 이론

1) 실천가치

가치는 가시적이고 정형화된 것이 아닌 신념, 믿음과 관련된 것이다. 사회에서 바람직하고 선한 것을 결정하는 기준이 되므로 행동에 직접적인 영향을 미치는 근원이 되기도 한다. 개인의 가치는 개인이 살아가면서 교육, 종교, 문화, 매스컴 등에 의해 영향을 받으면서 형성된다. 가치는 '좋은 것'과 '나쁜 것'으로 구분되기보다는 보다 더 바람직한 것이 어떤 것인가라는 측면에서 '~이래야 된다'는 당위성을 제기한다.

사회복지실천과정에 사회복지사는 자신이 가진 지식과 기술을 기반으로 클라이언트에게 서비스를 제공한다. 사회복지사의 실천가치는 그 실체가 드러나지 않지만 사회복지 실천의 방향을 안내하는 지침과 같이 확고한 신념을 말한다(Compton & Galaway, 1989). 사회복지사가 만나는 클라이언트의 상황이 사회적으로 용납하지 못하는 것일 수 있다. 가령 교정복지에서 사회복지사의 가치갈등이 유발될 수 있는데 사회복지사가 가진 개인가치와 사회복지사의 가치가 충돌될 수 있다. 때로는 함께 일하는 동료간에도 가치충돌이 일어나기도 한다. 사회복지사가 가진 전문가치는 사정이나 서비스 계획에서 우선순위를 결정하거나 서비스 제공 목적과 실천방법을 결정하기도 한다. 가령 미혼모의 임신에서 출산과 낙태를 결정하는데 사회복지사의 가치가 절대적인 영향을 미칠 수 있다. 본 교재에서는 미국사회복지교육협의회(CSWE, 1992)와 Zastrow(2004), Gambrill(2006)과 Glicken(2007), 우리나라 사회복지사협회의 사회복지사 가치에 대해 소개하고자 한다.

(1) 미국사회복지교육협의회(CSWE, 1992)의 사회복지 중심가치

미국사회복지교육협의회(CSWE, 1992)에서는 전문직 실천을 이끌어 내는 사회복지 중심가치를 다음과 같이 제시한다(Miley et al., 1998)

① 사회복지사의 전문적 관계는 개인의 가치와 존엄성에 기초하며, 상호참여와 수용, 비밀보장, 정직 그리고 책임있는 갈등관리를 통해 발전한다.

② 사회복지사는 개인이 독립적으로 결정할 권리와 원조과정에 적극적으로 참여할 권리를 존중한다.

③ 사회복지사는 클라이언트 체계가 필요한 자원을 획득하도록 원조할 책임이 있다.

④ 사회복지사는 사회제도를 좀더 인도적이며 인간의 요구에 부응하도록 만들기 위해 노력해야 한다.

⑤ 사회복지사는 다양한 집단의 고유한 특성을 존중하고 수용해야 한다.

⑥ 사회복지사는 자신의 행한 윤리적 행위와 실천 내용에 책임을 져야 한다. 따라서 사회복지사는 전문적인 지식과 기술을 지속적으로 발전시키는 노력을 해야 한다(이경남 외 9인, 2008).

(2) Zastrow(2004)의 사회복지 가치

Zastrow(2004)는 사회복지실천에서 일반적으로 중시되는 주요 가치들을 제시하고 있다. 첫째, 인간의 존엄성과 개인의 독특함을 존중, 둘째, 자기결정권에 대한 클라이언트의 권리를 존중, 셋째, 비밀보장, 넷째, 기타 가치로 잔여적(residual) 대책을 지향하고, 클라이언트와 전문적 관계를 맺으며, 사회적·경제적 정의를 추구하며, 서비스의 단위로 가족에게 초점을 두고, 서비스의 사회적 책임성을 지향한다.

(3) Gambrill(2006)과 Glicken(2007)의 사회복지실천의 핵심가치

Gambrill(2006)과 Glicken(2007)도 사회복지실천의 핵심가치를 윤리강령에 근거해 여섯 가지로 핵심가치를 제시하고 있다.

첫째, 서비스는 윤리적 기초가 되는데 사회복지사의 일차적 목적이 어려움에 처한 사람을 돕고 사회문제에 대처하는 것이다. 사회복지사는 개인의 이익을 떠나 다른 사람들에게 서비스를 제공한다. 사회복지사는 어려움에 처한 사람을 돕고 사회문제에 대처하기 위해 자신의 지식, 가치, 기술을 활용한다. 사회복지사는 경제적 보상을 기대하지 않은 채 전문적 기술을 일정정도 자원봉사하도록 권장한다.

둘째, 사회정의는 사회복지사가 사회적 부정에 도전한다는 윤리적 원칙의 기초가 된다. 사회복지사는 약하고 억압받는 개인, 집단과 함께 그리고 그들을 대신해서 사회변화를 추구한다. 사회복지사의 사회변화 노력은 빈곤, 차별, 기타 사회적 부정의 문제에 주로 초점이 맞추어진다. 이 활동들은 억압과 문화적·종족적 다양성에 대한 민감성과 지식을 확장하고자 한다. 사회복지사는 필요한 정보, 서비스와 자원에 대한 접근, 기회의 평등, 의사결정에 모든 사람들의 의미있는 참여를 보장하기 위해 노력한다.

셋째, 개인에 대한 존중과 가치는 사회복지사가 개인 고유의 존엄성과 가치를 존중한다는 윤리적 원칙의 기초가 된다. 사회복지사는 배려하고 존중하면서 개인적 차이와 문화적·종족적 다양성을 고려하여 사람을 대한다. 사회복지사는 클라이언트가 사회적으로 책임 있는 자기결정을 할 수 있도록 돕는다. 사회복지사는 클라이언트가 변화하고 자신의 욕구를 충족시키는 능력과 기회를 증진하도록 돕는다. 또한 사회복지사는 클라이언트와 사회에 대한 책임을 인식한다. 사회복지사는 전문직의 가치, 윤리적 원칙, 윤리적 기준에 일치되는, 사회적으로 신뢰할 수 있는 방식으로 클라이언트와 사회의 이익 사이의 갈등을 해결해야 한다.

넷째, 인간관계의 중요성은 사회복지사가 인간관계의 중요성을 인정해야 하는 것이 윤리적 원칙의 기초가 된다. 사회복지사는 사람들 간의 관계가 변화를 위한 중요한 매개체임을 알고 사람들을 원조과정에 파트너로 참여시킨다. 사회복지사는 개인, 가족, 집단, 조직, 지역사회의 복지를 촉진하고 회복하며 유지하고 증진시키기 위한 목적으로 사람들 간의 관계를 강화한다.

다섯째, 성실은 사회복지사가 신뢰할 수 있는 태도로 행동해야 한다는 점이 윤리적 원칙의 기초가 된다. 사회복지사는 사회복지전문직의 사명, 가치, 윤리적 원칙, 윤리적 기준을 인식하고 이와 일치하는 방식으로 실천한다. 사회복지사는 정직하고 책임있게 행동하며 소속되어 있는 조직에 기반하여 윤리적 실천을 한다.

여섯째, 능력은 사회복지사가 충분한 능력을 가진 영역 내에서 실천하며 전문성을 발전시키고 향상시켜야 한다는 것이 윤리적 원칙의 기초가 된다. 사회복지사는 전문적 지식과 기술을 증진시키고 이를 실천에 적용하기 위해 지속적으로 노력해야 한다. 사회복지사는 사회복지전문직의 지식 기반구축에 기여하도록 노력해야 한다(최해경, 2010 재인용).

(4) 우리나라 사회복지사협회의 사회복지전문직의 핵심가치

한국사회복지사협회는 사회복지사 윤리강령과 사회복지사업 윤리강령을 구분하여 제시하고 있다. 그 두 가지 윤리강령에서는 핵심가치를 구체적으로 설명하고 있지 않지만, 각 윤리강령 전문과 윤리기준을 통해 다음과 같은 가치를 도출할 수 있다.

첫째, 인간 존엄성 가치 및 클라이언트의 권익옹호

둘째, 클라이언트의 주체성과 자기결정권

셋째, 사회정의와 평등 · 자유와 민주주의 가치

넷째, 사회복지사의 성실성 및 공정성(김혜영 외 3인, 2010 재인용)

2) 실천이론

사회복지 실천이론은 시대적 흐름에 따라 개인의 내적인 부분에 초점을 둔 전통적인 이론에서 개인과 환경과의 관계를 더 강조하는 통합적인 모델로 변화하고 있다. 사회복지실천은 무엇보다 인간과 환경과의 상호작용으로 성장과 변화가 이루어지는 점을 강조하고 있다. 본 교재에서는 심리사회이론과 체계이론, 인지행동이론, 해결중심이론을 제시한다.

(1) 심리사회이론

심리사회이론은 Marry Richmond에 의해 시작되었으며, 1930년대 Hamilton에 의해 심리사회이론으로 불리게 되었다. 이 이론은 개인의 내적 사고와 감정을 이해하는데 초점을 두는 정신역동을 바탕으로 인간의 본능과 개인적인 영역 뿐만 아니라 '상황속의 인간(person-in-situation)'과 같이 환경을 포괄하여 인간을 이해할 것을 강조하고 있다. 인간의 과거와 현재의 경험이 사회적 기능에 영향을 미치며, 인간의 성장과 발달을 위해 사회복지사는 클라이언트의 환경조성을 위해 자원을 연계 및 제공하는 역할을 강조한다. 특히 클라이언트와 사회복지사의 관계를 중시하고 클라이언트와의 관계를 형성하기 위해 개별화와 수용을 중요하게 다룬다. 심리사회이론은 인간의 근본이 선하며, 인간의 행동은 단순한 것이 아니라는 점을 강조한다. 인간의 현재 행동을 이해하기 위해서는 과거와 무의식은 중요하지만 행동을 결정하는 요인이 아님을 주장하였다(Wood & Robinson, 1996). 주요개념은 지지(sustainment), 탐색(exploration), 기술(description), 환기(ventilation), 수용(acceptance), 직접적 영향(direct influence)이다.

(2) 체계이론

체계이론은 1940년대 물리학, 공학에서 유래한 이론으로 기계나 생물학적 단위의 구조와 기능을 설명하는 것에서 출발하였다. 즉 유기체 혹은 살아있는 체계의 본질적 특성은 부분들 사이의 관계에서 발생하는 것이다. 한 체계와 다른 체계의 관계성에 초점을 두기 때문에 개인과 환경 사이의 상호작용을 중요시한다. 또, 인간의 행동을 이해하기 위해서는 전체체계와 그것의 영향을 동시에 이해해야 함을 강조한다. 체계의 모든 부분은 다른 부분에 의해 영향을 받는다는 원칙을 강조하며, '전체는 부분의 합보다는 크다'는 점을 강조한다. 또한 체계는 질서가 있고, 상호관련되며, 기능적으로 전체를 구성하는 요소들의 집합체로 가족을 개인이 아니라 전체 가족의 맥락에서 접근하고 가족과 환경과의 상호작용을 조명하는 개념적 틀이다. 주요개념으로는 체계(system), 경계(boundary), 개방체계와 폐쇄체계, 엔트로피(entropy), 부적 엔트로피(negentropy), 홀론(holon), 투입(input), 전환(throughputs), 피드백(feedback)이다.

(3) 인지행동이론

행동주의 이론은 Thmos가 주창한 것으로 사회화의 중요성을 강조하는 학습이론에 근거를 두고 있다. 행동주의 이론은 1970년대 행동장애와 효율적인 의사소통에 효과적인 방법임이 증명되었다. 이 이론은 행동이 학습되는 것이며, 결과에 따라 강화되기 때문에 결과를 바꾸면 행동을 수정할 수 있다는 것이다. 즉, 자극과 반응에 의해 인간의 행동변화가 가능하며, 관찰가능한 행동과 환경에 초점을 두고 있다. 행동주의 이론은 클라이언트의 문제를 해결하기 위해 행동과 환경을 분석하고 수정하는 것이다. 개입과정에서 변화목표를 구체화하고, 과정과 결과를 객관적으로 평가한다. 그러나 행동주의는 현재의 문제행동에 초점을 두고, 문제들이 관계상 이루어진다는 점을 간과하여 한계를 가지게 되었다. 이후 인지이론을 행동주의에 통합하는 형태가 나타났다. 가족전체의 변화가 이루어짐으로써 새로운 행동이 강화되거나 유지되는 것이 가능하다는 것을 강조하였다. 인지행동이론은 개인과 환경 모두에 초점을 두는 것이다. 인지행동이론의 기본적 가정은 인지활동이 행동에 영향을 미치고, 인지활동은 변경가능하며, 바람직한 행동변화는 인지변화를 통해 가능한 것이다(Dobson & Block, 1988). 주요개념은 강화(reinforcement), 강화교환(reinforcement reciprocity), 도식(schemas), 체계적 둔감화(systematic desenstization), 토큰경제(token economy), 타임아웃(time-out)이다.

(4) 해결중심이론

이 이론은 전략적 치료(MRI)의 토양에서 시작하였으며, 과거 역사와 병리를 강조하지 않아 문제에 초점을 두지 않고 해결에 초점을 둔다. 클라이언트의 생각을 긍정적으로 유도하고, 새로운 관점을 가지며, 구체적인 행동이 변화된다는 점을 강조한다. 클라이언트의 인식을 전환시킴으로써 변화가 가능하다는 점을 강조한다. 클라이언트가 해결하고자 하는 방향에 초점을 둠으로써 예외상황(exception)에 관심을 둔다. 클라이언트가 정말로 변화하기를 바란다고 가정하고 있으며, 문제중심적인 대화에서 해결중심적인 대화로 바꾸는 것을 목표로 하고 있다. 확인하려고 관심을 가지는 점은 문제가 없었을 때 존재한 행동의 유형이며, 이를 위해 기적질문(miracle question)과 예외질문(exception question)을 발달시켰다. 특히 이 이론에서는 클라이언트의 문제해결능력과 가능성에 초점을 두고 클라이언트와 협력자적 관계를 강조한다. 주요개념은 불평자(complainant), 기적질문(miracle question), 예외질문(exception question)이다.

3. 실천과정과 기술

1) 실천과정

사회복지실천과정은 사회복지사의 가치를 기반으로 전문적 지식과 기술을 활용하여 클라이언트의 욕구를 해결하는 것이다. 사회복지실천과정은 단순한 지원이나 도움을 제공하는 것이 아닌 의도적이고 체계적인 과정이다. 클라이언트의 욕구를 해결하기 위해 함께 노력하는 과정인 사회복지실천과정은 각 단계별로 사회복지사의 역할과 과업이 달라질 뿐만 아니라 각 과정별로 수행하는 내용이 다르다. 연구자에 따라 사회복지실천과정을 다양하게 제안하고 있다. 사회복지실천과정은 도움이 필요한 개인과 가족 및 집단에 대해 사회복지사가 클라이언트의 문제를 해결하거나 환경을 변화시키기 위해 개입하는 과정이다. 본 교재에서는 '초기면접-자료수집 및 사정-계획수립-개입-평가 및 종결'로 그 과정을 살펴보고자 한다.

(1) 초기면접(Intake)

클라이언트나 주변인이 클라이언트의 욕구를 해결하고자 사회복지시설 및 기관으로 서비스를 요청함으로써 클라이언트와 사회복지사의 첫 대면이 시작된다. 초기면접에서 사회복지사는 자신의 사회복지기관이 클라이언트에게 적절한 서비스를 제공할 수 있는지를 결정하는 것이 주요한 과업이다. 초기면접에서 사회복지사는 클라이언트가 기관을 방문하게 된 이유와 동기, 기관을 알게 된 과정, 클라이언트가 해결하고자 하는 문제나 욕구를 파악해야 한다. 만일 클라이언트가 해결하고자 하는 욕구가 추상적이거나 막연한 경우라면 사회복지사는 클라이언트의 욕구를 구체화시키는 것이 필요하다. 이 때 사회복지사는 클라이언트를 통해 파악된 욕구가 자신의 기관에서 해결해 줄 수 있는지에 대해 가능한 한 신속한 결과를 알려주어야 한다. 이를 위해서 사회복지사는 자신의 기관에서 제공할 수 있는 사업이나 서비스를 정확히 파악하고 있어야 한다. 만일 기관에서 서비스를 제공할 수 없는 문제나 욕구일 경우 서비스제공이 가능한 기관을 파악하여 정보를 제공하거나 다른 기관으로 의뢰하는 것이 필요하다.

초기면접은 클라이언트가 자신의 문제해결을 위해 초면의 사회복지사에게 클라이언트를 노출하는 과정이므로 클라이언트는 불안이나 양가감정을 가질 수 있다. 그래서 사회복지사는 클라이언트에게 충분한 지지와 안정감을 유지할 수 있는 환경을 만들어야 할 뿐만 아니라 초기면접에서 사회복지사는 클라이언트와 신뢰관계를 형성하는 것이 우선되어야 한다. 초기면접 이후 클라이언트가 다른 기관에 의뢰되거나 또는 기관내 담당자가 변경되는 경우에는 초기면접의 정보를 충분히 전달하는 것이 필요한데, 이 모든 과정은 클라이언트의 동의하에 진행되어야 한다.

(2) 자료수집 및 사정

사회복지실천과정은 클라이언트가 가진 문제를 해결하거나 욕구를 충족시켜 주는 과정이다. 이를 위해서는 클라이언트가 가진 문제나 욕구와 관련하여 충분한 자료를 수집하여야 하며, 포괄적인 사정을 통해 클라이언트의 욕구를 정확히 파악하고 진단해야 한다. 이 과정은 집중적으로 이루어지기도 하지만 사회복지 실천 전반에서 이루어지기도 하고, 종결된 이후에도 새로운 정보와 자료가 파악되면서 재사정이 이루어질 수 있다.

가. 자료수집

이 단계는 클라이언트가 기관에서 서비스를 받기로 결정된 이후에 진행되는 과정으로 클라이언트의 욕구를 충족시키기 위해 클라이언트를 보다 심층적으로 이해하기 위한 과정이다. 사실 초기면접에서 클라이언트가 진술한 내용을 포함하여 자료를 수집하는데, 초기면접의 내용과 맥락을 이해하는 것이 필요하다. 클라이언트와 관련하여 충분한 정보를 수집하는 것이 필요한데, 자료를 수집하는 방법과 대상은 다양할 수 있다. 우선 클라이언트로부터 정보와 자료를 수집하는 것이 가장 중요하다. 앞서 초기면접부터 신뢰관계가 형성되었다면 이 과정은 효율적으로 진행가능하다. 또한 자료수집은 클라이언트의 문제와 관련된 전후 맥락에 대한 정보를 수집해야 한다. 이때, 클라이언트와 가족의 진술 및 비언어적인 반응 및 행동, 클라이언트와 관련된 기록, 클라이언트의 주변환경과 전문심리검사 등을 통한 클라이언트의 정보를 수집한다. 이 과정은 클라이언트가 직접 내방하여 이루어지기도 하지만 사회복지사가 클라이언트의 가정을 방문하기도 하고, 관련하여 클라이언트의 친척, 학교, 직장 등을 방문하거나 연락하여 자료를 수집한다. 이때 클라이언트의 가족과 이웃으로부터 클라이언트의 병력, 가족력, 사회력, 개인력 등의 자료를 수집한다. 클라이언트가 서비스를 제공받고 있는 기관이나 지역사회 자원으로부터도 클라이언트와 관련한 서비스 제공내역, 서비스 제공기간 등의 자료를 확보할 수 있다. 다양한 경로를 통한 자료수집은 보다 클라이언트의 문제나 욕구를 심층적이고 정확하게 이해하기 위한 과정이며, 이를 통해 향후 목표설정과 개입과정에서 보다 강점중심의 접근이 가능해진다.

나. 사정(Assessment)

사정은 자료수집을 통해 확보된 다양한 정보와 자료를 분석 및 해석함으로써 클라이언트의 문제를 확인하는 과정이다. 사정은 사회복지실천 초기에 의학분야의 진단이라는 용어를 사용하였다. 진단은 관찰된 행동을 행동의 표본으로서 그 자체가 중요하다고 하였다(Gambrill, 1983). 사정은 수집된 자료의 해석과 분석을 통해 문제와 관련한 원인 및 과정을 규정하며, 이후의 개입계획을 수립하기 위한 통합적이고 전문적인 과정이다. 사정은 다양한 분야로부터 수집한 정보와 자료를 세부적으로 분석하고 해체하는 과정이며, 사회복지사의 활동에 필요한 자원을 파악하는 과정이기도 하다. 자료가 정리되어 클라이언트를 이해할 수 있는 통합적인 자료로서 기능할 수 있게 한다. 사정은 향후 개입에 직접적인 영향을 미치는 과정으로 사회복지사 뿐만 아니라 슈퍼바이저, 전문가의 참여가 필요할 수 있다. 목적에 따라 전문적인 도구를 활용해야 하는데, 가족 및 사회적 관계를 파악하기 위하여 가계도, 생태도 등을 사용한다.

사정의 주요 특징은 첫째, 원조과정의 전반에 걸쳐 계속되는 지속적 과정이다. 둘째, 상황속의 클라이언트를 이해하는 동시에 개입계획과 행동을 위한 기초를 제공하는 이중적인 초점을 지닌다. 셋째, 클라이언트와 사회복지사 양자가 참여하는 상호과정이다. 넷째, 사정의 과정 내에도 일련의 단계가 있다. 다섯째, 횡적 및 종적 탐색 모두 중요하다. 사정의 초기단계에서는 대체로 횡적으로 상황에 접근하고 원조과정이 진행됨에 따라 종적 탐색으로 문제해결에 필요한 정보를 수집한다. 여섯째, 사정에서 이해를 도모하기 위해서는 지식기반이 활용된다. 일곱째, 사정은 클라이언트 생활상황에서의 욕구를 파악하고 이들의 의미와 유형을 설명해 준다. 여덟째, 사정은 클라이언트의 강점을 확인한다. 아홉째, 사정은 개별적으로 다루어진다(이경남 외 9인, 2008).

사정의 내용은 클라이언트의 문제 본질, 클라이언트의 의미있는 타인의 대처능력에 관한 자료, 클라이언트의 문제에 관련된 체계와 클라이언트와 이들 체계간의 상호교류에 관한 자료, 문제를 해소·완화시키는데 이용가능한 혹은 필요로 하는 자원에 관한 자료, 문제를 해결하기 위한 클라이언트의 동기가 규명되어야 한다(Hepworth & Larsen, 1990). 또, 사회복지실천의 목적이 삶의 질을 개선하기 위한 것이므로 개인과 환경간의 상호작용을 이해하는 것이 필요하며, 클라이언트의 욕구를 기반으로 하여 제시된 문제를 끌어내고, 제시된 문제를 해결하기 위한 자원과 장애물을 조사하는 것을 목표로 한다. 또한 사정은 변할 수 없는 한계에 대해서도 동시에 조사하는 것이다. 사정은 무엇보다 클라이언트에 대한 민감성이 요구되는 과정이며, 클라이언트가 아동, 장애인, 노인에 따라 사정과정에서 요구되는 전문지식과 기술이 다르다. 예를 들면, 학대받는 아동은 가정내 폭력여부가 동시에 고려되어져야 한다.

사회복지실천에서 사정할 때 사회복지사는 끊임없이 사고해야 하며, 이때 클라이언트의 관점을 배제하고 생각해서는 안 된다. 그리고 필요 시에는 클라이언트를 위한 행동을 취해야 한다.

(3) 계획수립

계획은 클라이언트의 욕구와 문제의 변화를 통해 클라이언트의 변화를 구체화하는 과정으로 목적 및 목표설정을 포함한다. 계획수립에서 목적은 클라이언트의 변화를 유도해야 하는 큰 방향이라고 한다면 목표설정은 목표를 달성하기 위한 실천과정을 구체화하여 언제, 누가, 무엇을, 언제까지, 어떻게 수행할 것인지를 포함하여 시간, 장소, 자원동원 계획 등을 포함한다.

사회복지실천에서 목표는 클라이언트의 문제와 욕구가 해결됨으로써 클라이언트가 변화된 상태이다. 사회복지실천 목표는 클라이언트의 고통을 완화시키고 개인 상황체계 내에서의 기능을 강화시키며, 클라이언트의 안락함, 만족함 및 독립성을 증대시키는 것이다(Hollis, 1970). 목표는 클라이언트에게 변화가 필요한 것이 무엇인지, 그리고 이를 구체화함으로써 어떤 방향의 개입이 이루어져야 하는지가 제시되어야 한다. 그러므로 목표는 클라이언트가 현재 해결하고자 하는 욕구와 문제 상황과 관련되는 것이면서 동시에 결과가 성취되었는지, 그 결과가 만족스러운지를 파악하는 기준을 제공한다.

목표는 사회복지사의 개입활동이나 과업보다는 클라이언트를 위한 성과를 언급하는 것이고, 모든 목표는 클라이언트나 클라이언트 체계가 달성해야 하는 것이다. 실제로 문제와 목표를 구체화하는 것은 개입방법과 관련된 절차를 선택하고 더 명확한 평가결과와 더 효과적인 서비스를 이끌기 때문에 사회복지사와 클라이언트 모두에게 중요하다.

가령, 매일 학교를 지각하는 아동은 '8시 30분까지 등교한다'로 목표를 구체화시켜야 하며, 이와 관련하여 누가 아침에 기상을 시켜줄 것인지, 아동이 학교와 거리가 먼 경우 어떻게 이동시켜 줄 것인지를 고려해야 한다. 목표설정 과정은 지금까지 수집된 정보와 자료를 사정한 결과에 따라 향후 어떻게 지원할 것인가에 대한 구체적인 계획이 수립되어야 한다.

목표설정의 과정은 향후 개입의 방향이 설정되는 것이며, 사회복지실천의 종결과도 직결되는 단계이므로 더욱 신중함이 요구된다. 그러므로 클라이언트의 참여가 있어야 하며, 반드시 클라이언트와의 합의를 통해 계획이 수립되어야 하므로 클라이언트의 의지가 중요하다.

(4) 개입

목표설정이 수립되었다면 클라이언트의 목표달성을 위한 본격적인 활동이 개시된다. 개입은 목표설정에 이루어진 내용을 바탕을 둔 구체적인 활동으로 클라이언트의 문제해결과 적응능력 향상을 위한 과정이다. 개입은 변화의 목표에 초점을 두고 클라이언트와 환경의 변화를 유도하기 위하여 클라이언트의 자발적인 참여가 유지되어야 한다.

개입과정은 클라이언트와 그 주변환경의 변화를 위해 수반되는 일련의 활동으로서 지역사회 자원을 연계하거나 유지함으로써 그들의 변화를 유도하고, 지속시키는 것이 필요하다. 이때, 사회복지사는 개입과정동안 클라이언트의 변화에 대한 민감성이 절대적으로 필요하다. 클라이언트의 가치와 신념체계, 평소 일상생활에서의 대처방법 등을 잘 파악하고 있어야 한다. 이 단계에서 사회복지사는 문제를 해결하려는 클라이언트의 변화노력을 지원하기 위해 문제해결을 위한 구체적인 변화전략을 수립해야 한다. 또, 계획수립이 클라이언트의 동의하에 이루어진 과정이라 할지라도 실제 개입과정에서는 사회복지사와의 마찰이 야기될 수 있으며, 목표설정에서 이루어진 바가 계획만큼 실행되지 못하는 내·외부적인 장해요인이 발생될 수 있다. 이러한 장해요인은 사정과정에서 파악되어 목표설정과정에 포함되어야 하고, 경우에 따라 개입과정에서 새로운 장해요인이 발생될 수도 있다. 특히 클라이언트와 주변의 긍정적인 변화가 파악되었다면 지지가 이루어져야 하며, 이러한 긍정적인 변화가 지속될 수 있도록 유도해야 한다.

(5) 평가와 종결

사회복지 실천의 마지막 단계는 평가와 종결이다. 이 과정은 지금까지의 실천을 점검해 보고 클라이언트의 욕구나 문제가 해결되었는지, 만일 해결되지 않았다면 어떤 상태인지를 확인하는 것이다. 평가를 통해 종결로 이어지기도 하지만 평가 이후 다시 개입이 이루어지기도 한다.

가. 평가

평가단계는 개입과정이 진행되고 난 후 개입과정 전반에 대한 점검 및 판단과정을 말한다. 개입은 수립된 목표를 달성하는 방향으로 진행되어야 하며, 지속적으로 새롭게 정보와 자료가 확보되기도 한다. 동시에 사정이 지속적으로 이루어지며, 이 과정에서 이미 수립된 목표의 수정이나 보완이 필요하다고 판단되면 평가를 통해 다시 개입을 점검한다. 평가를 통하여 지금까지 목표설정이 개입과정으로 원활히 진행되었다면 종결을 위한 준비단계가 가능해진다. 이때 평가에서 다루어져야 하는 것은 목표달성정도 개입과정의 진행정도와 적절성, 변화의 지속성, 클라이언트의 반응 등을 재사정하고 결과를 분석하는 과정이 필요하다. 이때 사례관리 담당자와 슈퍼바이저가 이 과정을 담당하기도 하지만 외부의 전문가와 함께 팀으로 작업하기도 한다.

나. 종결

평가단계를 통해 사회복지 실천의 최종단계인 종결단계로 이어진다. 종결은 일반적으로 클라이언트의 목표가 달성됨으로써 클라이언트의 기능이 회복되었을 때 이루어진다. 뿐만 아니라 담당자의 변경, 클라이언트의 거부, 클라이언트의 이사와 같은 이유로 개입이 중단되는 경우에도 종결된다. 이 과정은 클라이언트와의 동의가 절대적으로 필요하며, 필요에 따라 클라이언트의 가족, 전문가 등의 평가를 통해 종결을 결정하는 것이 바람직하다. 종결단계에서 클라이언트는 불안과 긴장감, 상실의 두려움을 경험할 수 있다. 그러므로 무계획적이거나 급작스러운 종결은 피해야 하며, 종결에 대한 클라이언트의 감정을 표현하게 하고, 토론하는 시간을 가질 필요가 있다. 성공적인 종결을 위해서는 클라이언트가 개입과정에서 성취하였던 긍정적인 변화 결과를 인식하고, 자기효능감을 가질 수 있도록 돕는 것이 필요하다.

2) 실천기술

사회복지 실천과정에서 사회복지사는 클라이언트의 욕구를 파악하고 그들을 지원하기 위해 끊임없는 상호작용과 교류가 이루어지며, 과정 전반에서 활용하는 것이 바로 사회복지사의 실천기술이다. 사회복지사가 기본적으로 갖추어야 하는 실천기술은 사회복지사의 가치와 지식을 기반으로 하는 기본적인 요소이다.

(1) 관계형성 및 유지기술

사회복지사와 클라이언트와의 관계형성은 사회복지실천 전반에서 가장 중요하게 다루어지는 과업이며, 이는 클라이언트 변화에 있어 가장 중요한 기술이다. Biestek(1957)은 사회복지사와 클라이언트와의 전문 원조관계 형성을 위한 일곱 가지 원칙을 제시하고 있다.

① 개별화(individualization) - 클라이언트는 환경과 소속, 경험에 따라 서로 다른 특성을 제시할 수 있다. 사회복지사는 유사한 상황이라 하더라도 개별의 특성을 이해하고 개별적인 상황에 따른 개입기술을 활용해야 할 뿐만 아니라 적절한 개입방안을 모색하는 것이 필요

하다. 또한 사회복지사가 가진 선입견이나 편견으로부터 벗어나는 것이 필요하다.

② 의도적 감정표현(purposeful expression of feelings) - 클라이언트는 감정을 표현함으로써 자신의 문제와 감정을 분리하는 것이 가능해진다. 그러므로 사회복지사는 클라이언트가 가진 자신의 감정을 표현하도록 의도적인 경청과 격려가 필요하다.

③ 통제된 정서적 관여(controlled emotional involvement) - 사회복지사는 클라이언트와 감정이 공감되면서 지나치게 클라이언트와의 감정에 휩싸일 수 있다. 이때 사회복지사는 클라이언트를 원조해주는 관계로서 클라이언트의 변화목표, 욕구에 따라 사회복지사의 계획되어진 방향이 설정되어야 하며, 클라이언트를 도와주는 범위에서 적절한 정서관여를 해야 한다. 이때 사회복지사는 클라이언트의 감정을 왜곡해서 인식하지 않도록 주의해야 한다.

④ 수용(acceptance) - 사회복지사는 중립적인 자세를 가지고 클라이언트의 감정과 태도, 행동양식을 있는 그대로를 받아들여야 한다. 수용은 클라이언트를 정당화하거나 옳다고 판단하는 것이 아니라 클라이언트의 있는 현재 상태를 인정하는 것이다. 클라이언트의 반사회적 행동이나 비윤리적인 행위를 존중하는 것은 아니다.

⑤ 비심판적 태도(nonjudgmental attitude) - 클라이언트와 클라이언트의 행위를 구분하여 클라이언트를 심판하거나 판단하지 않는 것이다. 클라이언트는 자신을 개방하는 과정을 거치며, 이때 다른 사람으로부터 평가받거나 비난받지 않을까에 대한 불안과 두려움을 가진다. 그러므로 사회복지사의 비심판적인 태도는 클라이언트가 자신의 욕구를 자유로이 표현하는 것을 가능하게 한다.

⑥ 클라이언트의 자기결정권(clientself-determination) - 사회복지실천과정에서 클라이언트의 욕구와 권리에 따라 선택을 존중하고 선택한 결정을 수행하기 위해 실천 전반과정에서 이를 격려한다. 클라이언트가 자기 스스로 결정할 수 있는 욕구와 능력이 있음을 전제로 한다.

현실적으로 클라이언트가 스스로 결정을 내리는 것이 시간과 노력이 많이 소요된다 하더라도 충분히 고민하고 결정을 내릴 수 있도록 지원하고, 그에 따른 결과에 대해서도 지지하는 것이 필요하다. 그러나 클라이언트의 연령, 능력, 법률 및 도덕적인 한계 등으로 제한받기도 한다.

⑦ 비밀보장(confidentiality) - 사회복지사가 전문적인 관계인 사회복지 실천과정에서 클라이언트로부터 수집된 자료와 정보를 타인이나 타 기관으로부터 보호해야 한다. 단, 자살이나 다른 사람의 목숨을 위협하거나 보호가 시급히 필요한 상황에서는 클라이언트를 지원하기 위한 과정에서 비밀보장은 제한되기도 하며, 이는 사전에 클라이언트에게 공지하거나 동의를 구해야 한다.

(2) 면접기술

사회복지의 면접은 언어적·비언어적 의사소통 기술로 이루어지는 과정이며, 사회복지사와 클라이언트사이에서 특별한 주제를 가지고 이어지는 과정이다. Hepworth와 그의 동료들(2006)은 면접의 궁극적인 목적을 삶의 질 향상과 성장으로 하며, 동시에 문제를 해결하고 필요한 전략을 탐색하기 위해 정보를 주고받는 과정임을 주장하였다. 사회복지 실천에서 면접은 클라이언트의 초기 만남에서부터 사회복지 실천 전반 동안 가장 일반적이고 활발하게 사용되는 방법으로 그 구체적인 기술은 다음과 같다.

① 관찰기술

관찰은 클라이언트와의 첫 대면에서부터 이루어지며, 이것은 클라이언트의 포괄적인 이해를 위해 정보를 수집하는 과정을 포함한다. 관찰은 클라이언트의 비언어적인 행동, 제스츄어, 복장, 외모, 신체적 특징, 타인과의 교류방법, 사용하는 단어와 표현방식, 표정의 변화, 대화 중의 태도와 자세, 반복해서 사용하는 단어, 집의 내·외부 환경 등을 파악하는데 유용한 기술이 된다. 관찰을 통해 파악되는 정보는 클라이언트 진술의 일치성을 파악하거나 클라이언트의 성장과정뿐만 아니라 클라이언트를 이해하는데 주요한 자료를 수집할 수 있다. 관찰기술은 사회복지사가 클라이언트에게 집중하는 기술이 필요하며, 특징적으로 관찰되는 것은 클라이언트를 통해 확인하는 것이 필요하다.

② 경청기술

경청은 클라이언트와의 관계를 강화시키는데 효율적인 기술이며, 클라이언트의 입장에서 그들을 이해하는데 기초적인 기술이 된다. 경청은 다양한 방법이 제시되는데, 사회복지사가 클라이언트의 대화에 집중하고 있다는 메시지를 전달함으로써 사회복지사와의 신뢰를 형성할 수 있는 기반이 된다. 먼저, 클라이언트가 사용하는 단어와 문장을 반복해 주는 기술을 활용할 수 있다. 이 방법은 거울에 반영하는 것과 같은 기술로서 클라이언트가 사용한 단어와 문장을 반복해 줌으로써 클라이언트가 자신이 사용한 단어를 다시 환기시켜 주는 효과를 유도할 수 있다. 동시에 클라이언트의 진술을 분명하게 하는데 도움을 줄 수 있다. 두 번째 클라이언트의 말에서 전달되어지는 감정을 반영하는 방법이 있다. 이는 클라이언트의 감정에 사회복지사의 공감이 전달되는 기술이다. 세 번째는 클라이언트의 표현을 요약해 주는 기술로서 클라이언트의 복잡한 생각을 정리해 주는 효과가 있으며, 동시에 요점을 파악함으로써 클라이언트의 진술을 보다 구체화하는데 도움이 된다. 이를 통해 클라이언트가 진술하고자 하는 내용에 초점을 둘 수 있거나 방향성을 보다 명확히 하는데 도움을 줄 수 있다. 네 번째 클라이언트의 에너지 수준을 맞추어 주는 방법이 있다. 이는 높은 수준의 에너지를 가진 클라이언트와의 면접에서는 클라이언트 수준의 목소리 톤과 제스츄어를 맞추어 주는 것이다. 이와 반대로 에너지가 낮은 클라이언트는 그의 수준에 적절한 제스츄어나 말의 속도나 목소리 톤을 맞춤으로써 클라이언트로 하여금 공감과 신뢰감을 확보할 수 있다.

③ 침묵

클라이언트의 침묵은 사회복지사로 하여금 긴장과 불안을 유발하며, 이러한 침묵상황을 사회복지사가 견디기 어려워한다. 그러나 침묵은 클라이언트에게 스스로 생각하는 시간이거나 때로는 저항을 표현하는 수단이나 방법이다. 그러므로 사회복지사는 클라이언트가 침묵할 때 사회복지사가 침묵하는 기술을 활용하여 어느 부분이나 상황에서 침묵하는지를 이해함으로써 오히려 클라이언트의 정보를 파악하는 기회로 활용하는 것이 바람직하다. 때로는 사회복지사의 침묵은 클라이언트로 하여금 안정감을 제공하거나 신뢰를 형성하는 기회가 되기 때문에 옆에 앉아주거나 기다려주는 것이 더 유용할 수 있다.

④ 질문기술

클라이언트를 이해하기 위한 적극적인 방법으로 클라이언트로부터 직접적인 질문을 하는 방법이 있다. 이는 폐쇄형 질문과 개방형 질문으로 구분되며, 상황과 목적에 따라 적절하게 활용하는 것이 필요하다. 폐쇄형질문은 '예'와 '아니오'로 대답하는 질문으로써 구체적인 정보를 파악하는데 유용하다. 나이와 성별, 결혼여부, 고향, 가족수와 같은 질문에서 유용하게 활용할 수 있으며, 클라이언트의 정보를 확인하거나 정리할 때 활용할 수 있다. 그러나 클라이언트의 풍부한 정보를 파악하는 데는 한계가 있다. 개방형질문은 질문을 통해 클라이언트의 생각을 정리할 수 있고, 감정을 포함한 표현을 자유롭게 할 수 있는 기회를 제공하는 방법이다. 특히 '아이의 가출을 어떻게 생각하십니까?'라는 질문을 하면 클라이언트의 생각과 감정을 표현하는데 용이하며, 클라이언트 용어로 자유롭게 드러낼 수 있다. 특히 개방형 질문을 통해 클라이언트의 진술뿐만 아니라 감정을 파악할 수 있고, 질문과 관련된 포괄적인 정보를 수집하는 것이 가능하다.

제 9 장 사회복지의 거시적 실천

1. 지역사회복지

21세기에 진입한 우리 사회는 엄청난 변화의 소용돌이에 있다. 세기의 변화를 주도하는 두 개의 흐름은 세계화(globalization)와 지방화(localization)이다. 이 두 가지 방향의 흐름은 다소 모순되는 현상 같으면서도 동시성을 갖고 진행되고 있다. 세계화의 흐름은 국가의 경계를 넘어 다국적 기업이 주도하는 경제적 교육분야에 한정되지 않고 사회 각 분야의 개방으로 파급될 것으로 예상되고 있다. 우리나라 사회복지도 그동안 국가에 의한 지도감독이 강화되어 왔던 과거의 관습에서 벗어나 지방의 자율성을 강화하는 방향으로 나아가고 있다. 국가에 의한 타율적인 규제체제로는 시대적 흐름에 효율적으로 대처하기 어렵다는 인식에 기초한 변화로 보인다. 지방정부 차원의 일련의 개혁조치는 정부 주도보다는 지방의 자율에 기초하여야 할 것이다. 지방화란 각 지역사회공동체가 중앙중심에서 탈피하여 지방의 자율성을 회복 및 증대시켜 나가는 과정 또는 결과를 의미한다. 이러한 흐름은 최근에 지역사회복지를 발전시키는 계기가 되었다.

1) 지역사회복지의 개념

지역사회복지란, 지역사회의 복지를 증진시키기 위한 사회복지실천의 한 분야라고 할 수 있다. 지역사회에 나타나는 제반 문제를 해결하거나 지역 구성원들의 문제해결 능력을 향상시켜 그들의 삶의 질을 증진시키기 위해 전개되는 모든 활동을 지역사회복지라고 할 때, 지역사회복지는 매우 포괄적인 개념이 된다. 이러한 포괄적인 개념에는 지역사회 구성원이 지역사회 수준에 개입하여, 지역사회에 존재하는 각종 제도에 영향을 주고, 지역사회의 문제를 예방하고 해결하고자 하는 일체의 사회적 노력을 포함하는 것이다.

지역사회복지의 개념은 협의로 또는 광의로, 어떤 관점을 가지고 보느냐에 따라 달라질 수 있다. 하지만 여러 학자들의 정의를 종합하면 첫째, 지역성이든 기능성이든 간에 일정한 지역사회 내에서 이루어진다. 둘째, 지역주민의 삶의 질 향상을 최상의 목표로 설정한다. 셋째, 정부와 민간의 공동 협력이 전제되어야 한다. 넷째, 지역사회를 유기체로 보고 그의 문제해결능력을 향상시킨다. 다섯째, 전문적 혹은 비전문적 방법 모두를 활용한다.

2) 지역사회복지의 관련 개념

(1) 지역사회조직

지역사회조직(community organization)은 전문사회사업의 한 실천방법으로서 지역사회를 구성하는 개인, 집단, 이웃이 사회적 복리를 향상시키기 위해 지역사회 수준에서 전개되는 일련의 활동이다. 이 개념은 사회사업의 전통적인 분류방법인 개별지도, 집단지도, 지역사회조직이라는 3대 방법에서 나온 것으로 볼 수 있다. 공공과 민간 사회복지기관의 전문사회복지사에 의하여 수행되며, 더욱 조직적이고, 추구하는 변화에 대해 의도적이고 계획적이며, 과학적인 지식과 기술을 사용한다. 로스만(J. Rothman)에 따르면, 전문사회사업의 실천방법으로서 지역사회조직의 모델에는 지역사회개발(community development), 사회계획(social planning), 사회운동(social action)이 포함된다.

이러한 포괄적인 지역사회복지라는 개념 중 전문적인 사회사업의 한 방법으로서 핵심적인 위치를 차지하고 있는 것이 지역사회조직사업이다. 이는 전문사회복지사에 의해 보다 조직적이고, 계획적이며 의도적인 변화 추구, 과학적인 지식과 기술을 사용한다는 것에서 지역사회복지라는 것과는 차이점이 있다.

지역사회 조직사업에 대한 정의를 대표적인 학자들을 중심으로 간략하게 살펴본다면 다음과 같다.

① Ross: 지역사회조직사업이란, 지역사회가 충족되지 않은 욕구나 달성하고자 하는 목표를 찾아내고, 이들에 순위를 정하며, 정해진 순위에 따라서 욕구충족이나 달성하고자 하는 의지를 고양시켜 실제적인 실천을 하도록 하는 과정, 즉 지역사회 내에 협력적이고 협동적인 태도와 문제해결 실천 능력을 증대·발전시키는 과정이다.

② Lindeman: 지역사회조직사업이란, 자신들의 문제를 민주적으로 다루고자 하는 지역사회 주민들의 염원과 전문가와 전문기관으로부터 최고의 서비스를 얻고자 하는 염원을 연결시켜 주는 의식적인 노력이다.

(2) 지역사회 만들기

지역사회 만들기(community building)는 지역사회 내에서 공동체 의식을 형성하는 활동으로서 지역사회의 문제를 해결할 수 있는 지역 공동체의 사회적 자본(social capital)을 효과적으로 동원할 수 있도록 건전한 공동체를 구축하는 것을 목표로 삼는다. 다양한 문제가 얽혀 있는 지역사회의 문제를 풀어 나가기 위해서는 단편적인 노력이나 활동으로는 부족하며, 지역사회의 잠재되어 있는 자산을 응집할 수 있는 다원적인 전략과 활동이 필요하다. 따라서 이 개념은 다음과 같은 전제를 기초로 하며, 각각의 전체는 지역의 네트워크를 강화하며 상호의 무감을 고취시킨다(Rubin & Rubin, 2001; 오정수·류진석, 2009, 32-33 재인용).

① 지역사회개발과 서비스 전략을 통합한다.
② 협력을 통한 파트너십을 고취한다.
③ 지역사회역량을 구축한다.
④ 지역사회의 조건으로부터 시작한다.
⑤ 광범위한 지역사회의 참여를 증진한다.
⑥ 평등의식을 고양한다.
⑦ 문화적인 역량의 가치를 인식한다.
⑧ 가족과 아동의 지원을 강화한다.

이 개념에서 지역사회 만들기의 기반이 되는 사회적 연대는 근린집단, 공공조직, 종교단체, 사회복지, 보건, 주택 등 지역사회복지 관련 조직 간의 체계적인 연계를 구축함으로써 이루어진다.

(3) 지역사회복지실천

지역사회복지실천(community welfare practice)은 지역사회를 대상으로 하는 사회복지실천을 포괄적으로 일컫는 개념이다. 이 개념은 개인, 가족, 지역사회를 대상으로 이루어지는 사회복지실천방법을 통합적으로 보는 실천의 관점에서, 특히 지역사회를 중심으로 이루어지는 사회복지실천을 의미한다. 따라서 지역사회복지실천은 지역사회조직과 거의 내용이 유사하다고 할 수 있다.

(4) 지역사회보호

지역사회보호(community care)는 영국을 중심으로 1950년대 말

이후에 발전한 개념이며, 지역사회중심의 보호 형태가 확장되면서 전 세계적으로 개념이 확산되었다. 이 개념은 사회적 보호가 필요한 사람들의 가정 또는 그와 유사한 지역사회 내의 환경에서 서비스를 제공하는 사회적 보호의 형태이다. 지역사회보호의 특징은 다음과 같다.

① 가정 또는 가정과 유사한 환경, 즉 통원치료기관, 그룹홈 등과 같은 보호의 장이 전제가 된다.

② 서비스 제공을 위해 함께 상주하는 직원이 없으며, 외부 직원이나 자원봉사자의 방문을 받아 서비스가 제공된다.

③ 일상적인 생활의 결정은 개인에 의하여 자율적으로 이루어진다.

④ 가정에서의 보호 또는 가정 외부로부터 서비스를 받는다는 점이다.

(5) 지역사회역량

최근 들어 지역사회복지의 개념을 한층 발전시킨 개념으로 지역사회역량(community competence)을 중시하고 있다. 이는 사회환경을 구성하는 다양한 지역사회의 기능을 이해하기 위한 하나의 준거틀을 제공한다. 지역사회역량은 좋은 지역사회의 한 조건이다. 즉, 지역사회의 목표를 달성하기 위하여 문제해결과정에 참여하는 지역사회의 역량이다.

지역사회역량에 관하여 코트렐(L. S. Cottrell, 1983)은 좀더 구체적으로 다음과 같이 정의하고 있다. "지역사회역량이란 지역사회를 구성하는 다양한 부분들이 지역사회의 문제와 욕구를 파악하는데 효과적으로 협력하며, 목표와 우선순위에 대한 합의에 도달할 수 있으며, 합의된 목표를 수행하기 위한 수단과 방법에 동의하며, 효과적으로 협력하여 필요한 행동을 취할 수 있는 능력이다.".

지역사회 역량은 다양한 인구집단의 상이한 욕구에 반응하는 지역사회 시스템을 유기체로 인정하고 구성원 삶의 문제해결이라는 목적을 위하여 자원을 활용하고 대안을 개발할 수 있는 능력으로 파악하는 것이다.

3) 지역사회복지의 발달과정

지역사회복지의 원형(原型)이라고 할 수 있는 향약, 계, 두레 등이 있었지만 현대화되고 전문적인 지역사회조직사업을 중심으로 우리나라의 지역사회복지를 전개하자면, 1960년대부터 시작되었다.

1960년대 이전의 활동들인 일제강점기의 국가 주도의 지역사회복지 활동은 그 역사적 의미는 차지하고서라도 실천적 의미에서 복지의 이념이 그대로 구현되었는지에 의문의 여지가 있고, 한국전쟁 이전의 지역사회복지활동은 외원에 의존하여 주로 개별적이고 시설 수용적인 측면(전쟁고아 등)의 구호활동이 주를 이루었기 때문이다.

결국, 진정한 의미에서 지역사회복지 활동은 1958년에 지역사회개발위원회가 정식으로 발족되면서 시작되었다. 이는 이후 1972년에 제3차 경제개발 5개년 계획(국민보건의 향상, 생활환경의 개선, 사회생활의 합리화 등의 기본 방향지침)에서 구체화되었고, 한편으로는 새마을운동(1970)으로 발전하였다. 새마을운동은 정부와 민간의 막대한 지원과 참여, 그리고 그 성과의 화려한 성공 등은 역사상 유래가 없는 우리나라만의 고유한 지역사회복지의 특징이 되었다.

1980년대와 1990년대를 거치면서, 민주화운동의 발현과 주민자치권의 성립 등 미국의 전문적인 지역사회교육 원칙과 프로그램이 그대로 유입되면서 전문적인 지역사회복지 또는 지역사회조직사업이 실천되기 시작했다. 이는 지역사회복지관의 건립과 활동 지역주미 자치센터, 지역주민 자치연대 등의 설립 등으로 나타나고 있다.

1990년대 사회복지는 시설보호 중심에서 탈피하여 재가복지 서비스의 기틀을 마련하고 확충해 나가는 시기로 지역사회 중심의 복지가 자리잡아 갔다. 더구나 지방자치제도가 본격화되고 빈민구제가 지역의 자활지원센터 중심으로 이루어지고 사회복지공동모금법이 시행되면서 지역마다 사회복지공동모금회가 조직되어 지역의 자원화에 대한 관심이 생겨났다.

2000년대 이후 지역사회복지가 더욱 체계적으로 발전하고 그 영역도 사회복지 전체 영역으로 확장되었다. 2003년부터 지역복지 계획이 의무화되고 지역아동센터, 지역사회복지협의회 등이 생겨났다. 특히 2012년 사회서비스 이용 및 이용권에 관한 법률이 시행되어 지역사회를 중심으로 희망복지지원단이 운영되고 있다. 이제 지역사회복지는 사회복지의 주요한 축으로 기능하고 있으며 앞으로 그 역할은 날로 확대되어 갈 것이다.

4) 지역사회 복지의 실천 모델

지역사회의 복지 증진을 위한 지역사회복지의 실천 유형(모델)은 목적에 따라, 가치나 이념에 따라, 실시주체에 따라 다양하다. 그러나 사회복지실천에 있어서 가장 광범위하게 인정받는 Rothman(1968)의 유형 분류에 따라 살펴보면 다음과 같다.

(1) 지역사회개발(Locality Development: Model A)

이 모델은 지역사회 수준에서 광범위한 지역주민들의 참여를 통해 주민들을 위한 목표 결정과 실천행동에 참여시키는 것이다. 이 지역사회개발 모델에서는 민주적인 절차, 자발적인 협동, 토착적인 지도자 개발, 자조정신의 촉진 등 민주적인 절차를 포함하는 지역개발을 강조할 뿐만 아니라, 지역복지관에 의한 근린지역, 소단위 지역개발을 위한 프로그램, 교육 등도 포함된다.

(2) 사회계획(Social Planning: Model B)

이 모델은 비행청소년, 주택, 고용, 정신건강 등과 같은 사회적 문제 해결을 위한 전문적인기술과정을 강조한다. 이 모델에서 중요한 것은 문제해결을 위한 합리적인 계획 수립과 통제된 변화이다. 이 모델에 의한 구체적인 활동은 문제의 발견과 정의, 의사전달 구조 및 행동체계의 구축, 사회적 목표와 정책의 선택, 결정, 계획의 실제적인수행, 활동 결과에 대한 평가 등을 포함한다. 그러기에 이 모델은 도시계획이나 도시문제 등의 해결에 있어서 도시계획국, 지역사회복지협의회 등의 기관에서 유용하게 사용되고 있다.

(3) 사회행동(Social Action: Model C)

이 모델은 지역사회에 불이익을 당하는 집단(계급, 계층) 또는 주민들이 사회정의와 민주주의에 입각하여 불리한 처우와 환경, 그리고 제도 등을 변화시키는 것이다. 이러한 사회행동의 대표적인 예들로는, 소수인종집단(racial and ethnic minorities) 사회운동, 여권신장운동, 급진정당, 노동조합운동, 복지권추구운동 등을 들 수 있다.

(4) 실천 모델의 특성

〈표 9-1〉 실천 모델의 특성

구분	지역사회개발	사회계획	사회행동
지역사회활동의 목표 분류	자조: 지역사회의 능력과 통합(과정 지향적 목표)	실제적인 지역사회문제와 관계되는 사회문제의 해결(과제 지향적 목표)	권력관계와 자원의 변경: 기본적인 제도의 변혁(과정 또는 과제 지향적 목표)
지역사회의 구조와 문제의 제조건에 관한 가설	지역사회의 소외상태: 제관계의 결핍과 민주적 문제해결 능력의 결핍, 정적이고 전통적인 지역사회	실제적인 제 사회문제: 정신적, 육체적 건강문제, 주택문제 등	불리한 상황에 있는 인구집단: 사회적 불공평, 박탈 등
기본적인 변화 전략	자신들의 문제해결을 위한 광범위한 참여	문제에 대한 사실 발견, 합리적인 행동방향의 결정	결정적인 쟁점과 표적에 대한 행동을 위한 조직화
변혁을 위한 전술과 기술의 특징	합의: 지역사회의 이익집단 간의 대화	합의 또는 갈등	갈등 또는 논쟁: 대결, 행동, 협상
실천가의 역할	촉매자, 조정자, 문제해결 기술과 가치를	사실 수집가, 분석가, 프로그램 수행자, 촉진	행동가, 대변자, 선동가, 협상가, 한 이익집단의

	가르치는 역할	자의 역할	변호자 등
변화의 매개체	과제 지향적인 소집단의 조정	공식적인 조직과 자료의 조정	대중조직과 정치적인 과정의 조정
권력구조에 대한 견해	공동사업의 협력자로서의 권력구조의 성원	고용자, 후원자로서의 권력구조	행동의 외적 표적: 표적 집단
클라이언트 체계로서의 지역사회와 주민의 범위	지리상의 전체 지역사회	전체 지역사회 또는 지역사회의 일부(기능적 지역사회 포함)	지역사회의 일부
하위집단들 간의 이해관계에 대한 가설	공통적인 이익 또는 의견 차이의 조정 가능성	조정 가능한 이해관계 또는 갈등관계	갈등적인 이익관계: 자원의 부족
공공이익의 개념	합리주의	이상주의	현실주의
클라이언트의 개념	시민	소비자	희생자
클라이언트의 역할	문제해결을 위한 상호작용 과정의 참가자	소비자 또는 수혜자	피고용자, 단골손님, 지역사회의 성원들

출처 : Rothman(2001), pp.45-46 축약함

5) 지역사회복지 실천과정

지역사회복지 실천과정은 각 지역마다, 각 주체마다 상이하게 나타날 수 있다. 이는 각 지역을 개별화하고, 그것을 실천하는 주체들을 개별화하기에 나타나는 현상이라고 할 수 있는데, 다음과 같이 몇 가지 큰 흐름상의 과정(또는 단계)을 거친다. 이러한 단계(과정)들은 서로 중복이 되거나 상호 연관되어 나타나기도 한다.

(1) 문제 파악

기존의 준비되어 있는 자료를 점검하고, 지역사회에 대한 사정, 욕구의 발견과 우선순위 설정 등에 의거해 해결해야 할 문제를 파악하는 단계이다. 이 단계에서 사용될 수 있는 방법으로는, 지역사회에 대

한 직접적 관찰, 앙케트 조사, 욕구 조사, 자원사정 등을 들 수 있다.

(2) 대안 및 해결 프로그램의 개발 및 선정

문제와 욕구를 파악하고, 분석하여 우선순위를 정하고 난 뒤, 이러한 문제들에 대한대안을 개발해야 한다. 대안을 개발하는 단계에서는 구체적이고 실현 가능한 점을 우선으로 해야 하고, 해야 할 역할들과 수행방법 그리고 필요한 자원들을 어떻게 동원할 것인가 등을 비교적 자세하게 제시해야 한다. 더 나아가, 해결한 뒤 나타나게 될 영향까지도 기술해야 한다.

(3) 선정된 대안 및 프로그램의 실시

실시되는 내용과 형태는 사정한 문제의 성격과 대안들마다 다르게 나타나지만, 대체적으로 크게, 과정 중심적인 것과 과업 중심적인 것, 그리고 과정과 과업이 혼합되어 나타나는 것으로 볼 수 있다.

(4) 평가와 피드백

실행된 대안과 프로그램의 효과성과 효율성 그리고 영향력 등을 평가하는 과정이다. 이 단계는 이후 지역사회복지 활동의 재조직화와 목표의 달성 여부, 목표의 적합 선정 등에 따른 지역주민의 자신감 향상 등에 큰 영향을 미치기 때문에 반드시 필요하다.

2. 사회복지정책

사회복지정책은 거시적 실천의 주된 영역이며, 사회사업실천과 서로 밀접한 관련을 맺고 상호보완적이다. 사회복지정책 전문가 또는 사회복지정책 담당자들이 사회사업실천의 현장에서 개인, 집단, 지역사회 차원의 해결해야 할 각종 문제와 그 해결방법을 알지 못하고는 사회복지정책을 제대로 형성하고 집행하여 나갈 수 없는 것처럼, 사회사업 실천을 수행하는 사회복지사들도 사회복지정책의 형성과 집행에 직접 개입하지 않고서는 사회문제에 효과적으로 대처해 나갈 수 없는 것이다.

1) 사회 복지정책의 개념

사회복지정책은 복지이념을 실체화하는 과정 또는 사회복지의 목표를 이루기 위하여 필요한 행동들에 관한 원칙이라고 할 수 있다. 사회정책이라는 개념은 사회복지정책의 개념과 비교하여 반드시 알아두어야 할 필요가 있다. 사회정책이란 권위 있는 공공기관이 사회정책목표를 달성하기 위해 정치적·행정적 과정을 거치거나 당위성에 입각하여 공식적·의도적으로 선택한 미래의 행동이라고 할 수 있다. 이러한 사회정책의 개념은 각 나라마다 약간씩은 차이가 있는데, 우선, 영국에서의 사회정책의 개념을 살펴보면, 티트머스(R. Titmuss)는 사회정책의 관점에서 세 가지 모형이 보충적 복지모형, 산업적 성취수행모형, 제도적 재분배 모형 등을 제시하고 있다(박용순, 2006:82-83 재인용).

첫째, '보충적 복지모형'(residual welfare model)은 개인의 복지욕구가 적절히 충족될 수 있는 가족과 시장의 메커니즘에 근거를 두고 있다. 이러한 사적 메커니즘이 붕괴되었을 경우에 사회복지제도가 활동하게 되지만, 이것은 어디까지나 일시적이고 잠정적인 것으로 본다.

둘째, '산업적 성취수행모형'(industrial achievement performance model)은 사회적 욕구가 업적, 업무수행 및 생산성 등에 기반을 두고 충족되어야 한다는 전제이다. 즉 사회복지제도의 중요한 역할은 경제의 종속물로서 통합하고 구체화한다는 것이다. 이 모형은 동기, 노력, 보수, 집단의 충성, 계급형성 등에 관심을 두는 경제적, 심리적 이론 등에서 도출되었으며, 이것을 '시녀적 모형'이라고도 한다.

셋째, '제도적 재분배모형'(institutional redistributive model)은 사

회 내의 주요한 총체적 제도로 간주하여 욕구의 원리에 입각한 시장경제 메커니즘 외부에서 보편적 서비스 제공을 전제로 한다. 이 모형은 사회변동과 경제 체제의 상승효과에 관한 이론에 기반을 두고 있으며, 한편으로는 사회평등의 원리에 기반을 두고 있다. 이것은 기본적으로 '시간을 통한 자원의 통제'(command-over-resources-through-time)에서 재분배의 체계들을 총합하는 모형이다.

마샬(T. Marshall, 1970)은 '사회정책은 정확한 의미는 아니지만 시민들에게 서비스와 소득을 제공함으로써 그들의 복지에 직접적인 영향을 주는 정부의 정책'이라고 제시하였다. 특히 사회정책의 핵심은 사회보장, 공적부조, 보건과 복지시책, 그리고 주택정책 등이 포함된다고 강조하였다.

결국, Marshall과 Titmuss로 대표되는 영국에서 사회정책의 개념은 사회복지정책을 확대하여 보고 있는 것이다. 이는 사회정책의 핵심 프로그램으로서 사회보험, 공공부조, 사회복지서비스를 들고 있음을 볼 때도 그러하다. 그러나 독일에서는 사회복지정책 개념을 전통적인 노동정책 혹은 경제정책의 하나로 파악하는 사회정책 개념으로 보고 있는 것이다. 독일에서는 사회보장적 측면의 성격이 강한 사회복지 개념을 사회정책의 개념 속에 포함시킨다고 볼 수 있다.

사회복지정책은 협의로는 소득보장, 의료보장, 주거보장, 사회서비스 등 4개 영역으로, 광의로는 소득보장, 의료보장, 주거보장, 교육보장, 사회서비스, 조세, 노동 등 7개 영역으로 구성되어 있다(김기태 · 박병현 · 최송식, 2000; 246). 일반적으로 사회복지정책의 핵심 영역을 사회보장으로 간주하는 데 우리나라 사회보장기본법상의 사회보장체계는 사회보험, 공공부조, 사회복지서비스, 관련복지제도(보건, 주거, 교육, 고용) 등으로 구성되어 있어 대체로 광의의 사회복지정책의 영역에 더 가깝다. 그러나 실제로 사회복지정책은 주무부서인 보건복지부를 중심으로 이루어지고 있기 때문에 사회복지학계의 주된 관심은 협의의 영역에 집중되어 있다.

이러한 개념 정의들을 종합해 보면, 사회 정책이란 개인이나 그 집단이 인간다운 생활을 영위하는 데 필요한 사회적 관계의 노선과 사회복지서비스의 확충 및 자원의 형평적 배분에 영향을 주고자 마련된 행동노선으로 정리할 수 있다. 반면에 사회복지정책은 때로는 사회정책과 동일하게 또는 그 개념 속에 포함된 것으로 볼 수 있다. 사회복지정책과 사회정책을 동일하게 보는, 즉 사회복지정책을 광의로 해석하는 측면에서는 시장에서 이루어지는 일차 분배과정, 비공식적으로 이루어지는 욕구해결 과정, 영리 추구의 일환으로 제공되는 복지 등을 모두 포함시키는 반면, 사회복지정책을 협의로 보는 측면에서는 시장기제(market mechanism) 밖에서 이루어지는 이차적 분배, 공식적 혹은 비영리적으로 제공되는 복지만으로 정의하고 있다.

사회복지정책을 극대화시켜 발전시킨 나라가 복지국가이다. 하지만 1970년 초반부터 석유파동과 환율체계의 붕괴로 스태그플레이션 현상이 나타나 위기가 생겼다. 그동안 복지국가가 투입한 것만큼 국민들의 복지상태가 나아지지 않았으며 오히려 경제성장을 저해하는 결과만 나타났다. 이로 인해 광의의 사회복지정책은 많이 위축되는 결과를 초래하였다.

2) 사회복지정책의 특성

사회복지정책이라는 개념을 정의하는 것은 각 나라마다, 시대마다, 그리고 정책을 형성하고 실현하는 요인에 따라 다르다. 하지만 사회복지 분야에서 사회복지정책을 논의할 때 다음을 기억해야 한다.

첫째, 사회복지정책은 다른 사회정책들보다 개별적인개념이다. 그 정책의대상자가 다른 정책의 대상자들보다 좀더 명확하게 정해진다는 것이다. 예를 들어, 장애인복지를 위한 사회복지정책(예: 장애인 수당)에서의 대상자는 구체적으로 정해진다는 것을 말한다.

둘째, 사회복지정책은 다른 정책들보다 대부분 국가의 개입으로 이루어진다. 즉, 사회복지정책의 기본 이념 속에는 소득재분배 또는 공정한 기회를 준다는 것이 내포되어 있기 때문에 국가의 개입이 주를 이룰 수밖에 없다고 볼 수 있다.

셋째, 사회복지정책은 효과적인 소비와 관련되어 있다. 즉, 정책 대상자들의 삶의 권리를 보장하는 측면이 강하게 나타나기 때문에 그것을 보장하는 데 관심을 둘 수밖에 없다는 것이다.

결론적으로, 현대 자본주의를 추구하는 모든 나라는 대부분 복지국가를 지향하고 있으며, 이는 국가나 사회가 주체가 되어서 사회 구성원이 인간답게 살아가게 하는 삶의 질을 향상시키는 계획과 행동인 사회복지정책을 통해서 이루어진다고 할 수 있다.

3) 사회복지정책의 형성과정

흔히 사회복지정책은 사회 구성원들이 가지고 있는 문제들이 사회적으로 이슈화된 것을 국가나 공공기관에 의하여 법제화된 산출물로 이해하는 것이 일반적이지만 세부적으로는 각 단계가 있다. 각 세부적인 단계 중 특별히 사회복지정책의 형성과정은 사회 구성원들이 가지고 있는 사회문제가 정책문제로 인식되기 이전 상태에서부터 국가나 공공기관의 사회복지정책 형성자에 의해서 사회복지정책 대상으로 채택되는 단계 등을 포함하는데, 이들 각 단계들은 각 단계마다 명쾌하게 구분되어 있지 않고, 각 단계는 서로 중복되거나 순환적으로 상호 영향을 미치고 있다. 그러나 분석의 목적이나 개괄적인 사회복지정책 흐름에 따라 분류한 것을 살펴본다면 〈표 9-2〉와 같다.

각 단계를 구분한 제 학자들 중 DiNitto와 Dye가 분류한 단계가 사회복지학계에서 많이 사용되고 있는데 이를 중심으로 하여 각 단계를 살펴보면 다음과 같다.

〈표 9-2〉 사회복지정책 과정

Kahn	DiNitto & Dye	Freeman & Sherwood
계획의 시작 ⇩ 계획의 탐색 ⇩ 구체적인 과업의 정의 ⇩ 정책의 형성 ⇩ 프로그램 작성 ⇩ 평가 및 환류	정책문제의 입증 (Identifying Policy Problems) ⇩ 정책대안의 형성 (Formulating Policy Alternatives) ⇩ 공공정책의 합법화 (Legitimating Public Policy) ⇩ 공공정책의 시행 (Implementing Public Policy) ⇩ 정책 평가(Evaluating Policy)	계획 ⇩ 프로그램의 개발과 집행 ⇩ 평가

자료 : 남기민(2013:203)의 〈표 9-1〉 수정.

(1) 사회복지정책의 의제 확인과 형성 단계

사회복지정책 형성의 원인(原因)은 사회복지 문제에 있다. 이는 가장 단적으로 사회복지정책이 추구하는 것이 바로 이 사회복지문제의 해결이기 때문이다. 그러기에 사회의 구성원인 인간으로서 기본적인 생활을 누리지 못하고 고통받고 있는 사람들이 그러한 상황이나 조건을 해결해야 할 문제로 인식하는 것을 사회복지정책 형성의 진정한 출발점이라고 하는 것이다. 이렇게 출발한 사회복지정책 형성은 이러한 사회복지문제 해결을 정부에 요청하는 형태로 나타나게 되는데, 이러한 요청이 성공적으로 받아들여지게 되면 이것들은 정책활동가(policy actor)들의 관심을 받으며 그 해결방법들이 논의되기 시작한다. 이때, 정책활동가들의 의해 논의되는 문제나 요구를 의제라고 하며 이러한 의제들의 모음을 아젠다(agenda)라고 한다.

사회복지문제나 요구가 정책 아젠다 위에 오르도록 하기 위해서는 정치적 논점으로 부각시킬 필요가 있다. 이때, 정치적 논점으로 부각된 문제나 요구를 이슈(issue)라 부른다.

사회복지정책 문제가 이슈화되기 위해서는 첫째, 공공의 관심을 끌어야 하고, 둘째, 공공정책상의 논점으로 제시되어야 한다. 그렇게 되기 위해서는 클라이언트, 사회복지전문가, 언론, 정치인들의 노력이 필요하다.

(2) 사회복지정책 아젠다의 형성과정 단계

사회복지정책 아젠다의 형성과정을 사회복지문제나 요구의 이슈화 과정이라고도 할 수 있다. 아젠다 형성이란 정부가 정책적 해결을 위하여 사회문제를 정책문제로 채택하는 과정 또는 행위, 즉 사회문제가 정책문제로 전환되는 과정이나 행위를 말한다. 사회복지정책 아젠다 형성과정을 간략하게 표시하면 다음과 같다.

> 문제의 발생(개인, 사회)-문제의 인식(개인의 인식)-사회문제(사회적으로 인식)-사회적 이슈(social issue)-공공으로 인정된 아젠다(public agenda)-정부 아젠다(governmental agenda)

아젠다 형성에 있어서 영향을 미치는 요인으로서는 첫째, 이슈기업가, 이해 당사자들, 정책활동가, 대상자 사회복지 전문가, 일반대중 등으로 이루어지는 사회복지 아젠다 형성에의 참여자, 둘째, 정치체제, 셋째, 다른 이슈들의 존재 여부, 넷째, 선거기간, 경제적 상황, 국제 정세의 변화 등의 기타 상황 등을 들 수 있다.

(3) 사회복지정책의 대안 형성 단계

정책 대안의 형성과정이란 정책문제가 무엇인지를 파악하고 문제를 둘러싼 상황을 파악하여 정책목표를 세우고, 그 목표를 달성할 수 있는 정책수단으로써의 정책대안을 개발하여 어떠한 정책대안이 가장 바람직한 것인가를 분석하는 과정을 말한다. 이러한 정책결정을 통하여 공공기관(정부)이 문제해결을 위하여 여러 개의 대안 중에서 하나를 의식적으로 선택하게 된다. 정책 대안의 형성과정은 문제의 해결방안에 관한 모색과정이자 정책결정자를 위하여 정보를 제공하는 과정이다. 또한 문제를 해결한 가장 효과적인 정책대안들을 개발하여 비교, 검토하는 과정이므로 비교적 비정치적 성격을 띠며 합리적·기술적 성격을 가진다.

(4) 사회복지정책의 결정 단계

정책 결정이란 권위 있는 정책 결정자가 문제해결을 위해 제시된 여러 가지 대안들 가운데 하나를 선택하는 행위 또는 과정을 말한다. 이러한 정책 결정 과정을 설명하기 위해 여러 가지 이론 모형이 있는데 이러한 이론 모형들로 합리 모형, 만족 모형, 점증 모형, 혼합 모형, 최적 모형, 쓰레기통 모형 등을 들 수 있다. 이들 이론 모형 등은 각각의 장·단점을 가지고 있기 때문에 각 정책 결정 과정에서 적합한 이론 모형을 적절하게 사용해야 한다. 이러한 이론 모형들이 제시하는 전반적인 정책 결정 과정으로는 첫째, 문제의 인지와 목표 설정, 둘째, 정보의 수집 및 분석, 셋째, 대안의 탐색 및 평가, 넷째, 최선의 정책 대안의 선택 등을 들 수 있다.

정책 결정을 하는 과정에서 영향을 미치는 요인으로는 정책과정에의 참여자, 정책 결정구조, 정책 대안의 존재 여부, 다른 정책과의 관계, 정책 결정 당시의 정치·경제·사회적 상황 등을 들 수 있다.

(5) 사회복지정책의 집행 단계

사회 복지정책의 집행이란 의도된 정책목표를 달성하기 위하여 결정된 사항들을 실행하는 활동이다. 따라서 사회복지정책의 집행은 공적 적용에 기인하는 모든 활동을 포함한다. 그러므로 사회복지정책의 집행에 있어 전문직의 중심적인 과업은 프로그램 운영에 있어 결점을 찾아내고 그러한 결점의 요인이 무엇인가를 파악해 내는 것이다. 이러한 정책 집행 단계에 관한 이론 모형(김태성·송근원, 1995)으로는 Pressman과 Wildavsky의 이론 모형, Van Meter와 Van Horn의 이론 모형, Mazmanihan과 Sabatier의 이론 모형, Bullock과 Lamb의 이론 모형, Walman의 이론 모형 등을 들 수 있다.

(6) 사회복지정책의 평가

정책의 평가란 국가의 프로그램이 그 목적을 충족함에 있어서의 전반적인 효과의 사정 또는 보편적인 목적의 충족에 있어 둘 혹은 그 이상의 프로그램의 상대적인 효과의 사정인 것이다. 즉, 정책평가란 정책활동에 관한 평가로서 정책 실행 결과에 대한 정보를 수집하고 분석하며 해석함으로써 그 가치를 판단하는 것이다. 요컨대, 평가란 특별한 개입이 비용과 급여 그리고 목표 달성이란 의미에 있어 갖는 성공의 의의와 정도를 결정하는 체계적인 과정인 것이다. 평가는 행정활동의 하나하나와 밀접하게 관련되어 있어 사회복지정책 형성과정의 마지막 단계로 간주될 수 있으나 평가는 그 첫 번째 단계도 될 수 있는 것이다.

4) 사회복지정책 내용의 분석 틀

결정된 사회복지정책의 효과적인 집행 또는 전달과정에 대한 분석과, 집행된 정책에 대한 효과성과 효율성 등에 대한 분석이 필요하다. 이때, 사용되는 분석 틀은 각 학자마다 그리고 관점마다 약간의 상이점이 있다. 여기에서는 Gilbert와 Terrell(1988)이 제시한 분석 틀을 중심으로 살펴보고자 한다.

(1) 급여로 무엇(what)을 제공할 것인가

급여의 형태는 크게 현금, 현물, 바우처, 기회 등이 있다. 사회복지 급여의 형태로서 현금으로 제공되는 경우는 국민연금, 공공부조의 생계보장비, 각종 수당 등을 들 수 있고, 증서는 특정 재화나 서비스의 소비를 권장 혹은 억제하고자 하는 경우나 수혜자들을 최대한 통제하려고 할 때 사용된다. 다시 말해서, 일정한 용도 내에서 수급자로 하여금 원하는 재화나 서비스를 자유롭게 선택할 수 있는 방법이다. 증서로서는 상품권, 식품권에서부터 의료보험증 등에 이르기까지 다양하다. 기회는 무형의 급여로 어떤 개인이나 집단에 대해 이전에는 부정되었던 급여에 대해서 접근을 가능하게 만드는 것이다. 예를 들어, 장애인에 대한 운전면허 교부조항을 변경하는 것과 같은 것이다(김영종, 1988).

(2) 누구(who)에게 급여를 제공할 것인가

사회복지정책은 의도적인 재분배 문제를 주로 다루는데 그 전형적인 문제는 누가, 무엇을 어떻게 갖게 되는가에 있다. 이와 관련하여 누구를 서비스 대상자로 결정할 것인가의 자격기준에 관한 것이다. 급여에 대한 자격기준의 문제는 자격조건의 형태에 관한 문제이기도 하다. 급여의 수급자격 요건으로는 거주 여부, 거주 기간, 인구학적 조건, 기여의 여부, 근로 조건, 소득수준 등이 있다.

(3) 급여를 어떻게(how) 제공할 것인가

사회복지정책을 통하여 제공되는 재화나 서비스는 그 종류나 영역이 다양하며, 다양한 재화나 서비스를 수급자에게 전달하는 방법 또한 다양하다. 중앙정보에서 급여의 자격, 급여 형태, 재원 등에 관한 모든 결정을 하여 전 국민들을 대상으로 접근하는 경우가 있고, 어떤 경우에는 지방정부가 주체가 되어 제공되기도 하고, 때로는 중앙정부와 지방정부 혹은 정부와 민간 부문 사이에 다양한 형태의 혼합체계로 제공되기도 한다.

이른바 사회복지서비스 전달체계란 '지역사회적 맥락에서 사회복지 급여를 공급하는 자들 간의 조직적인 연계 및 공급자와 소비자들 간의 조직적 연결'에 대해서 다루는 것으로 정의된다. 이 정의에서의 초점은 사회복지서비스 전달이 다수의 조직들과 행위자들 간에 서로 맞물려 있다는 것에 있다. 단일한 조직에 의한 활동이 아니라 조직과 조직들 혹은 조직과 클라이언트들이 상호 연관되어서 서비스가 창출, 공급되는 체계를 이루는 것이 사회복지서비스 전달체계의 속성이다.

(4) 어떻게 재원(resources)을 마련할 것인가

사회복지 재정의 주체로는 정부나 지방자치단체와 민간 사회복지단체를 들 수 있다. 따라서 사회복지 재원은 정부나 지방자치단체가 지출하는 공적인 자금과 민간자금으로 나눌 수 있다. 공공부문 재원에는 조세로 구성되는 일반예산, 목적세 형태의 사회보장성 조세 그리고 조세비용이 있다. 민간 부문 재원으로는 사용자가 부담하는 경우의 재원, 자발적 기여에 해당되는 기여금, 기업이 출연하는 재원 등이 있다.

3. 사회복지행정

현대 산업사회에서 각종 사회문제의 발생으로 인해 충족되지 않은 사회적 욕구가 증가하면서 사회복지조직의 서비스에 대한 기대가 어느 때보다도 높아져 가고 있다. 효과적이고 효율적인 서비스를 위해 사회복지행정이 중요하다는 인식이 학계와 사회복지 실무자들에게 보편화되어 있다. 최근 우리 사회에 각종 다양한 공사(公私)의 사회복지조직이 생겨나면서 사회복지조직의 책임성과 관련하여 다양한 행정 이론과 지식들이 요구되고 있다. 사회복지행정은 사회과학이 지속적으로 발전해 가면서 그 범위가 계속 확대되어 가고 있으며 사회복지행정가뿐만 아니라 사회복지조직에 근무하는 직원들은 모두 행정과정에 관여하고 활동하고 있다.

1) 사회복지행정의 개념

사회복지행정(social welfare administration)이란 사회정책을 사회적 서비스로 옮기는 과정을 의미한다. 사회복지행정은 '사회사업기관행정'(social work agency administration), '사회서비스행정'(social service administration), '인간서비스조직의 관리'(management in human service organization) 등으로 지칭하고 있다. 사회복지행정은 행정이 여러 가지로 정의되듯이 사회복지행정도 학자에 따라, 접근방법에 따라, 그리고 시대에 따라 다양하게 정의되고 있다. Trecker(1971)는 사회복지행정을 "사회복지기관에서 목표를 달성하기 위해 지역사회 내 인적·물적자원을 동원하여 협동적인 체계를 확립하고 유지하기 위한 인간 상호간의 공동활동의 과정이며 사회복지조직의 총체적인 활동"이라고 말하였고, Skidmore(1983)은 사회복지행정을 "사회복지정책을 구제적인 사회복지서비스로 전환시키는 과정이며, 서비스전달에서 발생하는 경험은 정책의 수정을 위한 건의로 활용하는 쌍방의 과정"이라고 말하였다. 황성철 등(2005)은 사회복지행정을 "사회복지정책을 서비스로 전환시키는 사회복지조직의 목표달성을 위한 조직구성원의 협력적인 활동의 체계와 과정"으로 정의하였다.

사회복지행정의 대상은 사회복지조직(social welfare organization) 또는 사회복지기관(social welfare agency)이다. 사회복지조직과 사회복지기관은 공공사회복지기관과 민간사회복지기관 및 비영리조직과 영리조직을 모두 포함한다.

사회복지행정은 사회복지기관의 정책을 서비스로 전환하는 과정 또는 사회복지기관의 목표를 설정하고 달성해 나가는 과정이다.

이러한 사회복지행정의 개념 정의는 다음과 같은 독특한 의미를 내포하고 있다.

첫째, 사회복지조직을 중심으로 정책이 서비스로 전환되는 과정이다.

둘째, 사회복지조직의 목표를 달성하기 위해서 인적·물적 자원을 관리하는 과정이다.

셋째, 관리자를 포함한 모든 조직구성원의 역동적인 협력활동이다.

2) 사회복지행정의 이념

사회복지행정의 이념이란 사회복지행정이 지향하는 최고의 가치와 기준을 의미한다. 사회복지행정의 이념은 사회복지활동에 있어서 사회복지행정가를 지배하는 가치로 사회복지정책을 사회복지서비스로 전환되는 행정과정의 기준이 되고 목표가 되며 실천적 방향을 제시한다.

(1) 효과성

효과성은 목표의 달성 정도를 의미한다. 즉, 욕구의 충족 또는 해결에 있어서 조직과 서비스가 어느 정도 유효한가를 의미하는 것이다. 그러므로 효과성은 클라이언트의 욕구충족을 위해 제공된 서비스나 프로그램이 의도된 대로 클라이언트의 변화를 가져왔는가를 판단하는 준거가 된다.

(2) 효율성

효율성은 효과성에 능률성을 결합한 개념으로, 최소의 자원으로서 최대의 효과를 어떻게 거둘 것인가라는 점이다. 사회복지행정도 현실적으로 자원이 제한될 수밖에 없기 때문에 효율성의 전제하에서 집행하여야 한다. 그러나 사회복지의 특성상 이 효율성의 이념은 현장에서 추구되기가 어려운 것도 사실이다. 이는 보통 효율성을 경영의 이념으로 파악하고 있기 때문이다. 따라서 사회복지행정에 있어서 효율성은 자원의 극소화라는 시각을 넘어서서 동일한 자원으로 보다 최적의 서비스와 최대한의 만족을 클라이언트에게 주어야 한다는 것으로 이해하는 것이 좋을 것이다.

(3) 형평성(공평성)

형평성 이념은 언제나 사회적·경제적 환경이 열악한 계층에게 보다 많은 양질의 복지서비스를 제공해야 한다는 관점에서 출발했으며, 더욱이 오늘날 사회 전반에 걸쳐서 문제로 부각되고 있는 빈곤, 질병, 실업 등을 해결하는 과정에서 소수집단이나 불리한 입장에 있는 계층의 이익을 고려하지 않으면 그것은 윤리적으로나 도덕적으로 용납되기 힘들다는 것을 내포하고 있다. 또한 형평성은 공평성과 유사한 의미를 가지고 있는데, 누구나 동등한 서비스를 제공받아야 한다는 이념으로 동일한 욕구를 가진 대상자는 동일한 혜택을 받아야 한다는 것이다.

(4) 접근성(편익성)

접근성은 편익성이라고도 하는데 이것은 서비스를 받고자 하는 사람이 서비스를 쉽게 이용할 수 있도록 되어야 한다는 것이다. 접근성은 물질적, 심리적으로 서비스이용에 접근하기 쉬어야 한다는 것이다. 사회복지행정에서 접근가능성을 높일 때 많은 사람이 서비스를 이용할 수 있고, 기대한 효과를 이끌어 낼 가능성이 높아진다.

(5) 책임성

책임성은 사회복지행정이 목적달성에 충실하게 임하였으며, 집행과정에서 법을 준수하였는지를 묻는 행정의 가치이다. 일반적으로 사회복지행정의 책임성이란 프로그램 수행의 결과에 대한 책임과 함께 투입단계에서부터 산출단계까지의 과정에 있어서 정당성을 갖추어야 한다는 것이다. 또한 사회복지전담공무원과 사회복지사 등이 전문적인 지식과 기술을 갖추고 법적 기준에 따라 사회복지행정 활동을 전개해야 한다는 것을 의미한다.

(6) 대응성

사회복지행정에 있어서 대응성이란 클라이언트의 요구에 부응하여 사회복지서비스를 제공하고 있는가를 묻는 것이다. 대응성을 제고하기 위해서는 먼저 클라이언트의 요구가 무엇인가를 파악해야 한다. 즉, 공급자 중심의 서비스 전달이 아닌, 클라이언트 중심의 복지서비스를 제공하려는 노력이 필요하다.

3) 사회복지행정의 특성

최근 각종의 사회복지조직이 늘어나면서 조직을 유지 발전시켜 나가기 위한 행정의 중요성에 대하여 인식하기 시작하였다. 특히, 사회복지조직의 책임성에 대한 요구가 더욱 높아지면서 책임성과 관련된 행정지식과 기술이 절실하게 요구되고 있다. 그리고 우리 사회에서 각종 사회복지조직이 늘어나면서 조직을 유지 및 발전시켜 나가기 위한 행정의 중요성에 대하여 인식하여 시작하였다.

사회복지행정은 일반 행정과 명백하게 다른 특성이 있는데 이를 정리해 보면 다음과 같다.

① 사회복지조직에서 행정은 지역사회 내의 인지된 욕구를 충족시킬 수 있도록 돕기 위해 존재하는 것이다.

② 행정을 통해 사회복지조직에 의해 제공되는 서비스는 크게 3가지 범주로 분류되는데 그것들은 손상된 사회적 기능의 회복, 좀더 효과적인 사회적 기능을 위해 사회적·개인적 자원의 제공, 사회적 역기능의 예방 등이다.

③ 사회복지행정이 이루어지는 장(場)인 전형적인 사회복지조직은 일반적으로 지역사회를 대표하는 이사회를 갖고 있다.

④ 사회복지조직의 크기, 범위, 구조 및 프로그램 형태는 광범위하고 다양하다.

⑤ 사회복지행정가는 사회복지조직의 내부운영을 지역사회와 관련시킬 책임을 갖고 있다.

⑥ 자원활용에 관하여 부단히 선택을 내릴 필요성이 있다.

⑦ 사회복지조직은 조직의 생존을 위해 자원의 적자운영을 피해야 한다. 조직의 최적기능을 산출하고 유지하며 보호할 주요한 책임은 사회복지행정가에게 부여된다.

⑧ 사회복지조직에 의해 수행되는 서비스는 전문 사회사업적 성격이 점차로 증대하고 있다.

⑨ 모든 직원들이 행정과정에 참여하고 어느 정도까지는 전체 조직사업에 영향을 미친다.

신자유주의의 영향으로 사회복지행정 분야에서도 상당한 변화가 일었다. 기관 간의 경쟁심이 강화되고, 민영화가 가속화되고, 기업의 경영기법을 더 많이 수용하는 등 사회복지기관의 매니저가 적극적으로 대응하지 않으면 안 되는 상황이 벌어진 것이다. 사회복지행정의 주요 흐름을 정리하면 다음과 같다(Martin, 2000; 원석조, 2013:186-188 재인용).

첫째, 보다 더 경쟁적(more competitive)인 분위기가 조성되고 있다. 전통적으로 사회복지기관 간의 관계는 경쟁적이기보다는 협조적이었다. 그러나 최근 들어 기금, 프로그램, 클라이언트를 놓고 기관 간의 경쟁이 심화되고 있다. 정부와의 계약, 재단의 후원금, 새로운 상품과 서비스 등이 경쟁의 대상이다.

둘째, 보다 많은 민영화(more privatization)이다. 민영화는 대세이다. 공공 휴먼서비스의 상당 부분이 민영화 계약을 거쳐 민간기관에게 운영권이 넘어가고 있다. 앞으로 이런 추세는 한층 가속화될 전망이다.

셋째, 보다 많은 재구조화(more restructuring)이다. 경쟁이 강화되고, 민영화가 더욱 진전되고, 더 많은 정보기술이 활용됨에 따라 기관의 조직구조도 그에 맞춰 변하고 있다. 규모를 축소하거나 확대하는 기관도 있고, 대부분의 기관들이 전문화되는 추세이다. 정보기술의 발전으로 관리자의 통제범위가 확대되고 중간관리자의 필요성이 줄어들고 있다. 기관 간의 협력과 협조가 증가하고, 공공기관과 민간기관, 비영리기관과 영리기관의 구분도 모호해지고 있다.

넷째, 보다 많은 마케팅(more marketing)이다. 전통적 기획과 욕구사정기술이 이제 프로그램과 기관의 장래 생존에 보증서가 되지 않는다. 누가 비용을 부담할 것인지 그리고 클라이언트와 후원자가 진정으로 원하는 서비스가 무엇인지가 더욱 중요해지고 있다. 이 경우 사회복지기관 매니저에게 마케팅은 무엇보다도 필요한 기술이다.

다섯째, 보다 많은 기업경영기법(more entrepreneurial management)이다. 사회복지정책의 탈집중화와 위임 강화 추세, 정부의 재정적 재원 축소 흐름 속에서 사회복지기관 매니저는 기업가적 자세를 더욱 강조하고 있다. 사회복지행정의 초점이 임무의 수행에서 기업가주의로 옮겨지고 있다. 특정한 사회복지 프로그램을 잘 수행하는 전문가보다는 창조적이고 기업가적인 자세로 새로운 정책, 프로그램, 협력, 모금 등에 임하는 매니저가 더 선호되고 있다.

여섯째, 보다 많은 질 관리(more quality management)이다. 전통적으로 사회복지서비스의 질을 담보하는 방법은 질 보증방법(전문가가 서비스 질을 결정하는 방식)이었다. 앞으로 많은 사회복지기관이 고객 또는 클라이언트가 규정하는 사회복지서비스의 질을 중시할 것이다. 서비스 질을 관리하는 행정이 중시되고 클라이언트를 대상으로 하는 서비스 만족도 조사 등 클라이언트의 피드백을 활용하는 방법이 선호될 전망이다.

일곱째, 결과를 보다 더 중시(more emphasis on results)하는 것이다. 사회복지행정에서 과정보다는 산출과 결과가 더 중시되고 있다. 이런 변화는 사회복지사와 같은 전문직의 교육, 훈련, 직무경험 등에 반영되고 있으며, 사회복지사는 여기에 적응해야만 한다. 사회복지행정 실무에서는 직무수행의 측정, 실무적 예산수립, 정부와의 계약실무 등이 강조되고 있다.

여덟째, 보다 많은 전략적 기획(more strategic planning)이다. 대부분의 사회복지기관과 매니저는 외부 환경적 요인, 잠재적 클라이언트, 프로그램, 기관에의 영향 등을 사정하고 평가하는 데 있어서 보다 체계적인 접근을 하게 될 것이다. 비록 마케팅 기술이 이런 작업에 통찰력을 제공할 것이지만 외부 환경에 의한 기회와 위기에 초점을 둔 전략적 기획의 필요성이 증대하는 것이다.

아홉째, 보다 많은 대변자 역할(more advocacy)이다. 사회가 보다 보수화되고 고령화되면서 취약 계층을 위한 사회복지를 위해 보다 공격적인 대변자 역할이 요구되고 있다. 아동, 정신질환자, 장애인 등 취약계층의 욕구가 보다 분명히 표출되어야 하고, 이들의 권익을 위해 국가적·지방적 차원에서 투쟁해야만 한다.

열째, 클라이언트를 보다 더 중시(more emphasis on clients)하는 것이다. 과거에는 사회복지행정에서 사회복지기관과 프로그램의 필요성이 우선시되는 경우가 많았다. 그러나 클라이언트와 기금을 놓고 기관과의 경쟁이 심해지고, 직무수행의 책임, 질 관리, 마케팅, 전략적 기획, 대변자 역할의 중요성이 커지는 지금, 클라이언트가 사회복지행정의 진정한 포커스로 다시 자리매김하고 있다.

4) 사회복지행정의 과정

사회복지행정은 조직을 통해 실천되는 과정으로서 조직을 유지하는 기술인 기획, 조직, 인사, 지시, 조정, 보고, 재정, 평가가 있고, 영어 알파벳 철자를 따서 'POSDCRBE'로 표현된다(Gulick & Urwick 1966).

(1) 기획(Planning)

기획은 목표의 설정과 목표를 달성하기 위한 과업 및 수행방법을 결정하는 단계를 말한다.

(2) 조직(Organizing)

조직은 인간의 집합체로서 특정한 목적을 추구하기 위하여 조직구조를 설정하는 과정으로 과업이 할당되거나 또는 조정된다.

(3) 인사(Staffing)

인사는 직원을 채용하고 능력을 개발하여 근무의욕을 갖고 조직에 헌신할 수 있도록 동기를 부여하는 관리활동으로 사회복지행정 책임자는 직원의 임명뿐만 아니라 교육, 훈련, 직원의 적절한 활동 환경의 유지에 대해서도 책임을 진다.

(4) 지시(Directing)

행정책임자는 합리적인 결정, 능동적인 관심, 헌신적인 태도, 직원의 공헌을 칭찬하고 책임과 권한을 효과적으로 위임하며 개인과 집단의 창의성을 고려하여 지시하는 지도자가 되어야 한다.

(5) 조정(Coordinating)

조정은 사회복지행정가가 부서 간, 직원들 간의 효과적인 의사소통을 유지하고 조율하는 것을 의미한다. 이를 위한 방법으로는 위원회의 조직 등이 있는데, 위원회에서는 프로그램, 인사, 재정 및 긴급한 문제 상황, 임시적인 활동 등을 다루게 된다.

(6) 보고(Reporting)

보고는 사회복지행정가가 직원, 이사회, 지역사회, 행정기관, 후원자 등에게 조직에서 일어나는 상황을 알려주는 과정으로 주요 활동은 기록, 정기감사, 조사연구가 있다.

(7) 재정(Budgeting)

재정은 재정자원을 합리적이고 계획적으로 동원, 배분하고 효율적으로 사용하고 관리하는 과정을 의미한다. 사회복지행정가는 재정을 투명하게 사용할 수 있어야 하며 조직의 행정가는 정기적인 재정계획을 수립해야 하고 회계 규정에 따라 재정운영에 대한 책임을 진다.

(8) 평가(Evaluating)

평가는 크게 효과성 평가와 능률성 평가의 두 가지 척도를 적용할 수 있는데 클라이언트의 욕구나 문제의 해결에 적절했는지에 대한 서비스의 효과성과 자구언의 투입과 산출과 관련된 효율성을 평가한다.

5) 운영주체에 따른 사회복지조직

사회복지조직의 형태별 운영주체를 정리하면 〈표 9-3〉과 같다. 공공조직은 법에 의거 설립되고 운영된다. 공공기관의 산하기관으로 상급기관과 행정적으로 연계된 경우도 있다. 비영리조직은 지역사회의 기관으로서 자체 규정이나 법에 의해 운영된다. 종교단체가 운영주체인 경우도 있다. 영리조직은 기업, 파트너십, 소유자 개인, 협회 등 법적 실체에 의해 조직된다. 자체 규정에 의거 운영된다.

〈표 9-3〉 사회복지조직의 운영 주체

조직유형		운영주체
공공조직		법에 의거 설립되고 운영된다. 공공기관의 산하 기관으로 상급 기관과 행정적으로 연계된 경우도 있다.
민간조직	비영리	지역사회의 기관으로서 자체 규정이나 법에 의해 운영된다. 자체 운영조직을 갖고 있다. 종교단체가 운영주체인 경우도 있다.
	영리	기업, 파트너십, 소유자 개인, 협회 등 법적 실체에 의해 조직된다. 자체 규정에 의거 운영된다.

자료 : 원석조(2013), 표 6-7 참조.

사회복지조직은 조직의 사명에 따라 작동된다. 조직의 사명이란 조직이 존재하는 이유와 추구하는 일을 의미한다. 비영리기관의 경우 조직의 사명은 이사회의 권한에 속한다. 사명은 기업의 경우 통상 사훈의 형태로 표시된다. 사명은 이사회의 결정에 따라 변경되기도 한다. 사명은 영리조직과 비영리조직이 현저히 다르다. 영리조직은 열리추구를 사명으로 한다. 반면에 비영리조직은 직원, 후원자, 수혜자가 공통으로 추구하는 것이 사명이 된다. 공공기관의 사명은 법령이나 규정에 의해 정해진다. 중앙정부와 지방정부의 사회복지기관이 그러하다.

(1) 거버넌스

모든 조직은 정책의 수립, 서비스의 결정, 개발지침, 사회적 책임 등을 책임지는 관리기구를 갖고 있다. 이를 거버넌스(governance)라고 한다. 비영리기관의 거버넌스는 이사회이다. 기업의 경우 소유자 개인이 거버넌스가 될 수도 있다. 거버넌스는 기관의 규정에 의해 정해진다.

거버넌스의 운영절차는 다음과 같은 내용을 담는 것이 보통이다. 첫째, 이사회, 자문위원회 등 거버넌스 조직의 구조, 규모, 책임, 둘째, 임원이나 위원의 선출, 교체, 임기, 셋째, 공식적 회의와 전체 이사의 수, 넷째, 회의의 의결정족수, 다섯째, 이사회나 자문위원회가 위임하는 집행부서(Gibelman, 2000: 118).

거버넌스의 효과성은 거버넌스 조직구조가 잘 만들어졌다고 해서 보장되지는 않는다. 이사회의 개입이나 관심이 거버넌스의 과정과 결과에 심대한 영향을 주기도 한다. 절차가 모호한 경우도 있다. 이사 중에는 조직의 규정이나 프로그램에 대해 잘 모르는 경우도 있다.

비영리조직에서 조직의 정책을 결정하는 일은 이사회의 권능이다. 이사회가 결정하는 정책은 조직의 운영방향에 대한 틀과 지침을 제공한다. 공공기관이나 영리조직의 경우 자문위원회의 자문을 받지만 그들의 권고사항이 조직의 운영에 항상 반영되는 것은 아니다.

대부분의 조직은 조직관리를 CEO에게 위임한다. 이를 운영권한의 위임이라고 한다. 기업의 경우 CEO는 기업의 소유자나 파트너가 맡기도 한다. CEO는 이사회가 선임한다. CEO의 임무는 조직마다 다르겠지만 대표적인 책임은 이사회와 협력 아래 기획과 정책을 개발하고, 거버넌스의 모든 회의에 참석하는 것이다. CEO는 조직의 인사관리 업무도 위임받아 처리한다. CEO의 능력과 성과는 CEO가 이사회에 제출하는 보고서로 평가된다. 사회복지기관의 CEO는 기관장이다. 사회복지기관의 기관장은 CEO로서 이사회의 임명을 받아 기관의 운영을 책임진다.

(2) 하이브리드 모델

공공기관과 민간기관은 운영주체, 사명, 거버넌스, 운용방식 등에서 차이가 나지만, 그 경계가 점차 모호(blurring)해지고 있다. 그 이유는 재정과 기능이 유사해지기 때문인데, 공공기관과 민간기관의 성격이 혼합된 것을 하이브리드 모델(hybrid model)이라고 한다(원석조, 2013). 다음의 내용은 Gibelman의 하이브리드 모델을 설명한 원석조(2013)의 내용을 편집 수정한 내용이다.

공공기관도 민간기관도 아닌 중간 형태의 준공공기관(quasi-public agency)과 준민간기관(quasi-private agency)이 하이브리드 모델이다. 정부와의 계약하에 공공 프로그램을 운영하기 시작한 준공공기관을 말한다. 비영리기관이지만 정부 자금에 전적으로 의존하기 때문에 독립성이 약하다.

준민간기관은 자체 강령에 따라 이사회의 권한과 책임 아래 운영되는 영리, 비영리조직이지만 정부로부터 상당한 재정지원을 받는다.

준공공기관과 준민간기관은 정부의 재정지원을 받는다는 점에서 같다. 그러나 준공공기관은 공적 자금에 전적으로 의존하는 반면에 준민간기관은 일부를 지원받는다는 점에서 다르다. 그리고 준공공기관은 원래의 공공기관이 민영화된 것이라면, 준민간기관은 원래부터 민간기관으로서 정부의 재정적 지원에 크게 의존하는 조직이다.

〈표 9-4〉 휴먼서비스조직의 유형 : 경계의 모호화

공공	준공공 (quasi-public)	준민간 (quasi-private)	민간
공무원의 전통적 관료조직	Quangos	민간에 의한 소유 및 운영	좌동
법적 위임	공적자금에 전적으로 의존	이사회	이사회와 자문위원회
세금으로 운영	공공의 목적에 부합되는 사명	공공의 목적과 부합되지 않을 수도 있음	자체 강령에 규정된 사명
공적 권한을 가진 당국	법적 근거를 가진 기관(직업소개소, 지역 보건소 등)	자체 강령을 가지고 있지만 정부로부터 상당한 재정지원을 받는 기관(요양원, 방문간호, 홈메이커서비스 등)	공공 부문의 지원없이 운영, 공공 부문과 프로그램 운영계약은 가능
계약을 맺은 기관에 대표자 파견	영리, 비영리	영리, 비영리	대부분 영리, 비영리도 있음

자료 : Gibelman(2000:126)의 표 6.3 참조.

1970년대 중반 이후 민영화는 경제부문뿐만 아니라 휴먼서비스 부문에서도 대세가 되었다. 그리고 이는 공공사회복지기관에 대한 거부감으로 이어졌고, 클라이언트에 대한 관료적 규칙의 적용, 공공 부문 내부의 반전문가주의(anti-professionalism), 이용자 비친화적 시스템(user-unfriendly system)에 대한 반감인 것이다.

정부의 서비스 구매란 중앙정부와 지방정부가 비영리기관으로부터 서비스를 구매하는 것을 말한다. 정부가 서비스 제공자에서 구매자로 그 지위가 변하게 된 것이다. 서비스 구매자로서 정부는 민간비영리기관과의 계약을 맺어 이들로 하여금 서비스를 제공케 하고 그 대가로 비용을 지불한다. 이리하여 비영리기관에 대한 정부보조금이 비약적으로 증가하여 정부보조금이 사회복지조직 재정수입의 상당 부분을 차지하게 되었다.

정부 지원이 이처럼 크게 증가하자 이들 비영리기관의 프로그램이 다양해지고 수준이 향상되었으며, 정부를 상대로 벌이는 계약협상기술과 재무관리기법도 비약적으로 발전하였다. 그러나 비영리민간기관의 정부 재정의존도가 커짐에 따라 그 독립성이 약해지는 부작용도 나타났다. 그리고 정부는 서비스의 결과(효과)와 전달과정에서의 문제점에 대한 감시·감독과 법적 규제를 강화했다. 이는 비용을 지불하는 자의 당연한 의무일 것이다.

제10장 사회복지의 정책분야

사회복지의 정책분야에 대한 접근은 학자들의 관점에 따라 다양하게 접근할 수 있으며, 크게 공공복지와 민간복지로 구분된다. 이 장에서는 공공 영역인 사회복지의 정책분야로서 사회보장제도에서 포함하고 있는 사회보험, 공공부조 및 사회복지서비스에 대해서 살펴보고자 한다. 또한 주거서비스, 바우처 등의 내용을 살펴보고자 한다.

사회보장제도는 사회위험에 노출된 사람이 보호를 받아 사회구성원이 건강하고 문화적인 사회생활을 할 수 있도록 사회가 보장하는 제도로, 전 국민의 사회적 권리에 기초하여 전 국민의 소득을 재분배에 의해 일정 한도 이상으로 보장하고 최저한도의 생활과 기본적 생활을 할 수 있도록 하기 위한 제도상의 모든 체계를 말한다(박차상 외, 2006: 180).

한편 우리나라 사회보장기본법에서는 "사회보장이란 질병·장애·노령·실업·사망 등 각종 사회적 위험으로부터 모든 국민을 보호하고 빈곤을 해소하며 국민생활의 질을 향상시키기 위하여 제공되는 사회보험, 공공부조, 사회복지서비스 및 관련 복지제도를 말한다"고 정의하고 있다. 여기에서 관련 복지제도라 함은 보건·주거·교육·고용 등의 분야에서 인간다운 생활이 보장될 수 있도록 지원하는 각종 복지제도를 말한다(사회보장기본법 제3조제1호).

아래의 〈표 10-1〉은 공공복지와 민간복지의 특징을 비교 분석한 것이다.

〈표 10-1〉 공공복지와 민간복지의 비교

구분	공공복지	민간복지
장점	• 재정적으로 안정 • 국민 최저생활의 보장 • 서비스 제공의 보편성과 지속성 • 형평성, 책임성의 담보 • 서비스에 대한 접근은 청구권적 의미	• 법적 한계를 넘어서는 개인의 욕구에 대응 용이 • 국가에 대해 대상자의 입장에서 비판 • 수혜 대상자의 자존심 유지 • 독창적인 서비스 개발용이 • 서비스 제공의 다양성과 프로그램 개발의 혁신성 • 즉각적인 대인서비스 제공
단점	• 관료적, 획일적인 운영 • 탄력성과 융통성 결여 • 복지욕구를 위한 법적 토대의 형성에 있어서 즉각적 대응이 어려움 • 지역 간의 격차 발생 • 수혜자의 수치심 발생	• 재원 확보의 불확실성 • 보편적이고 지속적인 서비스 제공의 어려움 • 자혜적 · 시혜적 성격 • 서비스의 선별적인 제공

출처 : 김형수 외. 2013. 『사회복지개론』. p. 186.

사회보험과 공공부조는 모두 공공복지이다. 사회보험은 수혜자 부담의 측면에서 국가가 관리하는 반면 공공부조는 조세를 기본으로 국가가 직접 개입하며 서비스 제공이 제한적이고 일정한 규정을 가지고 선정의 근거와 전달의 방식이 결정된다. 공공부조의 가장 큰 문제는 낙인(stigma)을 줄 수 있다는 것이다. 사회복지서비스는 수치심을 자극하거나 수혜자의 욕구를 참고하여 보완할 수 있는 공공영역과 민간영역이 공존하는 제3의 사회복지정책 분야라고 할 수 있다.

여기에서 사회보험과 공공부조 양 구성체계간의 차이점을 살펴보면 〈표 10-2〉와 같다.

〈표 10-2〉 사회보험과 공공부조의 비교

구 분	사 회 보 험	공 공 부 조
이 념	능력주의, 보편성	평등주의, 선별성
발전근거	근로자의 자조적 공제활동	구빈사업(relief work)
대 상	전국민(소득계층)	생활무능력자, 저소득계층
급여요건	정형적 사고(법정적)	생활곤궁
급여수준	정형적 (보호수준의 하한선이 최저생활 보장)	최저한도의 필요범위 (보호수준의 상한선이 최저생활 보장)
급여기간	장기적 생활보장	자활할 때까지의 단기적 보조
자산조사	미실시	실시
재 원	갹출(피보험자, 사용자)등	국고(일반조세)
목 적	빈곤화 방지의 사전조치 (예방적 전략)	최저생활의 확보 (완화적 전략)
특 성	수지상등의 원칙, 가입의 강제성	급여의 보충성, 자립조장의 원칙
권 리 성	구체적인 권리성이 강함	시혜적(추상적 권리)
급여의 양	예상 가능	예상 불가능

출처 : 김태진. 2013. 『사회복지개론』. p. 74.

〈표 10-2〉에 나타난 바와 같이 사회보험과 공공부조는 이념, 발전근거, 대상, 급여요건・수준・기간, 자산조사, 재원, 목적, 특성, 권리성, 급여의 양 등에 있어 차이점을 가지고 있다. 사회보험은 소득계층 전국민이 제도의 대상으로 포함되며 보편적이면서도 예방적 성격을 지니고 있으므로 공공부조가 필요 없는 상태이고, 급여수준은 공공부조 이상을 표방한다. 이에 비해 공공부조는 사회보장 전체의 최저수준을 의미하는 것으로, 또한 최종적 보장책이 되고 있다.

1. 사회보험

1) 사회보험의 개념

사회보장 방법의 하나로서 사회보험(social insurance)이란 국가를 주체로 하고 국민을 대상으로 질병, 노령, 실업, 사망, 기타 신체장애 등으로 인한 활동능력의 상실과 소득의 감소가 발생하였을 때에 법에 의해 강제성을 띠면서 보험방식에 의하여 그것을 보장하는 제도라고 볼 수 있다. 현행 사회보장기본법에서는 사회보험을 "국민에게 발생하는 사회적 위험을 보험의 방식으로 대처함으로써 국민의 건강과 소득을 보장하는 제도"라고 규정하고 있다.

이 제도는 산업혁명 이후 선진복지 국가들 사이에서 핵심적이고 중추적인 사회복지정책이며, 우리나라의 경우도 사회보험 적용비율이 점점 증가하고 있다. 이와 같은 사회보험은 사회보장제도에 있어서 중핵(中核)적인 역할을 담당하고 있으며, 빈곤화를 예방하는 제도이다. 원래 노동보험을 중심으로 하여 발전해 왔으며 노동보험은 생산과정으로부터 탈락하여 그 기능이 정지상태에 있는 노동력을 대상으로 노동력에 대한 보존책의 일환으로 발전한 것이다(Danzinger, 1970). 그러나 점차 전국민에게까지 확장시키고 발전시킨 제도가 사회보험이라고 할 수 있다. 사회보험의 성립에 있어 두 가지 중요한 의의는 먼저 역사적으로는 근로자의 공제조합이, 다음으로 법리적으로는 사용자 책임원칙의 승인이라는 것이다.

2) 사회보험의 특성

사회보험은 법률에 의한 강제보험이며, 각자의 갹출을 토대로 급여자격이 주어진다. 법률에서 정한 급여의 결정방법을 토대로 각자에게 주어지는 급여수준은 그 이전의 소득과 가족 수에 따라 재분배된다. 보험의 방식을 도입함으로써 장기적 관점에서 급여에 대한 재정계획이 확립되어야 하며, 사업주와 근로자가 함께 부담하는 갹출과 사업주의 부담으로 충당된다. 민영보험(民營保險)과 구별되는 사회보험은 강제보험으로 운영주체가 공적 기관이라는 점에서 가장 큰 차이가 있다.

사회보험제도의 일반적 특성을 살펴보면 다음과 같다(Rejda, 1999). 첫째, 사회보험은 강제성을 띤다는 것으로 사회보험 가입의 강제성은 개인들을 일반적 위험요소들로부터 개인 및 가족을 보호하도록 한다. 둘째, 사회보험은 최저수준의 수입을 보장하는 것으로 최저수준의 수입이란 다른 수입원을 고려하지 않고서도 최소수입만으로도 쾌적한 생활을 영위할 수 있고, 적절한 수준의 생활을 영위할 수 있어야 한다. 셋째, 개인적 적정성보다는 사회적 공평성을 강조하는 것으로 사회적 공평성이란 모든 기여자들에게 골고루 혜택이 돌아가도록 한다는 것이고, 개인적 적정성이란 개개인이 기여한 만큼 이에 맞추어 혜택을 준다는 것이다. 넷째, 급부와 소득의 관련으로 사회보험에서 급부는 소득과 어느 정도 연관되어 있고, 급부 역시 생활수준 등 갖가지 경제여건을 고려하여 정해져야 한다. 다섯째, 급여를 지급받을 권리요건이 있다는 것으로 사회보험에서 규정되어 있는 수급자격 요건을 갖추게 되면 자연발생적으로 급여를 지급받게 된다. 여섯째, 급여는 추정된 욕구에 의해 결정되며, 일곱째, 수익자 부담형식의 재원조달원칙의 적용이다.

우리나라에서도 사회보장의 입법내용이 관주도형의 성격이 강하며 그러한 결과로 사회보장에 관계되는 법률 상호간의 체계상의 혼란이 초래될 수밖에 없었기 때문에, 이러한 문제점을 해결하기 위해 국민건강보험으로의 통합 일원화가 이루어졌고, 5대 사회보험이 구체적으로 실시되고 있다.

3) 사회보험의 종류 및 내용

우리나라 사회보험의 형태는 1964년 산업재해에 관계된 산업재해보상보험(산재보험)의 실시, 1977년 질병에 대처하는 국민건강보험의 실시, 노령·장애·사망을 대비하는 노령연금(국민연금)이 1988년 국민연금의 실시, 1995년 실업과 고용을 보호하는 고용보험의 실시 등이 포함되는데 이를 흔히 4대보험이라고 하며, 이것의 실천 여부가 복지국가의 기준이 되고 있다. 여기에 사회의 고령화와 의료재정의 위기를 극복하고자 1995년 독일의 수발보험과 2000년 일본의 개호보험이 실시되었으며, 우리나라에서도 2008년 7월부터 노인장기요양보험이 실시되었다. 우리나라 사회보험제도의 현황을 도표로 나타내면 〈표 10-3〉과 같다.

〈표 10-3〉 우리나라 5대 사회보험의 현황

구분	국민연금	국민건강보험	노인장기요양보험	고용보험	산재보험
시행년도	1988. 1.	1977. 7.	2008. 7.	1995. 7.	1964.
시행지(대상)	1994. 4. 도시지역	2003. 7. 직장 지역보험 재정통합	장기요양이 필요한 65세 이상 노인 및 치매 등 노인성 질환을 가진 64세 이하 국민	1998.10. 1인 이상 사업장에 적용	2000. 6. 1인 이상 사업장 확대
적 용	2,082만명 (2013.11)	4,966만명 (2012.12.)	약 32만명 등급인정(2011. 6.)	1,115만명 (2013.12.)	1,436만명 (2013.12.)
보험료	표준소득 월액의 9% (노사 1/2)	과세근로소득의 5.64% (노사 1/2)	건강보험금×보험료율(6.55%)	실업급여 : 0.9% (노사1/2)	업종에 따라 0.4~37.7% (사업주 전액부담)
주관부서	보건복지부	보건복지부	보건복지부	고용노동부	고용노동부
관리운영	국민연금공단	국민건강보험공단	국민건강보험공단	고용노동부	근로복지공단
관련법	국민연금법	국민건강보험법	노인장기요양 보험법	고용보험법	산업재해보상보험법
보장위험	노령, 장애, 사망	질병	고령, 노인성질환 등으로 장기요양 필요	실업	업무상 재해
보장유형	소득보장	의료보장	장기요양보장	소득보장	의료소득보장
보험료 부과단위	사업장, 지역(개인별)	사업장, 지역(세대별)	사업장, 지역(세대별)	사업	사업

출처 : 서보준 외. 2013. 『사회복지개론』. pp. 146-147. 재구성.
통계출처 : 보건복지통계연보(2013), htt://www.4insure.or.kr/

(1) 산업재해보상보험

① 산업재해보상보험의 개요

산업재해보상보험은 산업혁명 이후 사회보험 중 제일 먼저 만들어진 보험으로 산재보험으로 줄여 사용하고 있다. 이 보험은 사업장에서 일하는 노동자들이 업무수행 중 혹은 업무수행과 관련하여 부상·질병 또는 사망한 경우에 노동자 본인의 치료 및 요양이나 본인 부양가족의 생계를 보장하기 위한 제도로 피해노동자에게 재해보상을 보장하기 위하여 국가가 책임을 지는 사회보험을 말한다. 우리나라는 1964년 급격한 산업화로 인한 노동자를 산업재해로부터 보호하기 위하여 최초로 시행된 사회보험이다.

② 산업재해보상보험의 목적

산업재해보상보험은 산업재해보상보험 사업을 시행해 근로자의 업무상의 재해를 신속하고 공정하게 보상해 재해근로자의 재활 및 사회복귀를 촉진하기 위해 이에 필요한 보험시설을 설치·운영하고 재해예방과 그 밖에 근로자의 복지증진을 위한 사업을 시행해 근로자보호에 이바지하는 것을 목적으로 한다.

③ 산업재해보상보험의 특징

산업재해보상보험의 특징에는 무과실책임주의, 사업자중심의 관리, 자산신고 및 자진납부의 원칙, 보험료의 사업주 전액부담, 강제가입, 이중적 성격이 있다. 무과실책임주의는 사용자의 고의, 과실의 유무를 불문하고 업무상의 재해에 대해 사용자에게 무과실책임을 부과한다. 사업자중심의 관리는 다른 사회보험제도와 달리 사업장 단위로만 가입이 이루어지고 개별근로자의 관리는 별도로 이루어지지 않고 있다. 자산신고 및 자진납부의 원칙은 산업재해보상보험에 대한 보험관계 성립 등 제반 행정이 자산신고 및 보험료의 자진납부를 원칙으로 하고 있다는 원칙이다. 보험료의 사업주 전액부담은 보험사업에 소요되는 비용인 보험료는 사업주가 전액을 부담한다는 원칙이다. 강제가입은 사회보험으로서 임의가입방식이 아닌 강제가입방식을 택하고 있다는 원칙이다. 이중적 성격은 재해보상의 위험책임을 위험결합을 통해 가입자들에게 분산시키는 사용자 보험적 성격과, 재해를 입은 근로자와 그 가족의 생활을 보장하는 근로자 보험적 성격을 동시에 갖고 있다는 원칙이다.

④ 산업재해보상보험의 재원

산업재해보상보험에 있어서 재원은 노동자 재해에 대한 사용자의 보상책임을 담보로 한다. 사업주가 전액부담하고, 국가는 보험사업의 사무집행에 소요되는 비용을 부담한다.

⑤ 산업재해보상보험의 급여

산업재해보상보험의 급여의 요건은 업무수행성과 업무기인성이 모두 충족된 업무상의 재해이어야 한다. 산업재해보상보험의 보험급여는 지급 결정일로부터 14일 이내에 지급하고, 임금의 5% 이상이 변동할 때는 평균임금이 적용되는 임금변동순응(슬라이드)제도와 최저보상기준제도를 병행하고 있다.

산업재해보상보험에 의한 급여의 종류는 요양급여, 휴업급여, 장해급여, 유족급여, 장의비, 상병보상연금 등이다. 자세한 내용은 아래의 〈표 10-4〉와 같다.

〈표 10-4〉 산업재해보상보험법에 의한 급여의 종류

급여의 종류	내 용
요양급여	근로자가 업무상 부상을 당하거나 질병에 걸린 경우 근로복지공단이 설치한 보험시설 또는 지정한 의료기관에서 요양을 하고 이에 대하여 지급되는 급여
휴업급여	업무상 재해로 인하여 근로자가 4일 이상 취업하지 못하는 경우 그 기간에 대하여 산재근로자와 그 가족의 생활을 보호하기 위하여 지급되는 급여
장해급여	업무상 재해를 입은 근로자가 치유 후에도 장해가 남아 있는 경우에는 그 장해 때문에 근로를 하지 못하게 되는 부분을 보상하기 위하여 지급되는 급여
유족급여	근로자가 업무상 재해로 사망한 경우 그 유족에게 지급되는 급여
장의비	업무상 재해로 사망한 경우에 지급하되, 그 장제를 행하는 자에게 지급되는 급여
상병보상연금	산재근로자가 병원에서 치료를 시작한 후 2년이 경과하여도 치료가 되지 않아 병의 증상이 고정되지 아니하고 그 부상 또는 질병상태가 폐질등급 1~3급에 해당하는 경우에는 휴업급여 대신 상병보상연금을 지급
간병급여	요양을 종결한 근로자가 상시 또는 수시로 간병이 필요하여 실제로 간병을 받는 경우 지급되는 급여
재해유족특별급여	보험가입자의 고의 또는 중대한 과실로 인한 업무상 재해로 근로자가 사망한 경우로서 보험가입자인 사업주와 합의가 이루어진 경우 수급권자인 유족이 보험가입자에 유족특별급여로 더 지급받을 수 있도록 하는 급여

출처 : 보건복지통계연보(2013).

(2) 국민건강보험

① 국민건강보험제도의 개요

우리나라의 국민건강보험은 1963년 제정된 의료보험법으로 시작하였으며, 질병, 부상이라는 불확실한 위험의 발생과 분만, 사망 등으로 인해 개별가계가 일시에 과다한 의료비를 지출함에 따라 겪게 되는 부담을 덜어주기 위해 국가가 법으로 정하여 실시하는 사회보장제도로서 보험가입자 전원에게 소득과 재산에 따라 보험료를 갹출하여 보험급여를 줌으로써 국민의 보건을 유지, 향상시켜 경제적 부담을 덜어주는 제도이다.

국민건강보험은 국민의 건강증진을 기하기 위한 사회보장제도의 일환으로 국민의 질병·부상에 대한 예방·진단·치료·재활과 출산·사망 및 건강증진에 대하여 현물 또는 현금으로 급여를 제공하는 보험제도로서 법률에 의한 가입의 강제, 소득에 비례한 보험료의 차등부담, 부담보험료에 관계없이 균등한 보험급여 등을 그 특성으로 한다.

② 국민건강보험제도의 목적

국민건강보험제도는 국민의 질병·부상에 대한 예방·진단·치료·재활과 출산·사망 및 건강증진에 대해 보험급여를 실시함으로써 국민보건을 향상시키고 사회보장을 증진함을 목적으로 한다.

③ 국민건강보험제도의 특징

국민건강보험제도의 특징은 강제가입, 형평성, 보험급여의 균등한 수혜, 보험료 납부의 강제성, 단기보험 등이 있다. 강제가입은 적용대상자 본인의 자유의사에 의해 가입 여부를 결정하는 것이 아니라 동법의 규정에 의해 가입이 강제된다는 성격을 가진다는 것이다. 형평성은 사회적인 연대를 기초로 의료비 문제를 해결하려는 것이 목적으로 소득수준 등 보험료 부담능력에 따라 차등적으로 부담하는 것을 말한다. 보험급여의 균등한 수혜는 부담한 보험료 부과수준에 관계없이 균등하게 보험급여가 이루어진다. 보험료는 소득 중 부담능력에 따라 차

등 부담하는 반면 요양급여는 기여한 보험료에 관계없이 균등하게 받는다는 것이다. 보험료 납부의 강제성은 강제보험제도의 실효성을 확보하기 위해 피보험자에게는 납부의 의무를 보험자에게는 보험료 징수의 강제성을 부여하는 것이다. 단기보험은 1년 단위의 회계연도를 기준으로 수입과 지출을 예정해 보험료를 계산·지급하는 것을 말한다. 또한 보건복지부장관이 국민건강보험공단에 위탁운영하고 있는 특징이 있다.

④ 국민건강보험제도의 재원

국민건강보험의 재원은 가입자와 사용자 및 국가의 3자에 의하여 마련된다. 먼저 직장가입자와 공무원 및 군인 등은 표준보수월액에 일정한 보험료를 곱하여 산정한다. 반면에 지역가입자는 소득파악의 어려움을 고려하여 소득과 재산, 그리고 경제활동능력을 추정하여 산정한 평가소득에 근거하여 보험료를 산정한다. 또한 지역가입자에 대하여 원칙적으로 보험료의 50%를 국가에서 보조하도록 되어 있다.

⑤ 국민건강보험제도의 급여

국민건강보험급여액은 가입자 및 피부양자의 질병·부상에 대한 예방·진단·치료·재활과 출산·사망 및 건강증진에 대하여 법령이 정하는 바에 의하여 공단이 현물 또는 현금급여를 제공하는 것을 말한다. 따라서 국민건강보험의 급여형태는 현물급여와 현금급여 두 가지가 있다. 현물급여는 요양급여로 가입자 및 피부양자의 질병에 대한 의료서비스를 제공하는 것과 2년마다 1회 이상의 건강검진서비스를 제공하는 것이 있고, 현금급여는 장제비 제도로 가입자(피부양자)가 사망한 경우 그 장제를 행하는 사람에게 급여하는 것이 있으며, 자택과 같이 요양기관 이외의 장소에서 출산을 한 경우 요양급여에 상당하는 금액을 출산비로 지급하거나 장애인의 경우 보장구 구입비용을 급여하는 등의 제도가 있다.

(3) 국민연금

① 국민연금제도의 개요

역사적으로 국민연금의 출발은 노령연금으로부터 시작되었다. 우리나라는 국민연금제도의 사회적 필요성이 증대됨에 따라 1980년대에 접어들면서 사회경제적 여건의 변화와 사회통합의 요구로 시작되었다. 즉, 점차 노령인구의 증가와 노후부양의식의 약화, 다양한 사회적 위험의 증대, 노후생계를 보장할 수 있는 현행 제도의 미비, 실시여건의 성숙, 국민연금재정의 안정성 확보와 사회통합이라는 차원에서 도입의 필요성이 인정되어 국민연금법이 제정·시행되었다. 국민연금은 국가가 보험의 원리를 도입하여 만든 사회보험의 일종으로 가입자, 사용자 및 국가로부터 일정액의 보험료를 받고 이를 재원으로 노령으로 인한 근로소득 상실을 보전하기 위한 노령연금, 주 소득자의 사망에 따른 소득상실을 보전하기 위한 유족연금, 질병 또는 사고로 인한 장기근로능력 상실에 따른 소득상실을 보전하기 위한 장애연금 등을 지급함으로써 국민의 생활안정과 복지증진을 도모하는 사회보장제도의 하나이다.

국민연금제도의 수립과정을 연혁으로 살펴보면 아래의 〈표 10-5〉와 같다.

〈표 10-5〉 국민연금제도의 연혁

시행시기	내용	비고
1973.12.24.	국민복지연금법 제정	1974. 1. 1. 실시예정
1974. 1.	대통령 긴급조치 제3호	1년간 실시 보류
1974.12.	국민복지연금법 1차 개정	재차 1년간 실시 보류
1975.12.	국민복지연금법 2차 개정	실시무기연기
1986.12.31.	국민연금법 제정	법률 제3902호 국민복지연금법 폐지
1988. 1. 1.	국민연금제도 실시	상시근로자 10인 이상 사업장
1992. 1. 1.	당연적용대상 사업장 확대	상시근로자 5~9인 사업장
1995. 7. 1.	농어촌지역 적용 확대	군지역 주민 및 시지역 농어업인
1999. 4. 1	도시지역 주민 확대	전국민연금시대 진입
2001. 7. 1.	5인 미만 사업장 확대	
2003. 7. 1.	1인 이상 당연적용사업장 확대	
2007. 7.23.	'국민연금공단'으로 명칭 변경	
2008. 1. 1.	완전노령연금 지급 개시	가입기간 20년 이상

출처 : 김형수 외. 2013. 『사회복지개론』. pp.192-193. 재구성

② 국민연금제도의 목적

국민연금법은 국민의 노령, 장애 또는 사망에 대해 연금급여를 실시함으로써 국민의 생활안정과 복지증진에 이바지하는 것을 목적으로 한다.

③ 국민연금제도의 특징

국민연금제도의 특징으로는 첫째, 강제가입을 특성으로 소득의 재분배기능을 가지고 있고, 둘째, 국가가 지급보장함으로써 운영경비를 일부 부담하고 적자액의 보조 등이 국가의 책임으로 되어 있으며, 셋째, 예방적 소득보장제도로서 노령, 폐질 및 사망으로 인한 개인과 가족구성원의 빈곤화를 예방하는 기능을 가지고, 넷째, 20년 이상 납입해야 하는 장기보험으로 부분적립방식의 특성을 가지며, 다섯째, 연금액의 실질가치를 보장함으로써 급여액은 국민의 생활수준, 임금, 물가, 그 밖의 경제사정에 뚜렷한 변동이 생기면 그 사정에 맞게 조정되고, 여섯째, 가입기간을 인정하는 신용 제도의 운영과 지급된 급여를 압류금

지하고 있으며, 일곱째, 보건복지부장관이 국민연금공단에 위탁·운영하고 있다는 점이다.

④ 국민연금제도의 재원

국민연금의 재원은 가입자가 내는 보험료와 국민연금 기금의 운용으로 발생하는 수익의 두 가지가 있다. 국민연금의 보험료율은 가입자에 따라 다르다. 즉 사업장가입자, 지역가입자, 임의가입자, 임의계속가입자에 따라 보험료율이 다르다는 것을 의미한다. 먼저 사업장가입자는 사용자와 피용자가 각각 4.5% 분담하여 총 9%가 되도록 요율을 조절하여 부담하고 있다. 반면에 지역가입자는 본인 전액 부담이지만, 농어민의 경우 국가가 일부 보조해 주고 있다.

우리나라 국민연금의 재정부담방식은 부분적립방식을 채택하고 있고, 이것은 보험료를 계속 적립하여 기금으로 쌓아두는 방식이다.

⑤ 국민연금제도의 급여

국민연금제도의 급여유형은 노령연금, 장애연금, 유족연금으로 나눌 수 있고, 노령연금은 완전노령연금, 감액노령연금, 조기노령연금 등으로 나누어진다. 국민연금의 급여자격은 급여유형별로 다양하다. 완전노령연금은 연금 가입기간 20년 이상으로 60세가 되어야 한다. 감액노령연금은 가입기간 10년 이상 20년 미만으로 60세가 되어야 하며, 급여수준은 가입기간에 따라 다르다. 조기노령연금은 가입기간 10년 이상, 연령이 55세 이상인 사람이 소득이 없을 경우 60세 전에 급여를 받는 것을 의미하며 급여수준은 가입기간에 따라 다르다. 장애연금은 국민연금 납입 도중 장애로 인해 지급받으며 장애등급 1~3급의 경우 연금을 지급하고, 장애등급 4급은 일시보상금을 지급한다. 유족연금은 가입자의 가입기간이 10년 이상으로 노령연금 수급권자 등이 사망하였을 때 그 유족이 받을 수 있는 연금으로 급여수준은 가입기간에 따라 다르며 주로 배우자, 자녀, 부모 등의 유족이 받는 연금이다.

국민연금급여액은 소득재분배 기능을 하기 위해 가입자 개인의 소득이 전체가입자 평균소득보다 낮은 사람들은 균등부문으로 상대적으로 급여를 많이 받는 반면, 개인소득이 전체가입자 평균소득보다 높은 계층은 상대적으로 불리하게 되어 있다는 것이다.

(4) 고용보험

① 고용보험제도의 개요

고용보험은 실직근로자에게 실업급여를 지급하는 실업보험사업 외에 적극적인 취업알선을 통한 재취업의 촉진과 근로자의 고용안정을 위한 고용안정사업, 근로자의 직업능력개발사업 등을 상호 연계하여 실시하는 사회보험제도이다. 고용보험은 대부분의 복지국가들에서 가장 최근에 사회보험으로 도입된 제도라고 할 수 있다. 1990년대 이후 사회구조의 변화로 인하여 실직자들의 발생 이후, 노동자와 사용자 간의 합의를 통하여 산업발전의 결과로 만들어진 사회보험제도로써 노동자가 실직하였을 경우 실직노동자나 가족의 생활안정과 재취업을 촉진하고 있다.

우리나라의 고용보험제도는 1980년대 초 실업보험제도의 필요성이 제기되었고, 제7차 사회발전계획(1992~1996) 후반기에 고용보험제도를 도입하기로 결정하였으며, 1997년 IMF 경제위기 이후 1인 이상 전 사업장으로 확대적용되어 시행되었다.

② 고용보험제도의 목적

고용보험법은 고용보험의 시행을 통해 실업의 예방, 고용의 촉진 및 근로자의 직업능력의 개발과 향상을 꾀하고 국가의 직업지도와 직업소개 기능을 강화하며 근로자가 실업한 경우 생활에 필요한 급여를 실시해 근로자의 생활안정과 구직활동을 촉진함으로써 경제·사회 발전에 이바지하는 것을 목적으로 한다.

③ 고용보험제도의 특징

고용보험제도의 특징은 실직근로자의 생활보장과 고용대책의 통합, 관리운영의 국가책임, 보험사고의 예측이 어려운 사회보험이라는 것이다. 실직근로자의 생활보장과 고용대책의 통합의 특징은 근로자의 생활을 보장하는 하나의 사회복지정책으로서 기능과 빠르게 변화하는 현대 산업사회에서 요청되는 산업구조조정과 경영합리화를 촉진하고 인력수급을 원활하게 하는 고용정책이 함께 융화된 제도를 말한다. 관리운영의 국가책임은 고용보험을 노동부장관이 관장하며 주무부서는 노동부에서 담당하고 있으나 실제적으로 구체적인 업무는 근로복지공단에 위탁해 수행하고 있고, 피보험자 신고와 실업급여 등 각종 지원업무는 노동부의 고용지원센터에서 담당하고 있다. 보험사고의 예측이 어려운 사회보험이라는 특징은 국민연금, 국민건강보험 및 산업재해보상보험의 보험사고 발생률이 비교적 안정적이며 정확히 예측할 수 있는데 비해 고용보험의 경우 실업률은 경기변동과 밀접한 관계가 있으며 이는 다시 경기, 재정, 통화정책 등에 영향을 받기 때문에 보험사고 발생률의 예측이 어렵다는 것이다.

④ 고용보험제도의 재원

고용보험의 재원은 근로자와 사업주가 부담하는 보험료로 이루어지며, 보험료는 고용안정과 직업능력개발사업의 보험료와 실업급여 보험료의 두 가지로 나누어진다. 고용보험료의 고용안정사업과 직업능력개발사업의 보험료는 사업주가 전액 부담하고, 실업급여는 노동자와 사업주가 각각 절반씩 0.45%를 대부분의 사업장에서 매월 임금 지급 시 원천공제로 부담한다.

⑤ 고용보험제도의 급여

고용보험의 급여종류는 고용안정사업, 직업능률개발사업, 실업급여, 모성보호급여로 나누어 실시되고 있다. 고용안정사업은 국내외 경기의 변동, 산업구조의 변화, 기타 경제상의 이유 등으로 노동력이 부족하거나 고용기회가 감소하여 고용상태가 불안하게 되는 경우 근로자의 고용안정을 보장하면서 기업의 고용조정을 합리적으로 지원하기 위한 사업이며 고용조정지원사업, 고령자들의 고용촉진사업, 고용촉진시설지원사업 등을 포함한다. 직업능력개발사업은 기업 및 근로자의 직업능력개발사업 지원을 통해 인적자원의 질을 높여 근로자의 직무능력향상에의 노력을 높이는 것을 목적으로 하는 사업으로 사용자를 지원하는 사업과 근로자를 지원하는 사업으로 나눌 수 있다. 실업급여는 근로자가 실직한 경우에 일정기간 동안 구직급여와 취업촉진수당으로 보험급여를 지급하고 있으며, 기본적인 생활보장을 위한 구직급여에는 상병급여, 훈련연장급여, 개별연장급여, 특별연장급여가 있고, 실직자의 재취업을 위해 필요한 실제 비용에 대한 지원금의 성격으로 지급되는 취업촉진수당은 조기재취직수당, 직업능력개발수당, 광역구직활동비, 이주비가 있다. 모성보호급여는 여성들의 노동시장 참여 확대가 저출산·고령화 시대를 맞이하여 매우 중요하기 때문에 여성들의 노동시장 참여를 촉진하기 위한 산전후 휴가급여와 육아휴직급여제도를 말하는 것이다.

(5) 노인장기요양보험

① 노인장기요양보험제도 개요

4대 사회보험은 즉, 국민연금, 국민건강보험, 산업재해보상보험, 고용보험을 의미하며, 제5의 사회보험으로 우리나라에서는 노인장기요양보험이 2008년 7월 1일부터 시행되었다. 독일에서는 수발보험으로, 일본에서는 개호보험으로 명칭을 달리 하면서 사회의 노령화에 따른 요양과 수발에 대한 서비스를 당연한 권리로 인식되면서 제정되어 실시하고 있다. 노인장기요양보험은 고령이나 노인성 질병 등으로 일상생활을 혼자 수행하기 어려운 수급자에게 신체활동 또는 가사지원 등의 장기요양급여를 사회적 연대원리에 의해 제공하고 요양시설에 입소하도록 하여 전문서비스를 제공함으로써 노후생활의 안정과 가족의 부담을 덜어주기 위한 제도이다.

우리나라의 노인장기요양보험제도가 도입된 배경을 살펴보면, 인구고령화로 인한 노인인구의 증가에 대한 대비, 국민의 노후불안 해소 및 노인가구의 경제적 부양부담의 해소를 들 수 있다. 즉, 노인인구의 증가가 세계에서 가장 빠른 고령화 속도를 보이고 있으며 장기요양

수급자도 인구 고령화에 따라 지속적으로 증가 추세에 있고, 급속한 고령화가 진전됨에 따라 우리나라에서도 고령화에 대한 대비, 공적 노인요양보험체계를 확립하여 국민의 노후불안 해소 및 노인가정의 경제적 부담 등 요양보호 부담을 도모할 필요가 있어 노인장기요양보험제도가 도입되었다. 노인장기요양제도에는 요양이 필요한 노인에게 전문적 간병서비스를 제공하기 위해 요양보호사라는 새로운 국가자격증제도를 도입하였고, 인가를 받은 요양보호사 교육원에서 국민 누구나 소정의 교육을 받고, 2010년 4월 26일 「노인복지법」 시행규칙의 개정으로 요양보호사 자격시험에 합격하여야 자격증을 취득할 수 있다. 노인요양시설 및 재가요양시설에서는 2008년 7월 1일부터 신규 채용자에 대하여 요양보호사 자격증을 소유한 자를 의무적으로 채용해야 한다.

노인장기요양보장제도를 도입하여 운영하고 있는 선진국의 재원마련 사례를 살펴보면 아래의 〈표 10-6〉과 같다.

〈표 10-6〉 노인장기요양보험제도 재원마련방식에 대한 선진국 사례

구분	사회보험방식	조세방식
국가	한국(+조세), 독일, 헝가리, 일본(+조세), 스위스(+조세), 미국(Medicare), 네덜란드, 룩셈부르크	오스트레일리아, 오스트리아, 캐나다, 아일랜드, 뉴질랜드, 노르웨이, 폴란드, 스페인, 스웨덴, 영국, 미국(Medicaid)

출처 : http://www.longtermcare.or.kr/

② 노인장기요양보험제도의 목적

고령이나 노인성 질병 등의 사유로 일상생활을 혼자서 수행하기 어려운 노인 등에게 신체활동 또는 가사활동 지원 등의 장기요양급여를 제공하여 노후의 건강증진 및 생활안정을 도모하고 그 가족의 부담을 덜어줌으로써 국민의 삶의 질을 향상하도록 함을 목적으로 시행하는 사회보험제도이다.

③ 노인장기요양보험제도의 특징

우리나라 노인장기요양보험제도는 국민건강보험제도와는 별개의 제도로 도입·운영되고 있으며 한편으로, 제도운영의 효율성을 도모하기

위하여 보험자 및 관리운영기관을 국민건강보험공단으로 일원화하고 있다. 또한 국고지원이 가미된 사회보험방식을 채택하고 있고 수급대상자에는 65세 미만의 장애인이 제외되어 노인을 중심으로 운영되고 있다.

구체적인 특징으로는, 첫째, 국민건강보험제도와 별도로 운영하고 있으며, 둘째, 사회보험방식을 기본으로 한 국고지원 부가방식을 채택하고 있고, 셋째, 보험자 및 관리운영기관을 일원화하였으며, 넷째, 노인중심의 급여를 지급함으로 65세 미만의 노인성질병이 없는 일반적인 장애인은 제외하고 있다.

④ 노인장기요양보험제도의 재원

노인장기요양보험제도에 소요되는 재원은 장기요양보험료와 국가 및 지방자치단체 부담 그리고 장기요양급여 이용자가 부담하는 본인일부부담금으로 운영된다.

⑤ 노인장기요양보험제도의 급여

노인장기요양보험제도의 급여는 현물급여를 원칙으로 하고 보완적으로 현금급여를 제공하는 것으로 시설급여, 재가급여, 특별현금급여로 구분하고 있다. 시설급여는 노인의료복지시설(노인전문병원 제외) 등에 장기간 입소하여 신체활동지원 및 심신기능의 유지·향상을 위한 교육·훈련 등을 제공하는 장기요양급여를 의미한다. 재가급여는 방문요양, 방문목욕, 방문간호, 주·야간보호, 단기보호, 기타 재가급여가 있으며, 대표적으로 방문요양은 장기요양기관 소속의 요양보호사가 수급자 가정 등을 방문하여 신체활동 및 가사활동 등을 지원하는 장기요양급여이다. 특별현금급여는 가족요양비, 특례요양비, 요양병원간병비가 해당되며, 특히 요양병원간병비는 수급자가 노인복지법에 의한 노인전문병원 또는 의료법에 의한 요양병원에 입원할 때 대통령령이 정하는 기준에 따라 장기요양에 소요되는 비용의 일부를 지급하는 현금급여이다.

⑥ 노인장기요양보험 적용

적용대상을 살펴보면, 국민건강보험가입자는 노인장기요양보험의 가입자가 되며(법 제7조제3항), 이는 국민건강보험의 적용에서와 같이 법률상 가입이 강제되어 있다. 또한 공공부조의 영역에 속하는 의료급여 수급권자의 경우 국민건강보험과 노인장기요양보험의 가입자에서는 제외되지만, 국가 및 지방자치단체의 부담으로 노인장기요양보험의 적용대상으로 하고 있다(법 제12조).

장기요양인정은 노인장기요양보험 가입자 및 그 피부양자나 의료급여수급권자 누구나 장기요양급여를 받을 수 있는 것이 아니므로 일정한 절차에 따라 장기요양급여를 받을 수 있는 권리(수급권)가 부여되는 것이다. 장기요양인정 신청자격은 노인장기요양보험 가입자 및 그 피부양자 또는 의료급여수급권자 중 65세 이상의 노인 또는 65세 미만자로서 치매, 뇌혈관성 질환 등 노인성 질병을 가진 자이다.

⑦ 기존 국민건강보험제도 및 노인복지서비스 체계와의 차이점

먼저, 국민건강보험제도와의 차이를 살펴보면, 국민건강보험은 질환의 진단, 입원 및 외래 치료, 재활 등을 목적으로 주로 병·의원 및 약국에서 제공하는 서비스를 급여대상으로 하는 반면, 노인장기요양보험은 고령이나 노인성질병 등으로 인하여 혼자의 힘으로 일상생활을 영위하기 어려운 대상자에게 요양시설이나 재가기관을 통해 신체활동 또는 가사지원 등의 서비스를 제공하는 제도이다.

기존 노인복지서비스 체계와의 차이를 살펴보면, 기존 「노인복지법」상의 노인요양은 국민기초생활보장수급자 등 특정 저소득층을 대상으로 국가나 지방자치단체가 공적부조방식으로 제공하는 서비스 위주로 운영되어 왔으나, 「노인장기요양보험법」 상 서비스는 소득에 관계없이 심신기능 상태를 고려한 요양필요도에 따라 장기요양인정을 받은 자에게 서비스가 제공되는 보다 보편적인 체계로 운영되고 있다.

⑧ 장기요양인정 신청절차

01.	02.	03.	04.
장기요양인정신청 및 방문조사	장기요양인정 및 장기요양등급판정	장기요양인정서 · 표준장기요양이용 계획서 송부	장기요양급여이용계약 및 장기요양 급여제공
국민건강보험공단	등급판정위원회	국민건강보험공단	장기요양기관

⑨ 장기요양인정점수 구간별 장기요양인정등급

등급외	3등급	2등급	1등급
51점 미만(인정제외)	51점~75점 미만	75점~95점 미만	95점 이상

2. 공공부조

1) 공공부조의 개념

공공부조(公共扶助; public assistance)는 사회보험과 함께 사회보장제도의 한 축을 이루고 있는 제도로서, 국민의 건강하고 문화적인 최저생활의 보장을 목적으로 하며, 더욱이 생활능력을 상실한 자들과 일정한 생활수준에 미달한 자들에 대하여 국가가 그들의 최저생활보장과 자립 촉진을 목적으로 하여 수립한 가장 직접적이고 최종적인 최저한도의 사회보장제도라고 정의할 수 있다. 즉, 빈곤한 생활을 하는 자에 대하여 수혜자의 부담 없이 국가나 지방자치단체가 그 비용을 부담하는 무기여(無寄與) 보호적 원조이며, 건강하고 문화적인 최저한도의 생활을 유지할 수 있도록 현금급여, 현물급여 등을 통해 이들의 자립·자활을 촉진하기 위한 필요한 조치를 취하거나 근로를 조건으로 원조를 제공하는 제도이다. 현행 사회보장기본법에서는 "공공부조란 국가와 지방자치단체의 책임 하에 생활 유지 능력이 없거나 생활이 어려운 국민의 최저생활을 보장하고 자립을 지원하는 제도"라고 정의하고 있다.

2) 공공부조의 특성

공공부조의 특징을 크게 구분하면 공적 프로그램이면서도 선별적 프로그램이며, 재원은 일반조세수입으로 운용되고, 공공부조 수혜자들의 재원을 위한 무기여와 규제적 특징으로 나눌 수 있다. 보다 세분화하면 일반적으로 다음의 10가지의 특성을 지니고 있다. 첫째, 공적인 프로그램이라는 것이며, 둘째, 생활곤궁자가 주 대상이고, 셋째, 원조 프로그램이며, 넷째, 구분 처우의 원칙을 적용하며, 다섯째, 빈곤의 악순환을 방지하려는 노력의 결과이고, 여섯째, 선별적인 프로그램이며, 일곱째, 보충적인 제도이고, 여덟째, 재분배 기능을 수행하며, 아홉째, 사회를 안정시키고, 사회적 형평성을 도모하고, 마지막 열 번째, 공공부조급여가 병합·처분된다는 것이다.

공공부조의 가장 큰 단점은 수급자들에게 낙인(stigma)으로 수치심을 불러일으켜 인간의 존엄성을 훼손할 수 있고, 수급자와 납세자 사이의 대립을 유발시켜 국민의 사회적 연대감을 해칠 수 있다는 점이다. 시혜(charity)로 인하여 사회보장 프로그램 가운데 가장 낙후된 형태이기 때문에 서구 복지국가들의 경우 공공부조의 비중이 줄어들었다. 스위스 등 일부 선진국에서는 공공부조가 필요함에도 불구하고 수치심 때문에 신청하지 않는 경향으로 인하여 공공부조의 기능에 한계를 보이는 경향도 있다. 공공부조는 또한 사회보장 프로그램에서 나타날 수 있는 부정적인 측면들 즉, 근로나 저축동기의 약화, 소득을 낮게 신고하거나 탈세 및 프로그램의 오·남용 등의 문제점들이 나타날 수 있다.

3) 공공부조수급권의 법적 성격

우리나라 헌법에는 공공부조수급권(public assistance right to public assistance)의 권리가 명시되어 있다. 공공부조수급권이란 헌법에 규정되어 있는 인간다운 생활을 유지할 수 없는 상태에 처한 사회적 약자에게 국가가 최저한도의 인간다운 생활을 유지할 수 있도록 제도를 통해 생존권을 보장받을 수 있는 권리이다. 따라서 복지권의 하나이며, 헌법에 보장된 인간다운 생활을 할 기본권을 구체적으로 실현하기 위한 권리가 공공부조수급권이다.

공공부조수급권의 법적 성격에 관한 학설은 프로그램 규정설과 법적 권리설로 나누어지며, 법적 권리설은 다시 추상적 권리설과 구체적 권리설로 구분된다.

(1) 프로그램 규정설

프로그램 규정설은 입법방침 규정설이라고도 하며, 공공부조수급권은 입법권만을 구속하고 행정권과 사법권을 구속하지는 않는다고 보는 견해이다. 따라서 공공부조수급권은 국가의 재정적 실현 가능성(fiscal feasibility)과 행정적 실현 가능성(administrative feasibility)의 범주내에서만 실현되는 권리라는 것이다.

(2) 법적 권리설

법적 권리설은 공공부조수급권에 대한 헌법 규정은 권리로서 개개 국민은 공공부조의 혜택을 누릴 권리가 법으로 보장되어 있으며, 국가는 이를 행할 의무가 있다는 학설이다. 법적 권리설에는 추상적 권리설과 구체적 권리설이 있다. 추상적 권리설은 국가에 대해 공공부조

혜택을 받을 추상적 권리를 가지며, 국가는 입법 기타 국정상 필요한 조치를 강구할 추상적 의무를 진다고 보는 학설인데 반해, 구체적 권리설은 공공부조수급권이 헌법에 보장된 권리이며, 헌법상의 의무이기 때문에 국민은 국가에 대해서 적극적으로 입법을 요청할 권리가 있으며 국가는 이에 대해 적극적으로 응해야 할 의무가 있다는 것이다.

4) 공공부조급여의 형태

공공부조급여 형태는 기준에 따라 현금급여, 현물급여, 증서제도로 구분된다. 현금급여(in-cash benefit)는 공공부조수혜자가 최저수준의 인간다운 삶을 유지하도록 하기 위해 현금이나 수표를 제공하는 것을 말한다. 국민기초생활보장급여 가운데 생계급여, 주거급여, 교육급여, 해산급여, 장제급여, 생업자금융자 등과 기타 장애수당, 경로연금, 모·부자가정 생계보조금 등이 이에 속한다. 현물급여(in-kind benefit)는 공공부조수혜자가 최소한의 인간다운 삶을 영위하도록 하기 위해 현금 대신 현물이나 비현금 서비스를 제공하는 것을 말한다. 쌀, 라면, 우유, 육류, 통조림 등과 같은 식료품 제공, 병·의원에서 질병 예방과 치료를 받을 수 있는 의료 서비스, 영구임대아파트와 같은 무료 또는 저가임대주택 서비스, 무상보육 서비스, 무상교육 서비스, 직업훈련 서비스, 무료교통 서비스, 무료전화 서비스(복지전화), 시설보호 서비스 등이 이에 속한다. 증서라고 하는 바우처제도(voucher system)는 복지수혜대상자에게 사용 용도가 특정 분야로 지정된 일정 현금 가치를 갖는 증서(voucher), 증권(certificate), 쿠폰(coupon), 또는 교환권(stamp)을 제공하는 제도를 통칭해 부른다. 가장 대표적인 것은 미국의 식품권제도(food stamp program)이다.

5) 공공부조의 기본 원리

(1) 기본 원리

빈곤상태에 있는 사람에게 기초생활보장을 행하여 이들의 최저생활을 보장하는 국민기초생활보장제도는 사후적인 구빈행정의 핵심으로서 그 법적 표현인 기초생활보장행정의 기본 원리를 명시하고 있다. 일반적으로 공통되는 공공부조의 원리로서 생존권보장, 국가책임, 무차별평등, 최저생활보장, 보충성, 자립조장의 원리를 들 수 있다.

(2) 실시상의 원칙

공공부조 실시상의 원칙은 신청보호, 기준 및 정도, 필요적응, 세대단위, 현금급여, 거택보호의 원칙으로 기본적인 준거(準據)가 되고 있다. 그러나 국민기초생활보장제도의 원칙은 첫째, 최저생활보장의 원칙, 둘째, 보충급여의 원칙, 셋째, 자립지원의 원칙, 넷째, 개별성의 원칙, 다섯째, 가족부양 우선의 원칙, 여섯째, 타 급여 우선의 원칙, 일곱째, 보편성의 원칙 등이다.

(3) 공공부조대상자 선정의 기본 요소

공공부조대상자를 선정하는 과정에서의 기본적인 요소는 공공부조대상자의 욕구파악, 최저생계비 계측, 신청보호 실시, 자산조사의 이행 등이다. 이러한 요소를 토대로 최저생계비에 미달되는 소득으로 인해 빈곤으로부터 벗어나고자 하는 욕구를 가진 자가 보호를 신청하여 자산조사를 거친 후 그 결과에 따라 공공부조대상자로 선정되는 것이다.

6) 공공부조의 종류 및 내용

(1) 국민기초생활보장제도

① 국민기초생활보장제도의 개요 및 의의

국민기초생활보장법은 생활이 어려운 자들에게 필요한 급여를 행해 이들의 최저생활을 보장하고 자활을 조성하는 것이다. 국민기초생활보장법이 제정됨에 따라 시민의 사회적 권리와 국가의 의무를 규정하였으며, 헌법의 생존권보장 규정을 실체적으로 입법화할 수 있었다. 또한 생활보호법에서의 생활보호는 추상적 권리로서의 성격이 강했으나, 국민기초생활보장법에서는 구체적 권리로서의 수급권을 인정했다는 점과, 생활보호제도의 단순 생계지원에서 근로조건부로 급여를 제공해 자립·자활을 촉진하는 종합적 빈곤대책으로 전환했다는 점에서 그 의의를 찾을 수 있다.

② 국민기초생활보장제도 수급자

국민기초생활보장제도에서 수급권자의 수급자격 결정의 주요한 사항을 살펴보면 첫째, 수급권자 범위는 부양의무자가 없거나 부양의무자가 있어도 부양능력이 없거나 또는 부양받을 수 없는 자로서 소득인정액이 최저생계비 이하인 자이다. 둘째, 수급자는 소득과 재산의 소득환산액을 합산한 평가금액인 소득인정액이 최저생계비 이하인 자이다. 셋째, 수급자의 수급조건은 소득인정액 기준과 재산가액, 주택·농지면적기준, 승용차기준을 포함한 재산기준 그리고 부양의무자 기준을 동시에 충족시켜야 한다. 따라서 생활이 어렵다는 것을 객관적으로 판단하기 위해 소득인정액과 최저생계비 비교방법을 사용하고 있다. 넷째, 최저생계비라 함은 국민이 건강하고 문화적인 생활을 유지하기 위하여 소요되는 최소한의 비용으로서 보건복지부장관이 매년 공표하는 금액을 말한다. 다섯째, 부양의무자라 함은 수급권자를 부양할 책임이 있는 자로서 수급권자의 직계혈족 및 그 배우자, 생계를 같이 하는 2촌 이내 혈족을 말한다.

③ 국민기초생활보장제도의 대상

국민기초생활보장수급자는 생활보장급여가 행해지는 장소에 따라 일반수급자와 보장시설수급자로 나뉘어진다. 일반수급자는 수급권자 거주지의 주거에서 생활보장급여를 받는 자이고, 보장시설수급자는 주거가 없거나 주거가 있어도 그 곳에서 보호를 행할 수 없어 보장시설에 수용된 자이며, 차상위계층은 수급자가 아닌 자 중 소득이 최저생계비의 100분의 120 이하에 해당하는 가구를 말하고, 조건부수급자란 자활에 필요한 사업에 참가할 것을 조건으로 생계급여를 받는 수급자로서, 조건으로 제시된 자활사업에 참여하지 않으면 생계급여가 중지되나, 일반수급자는 자활사업에 참여하지 않더라도 생계급여에 영향을 미치지 않는 자를 일컫는다.

조건부수급자 선정기준은 근로능력자 판정기준에 의해 이루어진다. 즉, 근로능력자는 18세 이상 60세 이하의 수급자로서, 장애인고용촉진 및 직업재활법 규정에 의한 중증장애인, 보건복지부장관이 정하는 질병 또는 부상에 해당하지 아니하는 질병·부상 또는 그 후유증으로 3월 이상의 치료 또는 요양이 필요한 자, 임산부, 사회복무요원 등 법률상 의무를 이행 중인 자, 기타 근로가 곤란하다고 보건복지부장관이 정하는 자 등이 해당한다.

④ 급여의 종류 및 기준

급여의 종류는 생계급여, 주거급여, 의료급여, 교육급여, 해산급여, 장제급여, 자활급여 등이 있다. 생계급여는 기본급여로 모든 기초생활보장수급자에게 적용되는 반면 주거급여, 의료급여, 교육급여, 해산급여, 장제급여, 자활급여는 수급권자의 필요에 따라 생계급여와 함께 행함으로써 필요적응의 원칙 내지 개별화의 원칙을 적용하고 있다. 수급품은 이 법에 의하여 수급자에게 급여하거나 대여하는 금전 또는 물품을 말한다.

급여의 기준은 건강하고 문화적인 최저생활을 유지할 수 있는 것이어야 한다. 따라서 보건복지부장관이 수급자의 연령·가구규모·거주지역 기타 생활여건 등을 고려하여 급여의 종류별로 정한다. 보장기관은 이 법에 의한 급여를 세대를 단위로 하여 행하되, 특히 필요하다고 인정하는 경우에는 개인을 단위로 하여 행할 수 있다. 수급자의 소득평가액과 가구별 최저생계비의 차액을 각종 급여로 지원하는 보충급여제를 실시하며, 가구 전체의 소득평가액을 기준으로 2만원 간격 61등급으로 구분하여 지급한다. 따라서 생계급여는 현금급여 기준에서 주거급여와 가구소득을 제외한 금액을 지급하며, 현금급여기준은 최저생계비에서 현물로 지급되는 의료비·교육비 및 타법 지원액을 차감한 금액으로서, 소득이 없는 수급자가 받는 현금급여(생계·주거급여)수준을 의미한다. 이와 같은 급여의 기준은 보건복지부장관이 국민의 소득·지출수준과 수급권자의 생활실태, 물가상승률 등을 고려한 최저생계비 결정수준에 기초하고 있다.

⑤ 국민기초생활보장제도의 비용

국민기초생활보장의 보장비용은 보장업무에 소요되는 인건비와 사무비, 위원회운영에 소요되는 비용, 급여실시비용, 기타 보장업무에 소요되는 비용을 말한다. 비용의 징수는 수급자에게 부양능력을 가진 부양의무자가 있음이 확인된 경우에는 보장비용을 지급한 보장기관은 생활보장위원회의 심의·의결을 거쳐 그 비용의 전부 또는 일부를 그 부양의무자로부터 부양의무의 범위 안에서 징수할 수 있다. 또한 사위(詐僞), 기타 부정한 방법에 의하여 급여를 받거나 타인으로 하여금 급여를 받게 한 경우에는 보장비용을 지급한 보장기관은 그 비용의 전부 또는 일부를 그 급여를 받은 자 또는 급여를 받게 한 자(부정수급자)로부터 징수할 수 있다.

국민기초생활보장법에 규정되어 있는 자활지원사업을 원활하게 추진하기 위한 재원으로서 지방자치단체는 국민기초생활보장기금을 조성·운용하고 있다. 기금은 시·도지사 및 시장·군수·구청장 책임하에 조성·운용하게 되는데, 기금은 일정한 규모 이상 적립되어야 하며, 기금의 운용을 통한 이자수입 등으로 자활지원사업 보장 비용의 재원을 충당할 수 있다.

(2) 의료급여제도

① 의료급여제도의 개요 및 의의

의료급여제도(medicaid)는 저소득층과 특수집단의 의료궁핍을 해결함으로써 의료의 사회화를 이루려는 공공부조적 노력이라고 할 수 있다. 즉, 일정수준 이하의 저소득층을 대상으로 그들이 자력으로 의료문제를 해결할 수 없는 경우 국가재정으로 의료혜택을 주는 공공부조제도이다. 우리나라에서는 생활유지의 능력이 없거나 생활이 어려운 자에게 의료급여를 실시함으로써 국민보건의 향상과 사회복지 증진에 이바지함을 목적으로 제도화되었다.

이는 사회보험제도인 국민건강보험과 더불어 국민의 건강한 생활을 보장하기 위한 중요한 수단이 되는 공공부조제도로 국민기초생활보장제도의 시행에 따라 의료급여제도도 이 제도와 일관성을 유지하기 위한 제도적 개선이 이루어지고 있다.

② 의료급여수급권자

의료급여수급권자의 책정기준을 살펴보면 다음과 같다.

1종 급여수급권자는 첫째, 국민기초생활보장법에 의한 수급자로서 근로능력이 있는 수급자에 해당되지 않은 자, 둘째, 재해구호법에 의한 이재자(罹災者) : 한해, 풍해, 수해, 화재 기타의 재해로 인하여 동일지역 내에서 다수의 이재자가 발생하여 응급적인 구호의 필요가 있을 때 재해구호의 대상이 되는 자, 셋째, 의사상자 예우에 관한 법률에 의한 의상자 및 의사자의 유족, 넷째, 독립유공자와 국가유공자, 그 가족 및 유족, 다섯째, 중요무형문화재 보유자 및 가족, 여섯째, 북한이탈주민, 일곱째, 광주민주화운동 관련자, 여덟째, 기타 생활유지의 능력이 없거나 생활이 어려운 자로서 대통령령이 정하는 자 등이다.

2종 급여수급권자는 국민기초생활보장법에 의한 수급자 중 1종 급여수급권자에 해당되지 않는 자이다.

③ 의료급여의 범위

의료급여수급권자는 모든 질병이나 부상에 대하여 진찰, 처치, 수술, 분만, 기타의 치료, 약제 또는 치료재료의 지급, 의료시설에의 수용, 간호, 이송, 기타 의료목적 달성을 위한 조치 등의 의료급여를 받는다. 다만 급여의 범위에서 제외되는 경우는 첫째, 다른 법령에 의하여 국가로부터 보호를 받고 있는 경우 둘째, 지정진료, 보조기, 의수족, 의치, 의안, 보청기, 각종 진단서 및 제 증명서 발급 등, 기타 의료급여법에서 정하는 진료 셋째, 자동차손해보상보험법, 민법 등에 의하여 가해자가 있어 진료보상이 가능한 경우 넷째, 질병·부상의 치료목적이 아니거나 업무 또는 일상생활에 지장이 없는 질환, 기타 의료급여의 원칙에 부합되지 아니하는 진료 등이다. 의료급여수급권자는 한의원 및 한방병원으로부터 한방의료급여혜택을 받을 수 있게 되었는데, 급여내용은 진찰, 입원, 투약, 시술에 한하며 약제는 68종 단미엑스산제, 56개 기준처방으로 시술은 침·구·항에 한정하고 있다. 급여기간은 2000년부터 1년 동안 연중 급여를 받을 수 있게 되었다.

④ 의료급여기관

의료급여는 급여수급권자의 거주지를 관할하는 시장, 군수 및 자치구의 구청장이 행한다. 한편 의료급여사업에 관하여 필요한 사항을 심의하기 위하여 광역자치단체 및 기초자치단체에 의료급여심의위원회를 두어 운영하고 있다.

의료급여기관은 의료급여수급권자에 대한 진료·조제 또는 투약 등을 담당하는 의료기관 및 약국 등이다. 의료급여기관은 제1차(통원에 의한 진료를 담당)·제2차(입원에 의한 진료를 담당)·제3차(대통령이 정하는 바에 의하여 특수진료를 담당) 기관으로 단계적으로 지정하며 제1차 의료급여기관과 제2차 의료급여기관은 시·도지사가 정한 진료지구별로 지정하되 제1차 의료급여기관은 시장·군수·구청장이,

제2차 의료급여기관은 시·도지사가 지정하며, 제3차 의료급여기관은 보건복지부장관이 지정한다.

⑤ 의료급여기금 운영

의료급여사업 재원을 충당하기 위하여 각 시·도에 의료급여기금을 설치 운영하고 있다. 의료급여비의 부담방법은 국가의 일반회계에서 부담하지 않고 특별회계로 별도로 운영하고 있는데, 의약분업과 관련되어 국민건강보험의 의료수가는 보험재정 위기에 영향을 미쳤고, 의료급여에도 똑같은 부정적인 영향을 미쳤다. 의료급여기금은 국고보조금(서울 50%, 기타 80%), 지방비 출연금(서울 50%, 기타 20%), 결산상 잉여금, 기금 운영 수익금 및 기타 수익으로 운영하고 있다.

(3) 기초노령연금법

① 목적

기초노령연금법은 노인의 후손의 양육과 국가 및 사회의 발전에 이바지해 온 점을 고려해 생활이 어려운 노인에게 기초노령연금을 지급함으로써 노인의 생활안정을 지원하고 복지를 증진하기 위한 공공부조제도의 일종이다.

② 입법배경

기초노령연금법은 이전의 경로연금이 폐지되고 2007년 4월 25일에 제정되어 노인의 70%를 주 대상으로 하고 있다.

③ 성격

기초노령연금은 명칭은 연금이지만 성격상 사회보험이 아닌 공공부조에 해당한다고 할 수 있다.

3. 사회서비스

1) 사회서비스의 개요

사회서비스는 일반적인 의미에서 개인 또는 사회전체의 복지증진 및 삶의 질 향상을 위해 사회적으로 제공되는 서비스이고, 공공행정(일반행정, 환경, 안전), 사회복지(교육, 아동, 장애인, 노인 보호), 보건의료(간병, 간호), 교육(방과 후 활동, 특수 교육), 문화(도서관, 박물관, 미술관 등 문화시설 운영)를 포괄하는 개념으로서 직접적 대응이 필요하다고 사회적으로 인정되고, 개인과 국가가 공동으로 책임지는 국가 혹은 지역서비스를 포괄하는 개념이다.

사회보장에 관한 기본적 사항을 규정하고 있는 「사회복지사업법」 제2조 6항에 의하면 "사회복지서비스"란 "국가·지방자치단체 및 민간부문의 도움을 필요로 하는 모든 국민에게 상담, 재활, 직업 소개 및 지도, 사회복지시설의 이용 등을 제공하여 정상적인 사회생활이 가능하도록 제도적으로 지원하는 것을 말한다."라고 규정하고 있다. 또한 사회보장기본법 제3조제4호에는 "사회서비스란 국가·지방자치단체 및 민간부문의 도움이 필요한 모든 국민에게 복지, 보건의료, 교육, 고용, 주거, 문화, 환경 등의 분야에서 인간다운 생활을 보장하고 상담, 재활, 돌봄, 정보의 제공, 관련 시설의 이용, 역량 개발, 사회참여 지원 등을 통하여 국민의 삶의 질이 향상되도록 지원하는 제도를 말한다" 라고 정의하고 있다.

따라서 사회서비스는 국가, 지방자치단체, 민간부문의 도움을 필요로 하는 모든 국민에게 상담, 재활, 직업소개 및 지도, 사회복지시설이용 등을 제공해 정상적인 사회생활이 가능하도록 지원하는 제도이다.

2) 사회서비스의 특성

사회서비스는 새로운 사회적 위험 등 환경변화에 대한 전략적 대응과 양극화의 심화 및 확산은 상대적 취약계층의 증가로 이어져 사회서비스 수요 가속화를 초래하여 추진되었다.

사회서비스는 먼저 서비스의 제공 자체가 또한 급여가 된다는 특성이 있다. 사회보험이나 공공부조는 현금급여나 현물급여를 제공하는 것이 주된 급여지급 방법이라면 사회서비스는 단순히 현금이나 현물의 전달이 아니라 사회심리적인 치료나 상담 등의 전문적인 서비스를 제공하는 것이기 때문에 사회서비스 전달자의 전문지식과 실천기술이나 기법이 중요하며 윤리적 측면에 대한 고려도 함께 이루어져야 한다. 둘째, 대상자의 개별욕구가 중심이 되어 서비스를 제공하는 특성이 있다. 사회보험이나 공공부조처럼 일정한 기준에 해당하면 획일적으로 급여를 제공하는 것이 아니라 대상자의 개별욕구를 충족시키기 위하여 맞춤형 서비스를 제공하는 것이다.

3) 사회서비스의 성격

사회서비스의 성격을 내용적인 측면과 정책적인 측면에서 살펴보면 다음과 같다. 먼저 내용적인 측면에서는 사회보험과 공공부조를 포함하여 사회심리적인 요소들까지도 다루고 있는 반면, 정책적인 측면에서는 사회보험과 공공부조도 사회서비스의 한 부분이라 할 수 있다. 사회서비스의 정책적 측면은 사회복지의 각론분야와 사회서비스의 전달체계로 구분된다. 사회복지의 각론분야는 영유아, 아동, 장애인, 노인 그리고 노숙인, 부랑인 등과 같은 사회적 약자들의 인권 유지를 위해 보호 및 생활보장을 위한 복지사업들이고, 좀더 거시적인 틀에서 지역사회복지나 의료복지, 재가복지와 그것을 위한 자원봉사활동 그리고 사회복지시설의 운영을 지원하는 사업들이다. 사회서비스 전달체계는 사회서비스를 공급자와 소비자(클라이언트)를 조직적으로 연결시켜 서비스의 효율을 더욱 높이는 것이다. 사회서비스 전달체계의 종류로는 정부나 지방 공공기관에 의해 운영과 관리되는 공적서비스 전달체계와 민간단체에 의해 실천되는 민간서비스 전달체계가 있다. 국가에 의한 정책적 서비스가 국민 개개인에 이르기까지 도달하기 위해서는 공적 기관을 거쳐 사회현장에 있는 민간 복지기관에 의해 실천되기 때문에 서비스전달에 있어서 공적 전달체계와 민간 전달체계가 연계되어 진행되고 있다.

4) 사회서비스의 원칙

사회서비스의 원칙은 전문성의 원칙, 적절성의 원칙, 포괄성의 원칙, 지속성의 원칙, 통합성의 원칙, 평등성의 원칙, 책임성의 원칙, 접근용이성의 원칙 등이 있다. 전문성의 원칙은 사회서비스제공에 있어 핵심적 업무는 반드시 전문가가 담당해야 한다는 원칙이다. 적절성의 원칙은 사회서비스의 양과 질이 클라이언트의 욕구충족과 서비스 목표달성에 충분하게 제공되어야 한다는 원칙이다. 포괄성의 원칙은 다양한 욕구와 문제를 동시에 또는 순차적으로 접근하고 해결할 수 있도록 포괄적이고 다양한 서비스가 제공되어야 한다는 원칙이다. 지속성의 원칙은 서비스제공지원에 있어 단절됨 없이 지역사회 내에서 계속적으로 서비스를 제공받을 수 있어야 한다는 원칙이다. 통합성의 원칙은 클라이언트가 지닌 한 문제는 보통 다양한 원인들이 복합적으로 연관되어 나타나기 때문에 서비스들이 서로 연관성 있게 제공되어야 한다는 원칙이다. 평등성의 원칙은 성별, 연령, 소득, 종교, 지위에 관계없이 사회서비스를 평등하게 제공해야 한다는 원칙이다. 책임성의 원칙은 사회복지조직은 국가가 시민의 권리로 인정한 사회서비스를 전달하도록 위임받은 조직이므로 서비스전달에 책임을 다해야 한다는 원칙이다.

마지막으로, 접근용이성의 원칙은 사회서비스는 그것을 필요로 하는 사람 누구에게나 쉽게 제공될 수 있어야 한다는 원칙이다.

4. 각종 사회서비스와 바우처에 대한 이해

1) 사회서비스에 대한 이해

사회서비스는 공공행정(일반행정, 환경, 안전), 사회복지(교육, 아동, 장애인, 노인 보호), 보건의료(간병, 간호), 교육(방과 후 활동, 특수교육), 문화(도서관, 박물관, 미술관 등 문화시설 운영), 고용의 다양한 형태로 실시되고 있다. 직접적 대응이 필요하다고 사회적으로 인정되고, 개인과 국가가 공동으로 책임지는 국가 혹은 지역서비스를 포괄하는 개념이다. 이 장에서는 주거서비스를 중심으로 개념과 측정지표 및 향후 과제를 살펴보고자 한다.

주거서비스란 가구(household)라는 소비자에게 주택(house 또는 housing)으로 대표되는 정주공간을 매개체로 거주(living)라는 재화를 제공하는 것을 말한다. 주거서비스는 1차적으로 주택(housing)이라는 건물 내에서 발생하는 재화로서 한정된 개념이나, 2차적으로 건물이 속해 있는 주거단지(housing complex), 3차적으로 환경적 입지(location)로 구성된다. 또한 주택과 주거서비스는 경제재적 성격과 사회재적 성격을 동시에 가지는데, 경제재로서 주택은 자본자산이자 소비재로서의 이중적 역할 수행을 의미하며, 사회재로서 주택은 정부가 국민의 최저생활을 보장하고 인간다운 생활여건을 제공하기 위한 필수재라는 것이다. 그리고 주거복지는 주거서비스를 소비함으로써 얻어지는 상태로, 주택정책에서는 주거복지 배분의 형평성 제고를 위하여 시장소외계층에 대한 주거를 지원함과 동시에 주거복지 총합의 극대화와 평균적 주거복지 신장을 위해 개개인의 소비활동을 지원하고 있다.

주거서비스 측정지표는 사회 전체 주거서비스의 평균개념과 주거서비스 배분의 형평성개념으로 구분된다. 주거서비스 평균개념은 양적지표, 질적지표, 주거비부담 시장지표로 구분되며, 주거서비스 형평성개념은 주거서비스 형평성지표로 측정할 수 있다. 이외에도 주거안정성과 주택산업 실태 등을 측정하기 위한 지표들이 있다. 주거서비스 지표의 측정으로 우리나라의 평균적인 주거복지 수준을 가늠하고, 지역간 격차, 계층간 격차 등을 분석하여 지역 및 계층에 따른 맞춤형 주택정책을 시행할 수 있도록 도와준다.

대한주택공사(2007)의 주거서비스 지표분석 보고서에 의하면 분석결과로서 첫째, 선진국 수준의 주거서비스 제공을 위해 달성할 주거서비스 지표 제시, 주거서비스 목표달성을 위해 지속적인 주택공급 필요, 최저주거기준미달가구 감소에 따라 국민임대주택 정책은 재검토가 필요하며, 주거안정을 위한 사회주택 재고 확대가 요구된다고 하였다. 이러한 분석결과를 토대로 향후 추진과제로서 주택정책 대안 제시를 위해 지속적인 연구가 필요하며, 주택도시정보센터의 역할 강화의 필요성을 제언하였다. 주택정책 대안 제시를 위해 지속적으로 지방도시 및 농촌지역 등 지역별 주거서비스 여건 및 대응과제 심층분석과 네덜란드 및 싱가포르 등 해외모델을 심층분석할 필요가 있으며 지역별 도시개발 및 도시재생 사업 방안을 연구해야 한다고 주장하고 있다. 또한 주택도시정보센터의 현재 시스템 구축 위주에서 주택 정보 분석 기능을 추가하여 역할을 강화할 필요성을 제시하였다.

2) 바우처에 대한 이해

사회서비스 바우처 제도는 노인, 장애인, 산모, 아동, 청소년 등 사회서비스를 필요로 하는 사람들에게 일종의 교환권(이용권)을 발급하여 서비스를 받을 수 있도록 하고, 서비스의 비용은 교환권으로 지불하는 제도이다. 바우처(이용권)는 정부가 지불을 보증하는 일종의 전표로서 특정한 재화나 서비스를 구입할 수 있도록 구매력을 높여주는 소득지원의 형태이고, 전자바우처(e-바우처)는 서비스를 구매, 지불할 수 있는 서비스 이용권을 신용 및 체크카드 등 금융카드로 구현한 형태를 의미한다. 전자바우처는 사회서비스를 편리하게 이용할 수 있도록 현금카드 형태로 지급되면, 서비스의 신청에서 이용과 비용지급 및 정산 등 과정이 전자시스템으로 처리되는 바우처의 유형이다. 사회서비스 이용권(바우처카드)은 명칭 또는 형태와 상관없이 사회서비스 이용자가 사회서비스 제공자에게 제시하여 일정한 사회서비스를 제공받을 수 있도록 수량 또는 그에 상응하는 금액이 기재(전자적 또는 자기적 방법에 의한 기록을 포함)된 증표를 의미한다.

바우처카드의 특징은 한국보건복지정보개발원이 신용, 체크 등 금융기능이 없는 비금융 방식의 바우처 전용카드를 제작하여 보급하고, 바우처카드는 서비스 대상자 명의로 발급되는 것이다. 이러한 바우처카드 발급 절차를 살펴보면 아래와 같다.

부산지역사회서비스지원단(2014)의 8대 바우처사업을 살펴보면, 노인돌봄종합서비스, 장애인활동지원서비스, 산모/신생아도우미지원사업, 지역사회서비스투자사업, 가사간병방문사업, 발달재활서비스, 언어발달지원사업, 임신출산진료비 사업 등이다. 노인돌봄종합서비스사업은 혼자 힘으로 일상생활을 영위하기 어려운 노인들에게 가사활동지원 또는 주간보호 서비스를 제공하는 사업이다. 장애인활동지원서비스사업은 신체적·정신적 사유로 일상생활과 사회생활을 하기 어려운 장애인에게 활동지원서비스를 제공하는 사업이다. 산모/신생아도우미지원사업은 출산가정에 산모와 신생아도우미를 통한 가정방문서비스를 지원하고 경제적 부담을 완화하는 사업이다. 지역사회서비스투자사업은 지역의 특성과 수요에 맞는 사회서비스를 만들어 영유아 발달 초기부터 노인에 이르기까지 생애주기별 맞춤형 서비스를 제공하는 사업이다. 가사간병방문사업은 신체적·정신적 이유로 원활한 일상생활과 사회활동이 어려운 저소득 취약계층에 대하여 재가간병 및 가사지원 서비스 제공으로 생활안정 및 공익성 높은 일자리를 제공하는 사업이다. 발달재활서비스사업은 성장기의 정신적·감각적 장애아동의 인지, 의사소통, 적응행동, 감각·운동 등의 기능 향상과 행동 발달을 위한 적절한 발달재활서비스 지원 및 정보를 제공하는 사업이다. 언어발달지원사업은 감각적 장애 부모의 자녀에게 필요한 언어발달지원서비스를 제공하여 아동의 건강한 성장지원 및 장애가족의 자체 역량을 강화해주는 사업이다. 임신출산진료비 사업은 임신이 확진된 임신부의 본인부담금을 경감하여 출산 의욕을 고취하고 건강한 태아의 분만과 산모의 건강관리를 위하여 임신과 출산에 관련된 진료비를 고운맘 카드로 일부를 지원하는 바우처사업이다.

업무 절차	처리 내용	업무 주체
신청서 작성 · 제출	'바우처 카드(가상) 발급 및 개인정보 제공 · 활용동의서' 작성 및 제출(신청인→읍 · 면 · 동)	신청인
신청서 입력 (행복e음)	'행복e음'에 바우처 카드(가상) 발급 신청 정보 입력	읍 · 면 · 동
카드 발송 정리 전송 (행복e음)	'행복e음'의 바우처 카드(가상) 발급 신청 정보 전송 (시 · 군 · 구→정보개발원)	시 · 군 · 구
카드 제작 · 발송 (전자바우처 통합정보시스템)	카드 제작 후 월 5회 배송 (4일, 11일, 19일, 22일, 26일)	한국보건복지 정보개발원
카드 수령 및 결제	바우처 카드 수령	서비스 대상자

〈그림 10-1〉 바우처카드 발급 절차

제11장 사회복지실천분야 1

1. 아동복지

1) 아동복지 정의

아동이란 신생아와 유아까지 포함하고 사춘기와 청소년기에 도달하기 전까지를 말한다. 그러나 엄격히 말하면 초등학교 시대, 즉 6세~12세경 사이를 말하는 것이 원칙이다. 특히 발달 단계를 구분하는 경우에는 다르기 때문에 그러하다(교육학사전편찬위원회, 1972. 재인용). 아동은 전 생애에 걸쳐서 개인적 수준에 따라 각 성장단계에 적절하게 대처하면서 필요한 이해력, 기능, 능력 등을 성장발달 시킨다. 신체적, 지적, 사회적 발달을 타인들의 사랑이나 관심 또는 보호에 의존하게 되고 누군가에 의존해야만 건전하게 성장, 발달할 수 있다. 아동은 사회집단의 시초인 가정이며, 점차 유희집단, 이웃, 학교, 직업집단인 사회환경에 적응할 수 있는 능력을 학습해야 한다(장인협 · 오정수, 1999: 5-9). 아동복지는 아동이 지니고 있는 잠재능력을 최대한도로 발휘시키며, 아동의 건전한 성장과 발달을 도모하는데 그 목적이 있다. 이는 아동이 행복하게 생활하고 아동자신과 사회의 복지를 위해 자신이 지닌 권리와 자유를 향유할 수 있도록 도와주는 것이다(성영혜, 1984: 26). Encyclopedia of Social Work」에 의하면 아동복지는 아동들이 행복하게 살고, 잠재 능력을 최대한도로 발휘할 수 있고, 신체적으로 건강하고 정신적으로 건전한 개인으로 성장, 발달하기 위한 광범위한 활동을 포함한다. 카두신(Kadushin)은 넓은 의미의 아동복지란 모든 아동들의 행복 및 사회적응을 위해 심리적, 생물적 잠재력을 개발시켜 주기 위한 각종의 방법이며, 좁은 의미의 아동복지는 특수한 문제를 가진 아동과 그 가정을 대상으로 전문적인 기관에서 행하는 특수한 서비스를 말한다(Kadushin, 1980). 「Handbook of Child Welfare」의 아동복지는 지속적인 사회체계의 하나로서 아동의 복지를 증진시키지 위한 사회제도이며, 하나의 전문직으로서 사회복지의 한 분야이다(Meyer, 1985: 100-103 재인용).

2) 아동복지의 이해

(1) 아동의 특성

아동복지의 이념은 아동보호라는 소극적 권리의 개념에서 긴 역사적 과정을 거쳐 20세기에 들어와서 비로소 정립되었다. 20세기 최초의 것으로 볼 수 있는 1922년의 독일 아동법은 제1조에 "아동은 신체적, 정신적 및 사회적 양육을 받을 권리를 가진다" 하여 아동의 복지권 사상을 강조하였다(C. H. Wriss, 1972: 5-9 재인용). 1909년 미국의 루즈벨트 대통령에 의하여 소집된 제1차 백악관 회의에서 아동보호에 관한 정립을 제창하였는데, 그 후 1924년 국제연합이 발표한 아동의 권리헌장(제네바 헌장) 및 1959년 국제연합이 제네바 선언에 대치하는 '아동권리선언' 등이 아동복지 이념에 대한 세계적 경향이 되었다(H. Wilensky, 1975: 69 재인용).

우리나라의 경우, 헌법 제9조에는 "모든 국민은 인간으로서의 존엄과 인권을 확인하고 이를 보장할 의무를 가진다"고 했고, 헌법 32조 1항에는 "모든 국민은 인간다운 생활을 할 권리를 가진다"라고 명시되어 있다. 모든 국민 안에 아동들도 당연히 권리를 갖게 되는 것이다. 아동복지법에는 아동의 권리를 "아동이 건전하게 출생하여 행복하고 건강하게 육성되도록 그 복지를 보장함을 목적으로 한다"고 했다. 또한 제3조에는 모든 국민과 국가와 지방자치단체가 보호자와 더불어 아동을 건전하게 육성할 책임을 진다라고 명시되어 있다.

어린이 헌장은 1923년 5월 1일 제정된 어린이날 정신을 바탕으로 하여 모든 어린이가 차별없이 인간으로서 존엄성을 지니고 겨레의 앞날을 이어나갈 사람으로서의 존엄성을 지니고 겨레의 앞날을 이어나갈 새 사람으로 존중되며 바르고 아름답게, 씩씩하게 자라도록 함을 지표로 삼는다. 어린이 헌장의 본문에는 바람직한 어린이상을 정립하고 있어 아동복지의 이념구조가 명시되어 있다. 지난 1979년 국제연합은 이 해를 '세계 어린이 해'로 정하였고, 조약의 효력을 위해 각국의 비준동의가 필요했다. 우리나라도 이 비준에 서명한 바 있다(아산사회복지사업재단, 5-9).

(2) 아동복지의 범위와 대상

아동복지의 대상은 요보호 아동은 물론 모든 일반 아동들까지 포함한다. 아동복지의 기본정신은 일반아동과 함께 요보호 아동의 복지를 동시에 포함한다(장인협 · 오정수, 1997: 19).

모든 아동복지의 발달과정에서 나타나는 것과 같이 어느 국가에서나 초기에는 고아 · 기아상황의 요보호 대상자가 우선이 되었으며, 다음으로 빈곤가정이 아동, 신체상의 장애아동 순으로 발달 지금은 모든 아동을 그 대상으로 하고 있다(성영혜, 1991: 24). 더 나아가서 「사회사업백과사전」에서는 최상의 아동발달을 가로막는 그 가족이나 지역사회의 조건까지 포함시키고 있다. 아동복지의 대상체계는 크게 요보호아동과 일반아동으로 이분화할 수 있는 바, 이는 다음 〈표 11-1〉과 같이 요약될 수 있다.

〈표 11-1〉 아동복지의 대상체계

대 상	요보호아동	일반아동
구분	• 양육환경상의 문제아동 • 신체적 · 지적 · 정서적 장애아동 • 사회적 · 법적 요보호아동	일반건전아동
내용	• 빈곤가정아동, 결손가정아동, 부모부재아동 등 • 신체장애아동, 정서장애아동, 정신장애아동 등 • 가출아동, 비행아동	• 근로청소년, 농어촌아동 등

자료: 장인협 · 오정수 공저(1994), p.127.

(3) 우리나라 아동복지 역사적 발달

우리 나라에 있어서 근대적 의미의 사회복지제도가 도입된 것은 정부수립 이후부터라 하겠다. 다만 1944년 3월 1일에 제정된 조선구호령이 우리나라 공적부조의 기본법규로서 그 시초라 할 수 있다. 그러나 조선구호령은 일본의 구호법을 기초로 하여 모자보호법과 의료보호법을 부분적으로 부가 종합하여 제정한 것으로 원칙적으로 65세 이상의 노약자, 13세 이하의 아동을 임산부, 불구, 폐질, 질병, 상병, 기타 정신 신체장애에 의한 일할 수 없는 자를 대상으로 하였다. 우리나라의 서비스의 기능과 성격기준에 맞추어 아동복지의 변천과정을 3단계로 구분하여 보면 다음과 같다.

첫째는 1950년대에서 1960년대 초까지의 사회구호단계이다. 이시기는 1950년대까지로 해방이후 전쟁으로 전쟁고아, 기아, 미아 등의 응급 구호적인 요보호대상의 아동복지이었다. 50년대에서 60년대까지 아동복지서비스는 사회복지 시설서비스라고 볼 수 있다. 1960년대 사회복지시설중 아동복지시설이 거의 80%를 차지하고 있으며 주로 외원을 중심으로 서비스가 이루어졌다.

둘째는 선별주의 단계이다. 1960년대부터 1970년대까지를 말하며

1961년에 생활보호법이 제정되고 요보호 아동문제에 대한 국가책임의 원칙이 처음으로 법제화되었다. 1960년대 중반 산업화의 진행으로 경제가 성장함에 따라 1970년대부터는 외원이 철수하기 시작하였으며 따라서 국가보호가 증가하였고 보호아동을 선별주의 원칙에 입각하여 서비스가 이루어졌다.

셋째는 보편주이 지향단계인데, 1980년대 이후로 1981년 아동복지법이 제정되었으며 일부이기는 하지만 아동에 대한 보편주의 원리에 입각한 가정위탁, 결연사업 등 서비스의 다양화를 지향하기 시작하였다. 또한 1991년에도 영유아보유법이 제정되어 요보호아동은 물론 일반아동까지 포함하는 보편주의를 지향한 서비스가 이루어졌다.

2. 청소년복지의 특징과 각 영역의 역할

청소년복지는 아동복지에 포함되거나 아동복지의 연장선상에서 다루어져 왔었던 것이다. 아동과 청소년을 나누는 연령의 분기점이 몇 세인지에 대한 논의와 그리고 아동복지와 다른 청소년복지의 정체성의 확보논쟁으로 최근에야 청소년복지의 개념이 독립된 교육과정에 설정되었다

청소년기의 발달적 관점의 특징을 보자면 다양한 내적, 외적변화에 직면하게 되며, 새로운 자아상을 형성하는 중요한 사춘기를 경험한다. 그리고 생리적 및 사회적 과정도 급격한 변화를 겪으므로 심리적 불안감을 갖게 된다. 이러한 불안감을 극복하기 위하여 청소년은 동일집단을 형성하여 안정감을 추구하고 집단의 가치와 행동양식을 동일시하게 된다. 청소년을 발달적으로 건강하게 이끌고 행복한 삶을 이룰 수 있도록 하는 것이 청소년복지의 궁극적 목적이다. 청소년기본법은 청소년복지란 '청소년이 정상적인 삶을 영위할 수 있는 기본적인 여건을 조성하고, 조화롭게 성장·발달할 수 있도록 제공되는 사회적·경

제적자원이다.'라고 정의하였다. 현재 청소년복지에 대한 학자마다 정의를 종합해 볼 때 청소년복지는 대상 집단이 특정집단에 국한되는 것이 아니라 일반 청소년과 청소년의 생활에 가장 직접적인 영향을 미치는 가족까지도 포함하고 있다. 따라서 청소년이 그들의 일상생활을 효과적으로 보내고 정신적·육체적·사회적·경제적·정서적인 문제를 극복하도록 돕는데 청소년복지의 목적이 있다. 따라서 청소년복지란 모든 청소년의 건전한 지도와 육성·보호를 통하여 개인과 국가의 발전을 도모할 수 있도록 신체적, 사회적, 정신적, 정서적 측면에서 균형 있는 보호를 하기 위한 공·사의 모든 활동이라고 할 수 있을 것이다.

구체적으로 대상, 영역, 수단 등을 정의하자면 다음과 같다. 대상이 단순히 문제청소년이나 요보호청소년에 한정되지 않고 모든 청소년으로 확대되었다. 서비스 영역으로 청소년의 기본적 욕구를 충족시키고, 신체·심리·정서적 영역까지 최상의 발달을 도모하기 위해 공식적인 기관과 전달체계를 통해 제공되는 조직적인 서비스라고 할 수 있다. 그리고 목적달성을 위한 수단으로는 청소년복지서비스, 교육기회 확대사업, 근로조건 개선사업, 청소년활동사업, 청소년행정 등을 들 수 있다.

이와 같은 청소년복지를 제공함에 있어서 균형화 등이 고려되어야 한다. 우선, 청소년개인의 보호 측면과 전체 가족의 유지 측면간의 균형이 필요하다. 청소년복지 역시 요보호대상자 중심의 선별적서비스와 전체 청소년중심의 보편적 서비스에 대한 균형이다. 그리고 재가 가족중심 프로그램과 가족외부의 가족 대체 프로그램 간의 균형이 요청된다. 청소년이의 복지서비스의 결과는 즉시적이기보다는 시간이 어느 정도지난 후에 나타나기 때문에 단기 비용과 장기 수익 간의 균형 등의 특성을 고려해야 할 것이다.

이와 같은 균형을 위해서 우선 첫째, 가정의 적극적인 역할이 필요하다. 가정은 사랑과 이해, 애정과 존경, 신뢰와 격려를 바탕으로 상호 협력하며 살아가는 혈연적 집단이라고 할 수 있다. 가정생활의 안정은 감수성이 예민한 청소년의 인격형성에 바람직한 기초를 마련해 주게 되는 것이다. 따라서 부모의 가치관, 교육적 식견, 가족 구성원, 부부 관계, 자녀의 이해 정도, 교육에 대한 열의, 가정교육의 방침, 양육방식, 가정환경, 가정 분위기 등은 청소년의 성장에 중요한 역할을 하게 된다고 하겠다. 그러므로 가정이 건전하게 육성되어야 하고, 가정에서 청소년의 인격이 존중되고 신뢰를 받으면 청소년이 올바르게 성장을 할 수 있게 될 것이다.

이를 위해서 적극적 부모역할이 요청된다. 부모는 교육의 기회를 자주 가져 자녀를 교육시키는 방법과 지식을 연마케 하여 올바른 조언자가 되도록 하여야 할 것이다. 청소년은 자립 시기에 도달하지 못한 시기이므로 이들의 복지를 위해서는 최저한도의 물질적인 욕구가 충족되어야 하므로 최저생활의 보장, 공공부조제도의 확장, 고용기회의 확대, 장학기금 확대 등을 통해 청소년에게 경제적인 혜택과 가정의 안정된 삶이 보장될 수 있는 복지 서비스가 전개되어야 할 것이다.

둘째, 학교영역에서의 청소년복지서비스 역할이다. 청소년의 대다수가 학교 등을 통한 교육현장 속에서 생활하며 성장하고 있다는 점에서 교육현장에서의 사회복지서비스의 중요성은 절대적이라 할 수 있다. 청소년은 각자가 희망하는 학교에 진학하여 양질의 내·외적인 여건에서 수학할 수 있는 교육기회가 제공되어야 할 것이다. 청소년에게 좋은 공간에서 학업할 수 있는 교육환경의 제공은 물론 그들의 능력과 적성에 적합한 교육이나 여가활동이 이루어지도록 배려되어야 할 것이다.

학교는 가정으로부터 교육기능의 전담을 부여받은 유일한 형식화된 곳으로서 청소년은 학교생활을 통해서 자신의 장래를 설계하고 진로를 결정하게 된다. 또한 학교는 청소년의 인격을 증대시켜 주고 그들의 개성에 따라 능력을 배양해 주며 가정과 사회에 잘 적응하도록 도와주는 역할을 한다고 할 수 있다. 그러나 실상은 입시 위주의 수업과 심각한 학원폭력, 집단따돌림 등 오히려 학교사회가 청소년에게 정신적인 상처를 주거나 원만한 활동에 장애요인으로 등장하고 있다. 이러한 학교기능의 상실이 지속될 경우 건전한 시민으로의 성장을 기대할 수 없다. 학교사회복지 측면의 지원체계가 요구된다고 할 수 있다. 학교 진학을 못한 청소년을 위해서는 재학청소년들에게 제공되는 서비스와 함께 직업교육, 야학 등 사회 교육적 차원의 각종 교육서비스가 전개되어야 할 것이다.

입시위주의 교육에서 전인적인 교육을 위해 공동체에서 공익에 대한 연대책임, 공동체의식, 사회연대감을 증진시키는 다양한 교육활동이 제공되어야 할 것이다. 급변하는 사회현실 속에서 여러 가지 다양하고 복잡한 관계가 발생하게 되는데, 이것을 해소하고 진취적이고 선진화된 높은 생활수준으로 발전시키기 위하여 각종 사회적인 조직활동에 청소년이 참가함으로써 공동체 의식과 사회성을 함양하고 사회봉사활동과 사회복지교육의 소중한 경험을 갖게 해야 할 것이다. 또한 청소년의 잠재력과 능력을 개발하는 기본적 교육권을 보장하기 위해서 학생 개인이나 가정이 교육의 권리를 보장받지 못하는 경우, 지역사회와 국가는 학교의 사회복지적 기능을 강화하여 학생의 교육권을 보장해 주도록 노력해야 할 것이다.

근로청소년은 학문과 교양을 익힐 연령층이지만 사정에 의하여 직업에 종사하게 된 청소년이라고 할 수 있다. 가치관이 올바르게 정립되기 전에 사치, 허영, 불건전한 향락 풍토와 유해환경에 감염될 소지가 있다고 할 수 있다. 따라서 이들에게 정신교육과 정서함양으로 건전한 생활을 영위케 하여 훌륭한 직업인으로서 자질을 도모하기 위해서는 청소년 근로자를 위한 근로청소년 복지회관과 복지 아파트 등의 복지증진 시책을 전개해야 할 것이다. 근로청소년을 보호하기 위해 마련된 법적 조치, 즉 최저연령의 제한, 근로계약의 불이행 금지, 임금청구권의 보장, 근로시간의 제한 등 복지서비스를 제공해야 할 것이다.

3. 노인복지

1) 노인복지의 개념

우리나라는 고령화 사회이다. 고령화 사회란 일반적으로 높은 사회를 말하며, 이러한 고령화 사회는 단순히 노인이 많다는 의미보다는 노인인구의 비중이 증가하면서 사회·경제적인 구조에 있어서도 많은 변화를 수반하는 것을 의미한다. 고령화 사회에 대한 UN의 정의를 보면 UN은 연령구조에 따라 한 국가의 인구유형을 세 가지로 분류하고 있는데, 65세 이상의 노인인구가 전체 인구에서 차지하는 비율이 4%미만인 국가를 유년인구국(young population), 4~7%인 국가를 성년인구국(mature population), 7%이상인 국가를 노년인구국(aged population)이라고 한다. 또한 '고령화사회(Aging Society)'는 전체 인구에 대한 노인인구의 비율이 7%이상인 사회를, '고령사회(Aged Society)'는 노인인구의 비율이 14%이상, '초고령사회(Super-aged Society)'는 20%이상인 사회를 말한다.

우리나라는 1970년 65세 이상 노인인구 비율이 3.1%에 불과했던 것이 2000년에 노인인구 339만명으로 전체인구의 7.2%를 차지하면서 '고령화사회'로 접어들었다. 통계청의 2009 고령자통계에 따르면 우리나라의 노령화 추세는 갈수록 빨라져 오는 2018년에는 노인인구 비율이 14.3%로 '고령사회'로 진입하고 2026년에는 20.%가 되어 '초고령사회'에 도달할 것으로 전망된다.

이러한 사회구조 안에서 발생하는 사회적 노인문제들을 해결하여 노인이 인간다운 생활을 영위하면서 자기가 속한 가족과 사회에 적응하고 통합될 수 있도록 필요한 자원과 서비스를 제공하는데 관련된 공적 및 사적 차원에서의 조직적 모든 제반활동이라고 정의할 수 있다(김교정, 2012). 여기서 인간다운 생활이란 그 노인이 속한 국가 사회의 발전적 수준에 비추어 의식주의 기본적인 요구를 충족하고 건강하고 문화적인 삶을 사는 것을 뜻하며, 가족과 사회에 적응하고 통합되는 것은 노인이 그가 속할 수 있는 사회적 조직망에서 사회적 및 심리적으로 소외감을 느끼지 않게 되는 것을 의미한다. 자원과 서비스를 제공하는 것은 이용 가능한 인적 및 물적 자원을 찾아 연결시켜 주거나 보충하여 주며 또한 사회적 적응에 있어서의 문제를 해결해 주고 나아가서 개인의 발전을 위한 욕구 충족에 필요한 서비스까지 제공해 주는 것을 의미한다.

노인들은 경제활동, 사회활동에서 주체적인 역할을 수행하다가 제2선으로 물러난 경우가 대부분이기 때문에 그들의 사회에 대한 욕구는 단순하다고 할 수 없다. 더구나 경제적으로 활발히 활동을 하던 시기와는 달리 경제적 궁핍의 문제에서부터 건강의 약화, 역할의 상실, 소외감에서 기인하는 고독 등등의 문제와 후손들에 대한 장래 걱정, 사회적 연장자로써 대접을 받아야겠다는 욕구 등이 복합적으로 다양한 형태를 띠고 표출될 수 있다. 대표적인 사회적 노인문제로는 소득, 건강, 여가 등의 세 가지 영역으로 크게 나눠볼 수 있다.

2) 현행 노인복지서비스

현재 시행 중인 소득보장정책, 의료보장정책, 복지서비스정책을 선택하여 각각의 정책 운영실태를 살펴보기로 한다.

우선소득보장정책이란 국가가 노인들이 처한 경제적 문제를 해결하기 위해 노인에게 지원하는 최소한의 소득을 지원해 주는 사회적 차원의 대책을 의미한다. 국민연금제도를 통해서 노령, 장애, 사망 등으로 소득활동을 못하게 될 때 본인이나 그 가족에게 지급하는 국가차원의 장기적인 노후보장제도가 있다. 가입기간은 20년이다. 그리고 국민기초생활보장제도는 노인들을 위한 공공부조제도로서 개인이나 가족의 노력으로 생계를 유지할 수 없는 노인들에게 정부가 현물 또는 현금급여를 제공하는 것이다. 근본적으로 노후 소득보장을 위한 제도는 아니지만 그러나 실질적으로 많은 노인들이 국민기초생활보장 대상자인 경우가 많으므로 노후 소득보장의 기능을 대신하고 있다.

〈표 11-2〉 국민기초생활보장 연령별 수급자 현황

(단위: 명)

시도	총계			
	총계	0~17	18~60	61세 이상
2006	1,449,822	366,318	650,454	433,050
2007	1,463,140	362,034	661,238	439,868
2008	1,44,010	346,213	662,173	435,624

출처 : 보건복지부 통계포털 2008

이외에도 기초노령연금제도, 퇴직금제도, 고용증진 및 취업알선 정책등도 서비스로 제공하고 있다.

노인 건강문제의 경우 의료보장의 영역에서 서비스가 제공되고 있다. 일반적으로 노인은 질병에 걸리기 쉬울 뿐만 아니라 일단 병에 걸리면 만성화되기 쉬우며, 노인병을 조기 발견하여 치료에 임할 수 있도록 의료비 면제나 경감 등의 서비스가 요청된다. 이러한 서비스에는 ① 노인 건강진단, ② 노인 의료비 지원, ③ 노인 백내장 수술비 지급제도 등이 있다. 노인의 의료보장을 위한 시설로는 노인전문병원, 보건소 등이 있으나, 노인전문병원의 이용률은 매우 낮으며, 공공부문의 시설로서 보건소의 이용률이 높다. 국민건강보험으로 보편적대상 서비스를, 의료급여서비스로 4~5% 정도의 저소득층에게 무료 진료를 받을 수 있는 제도서비스를 제공한다.

〈표 11-3〉 의료보장 적용인구 현황

(단위 : 명)

구분		2007		2008		2009	
		전체	65세이상	전체	65세이상	전체	65세이상
계	합계	49,672,388	4,873,120	50,001,057	5,086,195	50,290,771	5,286,381
	남자	24,944,131	1,953,473	25,102,682	2,048,762	25,241,212	2,139,311
	여자	24,728,257	2,919,647	24,898,375	3,037,433	25,049,559	3,147,070

구분		건강보험		기초수급		의료급여	
		65세미만	65세이상	65세미만	65세이상	65세미만	65세이상
계	남자	22,495,753	2,012,419	563,309	110,391	42,837	16,501
	여자	21,291,341	2,814,021	576,482	302,768	34,666	30,281

출처 : 보건복지부 2009

노인장기요양보험제도는 고령이나 노인성 질병 등의 사유로 일상생활을 혼자서 수행하기 어려운 노인 등에게 제공하는 신체활동 또는 가사활동지원 등의 장기요양급여에 관한 사항을 규정하여 노후의 건강증진 및 생활안정을 도모하고 그 가족의 부담을 덜어줌으로써 국민의 삶의 질을 향상하도록 함을 목적으로 하는 제도이다. 적용대상은 현재 65세 이상의 노인이거나 65세 이하의 노인성질환을 가진 자이다.

〈표 11-4〉 장기요양급여 자격별 신청현황

(단위 : 명)

구분		일반		기초수급		의료급여		경감	
		65세미만	65세이상	65세미만	65세이상	65세미만	65세이상	65세미만	65세이상
계	남자	8,898	81,903	4,210	16,411	152	1,582	980	4,359
	여자	6,869	193,204	2,787	61,939	53	3,407	667	15,394

출처 : 보건복지부 통계포털 2009

노인여가의 경우 무료 또는 저렴한 요금으로 상담, 건강증진, 교양, 오락 등 프로그램을 실시하고 있는 노인복지관이 전국 300개 이상이다. 최근 대표적인 프로그램으로 죽음준비교육은 우리사회에서 잘 먹고 잘 살고자 하는 웰빙(Well-being)의 바람에 이어 사회복지 분야에서 웰다잉(Well-dying)이라는 자극적이고도 긍정적 이슈를 만들어 내었다. 초기 죽음준비교육 형태를 살펴보면, 우리나라는 1978년 서강대학교에서 죽음에 대한 강의를 정규과목으로 채택한 것을 시초로 덕성여대 사회교육원에서 1987년 '죽음의 철학'이라는 강좌를 비롯해 그 외 여러 학교에서 강의를 진행하였으나 강좌가 폐강되는 경우도 있었다(이영화, 1997). 시민모임인 '삶과 죽음을 생각하는 회'에서는 1991년부터 죽음의 철학, 죽음 준비교육의 필요성에 대한 공개강연회 및 세미나, 워크샵을 개최하고 〈삶과 죽음〉 회지발간 및 호스피스 연구와 교육을 실시하고 있으며 2002년부터 죽음준비교육 전문지도자 과정을 개설하였다(각당복지재단). 2005년에는 '한국죽음학회'가 창립되어 죽음학(Thanatology)을 본격적으로 연구하게 되었고 학회는 죽음학 연구가 왜 필요한지, 우리사회에서 죽음이란 무엇인지를 살피기 위해 '죽음, 그 의미와 현실-한국적 맥락에서'를 주제로 창립학술대회를 열었다(죽음학회). 그리고 시립노원노인종합복지관의 경우는 어르신들의 죽음에 대한 불안감소와 삶의 만족도 향상을 위해 서울시 사회복지공동모금회로부터 지원을 받아 '아름다운 생애마감을 위한 senior 죽음준비학교'를 2006년부터 지속적으로 실시하고 있다. '죽음준비학교'라는 낯선 프로그램명을 앞세워 사회에 거부반응과 호기심을 자극하면서 학교라는 조직적인 제도를 도입하여 죽음준비교육 전문 강사와 각 분야의 전문가, 사회복지가사 연합으로 프로그램을 운영하고 있다. 또한 사회복지분야에서 실시된 죽음준비교육은 우리사회에서 거부하고 금기시하고 소극적으로 다루었던 죽음을 과감히 삶의 일부분으로 끌어들이는 역할을 하였다(시립노원노인종합복지관 죽음준비 운영의 실제, 2007).

경로당의 경우, 미인가까지 포함하면 6만여 개가 넘고 있다. 노인정은 정부지원금이나 회비 등으로 운영되는데 월평균 운영비가 20만원에서 30만원인 곳이 대부분인 것으로 조사되었다. 그러나 정부는 1999년 현재 전국적으로 산재해 있는 경로당중 28, 580개에 월 4만 4천원의 운영비와 연간 25만원의 난방비만을 지원하고 있다. 이러한 정부의 열악한 지원과 더불어 대다수 노인정의 협소한 시설 규모와 설비의 미비로 인해 노인의 여가활동 프로그램을 진행하기가 거의 불가능한 실정이다. 대부분의 노인정에서 활용하고 있는 여가활동의 설비현황을 보면 장기, 바둑, 화투, TV, 비디오, 라디오 등에 한정되어 있다. 거의 모든 노인들이 결국은 바둑, 화투 등으로 소일하는 것이라는 결론이다. 여가활동 프로그램은 몇몇 복지관에서 운영하고 있는 취미교실, 노인교육프로그램 등이 있지만 이용노인의 수가 전체노인인구수에 비하면 미미한 실정이다. 따라서 노인복지 이외에도 노인교실 등이 1,500여개 정도가 있는 것으로 나타나고 있다(보건복지부 저출산고령사회정책실, 요양보험분과 자료 참조). 이러한 이용시설에서 여가와 관련된 다양한 서비스들이 제공되고 있다. 여가시간에 퇴직이후 제2의 사회참여를 하는 기회인 노인일자리는 노인복지법 제23조, 제 23조의 2, 저출산·고령사회기본법 제11조에 근거하여 중앙정부(보건복지부)와 지방정부가 사업 수행기관에 참여하여 어르신 보수 및 부대비용을 지원함으로써 창출되는 일자리다. 크게 공공분야와 민간분야 일자리로 구분된다. 공공분야 일자리는 정부가 어르신의 보수 및 부대비용을 지원하여 창출되는 일자리이고 민간분야 일자리는 기업이나 각종물품 및 서비스 판매 수익금에 의해 어르신들의 임금이 지급되는 일자리를 말한다. 보건복지부(2004)는 일자리는 노인의 능력과 적성에 맞고 시간적 연속성과 공간적 실체를 갖는 활동으로서 단편적인 활동내용중심의 일거리와는 구분된다고 규정하였다. 변재관 외(2005)는 노인일자리 사업 혁신포럼에서 노인일자리란 노인들의 능력과 적성에 맞고 시간적 연속성과 공간적 실체를 갖는 활동으로서 단편적인 활동내용 중심의 일거리와 구분되며, 사회적 일자리란 사회발전이나 국민의 삶의 질 향상을 위해 꼭 필요하나 수익성 때문에 시장에서 공급되지 못하는 일자리를 의미하며, 일자리 창출의 목적은 실업자, 노인, 여성, 장애인 등 사회적 배제집단의 취업촉진에 있으며, 그런 의미에서 '복지와 고용의 중간영역' 혹은 '사회적 고용'이라고 하였다.

2010년 요보호대상자 노인의 경우 노인주거복지시설 노인의료복지시설 등에서 13만명 이상이 생활하고 있는 것으로 나타나고 있다.

이외에도 최근 증가하는 노인학대로 인해 노인학대예방센터 및 신고센터 등이 조직화되고 있다. 신고 건수는 2010년 2천 7백여 건, 상담 건수는 2010년 4만 7천여 건으로 2007년 대비 70%가 증가해 노인보호의 중요성이 부각되고 있다. 그러나 우리나라 노인보호전문기관은 2010년 현재 23개소로 44개소가 운영 중인 아동보호전문기관에 비해 상대적으로 적다. 도한 2011년 예산이 전년과 동일하게 유지됨에 따라 노인보호전문기관은 1개소 증설에 그치고, 기관에 대한 국고 지원 역시 전년과 동일한 수준을 유지할 것이다.

3) 노인복지서비스의 발전방향

첫째, 소득감소에서 발생되는 어려움에 대한 대상층의 특성을 반영할 수 있는 기본적인 제도운영의 충분성과 지원 프로그램의 다양화를 갖추어야 할 것이다. 노인들은 급격한 소득의 감소 또는 중단을 경험하게 되어 경제적 빈곤문제에 부딪힐 위험이 크다. 이에 대한 일차적 원인은 생업활동으로부터의 퇴직이다. 일반적으로는 퇴직 후 노인의 경제적 문제를 해결하기 위한 공적 소득보장정책이 충분하지 못할 경우 노인의 자녀에 대한 의존성이 커지고, 이러한 의존성은 우리나라에서는 73.6% 정도이다. 노인의 특성과 욕구를 반영한 포괄적 제 2의 일자리 서비스 제공이 필요하다. 특히 우리나라에 있어서 고령자의 인력활용의 필요성은 무엇보다도 연금제도 등 노후보장이 아직 미비한 상황에서 소득보장을 위해서 매우 필요하다. 현재의 저소득층 중심의 정책에서 한 걸음 나아가서 모든 소득계층 노인의 다양한 욕구 및 문제를 해결하는 방향으로 이끌어가야 할 것이다.

둘째, 노인의 사회적 참여를 위한 프로그램 활성화이다. 전국 6만개 이상의 경로당과 300개 이상의 노인복지관에서 65세 이상의 어르신들을 위한 이용프로그램이 제공되고 있다. 같은 노인안에서도 연령대별 그 특성을 반영한 여가시간 효과적인 활용을 위하여 체계적인 프로그램을 제공해야 할 것이다. 이 같은 프로그램은 선행연구들을 통해서 궁극적으로 노인의 역할부여 및 고독감 또는 우울증의 예방적 차원으로서 효과적이다라는 것이 증명되었다.

셋째, 노인에 대한 공경하는 사회로의 변화이다. 한국의 급속한 노령화 추세와 사회·경제적 여건의 변화에 따른 노인복지에 대처하기 위해 가족-이웃-지역사회-국가로 이어져 형성되는 복지공동체를 가져야 할 것이다. 전통적으로 경로효친사상을 근거로 가족부양에 맡겼던 문제였던 문제인 노인복지는 오늘날 사회와 국가가 다같이 적극적으로 대처해야 한다. 그러나 21세기에도 국가와 사회적으로 이러한 경로효친 사상을 실천하는 패러다임의 전환이 이루어지지 않고 여전히 노인문제를 개인과 가족 차원의 문제로만 미뤄둔다면 모든 세대가 더불어 사는 사회는 여전히 까마득한 상태에서 머물 뿐이다.

4. 장애인복지

1) 장애인복지의 이념

UN은 1980년에 「세계 장애인의 해 행동계획」을 채택하면서 개인적 특질인 손상(Impairment), 손상으로 인한 기능적 제한인 능력장애(Disabilities), 그리고 장애의 사회적 결과인 사회적 불리(Handicap) 간에 구별을 강조하였다. 그리고 환경이 개인의 일상생활에 있어서 손상의 정도를 결정하기 때문에 장애의 문제는 개인과 환경간의 관계 속에서 파악되어야 한다고 명시하였다.

〈표 11-5〉 ICIDH에 의한 장애의 개념

개 념	의 미	차 원
건강상태 (health condition)	병리학적인 변화로서의 증상이 있다. 즉, 개인적인 차원에서 어떤 '비정상성'이 발생했다.	
손상 (impairments)	임상적인 질병을 다른 사람이 인식할 수 있게 되었다. 즉, 일반 타인이 개인의 어떤 "비정상성'을 인식하였다.	신체적 차원
능력장애 (disabilities)	활동상의 능력 제한이 발생했다. 즉, 개인적인 차원에서 활동 수행 능력이 감소되었다.	개인적 차원
사회적 불리 (handicaps)	개인의 활동상의 능력 제한에 대하여 사회적 참여의 제한이라는 사회적 반응이 발생했다. 즉, 개인은 다른 사람에 비해 불리한 상황에 처해졌다.	사회적 차원

자료 : WHO. 1980. ICIDH: International classification of impairments, disabilities, and handicaps. Geneva: Author.

장애인복지란 장애인이 장애로 인하여 갖는 핸디캡을 인적, 물적, 사회적 제 자원을 활용하여 경감, 해소시키고 다른 사람과 동등한 조건하에서 생활할 수 있도록 하는 행동이다. 다시 말해서, 장애인의 인격의 존엄성, 인간적 권리의 회복, 자립하려는 노력 및 사회참여의 기회보장 등의 이념에 입각하여 장애인 본인의 노력뿐만 아니라 국가 및 지방자치단체가 장애인의 재활을 원조하며 필요한 보호를 행하고 국민도 장애인의 재활에 협력하는 책무를 짐으로써 장애인의 핸디캡을 가능한 한 경감시켜 일반인과 같은 생활조건과 생활안정을 도모할 수 있도록 하는 것이다. 장애인의 사회통합을 궁극적인 목표로 하는 장애인복지는 다음과 같은 이념들을 가지고 있다 첫째, 인권존중이다. 세계인권선언 및 장애인 권리선언에서 장애인은 인간으로서의 존엄이 존중되고 기본적 권리를 가진다고 규정하고 있고, 우리나라 헌법을 비롯하여 장애인복지법에서도 장애인의 인권존중을 규정하고 있다. 「장애인복지법」 제4조 1항에서는 '장애인은 인간으로서의 존엄과 가치를 존중받으며, 그에 걸맞는 대우를 받는다'고 규정하여 인간으로서의 존엄과 기치를 존중받는 것이 당연한 권리임을 강조하고 있다. 둘째, 생명존중사상이다. 모든 사람에게 최저생활을 영위할 수 있는 기본적인 생존권을 보장되어야 하고, 더 나아가서는 행복한 상태로 사람다운 생활수준의 향상을 위한 노력이 요구되는 것이다. 이와 같은 맥락에서 국가 혹은 지역사회의 중증장애인에 대한 평생 보호를 규정한 「장애인복지법」 제6조는 매우 의미있는 조항이라고 할 수 있다. 셋째, 전인격의 존중이다. 우리 사회가 장애인을 바라볼 때 그 사람 전체를 '장애'로 특정 지워 버리는 경향이 있다. 인간은 누구이든 자기만의 개성을 지니고 있는 독특한 존재이고 무엇과도 바꿀 수 없는 존재이다. 따라서 장애를 지닌 신체의 일부분에만 주목하여 사람으로서의 본질을 잘못 보아서는 안된다. 장애는 결손기능이나 잔존기능만이 아닌 장애라는 특징을 포함하는 전체적으로 보는 전인격을 존중하는 이념의 확립이 절실하다. 넷째, 정상화이다. 정상화(normalization)라는 개념은 장애인을 비정상적인 개인으로 이해하거나 특수화하는 태도에서 정상적인 혹은 보통의 사회구성원으로 인식하는 개념이다. 즉 장애를 가진 사람을 장애인으로 취급하는 것이 아니라 그전에 한 사람의 인간으로서 보통의 생활환경 속에서 일반적인 생활을 하도록 하는 것을 말한다. 그러므로 장애인이 지역사회에서 지역사회 구성원으로 생활할 수 있도록 정신적, 물리적 환경을 제공해 주는 것은 정상화 실현의 선결과제 이다. 마지막으로 평등성이다.

장애인복지는 장애에 대한 대응과정이라고도 할 수 있는데, 정상적인 기능을 수행할 수 있도록 다시 적합하게 만든다는 의미에서 이 과정을 재활(Rehabilitation)이라고 부른다. 다시 적합하게 만든다는 것은 기능을 제대로 발휘하지 못하는 신체적, 심리적, 사회적 기능들을 최대한으로 회복시키는 것뿐만 아니라 더 나아가 제한 받고 있는 인간으로서의 권리, 자격, 존엄성을 회복시키는 것을 의미한다. 이는 장애인을 일반인과 동등한 가치를 지닌 한 사회인으로 인정하는 것이며, 사회의 여러 환경 속에서 장애인들이 자기실현과 사회적 공헌을 달성할 수 있도록 통합시키는 것이다. 즉 장애인복지는 장애인의 사회적 통합과 맥락을 같이 한다.

2) 장애인복지 관련 제도 및 서비스

우리나라의 장애인복지법령은 헌법이 보장한 사회보장의 이념하에 제정된 장애인복지법을 기본법으로 하고 있다. 1990년에 전면 개정 1997년까지 4차 개정되어 장애인복지 전반에 관하여 포괄적으로 개념규정을 하고 있으며, 특히 국가 보호대상 장애인에 대한 생활보호적 복지조치에 중점을 두고 있다. 그 복지조치들로써는 장애발생의 예방, 재활의료, 중증 장애인의 보호, 장애인의 교육, 장애인의 직업지도, 장애인의 의료비 지급 등이 있다. 또한 장애인복지시설에 대한 규정, 장애인의 복지시설에의 입소·통원 조치, 그리고 장애인단체의 보호·육성 등에 관하여 규정하고 있다.

특수교육진흥법은 1994년에 장애인을 위한 특수교육의 기본법으로 제정되어 시각장애자, 청각장애자, 정신지체자, 지체부자유자, 정서장애자, 언어장애자, 기타 심신장애자를 특수교육 대상자로 하고, 국가 및 지방자치단체에서 특수교육진흥을 위한 시책을 강구하도록 하는 등 장애인 특수교육에 관한 전반적인 사항을 규정하고 있다. 특히, 장애인교육의 의무교육과정을 무상으로 실시하도록 할뿐만 아니라 직업훈련 및 직업보도에 관한 교육도 실시하도록 규정하고 있다.

고용과 관련된 제도로서는 고용정책기본법과 장애인고용촉진 등에 관한 법률이 있다. 1993년에 제정되어 국가로 하여금 노동시장의 통상적인 조건하에서취업이 곤란한 장애인 등의 고용촉진을 위하여 취업적합직종의 개발, 직업능력개발의 기회확대 및 고용정보의 제공 등 필요한 조치를 취하도록 규정하고 있다. 장애인고용촉진 등에 관한 법률은 1990년 1월에 제정되어 장애인이 그 능력에 맞는 직업을 통하여 인간다운 생활을 할 수 있도록 보장하기 위하여 장애인 의무고용제를 설정하였다. 그 주된 내용을 살펴보면, 장애인 고용을 위하여 「상시 300인 이상고용 사업주」에 대하여 그 근로자 총수의 2% 이상의 장애인을 고용하도록 의무를 부여하고 있고, 국가 및 지방자치단체에 대하여도 소속공무원 정원 및 공개채용인원의 각각 2% 이상 장애인이 채용되도록 하고 있으며, 장애인고용의무에 미달하는 사업주에 대하여는 소정의 부담금을 징수한다.

이외에도 장애인·노인·임산부 등의 편의증진 보장에 관한 법률, 근로기준법, 고용보험법, 의료보험법, 산업재해보상보험법, 고용정책기본법, 근로자직업훈련촉진법, 최저임금법, 생활보호법, 특수교육진흥법 등 전문영역 별로 제정·시행되고 있다. 앞으로의 장애인 제도의 과제는 장애인복지법의 선언적 의미에 지나지 않는 제 규정을 보다 실효성 있게 개정하는 작업이 꾸준히 뒤따라야 할 것이다.

3) 장애인복지의 과제와 전망

장애개념의 변화, 탈시설화, 자립생활의 이념 확산, 장애인 인권의식 제고 등 장애인복지를 둘러싼 환경과 패러다임이 변화하고 있다. 이러한 장애인복지를 둘러싼 여건 및 패러다임 변화와 급증하는 장애인구의 새로운 복지수요에 효율적으로 대응하기 위해 해결되어야 할 몇 가지 과제를 제시하면 다음과 같다.

첫째, 비장애인에 대한 장애인의 인식개선이 함께 병행되어야 한다. 장애인에 대한 편견과 오해는 장애인의 지역사회 통합화라는 궁극적인 목표 지향과 공동체사회 형성이라는 복지사회와의 목표에 새로운 장애가 되고 있다.

둘째, 실제 체감할 수 있는 수준의 향상된 장애인복지정책이어야 한다(오혜경, 2008). 현재까지 복지 분야 전체 예산이 꾸준히 증가하면서, 보건복지부의 장애인복지 예산 또한 증가 추세를 보이고 있다. 그러나 복지 지출의 증가에 비해 이를 각 복지영역에서 느끼는 체감도는 여전히 낮은 현실이다. 이를 개선하기 위해서는 실질적인 장애인복지가 가능할 수 있을 정도의 충분한 예산 확보와 지속적이고 실현

가능한 계획의 수립이 요구되며, 이를 위해서는 정부의 실천의지가 확고해야 할 것이고, 복지정책을 계획하는 초기단계부터 장애 당사자의 참여 확대가 필요하다.

셋째, 장애인에 대한 직접적 서비스로 장애인에 대한 실질적인 소득보장이 이루어져야 한다. 2011년 장애인실태조사에서도 나타났듯이 장애인가구의 소득수준이 매우 낮고 일반가구의 50% 수준에 불과해 장애인 가구의 상당수가 경제적 빈곤상태에 있다. 따라서 장애로 인한 소득 상실과 추가비용 증대라는 이중적 빈곤 상태를 해결하기 위해 기초생활보장 강화, 장애인연금의 확대, 직업재활의 활성화 등 실질적 소득보장 서비스가 요청된다.

5. 여성복지의 정의 및 시대적인 변화

여성복지는 요보호여성을 우선으로 하되, 모든 여성의 복지를 보장하기 위한 사회적 대책이라고 정의할 수 있다(김태진, 2003: 6).

최근 들어 여성복지가 여성의 삶의 질을 향상시키기 위한 정책 중의 하나로 대두되면서 그 명칭이 부녀복지에서 여성복지로 바뀌고 이에 따라 여성복지의 범위도 확대되기에 이르렀다(김태진, 2003: 3).

여성복지의 영역을 한정하는 일은 쉽지 않다. 여성의 영역은 삶의 모든 부분과 연계되어 있으므로 여성을 대상으로 하는 여성복지의 범위는 광범위하기 때문이다(조우철, 2002). 여성복지 기본적인 전제는 여성의 역할은 출산 등을 통한 생물학적 재생산 역할에 따라 결정된다. 그리고 생물학적 재생산자로서 여성은 노동력 제공자(남편과 일하는 자녀)를 보살피고 미래의 노동력을 키워낸다는 점에서 노동 재생산자 역할을 수행한다는 것이다. 또한 여성의 재생산적 역할은 가족을 단위로 수행된다(김성희, 2005). 그러므로 복지주의적 여성정책은 크게 요보호여성정책과 가족정책으로 구성된다. 이러한 맥락에서, 여성정책과 가족정책은 중첩되는 면을 가질 수밖에 없으며, 여성정책은 가족정책에 포함되는 정책이라 할 수 있다고 볼 수 있으며(조흥식 외, 2001), 광의의 여성정책에 가족정책을 포함할 수도 있을 것이다.

우리나라에서 여성이 정책의 배려대상이 된 것은 1947년 부녀국 설치에서 비롯되었다고 볼 수 있으나, 여성정책을 국가정책의 일부분으로 본격적으로 추진하기 시작한 것은 1980년 대 후반에 들어서부터라고 볼 수 있다.

첫째, 1980년대 이전까지 부녀행정의 시기라 볼 수 있다. 우리나라 최초의 여성행정기구는 1947년 미군정 법령 제107호 '부녀국 설치령'에 의해 신설된 보건후생부 내 부녀국이 여성업무를 관장하는 부서가 설치되었다. 해방 이후 전국적으로 전개된 계몽운동의 흐름 하에서 여성에 대한 사업이 더불어 진행되었는데 계몽사업, 가정생활 합리화 및 문맹퇴치운동, 여성단체육성 등이 그 내용이다.여성을 단순히 정책의 수혜자로 간주되는 시혜적 차원의 정책들은 1970년대까지 지속되었다. 1970년대는 부녀아동과 체제가 정착하면서 가정복지로서의 전환이 이루어지며 여성업무는 가정복지라는 틀 내에서 사고된다. 「모자보건법」을 제정하여(1973)한편으로는 요보호 여성에 대한 시설구제가 지속되고 다른 한편으로는 모성 중심으로 한 가정 내 여성과 아동에 대한 개입이 시작되었는데 이를 통해 가정 내 여성에 대한 지원과 가정에 속하지 못하는 여성에 대한 보호라는 기본 관점이 완성되었다(김소연, 2000).

둘째, 1990년대까지의 여성복지로의 전개이다. 우리 정부가 본격적인 의미에서의 여성정책을 추진하기 시작한 것은 1980년대 중반부터로 1987년 제 6차 경제사회발전 5개년계획(1987~1991)에 처음으로 여성부문이 국가정책의 한 영역으로 포함되었다. 지방자치제도 실시 이전까지 여성정책은 요보호 여성을 대상으로 한 부녀복지 차원에 한정되었고, 1980년대에 와서 일반여성에 대한 업무를 포함하게 된다. 1991년 1월에는 「영유아보육법」이 제정되어 일하는 여성들의 보육 문제에 대한 사회제도적 지원이 이루어지기 시작하였으며,1994년 1월에는 「성폭력범죄의 처벌 및 피해자보호 등에 관한 법률」이 제정되어 여성들이 성폭력으로부터 보호받을 수 있게 되었다. 그리고 1995년에는 여성정책의 기본법이라 할 수 있는 「여성발전기본법」이 제정되어 여성정책에 대한 개념정의에서부터 시작하여 소위 여성할당제라 불리는 '잠정적 우대조치' 도입의 근거를 마련하였으며, 국가 및 지방자치단체 차원에서 종합적으로 체계적인 여성정책 수립 및 시행의 의무를 부여하였다. 이러한 법적 근거를 바탕으로 중앙의 여성정책 전담부서에서는 「제1차 여성정책기본계획」(1998~2002)을 수립하였고, 이를 기점으로 하여 정책의 기틀이 잡히기 시작하였다고 할 수 있다.

한편 1990년대 중반부터 사회적 관심을 끌기 시작한 것은 여성이 주로 피해자인 성폭력, 가정폭력으로부터 여성을 보호하는 복지정책들이다. 그 동안 여성을 위한 복지정책은 전쟁미망인이나 윤락여성 등 일부 요보호 여성에 대한 지원정책이 거의 전부였다. 그러나 1994년의 「성폭력특별법」과 1997년의 「가정폭력방지법」의 제정을 계기로 요보호여성 중심에서 개별 가족이 사적인 문제이기보다는 국가가 개입해야 하는 심각한 사회문제로 보기 시작하였다. 1998년 여성경제인들을 지원하기 위한 「여성기업지원에 관한 법률」, 1999년에 「남녀차별금지 및 구제에 관한 법률」이 제정됨으로써, 이제 모든 영역에서 사회적 성차별을 줄이고 양성평등을 구현하기 위한 법제도는 선진국 어느 나라에 뒤지지 않을 정도로 거의 완비된 것으로 평가되고 있다.

셋째, 2000년 이후 성인지적 관점의 정착 시기이다. 대통령 직속 여성특별위원회도 급변하는 21세기 지식정보화 시대, 여성의 시대를 대비하기에는 조직과 기능, 인력과 예산 등 여러 면에서 부족하다고 판단되어 이를 폐지하고, 공식적인 행정부처로서 '여성부'가 2001년 1월에 출범함으로써 여성의 역량을 결집하고 양성평등의 실현을 위한 여성정책의 방향이 모색되었다.

이후 저출산·고령화 사회로 접어들면서 전통적 가족구조와 역할이 변화하고 가족해체 문제가 심각해짐에 따라 이를 예방하고 새롭게 형성되는 다양한 형태의 가족이 가족공동체로서의 역할을 할 수 있도록 지원하는 일이 시급해짐에 따라 2005년 「정부조직법」 개정을 통해 여성부가 수행하는 기능 이외에 통합적 가족정책을 수립하고 각 부처의 가족정책을 수립·조정·지원하는 기능을 수행할 수 있도록 '여성가족부'로 개편되었다. 보건복지부로부터 이관받은 영유아·보육업무까지 수행하게 된 여성가족부는 여성정책의 기획·종합, 남녀차별의 금지 및 구제 등 여성의 지위와 권익 뿐 아니라 여성인적자원의 성장 동력화를 통하여 국가경쟁력 제고 및 양성평등사회의 구현이라는 중요한 역할을 담당하는 국가기구로서의 역할을 표방하였다. 여성가족부로 개편되면서 성차별시정 업무가 국가인권위로 이월되었으나 성차별 개선이 여타 차별시정 업무의 하나로 분류되고 있어 여성부에 비해 중요도가 약화되었다.

2008년 유연하고 창의적으로 일하는 정부를 구축하기 위하여 정부기능을 효율적으로 재배치하는 내용으로 「정부조직법」을 개정(2008. 2. 29)하여 여성가족부가 수행했던 가족 및 보육정책 기능은 보건복지가족부로 이관되었고 여성부는 여성정책의 조정·종합, 여성의 권익증진 등 지위향상 기능을 수행할 수 있도록 개편하였다. 한편, 가족해체 및 다문화 가족 등 현안 사항에 적극 대응하기 위하여 보건복지가족부의 청소년 및 다문화 가족을 포함한 가족기능을 여성가족부로 이관하는 내용으로 정부조직법이 개정(2010.1.18.)되고, 이에 따라 '여성부'는 '여성가족부'로 개편되고, 여성·종합 및 여성의 권익증진 등 지위향상 뿐만 아니라 가족정책, 건강가정 사업을 위한 아동 업무 및 청소년의 육성 복지 및 보호기능을 수행하게 되었다.

6. 가족복지

현재 우리나라의 가구와 가족규모는 많은 변인에 의하여 영향을 받게 된다. 결혼연령의 상승, 취학이나 취업에 의한 가족의 분가, 미혼가구와 이혼율의 증가 등에 의한 독신가구 또는 해체가족이 그 요인이기도 하지만, 우리나라의 경우 출산율의 감소가 가장 큰 변인으로 작용한 것으로 판단된다. 또한 최근의 이혼의 증가로 인해 생성되는 편부모 가족. 재혼가족, 소년소녀가장 세대의 가족 등 다양한 가족구조의 모습들은 가족의 정의의 개념의 합의가 어려운 점을 살기 상기시키면서 보편적인 가족의 모델 설정의 사고전환을 필요로 한다.

또한 핵가족화와 산업화의 영향으로 사회의 급격한 변화 속도에 한국가족의 구조와 가치관이 미치지 못하는 소위 문화지체 현상을 초래하고, 가족 내·외에서 구성원이 기대하는 관계적 표현이 자유롭지 못할 뿐 아니라 가족 안에서 요구되는 기능 혹은 역할의 양상이 마찰적인 경우 또한 많다.

우리나라의 가족의 변화는 동시에 많은 가족 문제를 발생시켜 왔다. 그 대표적인 몇 가지를 살펴보면 다음과 같다(남세진·조흥식, 1995).

첫째, 경제적 부양부담의 증가이다. 가족의 규모가 축소되면서 노인에 대한 부양부담과 아동에 대한 양육비 및 교육비 증가로 가족의 경제적 부담이 커지게 되었다.

둘째, 신체적인 보호기능이 약화되었다. 주말부부의 증가, 자녀수의 감소, 주거생활의 변화, 그리고 여성의 경제활동 참여는 가족 내에서 아동, 노인, 장애인, 병약자 등에 대한 양육 및 보호기능을 약화시켰다.

셋째, 정서적 기능이 약화되었다. 가족 구성원들의 잦은 이동과 이로 인한 가족생활의 불안정, 세대차이, 부모 역할 모델의 부족, 대화의 부족은 가족 기능 수행에 문제를 일으키고 이는 결과적으로 부부불화,

고부문제, 배우자 부정, 아내 학대 및 아동학대를 포함하는 가정 폭력의 문제를 증가시켰다.

넷째, 결손가정의 증가에 따른 문제이다. 자녀유기, 별거, 이혼의 증가, 발당 등으로 결손가정이 늘어나고 이로 인해 정신적 장애아동, 가출 및 비행 청소년의 증가 및 가족 구성원들의 각종 심리 사회적 문제가 나타나고 있다.

이런 가족의 욕구와 문제에 대응하고 해결하기 위한 복지적인 노력이 가족복지인 것이다.

〈표 11-6〉 가족복지의 정의에 따른 접근 방법과 서비스 분야

접근방법	연구부문개발	제도, 서비스, 프로그램
거시적·중범위적 방법	가족복지정책	가족수당, 소득(세)공제, 가족소득지원, 건강지원, 자립 불가능하거나 무의탁 아동·노인·장애인·병자 등의 가족원을 대상으로 하는 제도와 프로그램, 주택정책 혹은 급여 등
	가족복지행정	가족문제 대책 추진위원회의 결성, 가족문제별 가족원조활동 조직의 결성, 가족문제 통합 서비스 본부의 설치, 가족문제 지도 연수 체제의 결성
미시적 방법	가족복지 서비스, 가족사회사업	가족보존 서비스, 가족상담, 가족치료, 부부상담, 가족생활교육, 가정조성서비스, 결혼지원서비스, 가족계획사업, 가족옹호

자료 : 최경석 외(2003), 『한국가족복지의 이해』. p. 81.

산업화의 영향으로 가족의 변화에 대응하는 한국의 가족복지서비스적 개입에 관하여 가족복지 전문가들은 공통되어 가족전체를 대상으로 하기보다는 저소득층, 장애인, 요보호 노인, 요보호 아동, 요보호 여성 등 문제가 발생할 개인을 대상으로 하여 구호사업, 시설보호사업을 위주로 실시해 왔다고 평가하고 있다(변용찬, 1995).

즉 현행 가족복지서비스의 대상범위는 대부분 사회취약계층에 속하는 개인에 한정되고 있고 국가의 개입시기 및 내용도 사전 예방적이기 보다는 사후 치료적인 것이다. 다행히 고무적인 현상은 그 동안 '선 가정보호, 후 사회복지'의 이념 하에서 사회복지수요의 충족이 원

칙적으로 개별 가족이나 개인 자신에 의해 이루어진 '가족에 의한 복지'의 차원에 속하여 있음으로써 현재 가족의 자체적 분양, 보호능력이 급속히 약화되는 가족복지적 요구를 수렴하지 못하고 있음을 인식하여 정부나 민간 복지서비스의 차원에서 '가족을 통한' '가족을 위한' 복지에로의 방향전환이 꾀하여지고 있는 점이다(김혜란·장경섭, 1995). 가족을 하나의 유기체로 보고 가족이 기존질서를 유지하는 기능을 하지 못하는 경우 문제시된다는 것이다.

가정이 붕괴되어 가고 있는 가족윤리를 재정립하고 나아가서 가정이 건전하게 유지. 발전될 수 있도록 하기 위해 전통적인 가족제도의 장점을 유지하며 그 기능을 발전시키는 방안이 요청되고 있다. 가족복지서비스 차원에서 가족복지방향을 제안하면 다음과 같다.

첫째, 한국 가족복지정책은 서비스 대상의 제한성, 예방보다는 치료를 강조하고 있고, 치료의 내용도 매우 제한되어 있는 문제점. 가족복지서비스 전달체계의 분산화와 서비스의 양과 질이 제한되어 있는 점 등의 문제를 지니고 있다. 이러한 문제점은 우리 나라의 사회복지정책 모델이 잔여적 모델에 입각하여 시행되고 있다는 근본적인 이유에서 기인하고, 이는 결국 재정지원의 문제로 귀착된다고 생각한다(김성천, 2000).

둘째, 가족을 위한 소득보장 프로그램이 필요하다. 가족 유지를 위한 그리고 가족 해체 방지를 위한 가장 큰 요인 중의 하나가 바로 경제적인 요인이다. 정부의 가족복지정책에 관련된 예산 증가로 가족수당이나 아동수당이 제정되고 활성화되어야 한다.

셋째, 가정교육이나 부모교육 프로그램의 개발과 교육 활성화가 필요하다. 산업의 발달과 도시생활에 따라 가족의 구조와 기능이 변화하도록 압력을 받고 있다. 그러므로 현대사회에서 적용할 수 있는 새로운 가족 모형을 개발하고, 가정에서 가족구성원 각자의 책임과 역할에 대한 인식제고와 상호간의 역할에 대한 이해를 증진시키기 위한 가정교육 프로그램을 개발하여 보급하는 정책방향을 모색해야 한다.

넷째, 대상자별로 나누어진 행정단위를 서비스가 제공되는 기능의 체계로 전환시키는 방안, 즉 가족개발기능(가족교육, 역할개발, 가족보건), 가족복지기능(가족결손의 예방과 치료, 가족상담, 가족치료, 재활지원), 가족보호기능(지역사회내의 복지 여건 조성 및 기금조성, 인력활용)등 기능별로 접근하면 자연 가족을 한 단위로 효과적이고 효율적인 가족복지서비스가 제공될 수 있을 것이다.

끝으로 지역사회와 민간차원에서도 가족문제를 해결할 수 있는 가족복지서비스체계와 자원의 네트워크가 구축될 수 있게 되어야 할 것이다.

학 습 목 표

첫째, 개별과제로서 노인, 장애인, 아동 및 청소년, 가족중 관심 있는 영역을 선택하여 신문기사를 스크랩하고 A4용지 한 장으로 본인의 읽은 소감을 작성하여 제출한다.

둘째, 노인, 장애인, 아동 및 청소년, 가족중 관심있는 영역을 선택하여 팀별로 지역의 종합사회복지관을 방문한다. 그리고 관련대상의 사업을 맡고 있는 담당자의 인터뷰를 하고 보고서 작성하여 발표하도록 한다.

제12장 사회복지실천분야 2

1. 의료사회복지

1) 의료사회복지의 정의 및 발전

의료사회복지는 보건의료 분야의 사회복지 활동으로 의료사회사업, 병원사업, 의료사회복지실천 등의 용어와 혼용되고 있다. 의료사회복지의 미시적 개념은 "사회복지사가 의사, 간호사, 다른 치료자들과의 협력 하에 조사·진단·치료 과정에서 환자의 사회적 기능 회복을 돕는 것"이다. 거시적 개념은 "포괄적 의료 개념에 맞추어 질병의 예방과 건강의 증진 및 개발 지향적인 지역사회 의료복지를 달성하기 위해 보건의료기관은 물론 관련된 제반 정책과 제도 및 행정 분야에서 환자와 가족은 물론 의료 욕구를 가진 지역주민과 보건의료 분야의 타 전문직을 대상으로 사회복지사가 수행하는 전문적 활동"으로 정의할 수 있다(조흥식, 2010).

이와 같이 발전된 의료사회복지는 환자의 지나친 걱정, 자기중심성,

의존성 및 애정욕구, 불안과 공포, 열등의식과 공격성 들이 있는데 이는 질병치료에 부정적인 반응을 예방하고 해결 필요성에서 시작되었다. 이와 함께 질병으로 인해 환자와 가족이 경험하는 사회적 문제 측면이다. 환자가 입원하게 되면 실업에 대한 불안과 장기요양으로 인한 직업전환, 퇴원 후 복직에 대한 걱정과 함께 직업적응 및 인간관계의 적응문제로 어려움을 겪게 되는데 이러한 질병으로 인한 사회적 문제의 악순환을 해결하는데 도움을 주는 복지 서비스가 요구되기도 하였다. 환자의 질병에 따른 치료비와 요양비, 생활비와 자녀교육비 등 경제적 부담을 덜어 주는 방안으로서 지역의 후원체계와 자원체계를 동원하고 이를 적극 활용하는 노력이 요구되면서부터이다.

의료사회복지의 기원은 1895년 영국의 왕립시립병원에서 자선조직화 사업의 일환으로 부녀봉사원을 모집하고 그들로 하여금 입원화자가 무료시술을 받을 수 있는지의 적결여부를 결정하거나 입원환자들과의 상담활동을 하면서부터이다. 이러한 운영의 틀을 기초로 런던의 왕립자유병원에서 의료 사회사업가라는 새로운 직업이 창출되기에 이르렀다. 미국에서는 릴리안 왈드(Lillian Wald)나 메리 부루스터(Mary Brewster)가 시작한 방문간호 서비스나 Johns Hopkins 의과대학 학생들의 현장학습훈련의 목적으로 시작한 서비스를 기반으로 하여 1905년경에 메사츄세츠, 뉴욕, 볼티모아 및 보스턴에 있는 병원에서 사회사업가를 전문직 직원으로 채용하면서 보다 활성화되었다. 이러한 새로운 직종의 생성은 의료전문가들이 가정의처럼 환자의 성격, 관습, 생활조건 등을 일일이 숙지할 수 없는데 반해 의료사회사업가는 환자나 그 가족과 개별적인 접촉을 가지며, 환자에 대한 사회적·개별적 조사를 통하여 의사에게 진단과 치료에 도움이 되는 사실적 배경을 제공하기 때문으로 보고 있다. 우리나라에서는 1883년 세브란스병원에서 여전도 회원으로 구성된 부녀봉사원들의 활동을 의료사회복지의 시초로 보고 있다. 이후 1973년에 대한의료사회사업가협회가 결성되었다.

2) 의료사회복지사의 역할

건강보호영역은 다양한 전문직의 집합체로서 팀 접근이 강조되고 클라이언트에 대한 포괄적·전인적 접근이 어느 실천영역보다 강조되는 분야로, 우리나라에서는 1950년대 후반 자선과 선교를 목적으로 일부 병원에서 의료사회복지를 도입하면서 건강보호영역에서 사회복지실천이 시작되었다. 의료사회복지실천의 목적은 환자의 클라이언트, 가족, 그리고 소집단의 사회적 기능이 실제적 또는 잠재적 질병이나 장애로 인해 손상 받을 때 그들의 최적의 사회적 기능을 회복, 유지시키고 증진시키는 것이다(이윤로·홍영수, 2005).

또한 의료사회복지는 사회복지실천역사에서 가장 먼저 전문성을 인정받은 분야 중 하나이며(Cowles, 2003; 최명민 외, 2005), 대한의료사회복지사협회7)를 중심으로 의료사회복지사 수련제도, 수퍼바이저 교육, 학회지("의료와 사회복지") 발간, 의료사회복지사 자격시험 제도8)를 주관하는 등 다양한 활동을 통해 의료사회복지사의 전문적 능력 향상을 위한 노력을 지속하고 있다. 의료사회복지사가 속해있는 의료조직에서는 의료서비스가 강조되고 타 전문직의 역할비중이 상대적으로 높기 때문에 과업수행의 사명을 확고히 하고, 전문적 지식과 기술 뿐 아니라 가치와 윤리의 교육하고 사회복지전문직으로서의 정체성이 강화하는 것이 소진을 방지하고 유능한 전문가를 양성하는데 도움이 된다고 보았다(최명민, 2005).

의료사회복지사는 사회복지전문직으로서의 정체성을 기반으로 균형잡힌 시각을 가지고 사회복지분야와 의료영역의 가치, 지식, 기술을 내재화 하고 실천에 적용할 수 있어야 할 지식은 다음과 같다. 일반적으로, 의료사회복지사는 사회복지실천의 모든 영역에서 활용되는 기본지식과 의료세팅에 필요한 특수한 지식을 동시에 활용하게 된다. 의료사회복지의 전문성, 특수성이 강조될수록 사회복지의 기초지식에 의한 접근이 필요하므로 다른 사회복지분야와 마찬가지로 체계이론과 생태체계학적 관점을 기반으로 하며 다양한 사회복지실천의 방법론들을 숙지하고, 개인, 가족, 집단, 지역사회 등의 대상과 그들이 직면하고 있는 다양한 문제들을 이해하며 평가와 기록, 실천모델 등에 대한 충분한 지식을 소유하고 있어야 한다(강흥구, 2007). 또한 특정한 건강 조건이 가지는 의료적, 사회적 함의에 대한 지식을 갖추어 환자가 겪고 있는 특정 질병에 대한 예후, 치료, 예측되는 심리사회적 문제들을 이해하고 상담의 방향성을 정할 수 있도록 해야 한다(Rauch and Schreiber, 1985; Ross, 1993). 이외에도 의료조직의 문화와 타 전문직의 역할과 기능을 이해하고 그들과 어떻게 협력적 실천을 해야 하는지에 대한 이해가 필요하며(Rauch and Schreiber, 1985), 지역사회자원과 관련하여 특정 욕구에 맞는 자원이 어디에 있는지 뿐만 아니라 자원들의 더 세부적인 내용들에 대한 정보를 업데이트하여 지역사회자원에 대한 지식의 질을 높이는 것이 중요하다(Dobrof, 1991). 또한 다양한 개입방법들을 모색하거나 지식의 개발을 위해 특정 영역에 대한 지속적 연구가 필요하며(Ross, 1995), 실천결과에 대한 평가연구 역시 강조되고 있다(Bartlett and Baum, 1995).

이와 같은 의료사회지사의 역할을 정리하면 다음과 같다.

〈표 12-1〉 의료사회복지사의 역할

직무차원	직무 하위차원	직무내용
사회사업임상	심리 · 사회 · 정신적 문제해결 직무차원	심리 · 사회적문제의 원인 조사 및 사정
		치료계획에 의한 환자의 개별치료
		내원객의 욕구에 의한 환자의 개별상담
		치료계획에 의한 환자의 개별상담
		치료계획에 의한 환자의 가족치료
		내원객의 요구에 의한 환자의 가족상담
		집단치료
		집단활동지도
		환자와 환자가족의 교육
		환자와 환자가족에게 질병에 관한 정보 제공

〈표 12-1〉 이어서

직무차원	직무 하위차원	직무내용
사회사업임상	경제적 문제해결 직무차원	사회보장 및 법적 제도에 대한 정보 제공과 지원
		병원의 자원을 이용한 진료비 지원
		후원자, 후원단체 연결을 통한 병원 외적 자원과의 연결
	지역사회자원 연결 직무차원	지역사회의 새로운 자원개발 및 정보망 조성
		수집된 기존 지역사회의 자원체계에 대한 정보제공
		지역사회자원과 연결
	사회복귀 및 재활문제해결 직무차원	퇴원계획 상담
		추가치료 및 자기치료 지원(가정방문, 외래상담등)
		직업재활 상담지도
		회복상태 및 사회적응도 평가
		사회생활훈련지도
	팀접근 직무차원	회진참여
		타 부서와의 사례회의
		병원경영에 어려움을 줄 수 있는 고위험환자의 조기발견
		질병에 의한 고위험환자의 조기발견
		사례분석 평가
행정	사회사업부서의 순수행정 직무차원	보고서 및 업무일지의 기록
		사회사업부서의 운영에 관한 회의
		부서직원의 지휘 및 감독
		병원(기관)의 행정 및 경영에 관계된 회의
교육 및 연구조사	교육 및 연구조사 직무차원	실습생 지도
		신규직원 교육
		전문성 제고를 위한 교육 참여(임상연구회의, 저널클럽)
		의료사회사업 연구 및 조사활동

자료: 한인영 · 최현미 · 장수미(2006), 『의료사회복지 실천론』, 학지사, p.33.

2. 정신보건사회복지

1) 정신보건사회복지의 개요

우리나라에서는 1950년대부터 사회복지 전문교육이 시작된 이후, 빈곤을 대상으로 시작된 사회복지실천은 사회적 부적응 상태에 있는 사람들을 대상으로 그 실천의 장이 확대되고 있다. 사회복지 중에서 정신보건 분야는 정신보건법이 제정되기 이전에는 법적 장치가 모호한 상태에서 병원이나 정신요양시설을 중심으로 사회복지사가 활동해오다가 정신보건법의 제정 이후에 정신보건 영역의 사회복지 환경이 급속하게 변화되고 있다. 정신보건 사회복지의 일차적 대상으로 정신질환, 인격 장애, 알코올 및 약물중독, 기타 비 정신병적 정신장애를 가진 사람들이지만, 최근 들어서 자살, 아동기 정신건강문제, 도박중독 및 인터넷 중독, 학교폭력 및 성폭력, 다문화가족의 부적응, 노인학대 등 다양한 삶의 영역과 사회문제 영역으로 확대되고 있다(김기태 외, 2010).

정신보건사회복지의 구성요소는 다음과 같다. 첫째, 목적으로는 정신적·정서적 문제로 어려움을 겪고 있는 사람들의 건강을 회복시키고 그 가족들을 돕기 위하여 1차, 2차, 3차 예방활동을 통하여 서비스를 제공한다. 둘째, 대상은 정신보건사회복지의 일차적 대상은 정신적·정서적 장애를 가진 클라이언트와 그 가족이다 셋째, 실천주체는 정신과 의사, 정신보건사회복지사. 정신보건임상심리사. 정신보건간호사, 작업치료사 등이 있다. 개인 및 가족은 서비스를 받는 대상임과 동시에 서비스를 행하는 주체로 볼 수 있다. 넷째, 장소로는 서비스실천이 이루어지는 장소는 지역보건시설인 정신의료기관, 사회복귀시설, 지역정신보건센터, 정신요양시설이 있으며, 지역 알코올상담센터, 학교정신보건시설, 노인보호전문기관, 아동관련 전문기관 등 그 범위가 점차 확대되고 있다. 다섯째, 개입방법으로는 개별 수준의 사회복지실천뿐 아니라 집단, 가족, 지역사회 개입 등 통합적인 사회복지실천방법을 적용하여 개입한다.

이와 같이 정신보건사회복지는 개인이나 가족 또는 지역사회에 개입하여 가정, 직장, 지역사회의 정신건강운동에 참여하는 데 그 목적을 두고 있다. 이에 따라 사회사업가는 사회에 적응할 수 있도록 다양한 재활 프로그램을 활용하여 환자로 하여금 자신이 가지고 있는 개인적, 가족적 또는 사회적 문제들을 해결하도록 도와주어야 한다(김준규 외, 2012). 현재, 정신보건영역에서의 활동은 1993년에 한국정신보건사회사업학회가 창립됨으로써 권익옹호와 전문적 발전을 위하여 다양한 활동을 추진하고 있다.

2) 정신보건영역의 사회복지사 개입의 역사적인 발전

정신보건영역의 태동은 영국에서였다. 1880년대 영국의 사회복지단체가 주동이 되어 정신병원에서 퇴원한 환자를 대상으로 갈 곳이 없는 불우한 환자에게는 위탁가정이나 사회복지시설, 요양원 등에 의뢰하고 퇴원한 환자들은 지역사회에 잘 적응할 수 있도록 직장을 알선해 주며 방문하여 필요한 보호와 가족을 지도하면서부터 시작되었다.

우리나라의 정신보건사회사업은 1945년 대한신경정신의학회가 조직되기 전에는 전무하였으며, 광복과 더불어 조선신경정신의학회가 대한신경정신의학회로 바뀌어 정신의학의 체계적인 연구를 시작하면서 정신의학자, 심리학자와 더불어 사회복지사 권기주가 청소년문제에 관심을 갖고 연구하였다. 그 후 한국전쟁을 겪으면서 외국의 원조를 통해 의료시설 및 사회복지기관의 상담서비스가 확장되었는데, 특히 미군병원에서 정신의료사회사업가로 근무하던 랄프모건(Ralph Morgan)의 영향으로 한국 사회사업가들이 이 분야에 본격적으로 개입하게 되었다. 1970년대 이후에는 대학병원을 중심으로 정신의료사회사업가를 고용하게 되는데, 그 이유는 종합병원 단위의 의료기관에 사회복지사 자격증 소지자를 두도록 1973년에 입법화된 의료법에 기인한다고 보겠다. 이에 따라 대규모 의료기관은 사회복지사를 의무적으로 채용하였으며, 1987년에는 정신의료사회복지사가 제공하는 서비스에 대해 의료보험수가를 산정할 수 있도록 의료보험 급여기준이 바뀌면서 병원에 근무하는 대다수 사회복지사가 정신의료 업무를 수행하게 되었다. 그러나 임상팀의 일원으로 다학제간 팀 접근을 함에 있어서 팀 리더인 정신과의사의 개입모델이나 사회복지사에 대한 역할 인식과 기대에 따라 매우 다른 역할을 수행하였다.

1980년 이후를 정착기로 볼 수 있다. 퇴원 후 치료의 연속성이 약하고 높은 재발이 문제가 되면서 퇴원 후의 지속적 치료서비스와 사회적응력 강화와 훈련을 위한 낮병원 제도가 시도되면서 자연스럽게 사회재활치료가 강조되었고 사회복지사의 역할이 강화되었다. 또한 1980년대 중반 이후 미국의 지역사회 정신건강접근법의 소개로 만성정신장애인에 대한 지역사회 내에서의 예방과 재활 프로그램에 대한 관심이 높아졌다. 그 결과, 1986년에 지역사회에서는 처음으로 사회복지사가 중심이 되어 미국의 심리사회적 재활모델의 하나인 클럽하우스 모델의 정신과 철학에 기반을 둔 '태화샘솟는집'이 운영되었는데 그 당시 환자들이 병원으로부터 퇴원 후 이용할 수 있는 재활시설이 없었던 터라 큰 호응을 얻으면서 사회재활, 직업재활, 가족교육, 권익옹호 등이 활성화되면서 오늘에 이르고 있다. 적극적으로 참여하면서 지역사회정신보건영역에서의 사회복지사 역할이 증가하였다.

그동안 법 재정의 필요성이 제기되어 오던 정신보건법이 1995년 12월에 제정됨으로써 사회복지사는 정신보건전문요원으로 자격인정을 받고, 정신보건 사업과 정신보건시설의 확대에 따라 정신의료기관뿐 아니라 지역정신보건센터, 사회복귀시설, 알코올상담센터, 정신요양시설 등에서 활발한 활동을 전개하고 있다.

3) 정신보건사회복지의 과제

첫째, 정신보건사회복지영역에서 협력적인 다학제간 팀워크이다. 정신보건 및 의료분야의 서비스개입이 필요한 이유는 정신과의사, 정신보건사회복지사, 정신보건간호사, 정신보건임상심리사, 작업요법사, 직업재활전문가 등이 자신의 전문적 기능과 책임을 토대로 상호작용을 하고 협력적인 관계를 가지기 때문이다. 그리고 정신보건영역에서 팀워크가 필요한 이유는 정신질환이나 정신장애는 단순히 원인과 결과라는 단선론적인 차원에서 발생하는 것이 아니라 생물학적 · 심리적 · 사회환경적 요인들이 복잡하게 얽혀서 발생하기 때문에 총체적 맥락 속에서 클라이언트를 이해하고 다양한 욕구에 맞는 서비스가 제공될 필요가 있기 때문이다. 다학제간 팀워크를 위해서는 원활한 의사소통, 치료계획과 서비스 전달과정에서의 공동작업에서 긍정적인 결과를 성취하려는 협력적 노력이 필요하다(김기태 외, 2001).

둘째, 정신장애인의 재활과 삶의 질 향상을 전제로 하여 정신보건사회복지사의 전문적 능력을 향상시키기 위한 다양한 방안이 모색되어야 한다.

우리나라의 경우, 정신보건기관의 형태가 다양해지고 양적인 면에서도 정신보건기관의 수가 급증하게 되면서, 정신장애인과 가족들의 정신보건기관의 이용에 관한 선택의 폭이 넓어지게 되었다. 또한 이와 같은 경쟁적 환경에서 정신보건사회복지사가 전문적인 역할을 다하기 위해서는 정신장애인의 증상을 제대로 이해하고 정확한 심리사회적 사정기술과 치료기술을 제공함은 물론 정신장애인의 사회적응과 재활에 대한 요구에 효과적으로 반응할 수 있어야 한다. 그래야만 정신보건사회복지사들이 정신장애인의 증상개선과 삶의 질의 개선에 긍정적으로 기여할 수 있으며, 복합적이고 다양한 욕구를 지닌 정신장애인과 가족들을 위한 포괄적이고도 통합적인 실천능력을 발휘할 수 있다(이용표, 2000; 배성우·김이영, 2005). 이를 위하여서는 무엇보다 정신보건기관 스스로가 정신보건사회복지사들의 전문적인 역량을 계발하고 스스로 전문가로서의 자부심을 가지고 일을 할 수 있도록 만드는 서비스 환경을 조성해야 한다. 그와 더불어, 정신보건사회복지사들이 자신의 능력을 최대한 발휘하고 전문적인 성장이 가능하도록 만들 수 있는 고 보다 클라이언트 지향적이고 서비스 지향적인 분위기를 조성해야 한다. 정신보건기관이 이런 노력을 게을리하지 않을 때, 정신보건기관은 양질의 서비스 질을 클라이언트에게 제공할 수 있는 서비스 환경을 구축할 수 있고 이를 바탕으로 보다 높은 클라이언트의 만족도과 서비스 성과를 내어올 수 있는 것이다. 왜냐하면, 일반적으로 정신보건사회복지서비스의 질과 성과가 주로 클라이언트와 사회복지사와의 관계적인 맥락에서 결정된다(Bitner, 1990: 70; Bentley and Taylor, 2000).

우리나라의 경우, 정신보건사회복지사들은 스스로 전문화와 자질 향상을 위하여 부단히 노력을 해오고 있다. 이와 같은 노력은 1993년 '한국정신의료사회사업학회'의 창립과 더불어 1996년 '정신보건사회복지사' 자격제도의 신설로 이어지고, 정신보건사회복지의 제도적 정착과 상시적인 슈퍼비전체계의 확립 및 정신보건사회복지사 수련제도의 확립, 정신보건사회복지사 보수교육제도의 정착 등 가시적인 성과로 이어지고 있다. 그리고 현재 초기의 정신병원중심의 정신보건사회복지실천에서 지역사회 중심의 정신보건사회복지실천 등 다양한 형태로 전개되고 있다.

현대적 의미에서의 정신보건사회복지서비스 실천에서는 주 이용자인 정신장애인과 가족들의 참여와 자기결정의 영향력이 높아지고 있다. 그러므로 이들의 요구에 적절하게 반응할 때, 정신보건기관의 경쟁력도 높아질 수 있으며, 정신보건사회복지서비스 질에 관한 이슈들은 궁극적으로 이와 같은 맥락에서 중요한 의미를 지닌다.

3. 학교사회복지

1) 학교사회복지의 정의

개인의 적성이나 흥미 등을 고려하지 않는 것, 입시 위주의 교육, 획일적 학습지도 등이 이 각종 청소년문제의 원인으로 요약해 볼 수 있다. 이러한 원인으로 결국 학교생활에 적응하지 못한 학생들은 학교폭력, 약물남용, 사회적 일탈행위, 가출, 자살 등의 청소년 비행과 범죄의 유혹 속으로 빠지게 되어 각종 청소년 문제의 상황이 되고 있다(김기환, 1997). 학교사회복지는 학교라는 교육기관에서 전문적 능력과 자격을 갖춘 사회복지사가 제공하는 사회적 서비스를 의미한다. 즉, 공교육체계에서 학교 교육의 목적을 달성하는 것을 지원하고, 학생들이 학교에 잘 적응할 수 있도록 도와주며, 이를 위해 학교, 가족, 지역사회가 수행하는 노력을 조정하고 영향을 미치는 활동이다(NASW Standards for School Social Work Service, 2002). '학교사회복지는 학교가 학생 개개인의 지적·사회적·정서적 욕구와 문제해결에 관심을 갖도록 도와주며, 이를 통하여 모든 학생들이 학교에서 공평한 교육기회와 성취감을 제공받을 수 있도록 학교현장에서 활동하는 전문적인 사회사업분야라고 정의하였다(Costin, 1977). 학생-학교-가정-지역사회의 연계자로서의 역할은 학생 개인의 심리·사회적 문제의 해결에만 초점을 두기보다는, 학교환경을 생태학적 체계에서 발생하는 다양한 역기능적 상호작용에 적극적이며 전문적으로 개입하는 것을 의미한다. 학교 환경의 생태학적 체계로는 학생 개인의 삶에 직접적인 영향을 주는 동료학생, 교실, 운동장, 학생의 가정과 같은 미시적 체계와 이러한 미시적 체계들이 둘 이상 모여 상호 작용하는 메조체계 그리고 학교환경에 영향을 미치는 사회·경제·정치적 제도인 거시적체계가 포함된다(Clancy, 1995).

Allen-Meares(2002) 등은 생태 체계적 관점에서 학교사회복지의 목적을 "아동·청소년들이 문제해결과 의사결정의 능력이 있고, 변화에 잘 적응하며, 계속적 학습에 대한 책임감을 받아들일 수 있도록 가르치고 배우는 장을 제공하는 학교의 중심 목적을 달성하는 것을 도와서 학생들의 삶의 질을 높이는 데 기여하는 것"으로 보고 있다(Allen-Meares, 2002).

이러한 다양한 학자들의 학교사회복지정의를 종합해 보면 다음과 같이 학교사회복지를 구성해 볼 수 있다. 첫째, 기본적으로 학교교육의 목적을 달성할 수 있도록 지원하고 둘째, 개인적 문제, 가족, 또는 대인관계상의 문제, 학교 적응과 관련된 문제를 가지고 학생들을 위해 사회복지서비스를 제공하는 것과 셋째, 가정-학교-지역사회 간의 연계를 강화하여 학생들에게 최적의 교육환경을 제공하는 것"을 목적으로 하고 있다(부산사회복지협의회, 2012).

학교사회복지사가 시작된 1900년대 초기에는 가정과 학교의 협조를 연계해주는 방문교사의 역할에 초점을 두어 학교사회복지를 정의하였으나, 1900년대 중반부터는 학교부적응 학생의 심리치료와 사회기능향상에 초점을 둔 정의가 보편화되기 시작하였다. 이후 1970년대부터는 생태체계학의 영향으로 인해 학생-학교-가정-지역사회의 연계를 중시하는 학교사회복지가 강조되기 시작하였으며, 최근에는 학교를 중심으로 하는 사회복지 서비스의 제공에 초점을 둔 학교사회복지의 정의가 대두되기 시작하였다(한인영 외, 2003). 우리나라의 경우, 학교라는 실천현장 안에 사회복지사가 상주하여 사회복지서비스를 제공하기에 앞서 지역사회복지관 등의 기관에서 학교와 연계하여 사회복지서비스를 제공하는 형태로 발전해 왔다. 그래서 우리나라의 경우 학교사회복지라 함은 지역중심형 학교사회복지와 학교에 사회복지사가 상주하는 학교중심형 학교사회복지로 크게 나뉘어진다. 지역중심형 학교사회복지가 우리나라 학교사회복지가 발전하는데 큰 역할을 담당하였고 학교와 지역사회를 연계하기 위한 중요한 통로이기에 지금도 그 역할이 없어서는 안될 중요한 것이 사실이다. 그러나 학교사회복지의 좀더 체계적이고 효과적인 실천을 위해 사회복지계에서는 오래전부터 학교중심형 학교사회복지를 정착시키기 위해 노력하고 있으며, 현재 학교중심형 학교사회복지의 효과성을 인정받아 많은 체계를 구축하고 있는 실정이다.

2) 학교사회복지 활동현황 및 학교사회복지사의 역할

우리나라의 학교사회복사의 활동현황을 살펴보면 사회복지공동모금회사업과 지방자치단체지원 또는 학교자체사업, WeStart사업, 드림스타트사업, 교육복지투자우선지역지원사업 등이 있다. 각 사업은 사업의 재원이나 단위주체로 사업의 특성이 나뉜다.

가장 많은 비중을 차지하는 것은 2002년부터 실시하고 있는 교육복지투자우선지역지원사업이다. 이 사업은 사회경제지표를 바탕으로 교육복지의 사각지대인 도시 저소득 지역 내 학교에서 학생들의 삶의 질을 제고하기 위해 해당 학생과 가정 그리고 지역에 교육, 문화, 복지서비스를 제공하는 사업으로 실시되고 있다(한승준, 2003).

WeStart마을 만들기 사업은 저소득층 아동들이 건강·복지·교육의 측면에서 공정한 기회를 누리고 미래에 대한 희망을 가지고 자라는 미래가 있는 마을 만들기 사업, 가난의 대물림을 끊어주기 위해서 가급적 어린 나이에서부터 예방적이고 통합적인 개입을 통하여 빈곤층 아동에게 건강·복지·교육면에서 평등한 출발점을 제공하는 사업, 다양한 저소득층 아동과 가족의 욕구에 따라 보건·복지·교육을 통합한 전문적 맞춤형 서비스를 제공하여 문제가 더 커지기 전에 이를 진단, 치료해줄 수 있는 체계를 구축하는 사업, 저소득층 아동들이 건강·복지·교육의 공정한 기회를 누리고 미래에 대한 희망을 갖고 자랄 수 있도록 민·관이 함께 참여하여 지원하는 지역사회 네트워크 만들기 사업, 지역사회가 중심이 되고 광역 및 기초 지자체가 지원하는 지역사회 보건·복지·교육 공동체 구축 사업을 진행하고 있다. WeStart 마을은 저소득 지역(동 단위)을 기준으로 설정하되 사업대상 아동은 최저생계비 이하 가구아동(국민기초생활보장 수급 대상 기준)과 차상위계층(보육료감면 대상 기준)을 주대상으로 한다. 1개 마을 당적정 사업대상 아동 수는 300명 정도로 하고 최대 아동 수는 500명을 넘지 않도록 한다.

이상에서 살펴본 바와 같이 학교사회복지는 학교라는 사회적 제도에 개입하여 학생의 심리 사회적 문제를 해결하고 학업성취를 향상시킴은 물론, 모든 사회구성원들에게 학교교육의 기회를 공평하게 제공하여 개인의 교육권을 보장해 주는 사회복지실천의 전문분야인 것이다. 이러한 측면에서 학교사회복지는 개인의 잠재력을 개발하여 학생 개인의 삶의 질을 높이고 교육의 본질적인 자아실현인을 목적으로 하고 있다. 그러나 제도적으로 완전히 정착되기에는 여러 가지 정책적 과제와 사회의 인식전환이 있어야 할 것으로 보인다. 학교사회복지의 미래와 전망을 살펴보면 다음과 같다.

첫째, 학교사회복지의 제도화가 이루어져야 한다. 최근 신자유주의적 교육개혁 논의 속에서 학생과 학교교육 현장은 양극화 현상이 심화되어 왔다. 이러한 상황 속에서 궁극적으로 사회통합을 이루고 모두가 함께 살아가는 공동체 삶 속에서 교육 불평등을 완화시켜 인간으로서의 존엄성이라는 가치가 실현될 수 있어야 하며, 학교사회복지는 이와 같은 목적을 달성할 수 있는 가장 효과적인 학교교육 내 복지서비스로 입증받아 왔다. 제도적 정착을 위해서는 교육기본법 내에 관련 조항 추가, 교육복지기본법 제정, 학교사회복지 특별법 제정, 청소년복지지원법의 내용 추가 등 여러 가지 방안이 제시되고 있다. 그러나 일차적으로 사회복지사업법 내에 학교사회복지에 대한 내용을 추가하는 것이 시급한 과제라고 여겨진다.

둘째, 학교사회복지사의 전문가로서의 정체성이 확보되어야 한다. 현재 학교내의 인력은'교직원'이라 통칭되는데 학교사회복지사는 교원과 직원의 경계선상에서 때로는 모호한 역할에 따라 정체성에 대한 심각한 고민에 빠지기도 한다. 때로는 '전문상담교사'의 직분으로 사업을 수행하기도 하지만 계약직 직원으로서 행정실에서 관리되는 경우도 많다. 학교 내에 양호교사, 사서교사, 영양교사, 청소년 상담사, 청소년 지도사 등 다양한 전문직이 투입될 수 있는 상황 속에서 학교사회복지사는 교원에 준하는 직원으로 자리매김되어야 할 것이다. 그리고 실천의 보장을 확립하기 위하여 끊임없이 전문 지식과 기술을 연마하여야 한다. 변화하는 환경과 클라이언트의 욕구를 정확하게 파악하고 필요한 서비스를 개발 제공할 수 있는 전문기관들이 마련되어야 할 것이다. 특히 학교사회복지의 중심대상이 청소년들인 점을 고려할 때, 학교사회복지의 활성화를 위해서는 가정과 학교와 지역사회의 유기적 협조체제가 형성되어야 한다.

넷째, 학교사회복지 실천 장면의 확충을 위한 노력이 필요하다. 사회복지는 클라이언트가 있는 곳에서 출발한다. 따라서 제도권 내의 학생과 제도권 밖의 학생에게도 관심을 가지고 사회복지관과 해당지역 교육청이 협력하여 학교사회복지 서비스 제도를 구성한다면 지역내 학교에서 효율적인 전문적 서비스를 제공할 수 있다.

다섯째, 학교사회복지사는 학교, 부모, 지역사회 등 교육서비스 공급자를 이해하고 동반자적 관계에서 교육제도를 도와야 한다. 이러한 측면에서 학교사회복지사는 학교의 관심과 가치를 지역사회에 인식시키고 지역사회의 욕구를 학교에 전달하는 연결자의 역할을 수행해야 한다. 이를 위해 학교사회복지사는 지역사회에 관한 이해와, 전문적으로 자원개발, 자원동원, 자원을 활용할 수 있는 능력을 갖추고 있어야 한다. 다시 말하면 학교사회복지사는 지역 사회의 제반 자원들에 관해서 이해하고 있어야 하며 다양한 자원을 활용할 수 있어야 할 것이다.

이상에서 살펴본 바와 같이 학교사회복지는 학교라는 사회적 제도에 개입하여 학생의 심리 사회적 문제를 해결하고 학업성취를 향상시킴은 물론, 모든 사회구성원들에게 학교교육의 기회를 공평하게 제공하여 개인의 교육권을 보장해 주는 사회복지실천의 전문분야인 것이다. 이러한 측면에서 학교사회복지는 개인의 잠재력을 개발하여 학생 개인의 삶의 질을 높이고 교육의 본질적인 자아실현인을 목적으로 하고 있다. 그러나 제도적으로 완전히 정착되기에는 여러 가지 정책적 과제와 사회의 인식전환이 있어야 할 것으로 보인다.

〈표 12-2〉 공공과 민간의 학교사회사업네트워크 사례: 부산 해운대구 해피네트워크

1. 사업추진배경:
해운대 지역별 기존사업의 성장과 선험적 결과 아동·청소년 서비스와 대상 사각지대 발견임
- 탈학교청소년 대상 서비스 부재
- 고위험군 발굴과 예방적서비스 부재
- 정신건강 전문서비스 부재
- 서비스자원 분포의 집중으로 지자체내 동별 서비스 이용 접근성 문제.

기 시행되었던 아동·청소년관련 사업의 종결시점에서 사업의 노하우와 구축된 지역네트워크의 지속가능한 자생력 강화방안으로 '공공과 민간의 협력네트워크'기제가 제시됨.
- 2003-2005년 반송지역 교육복지투자우선지역 사업결과보고: 학부모와 지역주민들의 참여 이외 지역기관들의 서비스 네트워크가 필요
- 2007-2009년 반여지역 교육복지투자우선지역 사업 결과보고: 학교와 담당지자체 및 전문서비스 기관들의 협력적 구조강화 필요
- 2008-2010년 해피존네트워크 결과보고: 지역의 참여와 전문가의 역량강화와 사회자본 네트워크 강화의 필요성 제시

2. 공공의 지원역할
- 서비스연계팀의 조직업무 개편 및 사업 확대
  - 전문 인력의 확충(팀장 직위 1개 신설 예정, 지역복지협의체 민간간사 1명 채용)
  - 아동·청소년 대상욕구별 통합사례관리 거점기관을 조정, 선정 역할
  - 지역사회복지협의체에 사례관리분과 신설
  - 반여 3동에 '아이들의 쉼터', '드림스타트센터(아이해피센터)'를 위한 공간 마련

<table>
<tr><th colspan="2">구분</th><th>1차년도</th><th>2차년도</th><th>3차년도</th></tr>
<tr><td rowspan="6">반송</td><td>대상</td><td>초, 중학생 멘티멘토 365명</td><td>탈학교청소년 50명
고위험군청소년 20명</td><td rowspan="12">대상: 해운대구 거주아동청소년 및 가족
예산: 382,000만원
교복투 100,000만원
드림 228,000만원
후원 54,000만원
대표 및 수행: 아이해피센터
참여: 해운대 관련기관
사업: 통합사례관리체계확립
지역주민자주역량강화
지역자원발굴 및 조정연계활성화</td></tr>
<tr><td>예산</td><td>20,000만원</td><td>20,000만원</td></tr>
<tr><td>대표</td><td>운봉종합복지관</td><td>청소년자활지원관</td></tr>
<tr><td>수행</td><td>희망의사다리운동본부</td><td>희망의사다리운동본부</td></tr>
<tr><td>참여</td><td>지역복지관 및 학교9개소</td><td>지역복지관 및 학교6개소</td></tr>
<tr><td>사업</td><td>멘토링, 지역일꾼</td><td>탈학교청소년자립</td></tr>
<tr><td rowspan="6">반여
-재송</td><td>대상</td><td>지역 아동청소년 학부모 총 1852명</td><td>해운대거주 6-14세 아동청소년 853명
부모 380명
교사 100명
실무자 35명</td></tr>
<tr><td>예산</td><td>50,000만원</td><td></td></tr>
<tr><td>대표</td><td>해운대종합복지관</td><td>영진종합복지관</td></tr>
<tr><td>수행</td><td>아이해피네트워크</td><td>아이해피네트워크</td></tr>
<tr><td>참여</td><td>지역복지관및 기관
7개소</td><td>복지관 및 기관
8개소</td></tr>
<tr><td>사업</td><td>아동청소년정신건강</td><td>아동청소년정신건강</td></tr>
</table>

4. 다문화복지

1) 다문화 및 새터민 현황과 복지대책의 필요성

한국 사회에 이주노동자, 새터민, 국제결혼 이주 여성, 다문화청소년 등과 같은 새로운 사회구성원이 점차 증가하고 있으며, 본격적으로 다인종 다문화 사회로 접어들고 있다.

국내 결혼 건수 가운데 국제결혼의 비중은 2001년도 기준에 비해 2012년도 두 배에 이르며, 특히 농어촌 지역의 경우 4집 가운데 한세대의 경우에 다다르고 있다(통계청 DB, 2012). 국내 이주 외국인 노동자의 숫자는 1987년도에 6,409명에 불과하던 것이 2005년도에는 불법 또한 북한을 이탈하여 남한으로 이주한 새터민은 1990년도에 9명에 불과하였지만, 2013년도에는 두 배에 이르고 있다(통일부, 2013). 1990년대 이전까지 한국 사회에서 국제결혼과 새터민 정착은 매우 드문 현상이었다. 그러나 최근 새터민 수의 증가와 한국 남성의 국제결혼이 급증하면서 결혼을 통해 한국으로 이주해오는 다양한 국가 출신의 여성결혼이민자에 대한 사회적 관심과 더불어 새터민청소년, 다문화청소년에 대한 사회적관심이 증가하고 있다.

우리 사회에서 이들에 대한 논의가 보다 본격화되기 시작한 것은 여성결혼 이민자들에 대한 연구에서부터라 볼 수 있다. 이들의 삶에 초점을 두는 연구들을 통해 인권침해의 심각성과 이를 개선하고자 하는 법적·제도적 개선에 논의와 문화적 차이와 언어소통뿐 아니라 부계 중심의 혈통주의와 가부장적 가족관계로 인한 가족갈등에 대하여 연구되고 있다(설동훈 외, 2005; 김민정 외, 2006; 양순미, 2006; 한국염, 2004; 한건수, 2006).

최근에는 국제결혼가족이 증가하면서 이들 사이에서 태어난 자녀, 즉 "다문화청소년"에 대한 관심도 높아지고 있다. 국제결혼가족 자녀에 대한 연구도 점차 확대되어 가고 있는데, 아직까지 국제결혼 자녀에 대한 연구는 가족관계보다는 언어와 교육을 중심으로 논의되는 추세이다. 다문화자녀들의 적응과 성장에 있어서 환경적 한계문제의 시급성과 이를 개선하기 위한 정책과 실천적인 노력을 적극적으로 마련해야 한다고 지적되고 있다(정은희, 2004; 오성배, 2005).

이들에 대한 관련 다양한 연구들에서는 새로운 사회구성원들은 한국 사회의 적응 과정에 많은 어려움을 겪고 있음을 보여준다. 다문화청소년과 관련한 많은 선행연구들의 결과에서 다문화청소년이 가지는 다양한 문제의 현상에 대한 설명과 이를 위한 노력들에 대해서 다음과 같은 사항들을 제언하고 있다.

첫째, 다문화 아동은 언어와 문화 등의 사회화가 원활하게 이루어지지 않은 상황에서 성장하게 되며, 이러한 어려움은 초등학교에 입학한 이후에도 지속되고 있다. 특히 입학 이전 시기에 언어 학습과 정체성 형성이 제대로 이루어지지 못하는 현상을 보이고 있다. 둘째, 입학 이후에도 다른 아동들에 비하여 부족한 수준인 것으로 나타나고 있다. 언어 학습 능력의 부족은 정체성과 대인관계 형성에 부정적 영향을 끼치는 것으로 확인되었다. 셋째, 외모의 특성 또한 어머니가 외국인이라는 이유 때문에 대인관계 형성이 원활하지 못하고 있는 결과들을 보이고 있다. 넷째, 교육과 공공영역에서의 정책적 지원과 제도적인 노력들이 다문화청소년이 가지는 다양한 문제들의 해결을 위해서 한계성과 지체성에 대하여 지적하고 있다(설동훈 외, 2005; 오성배, 2005; 설동훈, 2004; 이금순 외, 2003; 한만길 외, 1999).

최근의 자료들에서는 이러한 제언들과 현상에 대하여 보다 다문화청소년유형에 따라 구체적인 논의들이 진행되고 있다. 오성배(2005)는 다문화청소년 아동의 언어학습, 정체성 형성, 대인관계 형성의 과정이 다른 아동들에 비하여 많은 문제점을 나타내고 있으며 학교의 준비 부족, 언어와 문화에 제대로 적응하지 못한 어머니의 영향 등으로 이러한 문제가 더욱 심각해지고 있다고 설명하였다. 김정원(2006)의 연구는 이주 노동자의 자녀들이 겪는 학교생활의 어려움을 설명하고 있다. 이주노동자 자녀 가운데 상당수를 차지하는 몽골 출신 노동자 자녀들의 학교교육 실태를 분석한 결과, 상대적으로 관심을 적게 받으며 중도 탈락하는 경우가 많다고 설명한다. 김미숙의 연구(2005)는 새터민 학생들의 수업태도는 비교적 양호하였으나 질문과 발표를 하는 데 소극적이었으며, 북한 출신임을 드러내기를 꺼려 하였고 기초학력이 부족한 것으로 나타난다고 설명하고 있다.

새로운 구성원들의 교육 실태와 관련된 연구는 발표되고 있지만, 대안과 이들에 대한 서비스의 방향을 모색하는 연구들은 많지 않다. 이러한 문제점이 지속적으로 나타난다면 다문화 사회에서 새로운 소외계층이 형성될 수 있으며, 새롭게 유입되는 구성원과 그들 자녀의 수가 점차 증가하는 상황에서 본격적인 다문화 사회를 대비한 대책이 마련되어야 할 필요성이 절실히 요구된다고 할 수 있다(정규석 외, 2008).

2) 인구 및 서비스 현황

다음은 22013년 12월 기준, 북한에서 밀입국한 사람의 숫자이다. 98년 이후 지속적으로 증가하고 있으며 우리 사회의 새로운 구성원으로서 인정하고 이에 대한 보다 체계적인 정책적, 복지적 지원서비스 마련이 시급한 시점이라 할 수 있다.

〈표 12-3〉 입국 현황(13. 12월말 입국자 기준)

(단위 : 명)

구분	~ '98	~'01	'05	'10	'11	'12	'13 (잠정)	합계
남(명)	831	565	424	591	795	404	371	7,949
여(명)	116	478	960	1,811	1,911	1,098	1,145	18,175
합계(명)	947	1,043	1,384	2,402	2,706	1,502	1,516	26,124

자료 : 통일부자료

다음은 국제결혼 외국인과의 혼인추세 및 특징을 나타내고 있는 자료이다. 또한 이혼건수와 관련된 자료이다. 다음의 표는 2001년도부터 지금까지 외국인과의 혼인건수와 총 혼인비중을 보여주고 있다. 국제결혼 역시 지속적으로 증가하고 있는 실정이다.

〈표 12-4〉 국제결혼-외국인과의 혼인추세 및 특징(13.4 통계청)

구분	2001	2005	2010	2011	2012
총 혼인건수	318,407	314,304	326,104	329,087	327,073
외국인과의 혼인	14,523	42,356	34,235	29,762	28,326
총 혼인 중 비중	4.6%	13.5%	10.5%	9.0%	8.7%
이혼건수	1,694	4,171	11,088	11,495	10,887

출처: 안전행정부, 『2012년 혼인통계 결과』. 13.4

이와 같은 대상인구의 증가에 대해서 민간영역에서 제공하는 서비스는 다음과 같다. 민간단체는 그간 지역활동의 경험을 바탕으로 결혼이민자들의 요구를 파악하고, 이들을 위한 다양한 지원사업을 하고 있다. 뿐만 아니라 단체들 간의 연계를 통해 단체 성격에 따라 지원분야를 보다 전문화하고 있다. 그럼에도 불구하고, 단체의 인력과 예산상 어려움으로 인해 사업내용이 비교적 제한되어 있으며, 사업의 지속성 또한 유지되기 어려운 문제가 남아 있다. 따라서 민간단체의 오랜 활동경험을 충분히 살려 결혼이민자들에 대한 실질적 지원이 이루어질 수 있도록 민·관 협력체계를 구축하고, 다양한 시범사업 개발 및 운영이 필요하다.

〈표 12-5〉 부산광역시 다문화서비스 민간 서비스

구분	기관명	관련업무 및 2013년 진행프로그램명
복지관	개금종합	다문화청소년 지역아동센터 이용, 새터민, 다문화 가정 주부모임 [색동다리]
	남구종합	남구지역 이주 여성 및 이주세대를 중심으로 한 종합다문화 가족프로그램
	동래종합	여성결혼이민자가족의 지역정착화를 위한 단계적 통합지원프로그램[함께가자 F.N.C.]
	백양종합	[외국인 한글교실]
	부산진구종합	사회복지공동모금회테마기획사업여성결혼이민자한국적응을위한지원프로그램[사랑해요,꼬레아]
	영진종합	국제결혼 이주외국인을 위한 프로그램 [참누리]
	용호종합	청소년상담 및 사례관리
청소년 기관	부산진구청소년지원센터	새터민,다문화청소년 진로지도를 위한 멘토링 프로그램[새 세상을 향해 힘껏 날자]
	부산광역시양정청소년수련관	다문화청소년 및 가족 문화체험프로그램
	부산광역시청소년쉼터	다문화청소년상담, 보호
	부산광역시청소년종합지원센터	다문화가정청소년 멘토링 사업[너와 나 하나되기]
	북구청소년문화의집	청소년문화활동지원
	사상구청소년수련관	청소년캠프, 청소년활동지원

NGO	(사)부산여성의전화	다문화가정 여성상담 및 인권지원, 보호사업
	(사)한국이주여성인권센터 부산지부	[이주여성 가족상담, 한국어방문교실, 나라별 모임, 부부캠프]
	부산국제교류재단	[국제교류마당, 외국인과 함께하는 어울마당, 한국어강좌, 세계문화체험]
	부산YWCA새터민지원센터	새터민 지역정착 지원프로그램
	평화여성의집	다문화가정 여성상담 및 인권지원, 보호사업
	(사)불국토 다문화지원센터	다문화가정 및 청소년지원
대안학교	(사)아시아공동체 부설 아시아공동체학교	다문화청소년 교육사업
건강가정지원센터	해운대건강가정지원센터	결혼이민자가족다문화체험교실
	부산건강가정지원센터	가족사랑걷기대회
	김해건강가정지원센터	법률교육, 집단상담

3) 과제

다문화청소년의 기본 욕구에 충실히 조응하는 것은 교육과 복지의 연계 영역이다. 교육과 복지서비스의 통합은 다문화청소년의 실질적 서비스 차원에서 그 핵심이 된다. 통합의 내용으로는 첫째, 통합상담·정보제공서비스 둘째, 사례관리 셋째, 서비스기관의 네트워크화 넷째, 공공기관의 교육, 다섯째, 민간의 다문화청소년 서비스 활동 계획 수립 등을 들 수 있다. 다문화 및 새터민을 위한 정책과제 제언은 다음과 같다.

첫째, 전문인력배치를 통한 전문 활동의 확대가 필요하다. 새터민 또는 다문화 대상자들에게 고민거리가 발생하였을 때, 가장 우선 상담 대상이 가족이라는 결과가 도출되었다. 이러한 분석결과는 두 가지로 해석해 볼 수 있다. 이유가 설문조사결과처럼 가족간의 관계가 긍정적이기 때문이라고 해석할 수 있다. 그러나 가족의 이런 활동이 심리적 지지이상의, 문제를 해결하는데 전문적이고 객관적인 정보와 서비스는 제공되지 못한다. 그리고 이들에게 상담서비스를 제공하기 위해서는 적어도 그들의 언어와 그들의 문화를 이해할 수 있어야만 하는데, 현재 지역사회 이러한 자원의 부족 또는 자원은 있으나 네트워크의 부재라고도 해석할 수 있다. 그렇다고 다문화청소년 당사자가 가족이외의 지역사회 기존의 자원들과의 연계 역시 다문화청소년과 가족의 노력만으로는 역부족일 것이다. 이러한 이유로 기존의 교육복지 지원망 체계의 확대와 함께 지역사회 서비스와 연계고리가 될 수 있는 전문가의 확대배치가 절대적으로 필요하다 하겠다. 이들의 배치를 통하여 다문화 청소년들을 위해서 개별 수준에 맞는 일 대 일 멘토링프로그램, 사이버 상담, 인터넷 커뮤니티활동과 같은 상담지원체계가 강화되어야 할 것이다. 물로, 이러한 활동에 참여하는 지역사회 전문 인력만이 아니라, 자원봉사자, 대학생과 참여교사들의 체계적 교육이 필요하다.

둘째, 다문화가족의 건강성향상을 위한 가족단위의 교육과 프로그램 지원체계가 확대가 필요하다. 다문화가족관계 증진을 위하여 외국인 배우자와 한국인 가족성원 역시 함께 참여하는 가족단위의 상담과 교육이 필요하다 하겠다. 가족의 건강성을 위해 부부교육, 부자교육, 부모교육, 형제자매교육, 자조모임등과 같은 다양한 가족단위의 교육프로그램 개발과 홍보, 실행, 평가 등의 노력이 필요할 것이다. 특히, 부모교육이 필요하다. 부모는 다문화청소년에게 성장과 적응의 중요한 환경 중 절대적 요소이다. 본 조사 분석 결과에서도 다문화청소년의 고민거리 제 1상담대상이 가족이었다. 그러나 부모 또한 다문화청소년의 교육환경에 대하여 이해를 못하는 경우가 많은 실정이다. 이주정착기간이 짧은 부모일수록 이질적인 교육운영, 교과과정, 교육내용, 교육체계에 대한 이해가 부족하여, 자녀에게 적절한 판단을 내릴 수 있도록 조언을 줄 수 없다. 또한 교육환경에 대한 이해 부족으로 학교와 오해와 불신이 발생할 수 있어, 다문화청소년의 학교배정이 이루어지기 이전 가정 또는 주 양육자에게 사전교육이 필요할 것이다.

셋째, 지역사회에서 다문화를 인정하고 참여하는 환경조성이 필요하다. 지역사회의 인식전환 교육과 우선 유치원 및 초·중등 교육과정 개정 시 다문화 교육요소 반영을 통해 다른 문화에 대한 이해와 편견 극복 및 관용적 태도를 함양할 수 있는 교육과정을 확대해야 할 필요가 있다. 또한 학교의 급우, 교사 등 함께 참여를 통해서 서로간의 문화를 좀더 적극적으로 체험할 수 있는 기회를 마련하는 노력이 필요하겠다.

더 나아가서는 지역사회 주민이 함께 참여하는 행사를 기획, 운영하는 것 역시 서로간의 이해의 폭을 넓히는 기회가 될 수 있을 것이다. 이러한 행사 기획부터 진행, 평가까지 전문가중심의 활동이 아니라 지역주민, 다문화가정이 주체적으로 진행한다면, 지역주민들이 다문화에 대하여 이해의 차원을 넘어서 친화력으로 향상시킬 수 있을 수 있을 것이다.

지역사회의 참여와 더불어 지역사회의 다양한 전문인력의 참여를 증진시킬 필요가 있다. 다문화와 새터민에 대한 정확한 이해와 전달을 위해서 교육과 서비스에 적극 참여하도록 지원과 인센티브시스템이 적용되어야 할 것이다. 다문화청소년을 위한 노력과 참여가 이중적인 과업이 아닌 개인적인 희생과 노력의 차원이 되지 않을 수 있는 인센티브를 구축할 필요를 가진다. 또한 학교단위의 인센티브 시스템을 구축한다. 국제결혼 이민자 자녀 교육 추진에 대한 장학지도 실시 및 추진 실적에 대하여 학교평가·교육청평가 반영 등으로 인센티브 제공이 필요하다 하겠다.

학습목표

첫째, 팀별로 다음 신문기사 스크랩을 보고 만성장기환자의 지원부족이 사회적 문제가 될 수 있는지에 대한 논의를 하고 된다면 왜 될 수 있는지, 없으면 되지 못하는 이유를 논의해 본다.

둘째, 개별로 미래의 사회복지사로서, 본인이 아래와 같은 상황의 클라이언트에게 어떤 개입을 할 수 있는지에 대한 것을 간략히 기술해 보시오.

가정파탄 내몰리는 장기 투병자

○ 병마는 가정을 통째로 흔든다

"끝나지 않을 터널을 걸어가야 하는 숙명이죠."

강민상(가명·29) 씨는 불치병 환자 가족으로 12년째 살고 있다. 강 씨가 고교 3학년이던 2003년, 아버지가 심근경색으로 인한 뇌손상으로 갑자기 쓰러져 의식을 잃었다. 그 뒤 서울 중위권 대학에 입학한 강 씨는 스무 살이 되자마자 빚을 져야 했다. 아버지의 치료비를 마련하느라 집까지 팔아야 했던 가정형편상 도무지 학비를 마련할 수 없었던 것. 대학 4년 동안 학자금 대출로 인한 빚 2,700여만 원을 안고 사회로 나왔다. 결혼을 생각했던 여자친구는 사지가 마비된 채 집에 누워만 계시는 아버지가 있다는 말에 그를 떠났다.

병마의 고통은 나이를 가리지 않고 급습해 삶을 흔든다. 지방에서 부군수를 지내고 퇴직한 정철목(가명·82) 씨는 2000년 막내아들(43)이 뇌출혈로 의식을 잃고 쓰러지면서 15년째 고통스러운 시간을 보내고 있다. 당시 지방에 살며 막내아들의 두 살배기 손자를 보는 낙에 살았던 정씨 부부는 서울로 급히 집을 옮겨 대형병원들을 전전했다. 하지만 막내아들은 눈만 껌뻑일 뿐이었고 며느리는 3년 만에 손자를 데리고 떠나며 인연을 끊었다. 정 씨 부부는 10년 넘게 식물인간 상태인 막내아들을 집에서 간병하다가 심신이 지친 탓인지 지난해 가을 나란히 암에 걸렸다.

14일에는 10여 년째 지병으로 고통 받던 부부가 동반 자살을 시도하는 사건도 일어났다. 장기투병으로 심신이 미약해진 상태에서 기약 없는 투병 생활에 극단적인 선택을 한 것이다. 서울 강북경찰서는 이날 오후 강북구 미아동 자택에서 손목을 칼로 그은 채 쓰러져 있는 임모 씨(67)를 발견했다고 밝혔다. 그 옆에는 임 씨의 부인 채모 씨(67)가 목이 졸린 채 숨져 있었다. 임 씨는 병원으로 실려 가는 구급차에서 "오랫동안 아프고 힘들어 아내와 같이 죽으려 했다"고 말하고는 의식불명 상태에 빠졌다. 임 씨는 신부전증, 채 씨는 허리디스크로 10여 년 동안 극심한 고통을 앓아온 데다 3년 전에도 동반 자살을 시도했던 걸로 알려졌다.

○ 장기투병 지원, 여전히 부족하다

이처럼 장기 투병을 하는 가정, 특히 가정형편이 어려운 저소득층의 경우에도 의료 지원을 받기가 어렵다. 한국보건사회연구원 조사에 따르면 '병원에 갈 필요가 있지만 치료를 포기하는 비중'은 4.8%인데, 그중 72.6%가 경제적 이유로 치료를 포기한 걸로 나타났다. 저소득층이어도 의료 지원을 받기가 어려운 것이다.

가족을 치료하기 위해 전전하다 중산층이 빈곤층으로 전락하는 경우도 많다. 2011년 세계보건기구(WHO) 자료에 따르면 우리나라는 의료비 지출로 빈곤가구(소득이 중간수준의 절반 미만인 가구)로 전락한 비율이 0.36%로 경제협력개발기구(OECD) 회원국 중 다섯 번째로 높다. 김민영 대한의료사회복지사협회 사무국장은 "저소득층 가정을 위한 '재난적 의료비'(가구당 평균 의료비 부담이 소득의 10%를 초과하는 경우) 지원 제도가 있지만 특정 질병에만 지원된다는 허점이 있다"며 "환자 처지에서 피부에 와 닿는 실질적인 도움이 필요하다"고 지적했다

부산일보 사회면 2014-01-16 발췌

제13장 전문직으로서의 사회복지

1. 전문직의 개념

1) 전문직의 정의

전문직은 Richard N. Hall이 지적한 바와 같이 전문조직을 활용하고 공중에 대한 신념, 자기규제(self regulation) 신념, 소명의식(sense of calling), 전문적 자율성(professional autonomy)을 지녀야한다. Walter A. Friedlander와 R. Z. Apte는 전문직이란 지적한 특수한 능력(special competence)과 기술(techniques), 실천가(practitioners), 서비스 개발에 대한 관심, 개인적인 책임을 지녀야 한다고 정의하고 있다. 이러한 전문직의 장점은 신분(status)이 보장되고 전문적 자기규제와 전문적 보상이 이뤄지는 것이며 단점으로서는 공식관료조직과의 마찰이 일어난다는 점이다.

전문직사회화(professional socialization)란 특정전문직의 실천과 관련된 지식 기술 가치 역할 그리고 태도 등을 습득하는 과정을 의미한다. 즉, 특정 전문직의 정체의식 및 전문적 행동규범의 제공을 통해 한 개인의 전문적 성장과 발전을 도모하는 과정으로서 궁극적으로는 한 개인이 특정 전문직의 구성원이 되어 그 전문직에 동일시 되어가는 과정이라고 볼 수 있다. 이와 관련하여 사회복지사의 전문직 태도에 영향을 미치는 전문직 사회화관련 요인을 Larson의 연구를 토대로 하여 간략히 살펴보면 다음 세 가지로 요약해 볼 수 있다. 첫째, 예기적사회화(anticipatory socialization)이다. 공식적인 교육을 받기 이전에 미래의 직업에 대한 한 개인의 이미지와 태도를 조정해주는 경험들을 의미하는 것으로서 공식적인교육 이전에 자신이 선택한 직업에 대해 가지고 있는 태도 가장역할수행에 미치는 영향력에 대해 관심이 주어져 왔는데 주로 가족과 문화 경제개인적요인 등이 예기적사회화 관련요인들로 거론되어 왔다. 예기적사회화요인으로 사회복지선택의 이타주의동기 사회복지선택에 대한 가족의지지 사회복지사 등과 같은 전문가의 도움을 필요로 하는 개인 및 가족의 문제유무 그리고 자원봉사 경험유무 등을 선정하였다. 둘째, 공식적사회화(formal socialization)이다. 공식적사회화는 직업에 대한 학술적인 공식훈련이 이뤄지는 교육기관에서의 사회화라고 할 수 있는데 이것은 신 참자가 직업적인가치와 태도, 기술을 채택하는데 영향을 미치는 훈련 기간 동안의 조직적인 준비과정을 의미한다. 공식사회화 관련요인으로는 공식 사회복지교육 연수 사회복지교육의 실무유용성 그리고 교수 및 강사진 커리큘럼 실습 슈퍼바이저 등의 영향력 등을 들 수 있다. 마지막으로 조직사회화(organizational socialization)를 들 수 있다. 조직사회화란 조직외부 자였던 개인이 조직의 내부구성원이 되어가면서 한조직내에서 기대되는 조직의 규범가치관이 요구되는 행위 역할수행에 필요한 기술사회적지식 등을 학습해 가는 과정을 의미한다. 조직 사회화관련 요인으로는 근무경력, 슈퍼비전, 동료와의관계 그리고 상사와의 관계 등을 들 수 있다.

이와 같은 전문직사회화 과정을 통해서 각 전문직은 전문직 태도

(professional attitude)를 갖게 된다. 전문직업인이 지니고 있는 신념과 가치 태도 등을 의미하는 것으로 전문직 구성원의 태도 및 행동은 어떤 직업이 사회로부터 하나의 전문직으로 인정받는 것과는 별개로 전문직과 비전문직을 구분하는 데에 있어 구조적 속성보다 더 중요한 것으로 여겨져 왔다. 어떤 직업에 있어서 이미 갖추어져 있거나 또는 결여된 구조적 특성보다는 그 직업 종사자들의 태도가 지향하는 방향과 강도로 전문직이 구별된다. 예를 들면 전문직의 정의에서 가장 핵심적인 특성은 직업적 행위에 대한 인성(personality)의 관여정도로 그 는 전문가 개인의 인성이 직업행위에 고도로 관여하게 될 때 이것이 전문가가 일관성 있게 최대의 관심을 가지고 행동한다는 믿음의 형태로 고객 또는 클라이언트에게 전달된다고 보았다.

2) 전문직으로서의 사회복지

Hall은 이와 같은 현상이 전문직 훈련프로그램이나 업무 자체에서 발생하는 일종의 사회화에 근거하는 것으로 보았는데 이는 곧 전문직이 되고자 하는 직업들이 그들 구성원에게 강한 전문직태도를 가르치려할 것이라는 가정을 뒷받침하는 것이라 할 수 있다. 사회복지사들 역시 이러한 과정을 통하여 많은 공통점을 가지게 되는데 대표적으로 서비스에 대한 헌신윤리강령에 반영된 인도주의적 가치 그리고 급속히 팽창하는 지식체계 등을 들 수 있다.[1)]

어떤 전문 직업에서든 직업윤리, 전문지식, 전문기술 이 3가지 요소가 필수적으로 요구된다. 사회복지실천에서도 마찬가지다. 사회복지실천을 위한 기초지식은 관련 분야의 지식과 일반적인 교양으로 구성되는 기본적인 부분이다. 직업윤리와 가치는 인권옹호, 클라이언트의 비밀보장의 의무 등을 요구한다. 전문적인 지식을 위해서는 각종 사회복

1) 박은경, 사회복지사의 전문직태도에 영향을 미치는 사회화요인에 관한 연구, 2006.

지제도와 관련 분야에 대한 지식을 포괄적이고 체계적으로 갖출 필요가 있다. 또한 사회복지의 고유한 관점인 환경 속의 인간이라는 이해도 인간의 행동을 상황적 맥락 속에서 해석하기 위해 반드시 전문지식으로 갖추어야 한다.

사회복지를 전문직으로 간주하느냐는 나라에 따라 그리고 시대에 따라 상당한 차이가 있다. 학문적으로나 실제에 있어서 사회복지가 가장 발달한 미국의 경우, 많은 사람들이 사회복지를 전문적으로서의 가능성이 높다고 본다.

전문직이 가지는 속성에 대하여 그린우드(Greenwood)가 1957년 '전문직의 속성'이라는 글에서 다음과 같이 제시하였다(김태성 · 윤현숙 · 김혜란, 1998. pp. 19～22 재인용).

첫째, 전문직이 되기 위해서는 관련기술을 사용하는 그 자체가 아니라 기술의 근원이 되는 체계적인 이론의 존재가 주요한 요소이다. 전문직은 단순히 다른 직업이 갖지 못하는 특정 기술만을 갖추어서는 안되며, 거기에서 한 걸음 더 나아가 기술의 바탕에 깔려 있는 체계적 이론이 있어야 한다는 것이다. 둘째, 전문적인 권위로서 사회복지사와 클라이언트와의 관계에서 사회복지사에게 부여된 전문적 권위와 신뢰가 있어야 한다. 셋째, 전문직은 공동체 혹은 사회로부터 일정한 권한과 특권을 인정받는 것이다. 이러한 권한과 특권에는 여러 가지가 있을 수 있으나 가장 중요한 것은 전문직 인력에 대한 독점적 통제권을 인정받는다는 점이다. 예를 들면, 특정 전문가 협회에서 일정한 자격시험을 관장하는 권한 등을 말한다. 넷째, 전문직은 전문직 자체의 윤리강령을 가지고 있다. 앞에서 언급한 전문직의 특권은 때로는 남용의 위험이 있다. 따라서 이러한 남용의 위험을 막기 위하여 전문직은 자체 규범체계를 갖고 있는데, 이것이 전문직의 윤리강령이다. 마지막으로 전문직에는 고유의 전문직 문화가 존재한다. 다시 말해, 전문직에는 다른 전문직과는 구별될 수 있는 고유한 가치, 규범, 상징들이 존재한다. 또한 전문직이 하는 일은 일종의 소명으로 보며, 그 자체가 수단(예: 돈을 벌기 위한 수단)이 아니고 목적이 되어야 함을 강조한다.

그렇다면 과연 사회복지가 전문직인가에 대한 질문을 제기하지 않을 수 없다. 앞의 조건에 맞추어 짚어본다면 전문직이라 할 수 있다. 우선 사회복지실천기술의 근원이 되는 사회적 현상을 설명하고 있는 이론들이 체계적으로 갖추어져 있다. 그리고 이를 근거로 다수의 사회복지 기관과 단체에 소속된 사회복지사들이 전문적인 서비스'를 제공하고 있다. 클라이언트와의 관계에 일정자격요건을 국가에서 인정해주는 사회복지사의 권위와 권한이 있다. 또한 사회복지사만의 권위와 권한의 남용을 방지하기 위한 자체적인 윤리강령이 존재하고 있다. 마지막으로 사회복지사만의 인간의 존엄성, 개별화의 원리 등 문화를 가지고 있다.

다음은 사회복지사 윤리강령의 내용들이다. 전문성 개발을 위한 노력 항목만을 발췌한다면 다음과 같다.

첫째, 사회복지사는 클라이언트에게 최상의 서비스를 제공하기 위해, 지식과 기술을 개발하는데 최선을 다하며 이를 활용하고 전파할 책임이 있다. 둘째, 클라이언트를 대상으로 연구하는 사회복지사는 저들의 권리를 보장하기 위해, 자발적이고 고지된 동의를 얻어야 한다. 셋째, 연구과정에서 얻은 정보는 비밀보장의 원칙에서 다루어져야 하고, 이 과정에서 클라이언트는 신체적, 정신적 불편이나 위험·위해 등으로부터 보호되어야 한다. 넷째, 사회복지사는 전문성을 개발하기 위해 노력하되, 이를 이유로 서비스의 제공을 소홀히 해서는 안된다. 다섯째, 사회복지사는 한국사회복지사협회 등이 실시하는 제반교육에 적극 참여하여야 한다.

〈표 13-1〉 사회복지사윤리강령

Ⅰ. 사회복지사의 기본적 윤리기준
1. 전문가로서의 자세 2. 전문성 개발을 위한 노력 3. 경제적 이득에 대한 태도
Ⅱ. 사회복지사의 클라이언트에 대한 윤리기준
1. 클라이언트와의 관계 2. 동료의 클라이언트와의 관계
Ⅲ. 사회복지사의 동료에 대한 윤리기준
1. 동 료 2. 슈퍼바이저
Ⅳ. 사회복지사의 사회에 대한 윤리기준
Ⅴ. 사회복지사의 기관에 대한 윤리기준
Ⅵ. 사회복지윤리위원회의 구성과 운영

우리나라의 경우 1962년 최초의 기독교사회사업학과 구성으로부터 1987년에 정부는 사회복지전담공무원을 채용하여 배치하였다. 또한 2003년부터는 사회복지사 1급자격증을 위한 국가고시제도가 도입되었다. 하지만 이러한 몇 가지 측면만으로는 아직 전문직으로서의 확고한 위치를 확보했다고 단언할 수는 없다. 왜냐하면 사회복지사에 대한 사회적 처우는 전문가의 대우로 아직 미흡한 상태이기 때문에다. 또한

정부차원에서 사회복지사 자격을 국가고시제도를 통해 취득하게 하지만, 사회복지사에 대한 독점적 권한부여에 있어서는 소극적인 태도를 보이는 이중성이 있다. 따라서 앞으로도 끊임없이 사회복지의 전문성에 대한 공방이 더해갈 것이며, 그 과정에서 사회복지사들이 자신들의 전문성을 얼마만큼 확립할 수 있는가에 대한 해답은 사회복지학계와 사회복지사들의 노력에 달려 있다고 볼 수 있다.

2. 사회복지사의 활동과 전문성

1) 사회복지사의 역할

사회복지사의 역할이란 사회복지사가 중요하다고 여기는 전문적인 기능과 관련하여 기대되는 행동을 말한다. 여기서는 거시, 중 범위 또는 미시 체계 등 각각의 수준에 상대적으로 집중되어진 역할도 있으며, 통합적으로 담당해야 할 부분도 있다. 사회복지 현장에서 기대되는 사회복지사의 역할을 소개하면 다음과 같다.

첫째 조력자이다. 조력자는 위기 상황에서 부적절한 조건과 같은 지역사회 문제에 이르는 다양한 스트레스에 대처하도록 돕는 역할을 한다. 조력자의 역할에 필요한 기술은 희망을 전하고, 저항이나 감정을 줄여주며, 감정을 인식하고 관리하며, 개인의 강점이나 사회적 자원을 발굴하고 지지해 주는 역할을 수행한다.

둘째, 중재자이다. 의견이 다른 개인이나 집단 사이의 의사소통을 향상하고 타협하도록 돕는 중재자는 중립을 유지하며 논쟁에서 어느 한 쪽 편도 들지 않으며, 양측이 서로의 입장을 이해하고 있는가를 확인해야 한다.

셋째, 통합자/조정자이다. 통합이란 다양한 부분들을 단일화하여 전체를 구성하도록 합하는 과정이다. 조정이란 각 부분을 특정한 구성방식으로 모으는 것이다. 사회복지사는 통합자/조정자로서 옹호나 조정 가능성을 파악하는 일에서부터 기술적으로 지원하거나, 서비스를 연계하고 수행하기 위해 직접 개입하는 일까지 다양한 방법으로 기능한다.

넷째, 관리자의 역할이다. 사회복지 기관에서 행정 책임과 관련이 있는 것으로, 조직의 지역사회에서의 미션과 목적을 세우고 이를 달성하기 위해서 개입전략을 기획하고 실행하고 평가하는 역할을 주로 담당한다.

다섯째, 교육자의 역할이다. 교육자의 역할은 사회복지사가 클라이언트와 다른 체계에 정보를 제공하며 기술을 가르치는 일을 포함한다. 효과적인 교육자가 되기 위해 사회복지사는 무엇보다 관련된 지식과 기술을 함양하고 개발할 필요가 있으며 이에 대하여 정보를 명확히 전달하고 이해시키기 위해 의사소통기술을 익히고 적절히 활용할 수 있어야 한다.

여섯째, 분석가 및 평가자의 역할이다. 프로그램이 기관의 미션과 목적을 위해서 그리고 대상자의 변화를 위해서 제대로 기능하는지를 분석하거나 평가할 수 있으며, 자신이 개입하는 것의 효과성도 평가하게 된다,

일곱째, 중개자의 역할이다. 중개자는 클라이언트(개인이나 소집단, 조직, 지역사회)와 지역사회의 자원이나 서비스를 연결하는 것을 돕는다. 여기에서 지역사회의 다양한 부분들이 상호 이익을 증진하기 위해 교류하도록 돕는 역할이다.

여덟째 촉진자의 역할이다. 집단의 지도자 역할을 담당한다. 사회복지사는 치료집단이나 과업, 훈련, 자조집단 등 다양한 목적을 가진 집단에 개입한다. 이때 촉진자의 역할은 사람들을 모으고, 의사소통 통로를 만들고, 활동이나 자원을 전달하며, 전문 지식이나 기술에 접할 수 있도록 하여 변화 노력을 촉진하는 책임이 있다.

아홉째 주창자의 역할이다. 이슈에 대한 관심을 불러일으키는 사람

을 말한다. 이슈는 지역사회에 존재하는 문제나 개선해야 하는 상황이다. 문제를 예방하거나 현재의 서비스를 향상시키는 것도 변화를 위한 노력의 중요한 이유가 된다.

열째 협상가의 역할이다. 다른 집단이나 체계에게서 무엇인가를 얻기 위해 노력하는 개인, 집단 또는 조직을 나타낸다. 중립적인 위치의 중재가와는 다르게 협상가는 관련된 어느 한 쪽과 연결되어 있다.

열한번째, 옹호자의 역할이다. 클라이언트를 위하여 일을 진행하고 말하는 것으로, 특히 클라이언트가 필요한 것을 얻을 힘이 약하거나 거의 없을 때 필요역할이다. 옹호는 크고 강력한 체계에 맞서 있는 클라이언트를 보호하기 위해서는 위험을 감수해야 한다.

2) 사회복지사의 활동 현황

다음은 지역별 사회복지사 자격현황이다. 사회복지사자격을 가진 사람은 무려 60만이 넘으며, 이중 2급자격증이 상대적으로 가장 많은 80.47%로 나타났다.

사회복지사는 아동, 청소년, 여성, 노인, 장애인, 노동자, 빈민, 일반시민 등 다양한 인구집단을 대상으로 사회복지사업을 수행하는 사람들이며, 그 활동분야는 매우 광범위하다. 그 영역별 내용을 구체적으로 살펴보면 다음과 같다.

첫째, 공공영역에서는 사회복지직 공무원이다. 1987년부터 도입되기 시작하여, 1992년 사회복지사업법의 전면 개정을 통해 일선 행정기관에 배치하는 법적인 근거를 마련하였다. 국민기초생활보장법에 의해 업무를 수행하는 사회복지직 공무원은 공공의 서비스전달체계의 가장 최전선 역할을 수행하기 위해서 임용된다. 현재 읍·면 주민센터(구, 동사무소), 시·군·구청 등에서 일한다.

〈표 13-2〉 지역별 자격증 발급현황

(단위: 건%)

지역 (급수/단위)	1급 건	1급 (%)	2급 건	2급 (%)	3급 건	3급 (%)	소계 건	소계 (%)
서울	41,295	6.56	92,985	14.78	11,092	1.76	145,372	23.1
부산	7,227	1.15	33,313	5.29	390	0.06	40,930	6.5
대구	5,448	0.87	29,928	4.76	204	0.03	35,580	5.65
인천	3,349	0.53	14,968	2.38	38	0.01	18,355	2.92
광주	4,658	0.74	35,135	5.58	139	0.02	39,932	6.35
대전	4,588	0.73	22,112	3.51	97	0.02	26,797	4.26
울산	939	0.15	7,282	1.16	18	0	8,239	1.31
경기	11,843	1.88	68,539	10.89	141	0.02	80,523	12.8
강원	2,543	0.4	16,229	2.58	43	0.01	18,815	2.99
충북	3,685	0.59	21,520	3.42	97	0.02	25,302	4.02
충남	3,879	0.62	18,113	2.88	104	0.02	22,096	3.51
전북	5,639	0.9	28,793	4.58	125	0.02	34,557	5.49
전남	3,857	0.61	38,326	6.09	33	0.01	42,216	6.71
경북	6,012	0.96	41,481	6.59	65	0.01	47,558	7.56
경남	4,290	0.68	28,852	4.59	63	0.01	33,205	5.28
제주	962	0.15	8,803	1.4	12	0	9,777	1.55
소계	110,214	17.52	506,379	80.47	12,661	2.01	629,254	100

출처 : http://www.welfare.net/site/ViewDocLibrary.action 자격증 발급현황 '13. 9월 통계

둘째, 이용시설인 지역사회복지관 및 단종복지관인 노인 그리고 장애인복지관에서 근무하는 경우이다. 지역사회 내에서 일정한 시설과 전문인력 및 자원봉사를 갖추고, 지역주민들의 복지수요에 부응하여 종합적인 복지사업을 수행하는 사회복지 이용시설을 의미한다. 특히 사회복지관의 경우 국민주택 100만호 건설과 함께, 영구임대아파트단지에 1개소씩 건립하면서 현재 전국적으로 설치되어 있다. 사회복지사는 일차적으로 저소득층의 자립능력을 배양하여 탈빈곤을 유도하며, 지역사회문제를 예방・치료할 뿐만 아니라 지역사회 및 주민들의 연대감을 조성하여 지역사회주민의 복지증진을 위한 역할을 수행한다.

셋째, 생활시설에서 근무하는 경우이다. 정신장애인, 지적장애인, 노인, 보육 등의 서비스가 필요로 하는 사회적 요보호대상자들이 거주와 함께 서비스를 제공받는 곳이다. 대상자의 특성에 따라 케어중심의 서비스가 주종을 이루고 지역사회연계사업을 통해서 지역안에서의 대상자의 정체감과 지역사회 통합화 역량을 함양시키도록 서비스를 제공하기도 한다.

넷째, 사회복지사업을 수행하는 사회복지시설 중에서 의무채용이 제외되는 시설-노인여가복지시설, 점자도서관 점서 및 녹음서 출판시설, 보육시설, 성매매피해자 등을 위한 지원시설 및 성매매피해상담소, 성폭력피해상담소-을 제외하고는 사회복지사를 직원으로 채용하여 전문가로서 역할을 수행한다.

다섯째, 다양한 유형의 성격과 기능을 지닌 사회복지시설 및 사회복지기관들의 협의체에서 근무하는 사회복지사는 그 시설과 기관의 이익을 대변하고, 사회복지에 과한 정책제안, 주민복지운동, 교육 등을 실천하고 있다. 또한 사회봉사활동에 대한 관심이 늘어나면서 시·군 단위에 자원봉사센터나 정부지원으로 청소년상담실 등이 설치되면서 전문성을 가징 사회복지사의 수요가 증가하고 있다. 그 외에도 사회복지공동모금회, YMCA, YWCA, 경실련, 국민연금관리공간, 건강보험공단 등에서 일하는 사회복지사도 적지 않다. 최근 들어 대기업은 기업의 사회봉사활동과 자원의 사회 환원 차원에서 '기업복지재단'을 운영하고 있는데, 아산사회복지재단, 삼성복지재단, LG복지재단 등에서 사회복지사들이 중요한 역할을 수행하고 있다.

다섯째, 의료법 시행규칙 28조 2항 6호에 의하면 '종합병원에는 사회복지사업법의 규정에 의한 사회복지 종사자 자격을 가진 자 중에서 환자의 갱생, 재활과 사회복귀를 위한 상감 및 지고 업무를 담당하는 요원을 1인 이상 둔다'고 규정하고 있다. 의료사회사업이 활성화되어 있는 세브란스 병원, 성모병원, 상계병원, 동산병원 등에서는 여러 명의 사회복지사가 일을 하고, 점차 그 수효가 늘어나고 있는 영역이다.

또한 정신보건법에서도 정신보건 전문요원으로 사회복지사를 임용하도록 규정하고 있다.

마지막으로 사회복지사의 활동 영역이 앞에서 설명한 특정한 영역에만 한정되어 있지 않다. 그 외에도 산업현장, 학교, 군, 교정시설, 다문화영역 등 우리 인간이 생활하고 있는 다양하고 광범위한 영역에서 전문직으로서의 수요가 증가할 것으로 기대된다.[2)]

3. 사회복지사 가치, 지식 및 기술의 전문성

어떤 전문 직업에도 직업윤리, 직업적 전문지식, 전문기술의 3가지 요소가 필수적으로 요구된다. 전문적인 지식과 관련해서 사회복지사는 각종 사회복지제도와 관련 분야에 대한 지식을 포괄적이고도 체계적으로 갖출 필요가 있다. 그리고 전문기술로는 개별사회복지, 집단사회복지, 지역사회조직사업 등의 전문적 원조기술을 활용할 수 있는 능력을 갖추지 않으면 안 된다. 기초지식을 기반으로 하여 전문적인 지식과 전문적인 기술을 충분하게 자기의 것으로 만들고, 그 위에 윤리관에 적합한 실천을 수행해 가는 것이 오늘날의 사회복지실천에 있어서 전문성의 구도이다.[3)]

사회복지사란 전문직은 대학 또는 대학원에서 사회복지학 또는 사회사업학을 전공하고 사회복지사 자격증을 교부받아 사회복지 분야 등에서 일하고 있는 전문 직업인을 말한다. 사회복지사가 전문가로서 자질을 갖추고 있느냐의 여부는 사회사업적인 가치와 지식 및 기술을 겸비하고 있느냐에 따라 달라질 수 있다고 볼 수 있다.

사회복지사는 사회복지의 전문적인 가치에 투철해야 한다. 이것은 사회복지사가 사회복지를 실현하는데 사람들에게 영향을 미치고, 안내

2) 장승옥 외 4명, 『사회복지의 이해』, 청목출판사, 2011, pp.53-66

3) 조홍식 외 6명, 『사회복지학개론』, 창지사, 2010, p.362.

자의 역할을 하기 때문이다. 그러므로 사회복지사는 자신의 개인적인 가치나 신념을 명확히 인식하고, 클라이언트에게 전문적인 도움을 주는 지렛대로서의 역할을 하여야 한다. 사회복지사가 사명감을 갖는다는 것은 사회복지사 개인의 가치를 사회복지 전문성의 가치에 접근시키는 논리적인 결단의 행위라고 볼 수 있다.

이러한 기본적인 가치를 달성하는 수단적인 가치를 보면,

첫째, 클라이언트를 하나의 인간으로서 존중하고 개별화시킨다.

둘째, 클라이언트가 자기 스스로 결정하도록 돕는다.

셋째, 클라이언트의 비밀을 보장한다.

넷째, 보완적인 관점보다는 제도적인 관점에 입각해서 서비스를 전달한다.

다섯째, 약자를 위한 옹호 및 사회행동을 한다.

여섯째, 사회복지 서비스의 초점을 개인보다 가족구성원에게 둔다.

일곱째, 프로그램 수행의 책임성을 강조한다.

사회복지사에 의해 사용되는 지식은 광범위하고 다양하며 종합적이다. 따라서 사회복지사는 다음과 같은 지식적인 기반을 필요로 한다.

첫째, 광범위한 교양과목에 대한 종합적인 기초지식이 요구된다. 인간사회 및 인간의 본질에 대해서 그리고 과학적인 사고와 인간의 육체적인 측면을 보다 잘 이해하기 위한 기초지식이 필요하며, 이를 함양하기 위한 지속적인 노력들도 요청된다.

둘째, 인간 간의 상호작용이나 인간들 사이에 기능하고 있는 사회적인 상황에 대한 충분한 기초 지식이 요구된다. 사회복지사가 클라이언트를 돕는 활동을 할 때, 필요한 실천지식으로서 인간의 생태-심리-사회적 발달에 대한 지식은 사회복지사로서 효과적인 업무 수행을 위해 필요하다. 인간의 문제에 접근하기 위해서, 사회복지사는 각각의 발달시기에 관련된 욕구와 자원에 대해 알아야 한다. 또한, 이러한 욕구는 어떻게 정의되고 다양한 문화적인 삶의 형태 속에서 어떻게 만나는지가 매우 중요하다.

셋째, 돕는 관계에서의 상호작용, 돕는 과정이나 다양한 상황 및 체계에 적합한 다양한 개입 전략에 초점을 둔 실천이론에 관한 지식이 요구된다. 클라이언트의 사회기능을 향상시키도록 지식과 실천기술이 필요하며 이로써 전문적인 신념과 목표를 성취할 수 있다. 실천방법의 지식과 기술들은 사회복지사가 관여하는 클라이언트체계 수준에 따라 다양하다. 그 수준은 미시적(micro), 중범위(mezzo), 거시적(macro)으로 구분되는데 효과적인 실천을 위해서는 세 가지 영역에 통합할 수 있는 지식이 필요하다.

- **미시실천**: 직접적 실천, 임상사회복지라고 하며, 개인, 부부, 가족을 포함하는 가족복지, 개별사회복지, 집단사회복지 등 다양한 클라이언트 체계를 대상으로 한다.
- **중범위실천**: 클라이언트에게 직접적 영향을 미치는 가족, 또래집단, 학급과 같은 체계를 변화시키는 것이다.
- **거시실천**: 서비스를 직접 전달하는 것과 거리가 먼 것으로, 간접적 실천이라고도 하며, 사회계획과 지역사회 조직 과정, 사회복지 행정이 포함한다.

넷째, 특수상황에서 특정한 클라이언트 집단과 더불어 사회복지를 하는데 필요한 전문지식이 요구된다. 이러한 포괄적이고 통합적인 지식체계를 근거로 사회복지의 기술은 클라이언트의 욕구에 반응하여 클라이언트의 사회적인 기능을 향상시키려는 목적으로서, 사회복지의 가치와 지식을 잘 조화시켜 이를 행동으로 옮기는 실천적인 구성 요소이다.

다섯째, 정책적측면의 지식이 필요하다. 사회문제해결과 관련된 사회복지정책과 서비스, 프로그램 및 제도, 사회운동의 힘과 영향력 공식적인 정책에서의 사회복지사의 역동성에 대한 이해 또한 필요하다.

여섯째, 과학적인 조사방법에 대한 지식의 함양이 필요하다. 실천을 위한 지식을 형성하고 실천의 모든 영역에서 서비스 전달을 평가하기 위해 과학적이면서 분석적으로 접근하는 기술이 필요하고 통합적인 설명을 할 수 있어야 한다. 또 사회복지사들은 조사연구에서 얻은 정보를 실천에 활용할 수 있어야 하는데 이를 위해서는 조사설계 지식과 경험적 자료에 기반을 둔 결론과 검증되지 않은 다른 결론들을 구별하는 능력이 필요하다.

Baer와 Federico는 사회복지는 네 가지 영역에서의 기술이 필요하다고 주장하고 있는데 이들은 첫째, 정보수집 및 사정기술이다. 둘째, 전문적인 자아를 발전시키고 활용하는 기술이다. 셋째, 개인·집단 및 지역사회와 더불어 사회복지를 실천하는 활동 기술이다. 넷째, 평가기술이다. 이와 같은 핵심적인 기술은 모든 사회복지사들에게 필요하다.

그러나 이러한 지식과 기술은 사회복지사의 가치에 의해서 적절히 활용되고 적으로 조합될 수 있다. 한편 사회복지의 가치, 지식 및 기술은 사회가 변화함에 따라서 이 또한 변하고 발전해 간다. 따라서 사회복지사가 전문가라면 이러한 변화하고 발전되는 지식과 기술에 대한 지속적 교육을 통해서 끊임없이 역량을 함양할 필요가 있다.

4. 사회복지사의 전문자격 및 훈련현황

1) 사회복지사의 자격 및 훈련

우리나자의 사회복지사 자격증 제도는 1970년 1월 사회복지사업법이 제정되면서부터 시작되었다. 사회복지사업법에 사회복지에 관한 전문 지식과 기술을 가진 자에게 사회복지사업종사자 자격증을 교부할 수 있다는 규정이 있었기 때문에 대학에서 사회복지나 사회사업을 전공한 사람이면 무시험으로 사회복지사 자격을 획득할 수 있었다.

그러나 당시 법령은 초등학교 이하의 학력 소지자일지라도 사회복지사업에 7년 이상의 실무경험이 있거나 정부가 주관하는 사회복지사업훈련가관에서 8개월 이상의 훈련과정을 이수하면 자격을 획득할 수 있었기 때문에 전문직으로서의 기본적인 자격기준에도 적합하지 않았고, 사회적으로도 전문직으로 인정받기 어려웠다. 이러한 문제점으로 인해 사회복지사업 종사자의 자격기준을 강화해야 한다는 의견이 제기되었다. 이에 여러 차례 사회복지사업법이 개정되어 2003년 1월부터 사회복지사 자격은 다음 〈표 13-3〉과 같이 강화되어, 사회복지사 자격증을 교부받지 아니한 자는 사회복지사 명칭 사용이 금지되었다.

〈표 13-3〉 사회복지사 자격

<table>
<tr><th>구분</th><th>응시자격</th><th>비고</th></tr>
<tr><td>1급</td><td>가. 고등교육법에 따른 대학원에서 사회복지학 또는 사회사업학을 전공하고 석사학위 또는 박사학위를 취득한 자. 다만, 대학에서 사회복지학 또는 사회사업학을 전공하지 아니하고 동 석사학위를 취득한 자는 보건복지부령이 정하는 사회복지학 전공교과목과 사회복지 관련 교과목 중 사회복지현장실습을 포함한 필수과목 6과목 이상(대학에서 이수한 교과목을 포함 하되, 대학원에서 4과목 이상을 이수하여야 한다), 선택과목 2과목 이상을 각각 이수하여야 한다.
나. 고등교육법에 따른 대학에서 보건복지부령이 정하는 사회복지학 전공교과목과 사회복지관련 교과목을 이수하고 학사학위를 취득한 자
다. 법령에서 고등교육법에 따른 대학을 졸업한 자와 동등 이상의 학력이 있다고 인정하는 자로서 보건복지부령으로 정하는 사회복지학 전공과목과 사회복지관련 교과목을 이수한 자
라. 외국의 대학 또는 대학원에서 사회복지학 또는 사회사업학을 전공하고 학사학위 이상을 취득한 자로서 제 1호 및 제2호의 자격과 동등하다고 보건복지부장관이 인정하는 자
마. 사회복지사 2급 자격 기준란에서 라목 내지 사목에 해당하는 자로서 시험일 현재 1년 이상 사회복지사업의 실무경험이 있는 자</td><td rowspan="2">※ 다음 각 호에 해당하는 자는 사회복지사가 될 수 없다.

가. 금치산자 또는 한정치산자
나. 금고이상의 형의 선고를 받고 그 집행이 종료되지 아니하였거나, 그 집행을 받지 아니 하기로 확정되지 아니한 자
다. 법률 또는 법원의 판결에 의하여 자격이 상실 또는 정지된다.
라. 마약·대마 또는 향정신성의약품의 중독자</td></tr>
<tr><td>2급</td><td>가. 고등교육법에 의한 대학원에서 사회복지학 또는</td></tr>
</table>

	사회사업학을 전공하고 석사학위 또는 사회사업학을 전공하지 아니하고 동 석사학위를 취득한 자는 보건복지부령이 정하는 사회복지학 전공교과목과 사회복지관련 교과목을 필수과목6과목이상(대학에서 이수한 교과목 포함하되, 대학원에서 4과목 이상을 이수하여야 한다), 선택과목 2과목 이상을 각각 이수한 자 나. 고등교육법에 따른 대학에서 보건복지부령이 정하는 사회복지학 전공교과목과 사회복지관련 교과목을 이수하고 학사학위를 취득한자 다. 법령에서 고등교육법에 의한 대학을 졸업한 자와 동등 이상의 학력이 있다고 인정자의 범위로서 보건복지부령이 정하는 사회복지학 전공교과목과 사회복지관련 교과목을 이수한 자 라. 고등교육법에 의한 전문대학에서 보건복지부령이 정하는 사회복지학 전공교과목과 사회복지관현 교과목을 이수하고 졸업한 자 마. 법령에서 고등교육법에 의한 전문대학을 졸업한다와 동등 이상의 학력이 있다고 인정하는 자로서 보건복지부령이 정하는 사회복지학 전공교과목과 사회복지 관련 교과목을 이수한 자 바. 고등교육법에 의한 대학을 졸업하거나 이와 동등 이상의 학력이 있는 자로서 보건복지부장관이 지정하는 교육훈련기관에서 12주 이상 사회복지사업에 관한 교육훈련을 이수한 자 사. 사회복지사 3급자격증 소지자로서 3년 이상 사회복지사업의 실무경험이 있는 자	
3급	가. 고등교육법에 의한 전문대학을 졸업한다 또는 법령에서 이와 동등 이상의 학력이 있다고 인정하는 자로서 보건복지부장관이 지정하는 교육훈련기관에서 12주 이상 사회복지사업에 관한 교육훈련을 이수한 자 나. 고등학교를 졸업하거나 이와 동등 이상의 학력이 있는 자로서 보건복지부장관이 지정하는 교육훈련관에서 24주 이상 사회복지사업에 관한 교육훈련을 이수한 자 다. 3년 이상 사회복지사업의 실무경험이 있는 자로서 보건복지부장관이 지정하는 교육훈련기관에서 24주 이상 사회복지사업에 관한 교육훈련을 이수한 자 라. 법 2조 제1항의 규정에 의한 업무에 8급 또는 8급 상당 이상으로 3년 이상 종사한 공무원으로서 보건복지부장관이 지정하는 교육훈련기관에서 4주 이상 사회복지사업에 과한 교육훈련을 이수한 자	

출처: 사회복지사 협회 2011

사회복지 자격취득을 위하여 필요한 사회복지 전공 교과목은 <표 13-4>와 같다. 2년제와 4년제 대학 졸업자는 필수 10과목, 선택 4과목으로 총 14과목을 이수하여야 하며, 대학원은 사회복지학 또는 사회사업학 전공자에 한하여 필수 6과목, 선택 2과목으로 총 8과목 이상을 이수하여야 한다. 또한 사회복지자격 취득 조건이 학과 중심에서 이수과목 중심으로 전환되어 사회복지학을 전공하지 않더라도 사이버대학이나 학점은행제를 통하여 자격증 취득과목을 이수하면 자격증을 취득할 수 있다.

〈표 13-4〉 사회복지학 전공교과목

구분	전공교과목	비고
필수과목 (10과목)	사회복지개론, 인간행동과 사회환경, 사회복지정책론, 사회복지법제론, 사회복지실천론, 사회복지실천기술론, 사회복지조사론, 사회복지행정론, 지역사회복지론, 사회복지현장실습	10과목 30학점 (과목당 3학점)
선택과목 (4과목 이상)	아동복지론, 청소년복지론, 노인복지론, 장애인복지론, 여성복지론, 가족복지론, 산업복지론, 정신건강론, 정신보건사회복지론, 의료사회사업론, 사회복지자료분석론, 학교사회사업론, 교정복지론, 사회보장론, 사회문제론, 자원봉사론, 사회복지지도감독론, 프로그램개발과 평가, 사회복지발달사, 사회복지윤리와 철학	4과목 12학점 (과목 3학점 이상)

그리고 사회복지사들의 가치관 형성과 전문지식 습득을 통하여 사회복지서비스의 수준을 향상시키고 더 나아가 국민의 삶의 질을 향상시키고자 사회복지사는 연 8시간 이상 보수교육을 받아야 함을 의무로 하고 있다. 이는 2004년 5월 한국사회복지사협회 산하 보수교육법제화추진위원회가 구성된 이후 2005년 사회복지사업법 개정을 발의하였다. 2007년 공청회를 거쳐 2008년 11월 사회복지사업법 시행규칙 일부 개정령이 공포·시행됨에 따라 현재 의무화되었다.

사회복지사 보수교육 대상자는 사회복지법인 및 시설에 종사하는 사회복지사 자격증 소지자로서 한국사회복지사협회가 관리 운영하고 있는 기관〈표 13-4〉의 교육 내용을 이수해야 한다. 이를 지키지 않을 경우 사회복지법인 및 시설에 종사하는 사회복시지사에게 과태료 20만원이 부과되며, 보수교육을 이유로 불이익한 처분을 한 자에 대해서는 100만원의 과태료를 부과하고 있다. 사회복지사 보수교육 내용으로는 사회복지윤리 및 인권보호, 사회복지정책 및 사회복지실천기술사회복지 윤리와 가치를 포함하고 있어야 한다(http://edu.welfare.net/2014).

2) 사회복지사의 전문성 향상을 위한 사회복지교육 개선방향

현장의 사회복지서비스 전문성에 대한 취약성은 사회복지사를 대상으로 본인의 전문성 정도에서 '보통 수준'과 '낮은 수준'에 응답한 경우가 전체의 66.7%로 나타났다. 우리나라에서의 사회복지사에 대한 전문성에 대한 인정 정도에서는 '보통이다(21.8%)', '그렇지 않다(45.3%), 매우 그렇지 않다(25.8%)'로 나타나 사회복지 전문가로서의 정체성과 사회적 인준이 열악하다고 인식하고 있음을 보여준다. 취약한 전문성은 사회복지 서비스의 질로 직결되는 문제임으로 사회복지교육체계와 사회복지사 자격제도는 질 높은 전문가를 양성하기 위해 반드시 개선되어야 하는 과제라고 할 수 있다(한국사회복지교육의 실태와 개선방향 국회정책자료집, 2013).

첫째, 사회복지교육과정에 필수적인 요소인 교과목 개설에 대하여 시대적 상황을 반영하여 개편이 필요하다. 실질적으로 교육기관 실태조사에서 법정교과목(현행 42학점)을 충실히 개설하여 운영하고 있으며, 한국사회복지교육협의회의 지침에 따른 교과목운영을 충실히 수행하고 있는 것으로 나타났으나, 실천현장과 교육기관의 교수대상 조사에서 현재의 사회복지교육과정의 개편 필요성이 강하게 제시되었고, 교과목의 개편은 시대적 상황을 반영하여 개편할 필요가 있다는 문제제기를 하였다고 볼 수 있다. 현행 사회복지 교과목이 변화하는 사회현상과 문제에 개입할 수 있는 역량을 갖춘 사회복지 인재를 양성하는데 기준에 미치지 못하고 있는 현실을 보여준다고 하겠다. 따라서 현행 교육과정의 개편방향은 국가시험 필수교과목의 개편과 선택교과목의 개편이 요구되고 있는바, 필수교과목의 개편에서는 현행 국가시험1급의 8과목을 상향 조정할 필요가 있고, 그 상향될 필수교과목의 우선순위 별로 보면 사회복지윤리와 철학, 프로그램과 평가, 사례관리론을 제시하고 있다. 따라서 현행 사회복지교육과정의 필수이수 교과목은 욕구조사에서 나타난 3과목(9학점)을 포함하여 기존의 42학점에서 51학점으로 확대 개편하여야 함을 시사하고 있다.

둘째, 사회복지현장실습 이수학점 및 실습이수방법의 개선이 필요하다. 이는 오랫동안 논의해 왔던 문제이기도 하지만 이번 실태조사를 통하여 사회복지현장실습이수의 개편방향을 제시하면 다음과 같은 것들이 있다. 사회복지현장실습 운영 기준에 대해 현재는 실습기관, 실습지도자, 실습시간의 사항만 명시되어 있으나, 여기에 실습 지도교수, 실습지도 인원, 슈퍼비전, 실습비, 실습프로그램 등에 대한 사항 또한 포함해야 한다. 구체적으로 제언하자면, 실태조사에서 나타난 바와 같이 교육기관에서는 지도교수 1명당 20명의 학생이 적정하고, 실습기관에서의 실습지도자 1명당 학생 5명 이내가 적정하다고 볼 수 있을 것이다. 그리고 현재보다 강화된 측면에서 운영할 수 있도록 해야 한다. 예를 들자면, 사회복지현장실습의 실습시간을 현재 120시간에서 160시간으로 강화해야 한다. 이번 조사에서도 현행 120시간을 160시간 이상으로 강화해야 한다는 의견이 지배적이었고, 이미 상당수의 교육기관에서도 현장실습을 6학점으로 이수하도록 하고 있거나, 심지어 실습기관에서 평균 160시간에서 200시간 정도로 현장실습 강화하는 방향에서 운영하고 있다.

사회복지 현장실습 개편과 실습인증제에 대한 의견은 이봉주 외 연구진(2011)의 조사결과에서도 제안된 내용과 맥락을 같이 한다. 사회복지학문의 특성상 실습이 강조될 수밖에 없는데 현행 사회복지 현장실습교육의 개편은 교육의 질과 전문성 향상에 중요 역할을 할 것으로 기대된다. 대인서비스 영역에서 현장실습은 점점 강화되고 있는 추세인데, 예로 보육학과(보육교사)나 간호학과(간호사)에서는 실습시간의 확대, 과목별 실습 등을 운영하고 있어 향후 사회복지 현장실습의 강화는 시급하다고 하겠다.

셋째, 현행 대학의 실습문제도 다양한 문제가 있고 슈퍼비전의 부재, 실습내용의 부족 등의 비판이 일고 있는 상황을 고려하여 무엇보다 실습생을 충분히 교육할 수 있는 실습기관의 질적 성장과 슈퍼바이저의 질적 향상의 조건이 되어야 할 것이다. 따라서 실습을 강화하는 방향에서 과다한 실습생을 어떻게 질적으로 향상시켜 실습을 이수시켜야 할지에 대한 논의가 필요할 것이다. 특히, 현장실습 교과목과 관련한 지침서는 실습기관과 교육기관, 그리고 이에 대한 정책을 담당하는 교육부에서 공통으로 활용할 수 있는 것으로 개발할 필요가 있다. 이를 위해 한국사회복지교육협의회와 한국사회복지사협회, 한국사회복지학회 그리고 보건복지부와 교육부 등이 공통의 지침을 연구하여 개발하고 이를 관련 교육기관과 사회복지실습기관에 적극적으로 활용하도록 독려할 필요가 있는 것이다. 현행 우리나라의 교육과정상 사회복지교육은 정규대학의 오프라인 교육과 온라인으로 운영되는 학점은행제를 통하여 사회복지인력이 배출되고 있다. 이러한 양적 성장은 사회복지의 시대정신의 흐름을 만드는데 기여하였다고 볼 수 있겠으나 1급은 국가시험을 통하여 배출되고 2~3급은 교육과정 이수만으로 자격을 취득하기 때문에 질적인 측면에서 현장에서는 다양한 문제점으로 지적되고 있는 것이다. 따라서 지금까지 전문사회복지사자격증 도입논의나 사회복지사 2급도 국가시험을 통하여 합격한 자에게 자격증을 발급하는 제도로 가야 한다는 논의는 현재, 국회보건복지위원회에 발의된 개정법안이 이를 잘 나타내고 있다고 볼 수 있다. 이는 현행 사회복지사 자격제도가 전문가 배출에 미흡하다는 인식이 공감대를 이룬 것이라 할 수 있을 것이다.

사회복지사가 전문가로서 대우받고 있는가에 대해서는 의견을 달리하고 있기 때문이다. 이는 이봉주 외(2011)의 선행연구에서도 제시된 것과 같이 전문가로서 향후 개선할 필요가 있다는 것이다. "사회복지사 등의 처우 및 지위 향상을 위한 법률"이 시행되고 2년째는 맞이하고 있지만 아직도 사회복지현장에서 열악한 노동조건으로 인하여 사회복지사의 자살이 이어지고 있는 현실을 묵시할 수 없을 것이다. 사회복지사의 자격증 발급은 능력과 자질이 있는 사람에게 부여하여 전문가로서 그 역량을 발휘할 수 있도록 하고 전문가로서 일할 수 있는 필드를 만들어야 한다는 것이다. 이를 위하여 자격증의 질적 향상은 필수적인 요건이라고 볼 수 있을 것이다.

학습목표

다음은 지역신문의 시론을 발췌한 내용이다. 실제 사회복지사 근무현장의 일들이다. 개별적으로 다음 글을 읽고서 전문직으로서 권한과 권위를 인정받기 위한 우리의 역할들에서 다함께 이야기를 나눠보도록 하자.

나는 사회복지사다.

요즘 우리 노인복지관이 밤이면 유치원으로 바뀐다. 왜냐면 복지사 선생들이 유치원생 복장을 하고 있고 '송아지' 동요가 반복적으로 흘러나오기 때문이다. 5일간의 긴 감사를 마치고 나서 우리 선생님들은 오는 11일 부산사회복지사협회에서 주관하는 사회복지사 어울림 한마당 '나는 사회복지사다' 예선에 나갈 준비를 하고 있다. 공중파의 '사마귀 유치원'을 패러디한 시나리오를 작성하여 맹연습 중에 있다.

취업 관문 뚫어도 힘든 야근에 박봉 생활고

사회복지사가 되어 취업하고 결혼하는 방법을 주제로 잡았다. 몇 가지 시나리오 내용은 다음과 같다. 부산시내 두 개 대학을 제외하고 모든 학교에 있는 사회복지학과에 들어가서 파트타임 시급 4천320원으로 8년간 학교를 다닌다. 졸업 후 1급 자격증을 따기 위해서는 간단하게 매일 세 시간씩만 자면 된다. 공단에선 프로그램으로 계산하는 국민연금을 수작업으로 계산하는 아주 쉬운 시험 8과목을 모두 60점 이상만 받으면 된다. 사회복지 기관의 취업 경쟁률은 고작 사오십 대 일 정도, 취업하고 나면 바로 '야근의 요정'이 된다. 그러고 받는 연봉은 4년제 대학 졸업 후 다른 직종과 비교 안 하는 것이 마음 편하다. 부산보다는 가까운 경남의 사회복지 시설, 그리고 이왕이면 노인복지관 취업을 추천한다. 왜냐면 연봉이 같은 직급에 300만 원 이상 차이가 나기 때문이다. 결혼을 하게 되더라도 절대 사회복지사를 만나지 말아야 한다. 의지대로 안 되면 적어도 꼭 맞벌이를 구해야 된다. 이유는 맞벌이를 하지 않으면 수급자가 될 수밖에 없다 등이다.

현장에서 관장직을 하고 있는 나에게는 불편한 진실이다. 그러나 시나리오의 이런 내용들이 패러디이긴 하지만 실제 현장의 복지사들이 자신을 바라보는 시각일 것이다. 부산의 사회복지사는 약 3만 명이다. 과정의 차이는 있겠지만 복지관, 생활시설, 자활센터, 시니어클럽 등 400여 개의 기관과 단체에서 장애인, 노인, 빈곤가족 등을 위해서 전문가 사명을 가지고 복지 현장의 일에 임하고 있다. 개념 없는 정치인들이 사회복지를 '세금 먹는 하마' 취급하며 포퓰리즘으로 매도할 때도, '도가니'라는 영화를 보신 분들이 현장의 사회복지사에게 뭐라 하실 때도 이들은 어르신들의 가을나들이를 위해 안내전화를 돌린다. 길고 긴 5일간 구청감사를 받으며 차량운행일지에 잘못 기재된 1㎞를 찾기 위해 계산기를 밤늦도록 두드린다.

복지는 '자선'과 '봉사'의 패러다임에서 '권리'의 개념으로 바뀌었다. 그리고 이젠 '당사자주의'가 복지 현장의 대세이다. 하지만 허울좋은 '전문가'라는 명패로 '선생님'이라는 호칭만 있는 '사회복지사의 복지'는 아무도 이야기하지 않는다. 330만 부산 시민의 복지서비스를 전달하는 이들의 복지는 누가 이야기해야 하고 누구의 책임일까. 이제는 이들을 위한 정책과 정치를 공식적으로 논의해야만 한다. 3만 명은 적은 수가 아니다. 더욱이 이들에게서 서비스를 제공받고 있는 어르신, 장애인, 아이들의 수를 생각해 본다면 시급한 일이다.

이젠 부산 3만 명 종사자의 복지를 말할 때

2004년 10월 정부는 지방자치단체의 자율성을 높이고 지역 실정에 맞는 복지 사업을 실현하겠다며 국고보조로 운영되던 사회복지 분야 67개 사업의 권한을 지방에 넘겼다. 지방이양의 결과는 지역 맞춤형 복지 실현이 아닌 부실 운영이었다. 정부는 분권교부세를 지방에 내려보내 부족한 복지사업비에 쓰도록 했지만 역부족이었다. 2004~2009년 지방이양 복지사업 예산은 연평균 16.5% 증가했지만 분권교부세의 증가율은 5.9%에 그쳤다. 당연히 지방 간 격차가 발생할 수밖에 없었으며, 생존권이라고 강조하는 복지의 부실 운영 책임은 국가가 아니라 사회복지기관을 운영하는 조직과 사회복지사에게 전가되기에 이른다.

이러한 환경이 사회복지사의 복지를 터부시하게 만든 주범이지만 이제는 정책적으로 논의하고 관심을 가져야만 한다. 지난 9월 국회에서 '한국장애인시설협회 주관 지방사업의 중앙정부 환원'이라는 주제로 토론회가 있었다. 이것 역시 하나의 방법이 될 수 있을 것이다. 나는 '크고 강한 부산'보다는 '행복한 부산'을 바란다. 그 첫걸음으로 어렵고 힘든 이웃들에게 서비스를 제공하고 있는 사회복지사들이 자신의 직업에 만족하고 행복해질 수 있어야 된다. 이런 행복한 마음으로 전달하는 서비스가 우리 이웃을 행복하게 만들 수 있기 때문이다.

(부산일보, 2011. 11월 부일시론에서 발췌)

제14장 사회복지의 전망과 과제

사회복지는 지속적인 관심과 함께 사회복지실천현장의 임상적 실천과 다양한 사회적 상황과의 밀접한 관련을 가지고 정치적·경제적·종교적 변화의 많은 영향을 받으면서 발전하여 왔고 앞으로도 계속 발전될 것이다. 그런데 현대사회는 급속한 국·내외적인 변화로 인해 사회복지에서 취급되는 사회문제의 양상도 다양한 변화가 이루어지고 있다. 즉, 산업사회 이후 공업화·도시화·정보화 및 문화발달 등의 사회변화의 많은 영향을 받고 있으며, 사회문제로 인하여 사회해체와 가족에 대한 가치관의 변화 및 급변하는 사회복지실천현장의 변화는 사회문제의 새로운 성격을 보여주고 있다. 향후 우리나라 사회복지의 여건 및 환경변화는 지방자치의 실시와 소득수준의 향상에 따른 복지욕구의 다양화, 공급 주체의 다원화, 산업의 고도화로 인한 도시화, 남북통일의 관심증대, 글로벌 시대의 세계화, 가족구조의 핵가족화, 여성의 경제활동인구 증가, 고령사회의 노령인구 증가, 가정폭력으로 인한 가족해체의 증가 등으로 나타날 것이다. 이러한 사회복지환경의 변화는 다양한 방안으로 중요한 정책과제가 해결되어야 할 것이다.

본 장에서는 사회복지환경 변화를 통한 한국사회복지 전망과 과제로 나누어 살펴보고, 우리나라 사회복지의 현 주소를 조명해 봄으로써 사회복지를 학습하는 모든 대상자들의 이해를 돕고자 한다.

1. 사회복지의 전망

한국사회복지의 전망은 급변하는 사회복지환경 변화를 통해 여러 측면에서 살펴볼 수 있으며, 정치적 여건 변화에 따른 사회복지환경 변화, 경제적 여건 변화에 따른 사회복지환경 변화, 사회적 여건 변화에 따른 사회복지환경 변화, 사회복지 분야 변화에 따른 사회복지환경 변화 등과 같은 주제로 전개하고자 한다.

1) 정치적 여건 변화에 따른 사회복지환경 변화

(1) 지방자치제도의 실시와 대상자 욕구의 다양화 · 다원화 · 고도화

사회복지사업에 대한 지방이양은 참여정부에서 논의되기 시작되었다. 참여정부 내 대통령 자문기구인 정부혁신지방분권위원회는 2003년 7월 '참여정부 지방분권 추진 로드맵'과 '재정 · 세제개혁 로드맵'에 따라 지방분권을 추진하면서 사회복지재정의 권한과 자율성을 확대하는 방향으로 추진하였다. 지방이양된 사회복지사업은 지방자치단체의 재정자립도에 의해 존폐가 결정되었다. 따라서 예산축소로 사업에 차질이 생기기 시작했고 사회복지예산의 축소는 새로운 재정분권에 따른 흐름 속에서 67가지의 사회복지사업이 지방이양 되면서 나타날 수밖에 없는 문제임을 점차 결과로서 알 수 있다. 지방이양과 함께 재정분권은 지방재정 확충 및 불균형 완화, 지방세정제도 수정 및 개선, 지방재정에 있어서의 자율성 강화, 지방재정운영에 있어서의 투명성 · 건전성 확보를 과제로 추진되고 있고 특히 지방재정에 있어서 자율성 강화를 위한 주요 제도 개선의 방안으로 국고보조금 제도의 개선을 제시하고 있다. '재정・세제개혁 로드맵'은 5대 목표로서 재정분권 추진, 세제・세정 합리화, 지출 효율성, 재정 투명성, 재정 건전성을 세우고 15개 과제를 제시하였다. 현재 국고보조금제도의 가장 큰 문제점은 통합적인 예산이 배분된 것이 아니라 단위 사업별로 예산이 배분되어 기본적으로는 지방자치단체의 재정 자율성을 저해하고 있으며, 중앙정부가 지방을 통제하는 수단으로 활용될 수 있다. 따라서 중앙정부에서 추진한 재정분권과 지방정부의 재정 자율성을 확대시키기 위해 국고보조사업을 줄이고 일부의 사업을 지방이양사업으로 추진하게 된 것이다. 또한 국고보조금 제도 자체도 비효율적이고 낭비요인이 상존한다는 점이다(이태수, 2005).

지방자치의 실시는 중앙정부 중심에서 지역사회복지를 강화하는 방향으로 전환해야 한다는 것이다. 사회복지란 모든 사람이 더불어 잘 살기 위한 공동의 노력 즉, 정책과 행정 및 실천에 의해 인간의 존엄성과 삶에 대한 사회적 연대감을 바탕으로 할 때 더욱 높은 가치가 있기 때문에 지방자치단체야말로 지역사회의 복지문제를 더욱 정확하게 파악할 수 있음을 우리는 알고 있다. 복지사회의 구현은 지역별 특성을 고려하고 지역주민의 적극적 참여가 가능할 때 이루어질 수 있는 것이다. 따라서 지역별 지역주민의 욕구를 고려한 사회복지 프로그램의 개발 및 실시는 지역사회복지를 실현・가능하도록 하는 지름길이 될 것이다. 계층별 대상으로 실시되고 있는 사회복지의 현실을 감안해서, 지역단위 사회복지로서의 지역사회복지는 지역주민의 삶의 질 향상과 복지증진을 위해 사회보장정책뿐만 아니라 고용 및 노동정책과 교육 및 문화정책 등을 보완할 수 있는 활동이다. 결국 지역사회복지를 올바르게 실시하기 위해서는 공공기관과 민간사회복지기관 및 시설의 거버넌스가 중요하며 지역주민과의 네트워크 구축을 통해 지역사회주민의 다양한 사회문제를 해결하며 개선해갈 수 있는 노력이 필요하다.

이러한 추세에서 지방자치의 실시는 지역주민의 사회복지정책 수립을 위한 정치참여가 용이해지고 이에 따라 국민의 다양한 욕구를 정치권이 수렴하여 해결할 것으로 예상된다. 이 중에서도 지역사회복지에 대한 분배정의의 실현과 빈곤계층의 증가로 인한 양극화 문제, 저출산·고령화에 대비하는 복지증진에 대한 욕구의 해결은 우선시될 것이며, 각 정치집단은 정치적 지지를 획득하기 위해 국민과의 대화를 통해 이러한 국민적 욕구를 더욱 민감하게 받아들여 사회복지정책 수립에 반영하게 된다. 현재 지역사회 각계각층의 복지욕구의 양적 증대뿐만 아니라, 지역적 특수성이 반영된 복지욕구의 표출이 증대될 것으로 보인다. 나아가 지방자치단체의 사회복지 역할 증대의 필요성의 증대와, 다양한 이익집단이 사회적 갈등을 조정할 수 있는 분야에서 사회복지제도의 재정비가 요구될 것이다. 지역 간 균형적인 복지행정을 유지하면서 동시에 지역별 특성을 고려한 지역적 사회복지수요를 최대한 충족시킬 수 있도록 하는 이중적인 기능을 수행하여야 한다. 이를 위해서는 무엇보다도 중앙정부와 지방자치단체 간 복지행정기능의 역할분담의 정립이 재원조달방법의 재정립과 사회복지전달체계의 확충 및 체계화 등을 통해 이루어져야만 한다.

(2) 남북통일에 대한 국민의 관심증대

통일독일을 바라보며 남북통일에 대한 국민의 관심은 지속적으로 증대되어 왔다. 남북한이 대치되고 있는 현 시점에서 통일문제는 21C를 살아가고 있는 대한민국 국민의 공통된 바람이며 최대과제라고 할 수 있다. 남북통일에 대한 강한 열망과 함께 정치적·경제적·사회적·사상적 측면의 차이를 극복하고 평화적인 통일을 이루는 데 필요한 것은 민족사회복지 문제일 것이다. 이것은 남북통일의 기운이 무르익을수록 남·북한 지역주민의 복지에 대한 관심은 더욱 증대될 것이기 때문이다. 국제적인 분위기 조성을 통해 언제 발생할지 모르는 북한의 전쟁도발을 억제하고, 평화적 통일을 이룩할 수 있을 것이다. 남북관계의 진전과 통일문제를 해결하여 남북통일을 이루게 된다면 모든 국민이 수용할 수 있도록 주요한 여건 변화를 고려하여 사회복지정책

계획수립을 수립하여야 한다. 실제적인 통일은 상당 기간이 소요될 것으로 예상되지만 남북 간에 인적·물적 교류와 정보의 상호 교류는 조만간에 실현될 가능성이 매우 높다고 할 수 있다. 남북교류의 실현은 서로가 다른 체제 하에서 생활하고 있는 이질적 문화와 국민의식 및 상이한 이데올로기로 인해 혼란을 겪게 될 것이다. 사회복지수준의 차이 또한 문제로 등장할 것이며, 보편주의를 추구하면서도 선별주의에 머물러 있는 남한의 사회복지 현실과 사회주의 체제에서 평등성을 강조하고 있는 북한의 현실이 사회복지체계에도 영향을 미칠 것으로 예상된다. 결국 어떠한 사회복지정책을 수립하고 실시할지는 사회복지 분야에서 남북한 중 우위에 있는 곳의 주장이 받아들여지게 될 것이다. 따라서 이러한 남북통일에 대한 관심과 준비를 경제적 우위에 있는 우리의 입장이 강조되어야 사회복지발전이 가능하게 될 것으로 추측할 수 있다.

(3) 사회복지전달체계의 확립과 사회복지사의 처우향상

사회복지 분야 전반에 걸쳐 글로벌 시대에 걸맞게 국·내외 활동이 진행 중이며, 세계 각 국가마다 정부기관뿐만 아니라 비정부기관(NGO)이나 NPO 단체들이 중심이 되어 많은 활동을 하고 있다. 이러한 사회복지활동을 원활하게 수행하기 위해 사회복지전달체계는 사회복지행정 조직을 통해 정비되고 확립되어 갈 것이다. 다양한 사회적 위험에 대처하고 사회문제의 해결 및 주민의 욕구를 해결하기 위해서 사회복지전달체계의 확립은 중요한 의미를 가지게 된다. 중앙정부나 지방정부가 국가적 책임을 다하여 국민의 보다 나은 삶의 질 향상과 복지증진을 도모하기 위해서 즉, 모든 국민의 최저생활의 보장뿐만 아니라 각종 사회적 위험으로부터의 안전 보장과 생애주기별 사회서비스 실시를 위해서는 사회복지전달체계의 확립은 우선적인 수단이 되는 것이다.

또한 범정부적 차원에서 사회서비스의 효율성과 효과성, 신속성, 공평성, 정당성 등이 담보되기 위해서는 사회복지사의 수요가 계속 증가할 것이다. 사실 사회복지서비스는 사회복지이론과 실천기술 및 기법을 학습하고 훈련받은 사회복지사에 의하여 실천되는 것이라 할 수 있다. 따라서 사회복지사가 전문가로서 제대로 일할 수 있도록 근무 여건이 마련되어야 한다. 오늘날 사회복지의 전달체계에서 공공기관과 민간기관의 사회복지전달체계를 구분하여 이루어지고 있다. 공적 사회복지 전달체계는 사회복지직 공무원들이 사회복지행정체계를 통하여 사회복지서비스가 제대로 수혜자에게 제공될 수 있도록 하는 전문가이기 때문에 사회복지전달체계의 확립은 매우 중요하다. 특히 사회복지 영역에서 공공기관과 민간기관 모두 양질의 사회복지사가 끊임없이 양성되고 이들로 하여금 전문적 사회복지서비스를 행할 수 있도록 근로조건과 처우향상이 시급하다. 정부는 지속적이고 계획적으로 사회복지사와 같은 전문 인력에 대한 수급이 효과적으로 이루어질 수 있도록 인력채용계획을 체계적으로 대비해야 할 것이다.

2) 경제적 여건 변화에 따른 사회복지환경 변화

(1) 국민의 소득수준 향상에 따른 사회복지욕구의 확대와 다양화

경제적 여건의 변화 속에서 국민의 소득수준 향상은 무엇보다도 우선적으로 다루어야 할 변화이다. 국민의 소득수준 향상은 복지욕구의 확대와 다양화를 가져오게 하는 원인이 되기 때문이다. 우리나라의 1인당 GDP는 1995년에 1만 달러를 넘어섰고, 2020년경에는 4만 달러 가까이 늘어나며, 2012년에 세계 10위였던 경제 규모(GDP · 국내총생산기준)가 2020년경에는 세계 7위에 도달하게 될 것으로 전망된다. 이러한 국민의 소득수준 향상에 따라 사회복지 욕구도 확대 및 다양화될 것으로 보인다. 소득이 증가하면서 생활의 질적 개선에 대한 욕구가 증대하게 되고 나아가 생활편의시설, 보건, 위생, 여가, 문화 및 다양한 사회복지서비스에 대한 수요의 급증으로 이어질 것이다. 국민의 소득수준 향상에 따라 절대빈곤의 문제에 대해서도 어느 정도 완화될 것이나 최소한의 인간다운 삶을 보장해 주는 최저생계비의 범위와 수준은 더욱 확대되어야 할 것이다. 자본주의 사회에서 빈부의 격차현상은 불가피할 수밖에 없는 것일지라도 조세정의와 분배정의 실현을 통해 이를 완화해 나가려는 노력은 사회복지의 기본 가치를 실현하는 행동이 될 것이다. 그리고 상대적 빈곤해소를 위한 국민적 욕구도 증대될 것이고, 또한 산업화의 진전에 따른 산업재해, 의료, 보건, 주택, 교육, 고용, 여가, 문화 등의 욕구 증가와 함께 사회적 위험으로부터 보호받기 위한 생활안정 및 근로여건 개선에 대한 욕구도 더욱 확대될 수밖에 없다(배기효 외, 2013).

(2) 대상에 따른 노동시장과 근로조건의 변화

21세기를 맞이하여 사회복지의 대상은 매우 다양하게 증가하고 있다. 지나온 20세기와 같이 남성 정규직 숙련노동자를 고용하는 노동시장은 더 이상 존재하지 않는다. 현대의 정보화사회에서는 성별보다 인적자원의 자질과 능력의 우수성이 노동시장의 고용에 있어서 전제조건이 되며, 서비스 경제의 확대로 이어질 것이다. 또한 고령화로 인하여 노인에게 안정적인 일자리를 제공해야 하며, 안정적인 일자리의 감소와 저임금 일자리의 증가현상으로 노동양극화가 심화되고 있어 그 어느 때보다 국가의 역할이 중요시될 것이다.

아울러 근로현장에서의 근로조건의 변화는 다양한 형태로 나타나고 있다. 노동의 강도로 인한 육체적 고통과 위험에 노출된 근로조건보다는 생산성 향상을 위해 책임의 분권화와 비정형 근로자의 증가 등은 각종 스트레스와 관련된 정신건강·정신보건의 문제를 발생시키고 국민건강보험체계의 고민거리로 대두될 것이다.

(3) 글로벌시대의 대외개방에 따른 새로운 사회복지정책의 수립

글로벌시대에 세계화를 표방하며 대외개방을 하는 시대적 흐름을 우리는 경험하고 있다. 이러한 세계화·개방화에 따른 양극화의 심화 현상은, 각종 FTA로 더욱 가속화될 전망이다. 이미 한·미 FTA, 한·EU FTA의 체결과 한·중 FTA의 체결 가능성 등 다양한 형태의 개방 추세가 이를 증명하고 있다. 그러나 소득재분배 효과가 조세와 복지제도를 통해 나타나 개방화의 시너지 효과는 별로 유의미하지 않으며, 효과의 파급성은 매우 미미한 실정이다.

따라서 국가는 사회복지부문에서의 투자와 제도 확대에 따른 양극화 저지 효과를 갖추어야 한다. 글로벌시대의 대외개방에 따른 노동력의 국제 이동을 촉진함으로써 다수의 외국 인력 유입에 따른 새로운 사회복지문제 발생에 대해 대처해야 하며, 이것은 새로운 사회복지정책의 수립을 통해서만 가능할 것이다.

(4) 세계화·정보화에 따른 현대 산업사회의 사회복지수요 증대

자원의 부족에도 불구하고 경제개발을 성공시킨 우리나라의 경제성장은 대단한 저력이 아니라고 할 수 없을 것이다. 지난 반세기 동안의 경제성장은 대내·외 다양한 여건의 어려움 속에서도 이루어낸 점을 감안하면, 앞으로도 지속적인 경제성장을 달성할 수 있을 것으로 예상된다. 지속적인 경제성장은 다양한 사회현상을 초래하게 되어 많은 사회문제를 발생시킬 수 있다. 산업구조의 고도화와 정보화는 또 다른 경쟁력을 진전시켜 이로 인해 현대 산업사회의 새로운 복지수요가 전형적으로 나타나게 될 것이다. 즉, 농·어촌 인구의 고령화, 장애분류별 장애인문제, 새로운 빈곤층의 발생 문제, 인구의 도시집중화로 인한 도시빈민의 발생, 가족규모와 구조의 변화로 인한 부양부담과 보호인력의 부재, 해외근로인력의 유입으로 다문화가족의 문제 등 새로운 사회복지수요의 발생은 이전의 사회복지정책 만으로는 해결할 수 없을 것이다. 이에 현대 산업사회의 사회복지수요를 해결할 수 있는 사회복지정책의 수립 및 시행이 더욱 이전보다 더 증가하게 될 것이다.

결국 증대된 사회복지수요를 해결하기 위해서는 재원이 필요하게 되며, 재원은 직·간접 조세와 민간의 자발적 부담으로 충당되어야만 한다. 이는 국민 전체가 분담하여 주어지게 됨으로 부담으로 귀결되고 불만의 목소리는 증가하게 될 것이므로 사회복지재원 마련의 적절한 방안이 시급하게 마련되어야 한다. 즉, 증대된 사회복지부담은 필연적으로 조세부담의 형평성 제고를 납세자가 요청하게 될 것이며, 이에 경제성장력을 잠식시키지 않는 범위 내에서 사회복지 부담의 적정수준에 대한 국민적 합의가 도출될 수 있는 장을 필요로 할 것이다.

(5) 신·구 사회적 위험의 중첩 및 전략의 변화

이전의 빈곤문제뿐만 아니라 새로운 빈곤문제에 대응하기 위해서 탄생한 제도가 국민기초생활보장제도라고 할 수 있다. 국민기초생활보장제도는 국민기초생활보장법 제정 및 시행으로 인하여 근로능력이 있는 집단까지도 최저생계비 기준에 미달되는 경우 포함하여 모든 빈곤층에게 최저소득을 보장한다는 점에서 우리나라 사회복지정책에 획기적인 사건이라고 할 수 있다. 그러나 탈빈곤을 위한 정책에도 불구하고 빈곤의 세습화, 빈익빈 부익부와 같은 이유로 세대 간 격차의 해소는 이루어지지 않아 사회적 위험에는 여전히 노출되어 있는 실정이다. 그뿐만 아니라 사회보장을 위한 사회보험제도의 사각지대도 해소되지 않고 있어 빈곤층이 필요로 하는 사회안전망 장치는 아직도 부실한 수준이다. 이런 점에서 우리나라 사회는 여전히 빈곤문제를 해소할 수 있는 빈곤구제와, 사회보험이 해결해 주지 못하는 사각지대 해소라는 전통적인 사회위험을 안고 있다. 동시에, 세계화와 개방화, 저출산 및 고령화, 지식기반경제로의 전환으로 인한 위험, 노동시장의 유연화 및 비정규직 양산으로 표출되는 노동시장구조 변화로 인한 위험, 가족구조의 변화와 가족 해체 등의 다양한 사회적 위험이 서구의 복지국가와 동일하게 대두되고 있다. 따라서 신·구 사회위험을 동시에 안고 있는 우리나라의 경우 새로운 패러다임의 마련을 통해 기존의 사회복지정책과는 차별화된 정책 대안을 제시하지 않을 수 없게 되었다.

이런 점에서 다양한 대상별 계층을 활용할 수 있어 인적 자원을 중시하는 사회복지서비스 전략은 하나의 전략적 대안이 될 수 있을 것이다.

3) 사회적 여건 변화에 따른 사회복지환경 변화

(1) 저출산 · 고령화에 따른 사회복지서비스에 대한 수요의 증대

저출산, 고령화에 따른 사회문제는 2000년이 시작되면서 나타나기 시작하여 이에 따른 다양한 해결방안들이 제시되고 실시되는 실정이다. 노동인구에서 고령화의 주인공인 노인의 경제활동인구 편입 확대 및 노인의 일자리와 관련하여 노동시장정책의 재편이 요구되고 있으며, 저출산을 해소할 수 있는 다양한 출산장려정책과 기혼여성들의 노동과 양육을 병행할 수 있는 사회구조의 재편은 우리사회의 사회복지환경 변화에 대응하는 것이라고 할 수 있다.

특히, 고령사회로 나아가고 있는 지역사회의 노인부양에 대한 사회적 부담이 증대할 것으로 보인다. 또한 가족유대감이 점차 약화되면서 빈곤 노령층의 기초생활보장 및 자립기반 마련을 위한 정부의 역할이 커지게 될 것이며, 노령계층이 자유롭게 이용할 수 있도록 하기 위해 사회복지서비스에 대한 수요도 크게 증가할 것이다. 그리고 노령층의 신체적, 정신적, 사회적 변화로 인해 노령문제에 대한 국가적 해결이 당면과제로 부상하고 있다. 건강의 악화로 인하여 의료수요의 증대가 필요하고, 신체의 기능저하로 인한 취업의 곤란이 소득의 감소로 이어지게 되며, 급격히 변화하는 지역사회에서의 부적응 등은 다양한 사회복지수요를 창출하게 된다. 노인인구의 증가는 정치적 위상이 강화될 것이므로 노령문제에 대한 국가적 해결이 당면과제로 떠오를 것이므로 노령층에 맞는 사회복지정책의 시행이 꼭 필요하다.

(2) 가족제도의 핵가족화 및 여성의 경제활동 증가에 따른 새로운 복지수요의 증대

산업사회의 발전은 가족구조의 변화를 가져오게 하였다. 전통사회에서는 대가족이 함께 모여 가족의 문제를 해결하고 양육이나 부양에 대한 부담을 책임져 왔으나, 산업화의 진행으로 인해 도시화가 진행된 현대 사회는 핵가족의 가족구조로 인해 많은 가족문제의 해결을 국가가 책임져야 할 것으로 보인다. 특히 핵가족화의 촉진은 여성의 경제활동 증가로 인해 아동의 양육 및 보육수요의 발생으로 이어져 새로운 복지수요가 나타나게 된다. 여성의 경제활동을 위하여 어린이집과 아이돌봄서비스사업 및 아동양육수당 등의 사회복지 프로그램을 마련하여 뒤따르는 양육과 보육의 문제를 해소하고 있어 계속 증대할 것으로 보인다. 따라서 여성의 취업에 따른 사회복지수요는 정부, 기업, 개인이 서로 협력할 때 해결할 수 있을 것이다. 또한 이혼율 증가로 인한 가족해체, 가족기능 저하 등으로 발생할 수 있는 가족문제에 대해 대상별 전문화된 사회복지서비스에 대한 수요가 증대할 것으로 보인다.

(3) 삶의 질의 향상과 복지증진을 요구하는 사회복지수요의 증대

우리나라가 선진국 대열로 진입하였다는 것은 경제수준의 상승과 더불어 전반적인 생활수준의 향상도 의미하고 있다. 결국 국민들의 보다 나은 삶의 질 향상과 복지증진을 위해서는 국민이 요구하게 되는 다양한 사회복지수요가 증대될 것이고, 국민의 복지수요도 질적인 측면으로 변모되는 것은 당연한 추세이다. 이것은 양질의 대인서비스 제공과 관련된 것이라 할 수 있다. 따라서 사회복지전달체계에 사회복지사와 같은 전문 인력의 배치가 되어야 하며, 이용자의 접근이 용이할 수 있도록 원스톱 통합서비스 시스템과 같은 지역사회 내의 사회복지 관련 정보의 데이터베이스 구축과 전산장비의 확보를 통해 대상별로 쉽게 사용할 수 있도록 제도적 장치가 마련되어야 한다.

4) 사회복지 분야 변화에 따른 사회복지환경 변화

(1) 사회보험의 변화

보험은 앞으로 발생할 위험에 대하여 먼저 보험료를 납입하여 대처함으로써 건강과 소득을 보장하는 제도라고 할 수 있다. 사회보험이란 국민에게 발생하는 사회적 위험을 보험방식에 의하여 대처함으로써 국민의 건강과 소득을 보장하는 제도이다. 즉, 국민이 질병·사망·노령·실업 기타 장애 등으로 인하여 활동의 능력을 상실하거나 소득의 감소가 발생하였을 때에 보험방식에 의하여 그것을 보장하는 제도가 사회보험이다. 사회보험은 국가가 사회보장정책상의 목적을 달성하기 위해 보험기술을 응용한 것으로서 보험에 가입하여 보험집단의 일원이 된다는 것은 연대적 책임을 통해 위험을 분산시키는, 즉 자기위험의 일부를 타인에게 부담시키는 상호부조제도라 할 수 있다. 따라서 국가가 행하는 최후의 사회안전망으로서 사회보험의 변화 특히, 대상의 증가 및 본인부담보험료의 증가는 개인의 삶의 질 향상과 복지증진에 많은 영향을 줄 수 있다. 앞으로 더욱 대상은 늘어날 것이며, 본인부담보험금액도 증가될 것으로 예상되며, 국가가 적극적인 보증을 강조함으로써 가입자의 수도 계속 증가할 것으로 보인다.

그러나 문제는 급격한 사회복지수요의 증대와 함께 본인부담보험료에 대한 재정 부담을 지속적으로 가중시키고 있고 동시에 막대한 재정의 투입 및 잘못된 운용으로 가입자의 탈퇴도 무시할 수 없다. 이는 곧 재정 적자가 계속 악순환되고 있으며, 근로자의 재정 부담을 완화할 수 있는 대폭적인 개편과 함께 구조조정이 불가피할 것으로 보인다.

(2) 공공부조의 변화

2000년 10월부터 전면적으로 실시한 국민기초생활보장법에 있어서 수급자의 생계보장 수준은 현재 최저생계비 수준이다. 가구주가 근로능력이 있더라도 최저생계유지가 곤란한 가구가 존재하며 지원대상에서 일부 제외되거나 지원수준 및 범위가 매우 한정적이라는 문제점을 안고 있다. 빈곤계층에 대한 최저생활을 보장하여 삶의 질 향상을 추진하기 위해서는 최저생활에 대한 국민기초생활보장제도와 자립을 할 수 있는 기반을 조성할 수 있도록 하여야만 하며, 이를 위해서는 기초생활보장 수급자의 범위를 확대하고 보장수준의 향상을 도모할 수 있도록 국민기초생활보장제도의 개선이 시급히 이루어져야 할 것이다.

(3) 사회복지서비스와 보건 · 의료부문의 변화

그동안 사회복지정책은 대부분 빈곤의 예방 및 지원을 강조하는 소득보장에 있었다. 이러한 관점이 오늘날에 와서는 소득보장을 포함한 대인적 서비스의 제공으로 좀더 양질의 광범위하고 전문적인 방향으로 발전되고 있다. 도움이 필요한 모든 국민에게 적절한 물질적 · 비물질적 서비스를 제공하여 삶의 질을 향상시키고자 실시하고 있지만, 우리나라의 사회복지서비스가 차지하는 사회복지예산의 비중은 대단히 낮다. 현대사회에서는 아동 · 청소년 · 장애인 · 여성 · 노인 · 가족 등 전 계층에서 다양한 사회문제가 생겨나고 있어 사회복지서비스도 다양화될 추세이다. 이제는 사회문제가 어느 특정계층에만 있는 것이 아니라 국민 대다수에게 영향을 미치고 있다. 따라서 사회복지서비스 정책의 다변화가 없이는 대상별로 급증하는 사회문제를 해결하기에는 한계에 도달할 것이므로 향후 사회복지서비스에 대한 투자증대와 아울러 지역사회 중심의 예방적 서비스로 전환되어야 할 것이다.

한편 우리나라 사회복지부문 중에서도 가장 취약한 부문은 보건 · 의료부문으로 국민의 삶의 질 향상에 매우 중요한 요인이라 할 수 있다. 이와 같이 중요함에도 불구하고 재정수요와 공급 간의 괴리로 인해 재정지출의 둔화와 의료인력 및 시설수준의 후진성, 의료인력 및 시설의 도시지역 편중과 지방의료시설의 낙후성, 지역별 응급의료체계의 미구축 및 편중 등 많은 문제점이 제기되고 있다. 이러한 문제점을 해소하기 위해 향후 소득수준의 향상에 따라 보건·의료서비스의 양적·질적 개선과 사회복지수요 증대를 완화하기 위해서는 대폭적인 재정지원의 증대가 요구될 것이다.

(4) 사회복지실천 분야의 변화

사회복지실천 분야의 장래 전망은 사회변화에 따른 여러 가지 사회문제의 다양성과 복잡성을 다룰 수 있는 많은 사회복지서비스 프로그램이 나오게 될 것이고 이에 따라 사회복지 전문가인 사회복지사의 사회적 요구가 증대되는 현상을 초래하게 될 것이다. 한편으로는 양적인 성장을 위주로 하던 사회복지사업이 질적 향상을 추구하게 될 것이고 전문인력인 사회복지사가 전문적인 이론과 실천기술 및 기법을 소유하고 풍부한 경험을 가진 고급인력으로서 종사할 수 있도록 새로운 수준과 내용의 대학원의 석사학위 과정과 박사학위 과정의 설치가 불가피할 것이다. 또한 사회복지실천의 발전을 뒷받침하기 위해서는 한국사회복지교육협의회, 한국학교사회복지학회, 한국정신보건사회복지학회 등의 전문적인 사회복지학회의 활동이 활발히 전개되어 자체 학문의 발전과 사회복지교육의 변화와 사회복지에 있어서 학문적 변화가 예상된다.

2. 한국사회복지의 과제

한국사회복지의 과제는 다양한 측면에서 살펴볼 수 있으며, 정형화된 틀을 벗어나 자연스럽게 다음과 같은 주제로 전개하고자 한다. 사회복지서비스 공급 주체의 다원화 활용, 평가인증을 위한 특성화된 양질의 복지프로그램 개발, 복지국가의 원칙을 활용한 복지다원주의와 복지거버넌스 제고, 사회복지전달체계의 확립, 사회보험제도의 재정자립도 제고, 사회복지제도 및 사회복지재원의 확충, 생애주기별 사회서비스 전략의 활용, 지방자치단체의 지역별 특성에 맞는 사회복지정책 강화방안 마련, 양극화 문제 해소를 위한 사회안전망 강화, 남북통일에 대비한 한국사회복지계의 준비, 사회복지실천 분야의 이론과 실천 간의 간격 극복 등이다.

1) 사회복지서비스 공급 주체의 다원화 활용

현대사회의 각종 사회문제로 인하여 다양한 클라이언트 집단의 등장은 사회복지서비스 공급주체의 다원화가 필요하다. 이러한 클라이언트 집단의 등장은 공공기관주도의 공급 주체에서 민간기관의 참여를 증가시켜 사회복지서비스 공급 주체의 다원화를 활용하게 되면 공공과 민간의 특성을 최대한 고려하게 되고 시너지 효과의 증대를 가져오게 할 수 있다.

따라서 사회복지서비스의 효과성과 효율성을 극대화하기 위해서는 공급 주체의 다원화를 적극 활용할 수 있도록 다양한 사회복지서비스 형태의 변화도 있어야 할 것이다. 사회복지의 지방이양으로 인해 중요시된 지방자치단체는 지역성과 특수성을 고려하여 다양한 사회복지서비스를 개발하여야 하며, 중앙정부와의 긴밀한 협조체제 하에 파트너십(partnership)에 의해 협력관계를 유지한다면 사회복지서비스 공급 주체의 다원화 활용으로 지역주민의 최대 만족을 이끌어낼 수 있다.

2) 평가인증을 위한 특성화된 양질의 복지프로그램 개발

사회복지를 실천하고 있는 다양한 사회복지기관 및 시설들은 책임성과 전문성에 대한 사회적 요구가 증대하였고, 이러한 사회적 요구는 평가를 정기적으로 받아야만 하며, 결국 평가의 결과를 토대로 다양한 공공기관과 민간기관의 인식이 뒤따르게 된다. 이것은 지방자치단체의 보조금의 확보와도 연결될 수 있다고 여겨진다.

따라서 사회복지기관 및 시설이 현재 실시하고 있는 각종 복지프로그램의 정기적인 내·외부 평가는 필수적인 것으로 여겨지게 된다. 프로그램의 점검, 물리적 환경의 개선, 사회복지 전문지식과 기술 및 기법의 직원 교육, 외부의 인적 자원의 활용을 통해 평가를 잘 받도록 준비해야 할 것이며, 앞으로 다가올 평가인증을 위해 더욱더 노력해야 할 것이다. 그러기 위해서는 특성화된 양질의 복지프로그램을 개발해야 하는 과제를 안고 있다. 특히, 양적인 증가를 목표로 추구해 왔던 기존의 복지프로그램에 대한 인식을 수정하여 양과 질이 보다 나은 복지프로그램의 개발은 미래의 사회복지기관 및 시설의 평가인증을 준비하는 지름길이 될 것이다. 나아가 지역주민의 욕구조사를 기반으로 지역에 맞는 복지프로그램의 개발은 양질의 복지프로그램으로 이어져 이용자들이 만족할 수 있도록 도와줄 수 있다.

3) 복지국가의 원칙을 활용한 복지다원주의와 복지거버넌스 제고

복지국가는 지역주민의 복지를 위해 정부가 제공하는 모든 사회경제적 서비스를 의미하고 있어 우리가 추구하고 있는 이상적인 나라이다. 에스핑과 앤더슨(Esping & Andersen)이 제시한 복지국가 모형을 현재 한국 사회복지정책과 비교하여 적절하게 조화시키는 것이 복지국가를 앞당길 수 있을 것이다. 결국 복지제공의 주체가 정부, 민간 공식·비공식 영역으로 구성되며, 각 영역의 역할분담과 복지총량의 구분은 복지다원주의의 주요한 내용이다. 따라서 복지국가의 원칙을 활용한 복지다원주의와 복지거버넌스의 제고가 요구된다고 할 수 있다. 복지국가의 다양한 원칙 즉, 사회적 연대성을 강조한 보편성의 원칙, 물질적·정신적 안정을 기할 수 있는 급여의 제공, 급여수준의 최적 수준 유지, 가족복지서비스의 기능 강화, 혼합적인 형태의 사회보험 운영체계 제공, 사회적 형평성을 고려한 사회보험료의 본인부담 완화, 기업의 근로자에 대한 사회적 책임 강조, 사회복지에 대한 가족의 책임 강조, 사회보장제도 중 소득재분배 기능 강조 등의 실현은 복지다원주의와 복지거버넌스를 통해 달성할 수 있다. 그러므로 복지국가의 방향을 바르게 나아가기 위해서는 중앙과 지방의 분권화 및 복지공급 주체의 다원화를 활용할 필요가 있다. 또한 사회보장제도를 통한 최적의 급여수준 보장, 지역주민의 욕구유형에 따른 급여의 형태와 사회복지서비스의 다양화, 가족의 일차적 책임 및 국가의 최종적인 책임 강조와 소득재분배 기능의 현실화가 있어야 하겠다.

4) 사회복지전달체계의 확립

사회복지전달체계는 클라이언트에게 적절한 서비스를 제공하기 위해서 대상자의 선정과 다양한 혜택의 내용 결정에 매우 중요하다. 사회복지전달체계라 할 수 있는 우리나라의 사회복지행정 체계는 사회보험, 공공부조 및 사회복지서비스가 대표적이며, 여기에 프로그램 체계를 포함할 수 있다. 이러한 사회복지전달체계는 국민의 복지욕구와 기대를 수용하여 소득수준의 향상을 도모하고 복지사회를 가능하게끔 도와준다. 사회복지행정의 영역별 복지업무의 분산 및 중복은 정부의 예산을 낭비할 우려가 있으므로 사회복지전달체계의 확립은 중요한 과제라고 할 수 있다. 또한 정부의 각 부처간 복지정책 조정기능의 확보와 사회복지기관 및 시설의 사회복지담당 인력의 부족과 전문성의 결여는 결국 국민에게 제공되는 다양한 사회보장제도 실시에 있어 비효율성을 초래하게 된다.

따라서 현재의 사회복지전달체계로서는 다양한 한계가 있을 수 있으므로 효율성을 높일 수 있는 사회복지전달체계의 확립이 필요하다고 하겠다. 특히, 사회복지행정의 효율성을 높이고 복지에 대한 생산성을 제고하기 위해서는 포괄적인 사회보장기본법의 제정 및 관련법률의 정비를 통한 사회보장제도의 마련, 사회보험제도의 통합과 재정비를 위한 사회복지와 관련된 행정조직을 재정비할 필요가 있다. 특히 국민연금과 특수직역연금법의 통합 및 정비는 업무의 중복과 각 부처의 합리적 조정을 통해 해결할 수 있을 것이기 때문에 시급하게 요구되고 있다.

5) 사회보험제도의 재정자립도 제고

사회보험제도는 국민에게 발생하는 사회적 위험을 보험방식에 의하여 대처함으로써 국민의 건강과 소득을 보장하는 제도라고 할 수 있다. 이러한 사회보험은 민간보험과 달리 국가가 사회적 고려에 기반한다는 점에서 차이가 있어 사회구성원 모두의 가입을 강제하고, 소득이나 재산을 고려한 가입자의 보험료 부담능력에 의해서 결정되기 때문에 재정자립도가 확보되지 않을 시에는 정부재정에 큰 부담을 주게 된다.

따라서 갹출로 마련되는 재원으로 운영되는 사회보험제도의 재정에 있어 정부 의존도를 낮추고 자립도를 높일 수 있는 방안을 제고할 필요가 있다. 우리나라에서 기본적인 갹출주의 원칙으로 실시되는 사회보험제도는 가입자의 급여에 따라 적정 수준의 보험료를 부담하고 있으며, 국민연금과 국민건강보험 등이 있다. 이러한 사회보험제도는 소득보조의 필요성이 있는 특정계층뿐만 아니라 소득지원이 필요하지 않은 고소득층까지도 정부지원의 혜택을 받고 있어 재원의 효율적인 사용에 있어 제약이 뒤따르게 된다. 보험 및 부조의 원리, 사회형평성의 목표 달성과 불필요한 재정 부담으로 비효율적인 사용을 부추기게 된다. 이러한 현실을 감안해 보면, 재원의 재투자를 통하여 재정자립도를 높여야 함에도 불구하고, 잘못된 판단과 운용으로 인하여 더욱 악화시키고 있는 실정이다. 결국 국가가 예산을 지원하는 비능률적 지원방식으로 정부의 재정에 큰 부담요인으로 작용하고 있는 것이 사실이다.

그러므로 앞으로는 사회보험제도의 개선을 통하여 재정자립도를 높여 정부 의존도를 낮추고 장기적으로 사회보험 재정을 보다 안정적으로 유지할 수 있는 방안을 도모함과 동시에 의료·보건 등 낙후부문에 투자함으로써 재정의 생산성을 높여 나가야 할 것이다. 또한 현실을 고려해 적자요인을 분석하고 완화함과 동시에 공적연금제도 간의 불균등한 혜택을 줄여 형평성을 고려해야만 한다.

6) 사회복지제도 및 사회복지재원의 확충

우리나라의 사회복지제도는 복지선진국에서 학습하거나 연구한 교수들에 의해 도입하였으며, 시범운영에 의해 정착되고 있는 경우가 대부분이다. 지금까지 대부분의 사회복지제도가 국민의 삶의 질 향상과 복지증진을 위해 제도화되어 실시되고 있다. 그럼에도 불구하고 저소득층 클라이언트에게 집중되고 있는 실정이고, 사회복지제도의 혜택을 받지 못하는 사각지대에 놓여 있는 다양한 계층들이 존재하고 있다. 사각지대의 저소득층 특히, 농·어민에게 사회보험제도의 확대 적용을 위한 제도의 확충과 자립지원 시책 및 사회복지서비스의 확대는 더욱 요구된다고 할 수 있다. 따라서 사회취약 계층에 대한 자립지원 시책 및 사회복지서비스 확대를 위해 사회복지제도의 확충과 사회보험제도의 확대 적용을 위해 노력하여야 한다. 이것을 위해 정부에서나 국회에서 사회복지제도의 제정과 공포 및 시행을 위해 최선을 다해야 하며, 지방자치단체나 민간의 사회복지기관 및 시설에서는 다양한 통로를 통해 필요한 사회복지제도 마련을 할 수 있도록 제안하는 것이 중요하다고 할 수 있다.

사회복지가 추구하는 여러 가지 목표를 효과적으로 달성하기 위해서는 무엇보다도 재원의 확보가 절실히 요구된다. 하지만 우리나라는 선진제국에 비하여 아직까지 정부지원이 미흡하고 남북이 대치하고 있는 특수한 상황으로 인해 정부의 재정 투자가 미흡한 실정이다. 이러한 사실은 사회복지사업에 대한 정부의 지원뿐만 아니라 민간기관의 자원동원 노력도 한계가 있어 보인다. 지금까지 우리나라는 사회복지재원으로 국고, 지방비, 외원과 민간지원, 자체수입 등을 통해 의존하여 왔다. 사회복지사업의 지방이양으로 인하여 지방비에 대한 의존이 증가하고 있고 민간지원 및 자체수입이 낮아 필요한 재원조달에 문제점을 내포하고 있다. 따라서 지역주민에게 맞춤형 사회복지사업의 실시를 위해서는 재정적 자원을 확보하는 것이 중요한 과제라고 할 수 있다. 재정적 자원의 확보를 위해서 1998년 7월부터 시행한 사회복지공동모금법은 민간단체가 직접 모금하고 배분 및 관리하도록 함으로써 민간재원의 동원과 국민의 참여를 활성화시킬 수 있다면 충분한 사회복지 재원을 확보하는 것이 상상만은 아니라고 생각된다. 또한 정부차원에서의 다양한 사회복지재원 마련과 운용을 통하여 확충해야만 한다.

재정의 확보도 중요하지만, 사회복지재원 중에서도 빼놓을 수 없는 것이 바로 사회복지전문인력의 확보이다. 우리나라의 경제 및 사회개발에 있어 가장 중요한 요인은 전문적인 교육을 받은 고급인력의 양성과 훈련이라고 할 수 있다. 이러한 사실은 복지국가를 지향하는 현 시점에서 전 국민의 삶의 질 향상과 복지증진을 위해서 사회복지 전문인력인 사회복지사의 확보는 매우 중요하다. 사회복지의 전문인력이 확보되지 않고서는 사회복지의 발전을 기대할 수 없으며, 원활한 사회복지전달체계의 운영을 위해서는 전문 인력의 확보가 있어야만 효과적이고 효율적인 사회복지가 시행될 수 있다. 따라서 지방자치단체의 중요한 업무 중의 하나인 사회복지 수혜 대상자의 실태 파악, 서비스 제공에 있어서 적격성 여부 판정, 국민기초생활보장법의 서비스전달 등은 사회복지전문인력인 사회복지직 공무원이 반드시 필요하다. 결국 사회복지에 관한 전문적인 이론과 기술 및 기법을 교육받고 훈련받은 사회복지사가 국가시험을 실시하고 채용면접을 거쳐 공무원으로 채용되어야만 중요한 업무를 담당할 수 있게 된다. 그리고 민간의 사회복지기관이나 시설에서도 지역주민의 욕구조사, 클라이언트 선정 및 적격성 여부를 판정할 수 있고, 지역주민들의 적극적인 참여를 유도할 수 있는 대학의 교육과 훈련을 받은 사회복지실천가로서의 전문가가 적재적소에 채용되어야 한다. 채용되고 난 이후에도 관련 협회나 단체의 다양한 교육훈련 프로그램이 많이 개설되어 참여할 수 있도록 하여야 할 것이다.

7) 생애주기별 사회서비스 전략의 활용

사회복지에 있어 반드시 고려해야 할 사항이 인간의 출생에서부터 사망에 이르는 생애주기별 단계에 대한 내용이다. 생애주기는 모든 인간에게 나타나며 일반적으로 영아기, 유아기, 아동기, 청소년기, 청년기, 중년기, 장년기, 노년기로 구분할 수 있다. 이러한 생애주기를 고려하여 다양한 사회서비스 전략의 활용은 한 개인의 성장뿐만 아니라 부양의무를 갖고 있는 가족에게 있어서도 중요하다고 하겠다.

따라서 생애주기별 단계에 맞는 사회서비스 전략의 개발 및 활용은 개인에게 있어서 삶의 질 향상을 도모할 수 있도록 도와주어 궁극적으로는 사회통합을 이룰 수 있는 방법이 되므로 필요한 과제이다. 영유아기 때 이용할 수 있는 아이돌봄서비스, 아동기의 방과후 교실, 청소년기의 인터넷중독상담협력사업 등을 통해 생애주기별 사회서비스 전략을 살펴볼 수 있다. 특히 저소득층 아동에게 취학 전 제공되는 적정 수준의 보육과 교육에 대한 사회서비스는 꼭 제공되어야만 하는 사회서비스이다. 따라서 무상보육과 무상교육에 대한 강조는 빈곤의 대물림을 해소할 수 있는 방안으로 가장 높은 우선순위를 부여받아야 할 것이다. 우리나라는 2000년도에 이미 고령화사회를 넘어 현재는 고령사회를 향해 질주하고 있다. 고령사회에서의 주요 구성원으로 등장하게 될 노인 인구에 대해 빈곤을 해소할 수 있는 일자리와 관련된 사회서비스와 건강한 생활을 위해 제공되는 노인돌봄기본서비스사업과, 저소득층 노인들에게 기초생활보장제도의 구축은 생애주기의 마지막 단계에 중요한 사회서비스라 할 수 있다.

8) 지방자치단체의 지역별 특성에 맞는 사회복지정책 강화방안 마련

2005년 사회복지사업의 지방이양은 지방자치단체의 재정자립도 뿐만 아니라 역할에 있어서도 중요성을 표현하는 것이라 할 수 있다. 이것은 지방자치단체에서 지역주민의 복지를 위해 어떠한 사회복지정책을 수립해야 하는가와 관련이 있으며, 지방자치시대의 지방정부의 역할을 일컫는 것이다. 따라서 지방자치단체는 지역주민의 욕구를 고려하여 최대한 지역별 특성에 맞는 사회복지정책 강화방안을 마련하는 것이 중요한 과제라 할 수 있다.

이러한 방안을 구체적으로 살펴보면, 먼저 지역사회복지계획을 4년마다 수립하고 있으므로 이 과정에서 지역실정에 맞게 미래지향적 종합적인 복지계획 수립이 우선시 되어야 한다. 지역주민을 대상으로 표본조사를 실시할 때나, 포커스 그룹 인터뷰(FGI: Focus Group Interview)를 할 때 최대한 대표성이 확보되어야 지역주민의 특성을 반영할 수 있을 것이다. 따라서 정확한 지역주민의 실태조사자료가 조사되기 위해서는 지역사회복지협의체의 역할이 중요하며, 협의체 산하의 대표협의체와 실무협의체 및 실무분과의 역할이 적극적으로 개입되어야 할 것이다. 둘째, 지역사회복지를 수행하는 공공기관과 민간사회복지기관 및 시설의 복지활동에 지역주민의 적극적인 참여가 이루어져야만 한다. 이것을 위해서는 지역주민들 스스로 자신의 니드(needs)를 해결할 수 있는 다양한 사회복지정책의 수립과정에서부터 시행되는 과정에의 참여가 뒤따를 수 있어야 하는 것이며, 이러한 참여가 결국 효과적이면서도 효율적인 지역사회복지정책의 수행이 가능하도록 도와준다. 셋째, 점차 사라져가고 있는 공동체의식을 일깨어 사회복지의 사회적 책임에 대한 인식을 강화시킬 수 있는 지방자치단체의 다양한 교육이 이루어져야 한다. 지역주민을 위한 지방자치단체의 다양한 강좌와 민간사회복지기관 및 시설에서 실시하고 있는 교양강좌를 통해 사회복지에 대한 인식을 개선시키는 것이 중요하다. 넷째, 아직까지 지방자치단체마다 필요한 사회복지시설의 설치가 미비한 실정이라 지역 간 및 대상자별 불균형을 해소할 수 있는 방안이 마련되어야만 한다. 따라서 지방자치단체는 지역사회복지계획의 반영을 위하여 지역 내 사회복지기관 및 시설의 종류와 실태를 정확히 파악하여 지역적 편중을 고려한 설치방안마련이 중요하다. 다섯째, 지방자치단체의 사회복지정책의 수립 및 실시는 재원의 마련이 우선시 되어야만 한다. 재정자립도가 낮은 지방자치단체의 한계를 극복할 수 있는 다양한 세제의 개편이 방안으로 들 수 있는데 즉, 국세의 지방세로의 이전, 국고보조금 및 지방교부세의 증액과 더불어 지역주민들이 함께 참여할 수 있는 사회복지세의 신설과 지역 내 사회복지공동모금회를 통한 모금과 기업복지재단을 활용한 사회복지의 적극적인 참여 및 실시는 부족한 지방자치단체의 사회복지재원 마련에 많은 도움을 줄 수 있을 것이다. 여섯째, 저소득계층뿐만 아니라 사각지대와 나아가서는 모든 지역주민을 위한 사회복지정책의 마련과 필요한 전문인력이 채용되어 사회복지전달체계가 강화되어야만 원활한 지역사회복지가 실시될 수 있을 것이다. 지역주민의 접근성과 편의성이 강화된 사회복지정책이 마련되어야 하며, 사회복지행정 조직의 재편을 통하여 필요로 하는 사회복지서비스를 이용할 수 있도록 하여야 하고, 결국 전문적인 이론적 지식과 기술 및 기법을 가진 사회복지사가 채용되어야만 한다. 일곱째, 지역 내 실시되고 있는 보건·의료·주택·교육·체육·문화·고용 등 사회복지정책과 관련된 여러 부문과의 긴밀하고도 적극적인 연계를 통해 지역의 특성을 고려한 종합적이고 조화로운 사회복지정책이 되도록 해야 할 것이다. 이것을 위해서는 사회복지 유관기관과의 협력이 무엇보다도 우선시 되어야 하며, 민·관의 거버넌스가 중요한 역할을 할 수 있을 것이다.

9) 양극화 문제 해소를 위한 사회안전망 강화

사회복지제도에서 양극화 문제는 지속적으로 제기되고 있으며, 최근에 우리 사회에서 양극화 문제는 핵심적인 이슈로 등장하고 있다. 경제성장의 발전이 있었음에도 불구하고 빈곤문제는 소수의 아동, 장애인, 노인 등 취약계층의 문제로 나타나 집중되었으며, IMF 경제위기 이후 빈곤층이 급증하고 빈곤의 세습화 및 빈익빈 부익부와 같이 현실을 받아들이고 자포자기하는 집단의 증가, 노동시장의 구조변화가 초래한 비정규직 직원의 증가와 실업의 증가, 다양한 가족문제와 함께 진행된 가족해체의 증가, 소득분배구조의 악화는 빈곤집단을 증가시켜 빈곤의 문제는 우선적인 현안이 되었다. 지역사회 내에서 빈곤문제로 인해 발생하는 소외계층을 사회통합시키기 위해서 종합적인 사회복지적 접근이 요구된다고 할 수 있다.

따라서 무엇보다도 양극화 문제 해소를 위한 사회안전망의 강화가 요구된다고 하겠다. 사회복지서비스의 강화, 사회복지유관기관의 네트워크 구축, 지역주민 역량강화, 지역공동체의식의 강화 및 활성화, 지역주민의 입장을 고려한 정부 부처의 협력과 사회복지전달체계의 통합을 통해 의식을 변화시킬 수 있는 다양한 사회복지정책의 수립과 더불어 모든 계층에게 맞춤식 교육을 실시하여 대국민 인식을 개선할 수 있을 것이다. 한편, 안상훈은 1차 안전망으로써 생애주기적 기본생활 욕구에 대한 사회서비스를 통해 보편적인 방식으로 추진하는 것, 2차 안전망은 생애주기적 기본생활 욕구에 대한 소득보장으로서 사회보험형 공적 현금급여로 구성되고, 3차 안전망은 생애주기적 기본생활 욕구에 대해 민영화 혹은 시장화된 소득보장으로 구성되며, 4차 안전망은 3차 안전망까지의 다층 기제를 통해서도 끝까지 해결되지 못한 채 남겨질 가능성이 높은 취약계층의 잔여욕구에 대한 범주형 사회부조로 구성하는 것으로 보고, 생애주기적인 일반적 욕구에 대하여 '기본생활보장'이 특수한 욕구에 대한 '범주적 생활보장'을 동시에 고려한 다층 안전망으로서의 패러다임 전환적 구조조정 안을 제시하였다(배기효 외, 2013).

10) 남북통일에 대비한 한국사회복지계의 준비

동·서독의 통일을 통해 다양한 차이점을 극복하기 위한 노력에서 고찰할 수 있듯이 남북통일에 대비한 한국사회복지계가 안고 있는 심각성은 매우 크다고 할 수 있다. 남북통일에 대한 강한 열망과 함께 정치적·경제적·사회적·사상적 측면의 차이로 인해 발생할 수 있는 문제의 심각성은 한국사회복지계가 앞으로 준비해야만 하는 많은 과제가 필요함을 예상할 수 있을 것이다. 따라서 남북통일에 대비한 한국사회복지계의 대응에 대해 다음과 같이 우리의 과제를 해결해야만 한다. 무엇보다도 우선적으로 남북한이 처해있는 현실에 있어서 경제적인 능력과 정치적 차이점이 해소되어야 한다. 남북통일에 대비한 사회복지정책과 사회복지서비스의 개발은 민족적 통합과 동일한 국민이라는 인식을 개선해야 하는 많은 과제를 안고 있어 이에 따른 재원도 점차 확보되어야 할 것이다. 아직까지 북한은 공산주의의 독재체제 속에서 군사력 증강에 주력하고 있어 수많은 기아와 빈민들이 속출하고 있어 국민들의 사회복지를 외면하고 있는 점을 우리는 주목해야 한다. 이러한 현실에서 남북통일에 따른 사회복지의식의 점검과 차이를 극복하고 상반되는 체제 하에서 남·북한의 정치문화에 대한 극복을 위해서는 기반조성의 필요성이 대두된다. 또한 언제 발생할지 모르는 북한의 전쟁도발을 억제하고, 평화적 통일을 이룩할 수 있도록 노력하는 것이 시급하며, 국제적인 분위기 조성을 통해 사회복지정책의 차이점을 극복하고 남북통일 후 우리가 원하는 사회복지문제를 해결할 수 있도록 노력해야 한다.

한국사회복지협의회 주간으로 개최된 제9회 전국사회복지대회(1997.

10.17.)에서 발표된 자료를 통해 남북통일에 대비한 결의사항을 살펴보면 다음과 같다. 첫째, 우리 전국의 사회복지인들은 통일의 목표가 한민족 전체의 번영을 보장하고 자유·평등·복지의 기본가치를 구현하는 민족공동체 의식과 성숙한 시민의식의 바탕 위에서 사회복지의 의식이 정립되어야 함을 깊이 인식하고, 사회복지의식의 전국민적 확산과 성숙을 위하여 최선의 노력을 다할 것을 결의한다. 둘째, 우리 전국의 사회복지인들은 통일한국의 공공복지가 남북한의 사회통합과 모든 민족구성원들의 인간다운 삶의 질을 보장하도록 개혁되어야 할 것을 인식하며, 사회복지제도의 내실을 기하고 개혁을 위하여 노력할 것을 결의한다. 셋째, 우리 전국의 사회복지인들은 통일한국의 민간복지가 창의적이고 자율적인 구조로 발전할 수 있도록 지혜와 슬기를 모아 제도를 발전시키며, 나아가 공공과 민간의 파트너십을 강화하여 통일한국의 복지제도 창달에 노력할 것을 결의한다. 넷째, 우리 전국의 사회복지인들은 통일비용에 대한 적절한 배려가 필요함을 인식하며, 지금부터 통일에 대비한 제도적 구축과 인적·물적 자원을 준비할 것을 결의한다(최성재 외, 2005).

11) 사회복지실천 분야의 이론과 실천 간의 간격 극복

사회복지실천의 다양한 분야의 이론을 실천에 적용하는 것에 대한 논쟁은 현재까지도 지속적으로 이루어지고 있다. 사회복지실천에 있어서 이론의 중요성은 계속 강조되어 왔다. 하지만 사회복지이론을 학습하고 사회복지현장실습을 경험한 사회복지전문가들은 하나같이 이론과 실천의 차이를 호소하고 있는 실정이다.

따라서 사회복지실천 과정에서 사회복지실천 분야의 이론과 실천 간의 간격 극복이 사회복지전문가를 희망하는 예비사회복지사나 사회복지실천현장의 사회복지사에게 중요한 과제라고 할 수 있다. 톰슨(Thompson, 1995)은 사회복지실천 분야에서 이론과 실천 사이의 간격을 메우기 위한 두 가지 방법을 제시했다. 첫째, 사회복지사들은 모든 실천이 이론이나 상식과 분리되어 있다거나 실천은 이론 없이도 가능하다는 극단의 주장을 피해야 한다. 둘째, 계속해서 적절한 연구에 대한 인식을 강화하고 실천 속에서 생긴 비판적인 사례를 분석하고 비판적 사고와 아이디어를 발전시키기 위해 집단적으로 작업해야 한다는 것이다. 또한 패인(Payne, 1997)은 사회복지실천 분야에서 이론과 실천 사이의 간격을 메우기 위한 방법으로 실천할 때 이론적으로 사고할 것을 제안했다. 구체적인 방법으로 첫째, 질문하고 명료화하고 서로 비판하기 위해 이론을 사용하는 비판적 분석방법과, 둘째, 이론을 선택해서 사용하는 선택주의 활용방법, 셋째, 이론들을 서로 수정해서 함께 사용하는 절충주의 활용방법 등을 들고 있다.

참고문헌

1. 국내 단행본

가족치료연구회(1996). 『가족치료』. 부산: 세종출판사.

감정기 · 최원규 · 진재문(2002). 『사회복지의 역사』. 나남출판.

강재륜(1996). 『윤리학의 역사』. 서울 : 대왕사.

고명석 · 승금희 · 이중엽(2010). 『사회복지개론』. 서울: 동문사.

고수현(2005). 『사회복지실천 윤리와 철학』. 서울 : 양서원.

고수현 · 윤선오(2009). 『새로운 노인복지론』. 양서원.

고영복(1991). 『현대사회문제』. 서울: 사회문화연구소.

고재욱 · 이원웅 · 심의보 · 김종상 · 어흥선(2013). 『사회복지개론』. 정민사.

국민건강보험공단. http://www.nhis.or.kr/

국회정책자료집(2013). 한국사회복지교육의 실태와 개선방향

권구영 · 최정민(2007). 노인일자리 사업 참여경험과 삶의 질 간의 관계, 『노인복지연구』, 2007(겨울), 한국노인복지학회, 51-78.

권선진(2008). 『장애인복지론』. 서울: 청목출판사.

권중돈 외(2011). 『사회복지개론』. 학지사.

권진숙 · 윤명숙(1999). 21세기의 사회복지와 사회복지사 단체의 역할, 한국사회복지학회 춘계학술대회 자료집.

김경우 외(2008). 『사회복지정책론』. 창지사.

김교정 외(2008). 배분사업에 있어서 성과관리 시스템에 대한 연구, 사회복지공동모금회 조사연구보고서.

김기덕(2002 / 2008). 『사회복지윤리학』. 나눔의 집.

김기원(2003). 『한국사회복지정책론』. 나눔의 집.

김기태 · 박병현 · 최송식(2010). 『사회복지의 이해』. 박영사.

김기환(1996). "학생복지를 위한 학교사회사업의 필요성". 「아동복지학 4호」.

______(1997a). "대안학교의 현황과 전망(정진곤)에 관한 토론". 「학교부적응 학생을 위한 대 안학교 프로그램의 발전방향」. 한국사회복지프로그램연구회 제24차 월례세미나 자 료집.

______(1997b). "학교사회사업제도의 도입과 활성화방안". 「건전한 교육환경 조성을 위한 학 교사회사업 도입 방안」. 학교사회사업대토론회 자료집. 대학사회복지연구소협의회.

김동국(1994). 『서양사회복지사론』. 유풍출판사.

김동배(1999). 『21세기 노인복지의 과제와 대책』.

김동춘 외(2000). 『IMF 이후 한국의 빈곤』. 서울: 나남출판.

김두섭(2006). 「한국인 국제결혼의 설명 틀과 혼인 및 이혼신고자료의 분석」 한국인구학. 29(1): 25-56.

김민정 · 유명기 · 이혜경 · 정기선(2006). 「여성결혼이민자의 딜레마와 선택: 베트남과 필리핀 아내 사례를 중심으로」 한국문화인류학회. 39(1): 159-193.

김상곤(2003). 가족체계를 대상으로 한 학교사회사업가의 역할에 관한 연구, 한국학교사회복 지실천가협회

김상균 외(2005). 『사회복지개론』. 서울 : 나남.

김상균(1987). 『현대사회와 사회정책』. 서울대학교 출판부.

______(2005). 한국사회복지학의 좌표. 2005년도 한국사회복지학회 춘계 학술대회 자료집.

김성식(2006). 「교육기회 획득에 대한 가정배경과 학교경험의 영향」 제2회 한국교육고용패널 학술대회발표논문집. 서울: 서울대학교 호암교수회관.

김성이(2006). "민선4기와 사회복지", 2006년 사회복지학부 25주년 기념 세미나 자료집, 민선4기와 사회복지의 과제.

김성천 외(2013). 『사회복지학개론』. 학지사.

김수봉 · 김진수 · 박성재 · 신현웅 · 최은아 · 최보라(2005). 「사회보험 사각지대 해소방안 연구」 한국보건사회연구원.

김수영 외(2001). 『노인과 지역사회보호』. 서울: 양서원.

김승훈(2010). 『사회복지발달사』. 나눔의 집.

김연명 편(2002). 『한국복지국가성격논쟁 Ⅰ』. 인간과복지.

김영모(1999). 『사회복지학』. 서울: 한국복지정책연구소.

김영범(2003). "경제위기 이후 사회정책의 변화", 김연명 편, 『한국 복지국가 성격논쟁Ⅰ』. 인간과복지.

김영순(1998). 『복지국가의 위기와 재편: 영국과 스웨덴의 경험』. 서울대학교 출판부.

김영종 외(2008). 『사회복지성과 측정기법』. 학지사.

김영종(2009). "휴먼서비스 산업체계 모형에 의한 사회복지서비스 동향분석". 사회복지행정학. 11(2). pp.35-73.

김영종(2010). 『사회복지행정(3판)』. 서울:학지사.

김영주(2006). 「충남 국제결혼가족 실태 및 지원 정책 방안에 관한 연구」 충청남도여성정책개발원.

김융일 · 조흥식 · 김연옥(1995). 『사회사업방법론』. 서울: 나남출판사.

김이선 · 김민정 · 한건수(2006). 「여성결혼이민자의 문화적 갈등 경험과 소통증진을 위한 정책과제」 한국여성개발원.

김정선(2004). 「이주 노동자 남성과 한국 여성의 '가족 만들기'를 통해 본 지역가부장제의 변형 및 재구성 - 국가횡단 시대 변화하는 아시아의 여성」 이화여자대학교 창립 118주년 기념 학술대회. 이화여자대학교 한국여성연구원.

김종일(2005). 『서구의 근로연계복지』. 집문당.

김태성(1993). 『복지국가론』. 서울: 나남출판사.
김태성 · 김진수(2009). 『사회보장론』. 청목출판사.
김태성 · 성경륭(1995). 『복지국가론』. 나남.
김태성 · 손병돈(2007). 『빈곤과 사회복지정책』. 청목출판사.
김태완 · 양시현 · 최현수 · 김문길 · 우선희 · 박은영(2009). 『2009년 빈곤통계연보』. 한국보건사회연구원.
김태현(1994). 『노년학』. 서울: 교문사.
김현미(2006). 「국제결혼의 전 지구적 젠더 정치학」 경제와 사회. 70: 10-37.
김현용 외(1997). 현대사회와 아동, 서울: 소화.
김현주(2003). 노인의 생활만족도가 죽음에 대한 태도에 미치는 영향, 한림대학교 사회복지대학원 사회복지학과 석사학위논문.
김형수 · 김귀환 · 이승준 · 조미숙 · 황미영(2013). 『사회복지개론』. 정민사.
김형철(2005). 죽음준비교육이 일 노인복지관 노인들의 죽음불안 및 태도와 생활만족도에 미치는 영향, 조선대학교 환경보건대학원 보건학과 보건간호학 전공 석사학위논문.
김혜영 · 석말숙 · 최정숙 · 김성경(2010). 『사회복지실천론』. 공동체.
김희재(2002). 「동아시아의 노동이동과 한국의 대응」 연대와 실천. 영남노동운동연구소.
김희재(2003). 「한국과 일본의 외국인노동자 현황 및 정책」 사회조사연구, 제18권.
김희태(2001). 「유아들의 사회적 상호작용과 다문화(multiculture)의 의미」 영유아보육연구. 7: 1-18.
남기민(1985). "복지국가의 형성과 위기에 관한 연구", 『사회과학논총』, 제3집, 청주대학교 사회과학연구소.
______(2011). 『현대사회복지학』. 양서원.
______(2013). 『사회복지학개론』. 양서원.
남미애(1997). 자원봉사활동 체계의 활성화 방안, 부산대학교 대학원 박사학위논문.
남세진(1979). 한국 사화사업교과과정 개발을 위한 연구. 한국사회복지학, 1. pp.51-71.
남세진 · 조흥식(1996). 『한국사회복지론』. 서울: 나남출판사.
남일재 외(2006). 『사회복지개론』. 경기 : 공동체.
문형구 외(2008). 사회복지윤리경영 교육실천매뉴얼. 한국사회복지사협회.
박경일 외(2004). 『사회복지학 강의』. 서울: 양서원
박경일(2007). 『사회복지정책론』. 공동체.
박광준(1990). 『페비안 사회주의와 복지국가의 형성』. 대학출판사.
______(2002). 『사회복지의 사상과 역사』. 양서원.
박병헌(2010). 『사회복지의 역사』. 공동체.
박석돈 · 박순미 · 이경희(2008). 『노인복지론』. 서울 : 양서원.
박옥희(2001). 『장애인복지론』. 서울: 학문사.
박용순(2006). 『사회복지개론』. 학지사.
박은경(2006). 사회복지사의 전문직태도에 영향을 미치는 사회화요인에 관한 연구.

박일연(2006). "사회복지재정분권에 따른 지역사회자원 개발과 모금의 현실", 청주시보건복지연구소 제2회 추계포럼.
박종삼 외(2002). 『사회복지개론』. 학지사.
박차상 외(2005). 『한국노인복지론』. 학지사.
박태영(2008). "지역사회복지 거점기관으로서의 사회복지관 역할 정립", 한국지역사회복지학회 춘계학술대회.
배기효 외(2013). 『사회복지학개론』. 창지사.
보건복지부(2007). 「노인장기요양법 시행령 및 시행규칙 주요내용」. 서울: 보건복지부.
________(2010). 「2009년 보건복지백서」. 서울: 보건복지부.
________(2010). 「2010년 장애인복지사업 안내」. 서울: 보건복지부.
________(2010). 「2010년 장애인연금 사업 안내」. 서울: 보건복지부.
보건복지부 · 한국보건사회연구원(2009). 2008년 장애인실태조사보고서.
부산지역사회서비스지원단. http://www.ssbn.or.kr/
사회서비스지원센터. http://www.hanilssc.co.kr/
서보준 외(2013). 『사회복지개론』. 공동체.
석재은(2000). 노인의 소득원 구성과 공사 역할분담 분석. 『사회보장연구』 16(1): 51-78
석재은 · 김태완(2000). 『노인의 소득실태 분석 및 소득보장체계 개선방안』. 한국보건사회연구원.
설동훈(2006). 「외국의 이민자 정책 비교 및 국내적용가능성 탐색」 농촌국제결혼 정착방안 세미나자료집. 농촌진흥청 · 농업과학기술원 농촌자원개발연구소.
설동훈 · 김윤태 · 김현미 · 윤홍식 · 이혜경 · 임경택 · 정기선 · 주영수 · 한건수(2005). 「국제결혼 이주여성 실태조사 및 보건 · 복지 지원 정책방안」 보건복지부.
성규탁(1998). 『사회복지행정론』. 서울: 법문사.
손광훈(2009). 『사회복지실천기술론』. 공동체.
송근원 · 김태성(1995). 사회복지정책론, 서울: 나남출판사.
송병준(1996). 「외국 인력의 고용현황과 주요국의 외국 인력 정책」 외국인 노동자의 현실과 미래. 미래인력연구센터.
송성자(1995). 『가족과 가족치료』. 서울: 법문사.
송유미(2008). 사회복지사의 전문성과 윤리적 책임행동 간의 관계를 통한 사회복지실천적 함의. 『한국지역사회복지학』, 27: 195-210.
송호근 편(2001). 『세계화와 복지국가』. 나남출판.
시립노원(2008). 죽음준비학교 운영보고서.
시립노원노인종합복지관(2006), 죽음준비학교 사업보고서.
신기동(2005). 「경기도 외국인 전문 인력 정주여건 조사 분석」 경기개발연구원.
신기동 · 김희연 · 봉인식 · 김예성 · 박천웅 · 오경석 · 김희정(2006). 「외국인근로자 정주실태 및 정책수요 조사」 경기개발연구원.
신섭중(1993). 『한국 사회복지 정책론』. 대학출판사.

아산사회복지사업재단(1997). 아동복지편람.
안병영·임현백 편(2000). 『세계화와 신자유주의』. 나남출판.
안병즙·정재권(1999). 『장애인의 이해』. 서울: 형성출판사.
양옥경 외(2004). 『사회복지윤리와 철학』. 나눔의 집.
양옥경(1996). 『지역사회 정신건강』. 서울: 나남출판.
어대훈(2013). 『휴먼사회복지학』. 공동체.
어윤배(1996). 『사회정책의 이론과 과제』. 서울 : 숭실대학교 출판부.
엄명용·김성천·오혜경·윤혜미(2010). 『사회복지실천의 이해』. 학지사.
오성배(2006). 「한국 사회의 소수민족 '코시안' 아동의 사례를 통한 다문화 교육의 방향 탐색」 교육사회학연구. 16(4):137-157, 167-191.
오윤수 외(2011). 『사회복지정책론』. 퍼시픽.
오정수·류진석(2009). 『지역사회복지론』. 학지사.
오혜경(2008) '제3차 장애인정책발전5개년계획정책포럼' 장애인복지분야 성공을 위한 제언. 서울: 한국장애인개발원.
우종모 외(2007). 『사회복지법제론』. 공동체.
원석조(2008). 『사회복지발달사』. 공동체.
______(2013). 『사회복지개론』. 양서원.
______(2013). 『사회복지정책론』. 양서원.
웰페어넷(2014). 사회복지사자격증발급현황에 관한 통계자료http://www.welfare.net/site/ ViewDocLibrary.action 2014.01.04. 인출.
유길상 외(2005). 「외국인 고용허가제 시행 1년의 평가 및 향후 발전방향」 외국인 고용허가제 시행 1주년 기념 세미나. 2005.8. 한국노동연구원.
윤찬영(2007). 『사회복지의 이해』. 서울: 학현사.
______(2013). 『사회복지의 이해』. 정민사.
윤철수(2004). 학교사회복지사의 역할 수행 과정과 의미 : 현실기반이론 접근, 가톨릭대학교 대학원 박사학위논문 p.79.
윤철수·노혁·도종수·김정진·김미숙·석말숙·김혜경·박창남·장은숙(2010). 『사회복지학개론』. 학지사.
윤형숙(2005). 「지구화, 여성이주, 한국사회의 성적, 인종적 위계 만들기」 한국여성학회 제21차 춘계학술대회 자료집.
윤홍식(2011). "보편주의 복지국가 비판의 불편한 진실과 과제" 『페미니즘 연구』 11(1).
이강희·양희택·노희선(2006). 『사회복지발달사』. 양서원.
이경남·김이숙·김현주·박은주·서화정·이순영·이찬희·조윤득·허명숙(2008). 『사회복지실천론』. 학지사.
이순형(2006). 「국제결혼 농촌 이주여성 가족의 정착지원 방안」 농촌국제결혼 정착방안 세미나 자료집. 농촌진흥청·농업과학기술원 농촌자원개발연구소.
이순형·문무경·최연실·이숙정·정하나·우현경(2006). 「농촌 여성결혼이민자 정착지원

방안」 농림부.
이영철 · 박미은 · 윤동성 · 엄기욱 · 이용교(2005). 『사회복지학』. 양서원.
이영환(2005). 『한국사회와 복지정책-역사와 이슈』. 나눔의 집.
이용교(2011). 『디지털 사회복지개론』. 인간과 복지.
이용승(2004). 「외국인 노동자정책 국제비교: 제3부 국제비교; 노동력의 국제이동 현황과 쟁점」 민족연구. 한국민족연구원.
이창곤 편(2010). 『어떤 복지국가에서 살고 싶은가?』. 밈.
이태수(2005). "지방분권시대 사회복지 재정의 현주소 복지세상을 열어가는 시민모임", 천안시사회복지 예산학교 자료집.
이해경(1993). "사회변동과 사회복지 교과과정 개발의 방향", 한국사회사업(복지)대학협의회 연찬회자료집.
이혜경 · 정기선 · 유명기 · 김민정(2006). 「이주의 여성화와 초국가적 가족-조선족 사례를 중심으로」 한국사회학. 40(5): 258-298.
이혜원 · 우수명(2005). "학교사회복지 관련 조직간 네트워크의 특성에 관한 연구 I: 서울시 강서구 교육복지투자우선지역 지원사업을 중심으로" 한국사회복지학. 57(4). pp. 119-146
임우석 외(2012). 『사회복지개론』. 공동체.
장승옥 외 4명(2011). 『사회복지의 이해』. 청목출판사.
장인협(1991). 『사회복지학개론』. 서울: 서울대학교 출판부.
장인협 · 오정수(2000). 『아동, 청소년 복지론』. 서울: 서울대학교 출판부.
장인협 · 최성재(1996). 『노인복지학』. 서울대학교 출판부.
장혜경 외(2000). 「외국인 노동자 가족관련 정책 비교연구」 2003 연구보고서. 한국여성개발원.
전재일 외(2005). 『사회복지개론』. 형설출판사.
전재일(1997). "학교사회사업의 실천방향". 「위기의 청소년 어떻게 도울 것인가 - 학교사회사업제도의 필요성과 제도화 방안-」. 제2회 한국학교사회사업학회 학술대회 자료집, 103-136.
전재일 · 권복순 · 조운희 · 이경은 · 이성국(1997). 『학교사회사업』. 사회복지개발연구원.
전재일 · 배일섭 · 정영숙(2000). 『사회복지 정책론』. 형설출판사.
전재희(2005). 보건복지위원회 복지부 현안보고 보도자료.
전준우(1988). 『가족복지론』. 서울: 홍익출판사.
정무권 편(2009). 『한국복지국가성격논쟁 II』. 인간과복지.
정무성(2006), "양극화 문제 해소를 위한 사회 안전망 구축 방안", 사회과학 논총 제8집.
정민숙 · 양정남 · 이형하 · 박일연 · 김혜선(2013). 『사회복지개론』. 공동체.
정부혁신지방분권위원회(2004). "국고보조금 정비방안".
정이환 · 이병훈 · 정건환 · 김연명(2003). 『노동시장 유연화와 노동복지』. 인간과복지.
정현태 외(2010). 『사회복지 윤리와 철학』. 공동체.

조흥식 외(2013). 『사회복지학개론』. 창지사.
조흥식 편(2012). 『대한민국, 복지국가의 길을 묻다』. 이매진.
조흥식 · 윤현숙 · 조현순(2008). 『한국사회복지사협회 사회복지사 보수교육 기준』. 사회복지사협회.
주거서비스 지표 분석 보고서. 2007. 대한주택공사.
참여연대 사회복지위원회 편(2008). 『전환기의 한국 복지 패러다임』. 인간과복지.
최선화(2007). 『풀어쓴 사회복지실천기술』. 공동체.
최성균 · 고명석 · 송금희(2005). 『사회복지개론』. 대왕사.
최성재 · 남기민(2006). 『사회복지행정론』. 나남.
최옥채(2005). 『사회복지실천론』. 양서원.
최일섭 · 정은(2006). 『현대사회복지의 이해』. 경기 : 공동체.
최일섭 · 최준보(2013). 『사회복지학개론』. 학지사.
최해경(2010). 『사회복지실천론』. 학지사.
표갑수(1974). 우리나라 학교사회사업의 제도적 확립을 위한 연구, 중앙대학교 대학원, 석사학위논문.
한국복지연구회(1995). 『사회복지의 역사』. 이론과 실천.
한국사회복지교육협의회(2006). 『사회복지학 교과목지침서』.
한국사회복지교육협의회(2009). 『전국사회복지교육실태 및 인증체계 개발조사 : 2008 테마기획 조사연구사업 결과보고서』.
한국사회복지사협회(2000). 「사회복지사 윤리강령」.
한국사회복지학회(2008). "한국 사회복지 발전전략의 재검토", 한국사회복지학회 2008년 춘계학술대회.
한국이주여성인권센터(2013). 「2012 통계청 발표 국제결혼에 관한 통계자료」
http://www.wmigrant.org에서 2014.1.4.인출.
한국장애인고용공단 홈페이지(http://www.kead.or.kr) 한국죽음악회
http://kathana.or.kt/sub8__1.htm?id=13&page=16&st=view&table=free
한덕연(2010). 『복지요결』. 사회복지정보원.
한인영 외(2001). 『학교와 사회복지 : 학교사회사업의 이론과 실제』. 학문사.
한인영 · 홍순혜 · 김혜란(2004). 『학교와 사회복지실천』. 나남출판.
함세남 외(1996). 『선진국 사회복지발달사』. 서울: 홍익재.
현외성 외(1992). 『복지국가의 위기와 신보수주의적 재편』. 대학출판사.
________(1993). 『사회복지학의 이해』. 서울: 유풍출판사.
현외성(2000). 『사회복지정책강론』. 서울: 양서원.
______(2001). 『사회복지법제론』. 서울: 양서원.
http://longtermcare.or.kr

2. 번역본

Aristoteles(1984[2006]). 이창우 · 김재홍 · 강상진 역. 니코마코스 윤리학. Aristoteles Ethica Nicomachea. Oxford : Clarendon Press. 서울 : 이제이북스.

Arrington Robert. L.(1998[2003]). 김성호 역. 서양윤리학사. Western Ethics : An Historical Introduction. Blackwell Publishers Ltd. 서울 : 서광사.

Frankena William([1984]). 황경식 역. 윤리학. Ethics, Prentice-Hall Foundation of Philosophy Series (2th ed.). 서울 : 종로서적.

Gilbert, Neil, 김영화 외 역.(2001). 『복지국가에서 능력개발국가로』, 한울아카데미.

Gilbert Neil, & Terrell Paul([2007]). 남찬섭 · 유태균 역. 사회복지정책론-분석틀과 선택의 차원. Dimensions of Social Welfare Policy(6th ed.). Pearson Education, Inc. 서울 : 나눔의 집.

Gøsta Esping-Andersen(1990[2006]). 박형신 · 정현주 · 이종선 역. 복지자본주의의 세 가지 세계. The Three Worlds of Welfare Capitalism. Cambridge : Polity Press.

Hartmann, Nicolai(1925[1996]). 하기락 역. 윤리학. Ethik. 서울 : 형설출판사.

Karl de Schweinitz(1943). England's Road to Social Security. University of Pennsylvania Press / 남찬섭 역(2001). 영국 사회복지발달사. 인간과복지.

Lampert, Heinz, 윤여덕 역(1994). 『사회정책론』, 민영사.

Martin, Hans Peter & Schmann, Harald, 강수돌 역.(2003). 『세계화의 덫』, 영림카디널.

Messner Johannes(1949[1997]). 강두호 역. 사회윤리의 기초. Social Ethics : Natural Law Modern World. St. Louis & London. 경기 : 인간사랑.

Pierson, C., 현외성 · 강욱모 역(1999). 『전환기의 복지국가』, 경남대학교 출판부.

Rachels James(1986[1989]). 김기순 역. 도덕철학. The Elements of Moral Philosophy. New York : Random House. 서울 : 서광사.

Raphael, D. D.(1981[1987]). 김영철 · 김우영 역. 현대도덕철학. Moral Philosophy. Oxford Univ. Press. 서울 : 서광사.

Reiner Hans([1999]). 이석호 역. 철학적 윤리학. Die Philosophische ethik : ihrefragen und lehren in geschichte und grgenwart. 서울 : 철학과 현실사.

Ricken Friedo(1983 / 2003[2006]). 김용해 역. 일반 윤리학. Allgemeine Ethik. Verlag W. Kohlhammer GmbH. 서울 : 서광사.

Zastrow, C.(2000). *Introduction to Social Work and Social Welfare*(7th ed.), Belmont, CA : Wadsworth.(백종만 외 편역(2000), 『사회복지개론』, Cengage Learning).

3. 국외 문헌

Abramson, M.(1985). "The autonomy Paternalism dilemma in social work Practice", *Social Casework* 66, pp.387~393.

Albert R. Roberts, & Gilbert J. Greene(1983 / 2002b)(eds). "Risk management". *Social workers' desk reference.* "Ethical Dilemmas in Social Work Practice". *Social Work.* NY : Oxford university press : 65-69.

Albert R. Roberts, & Gilbert J. Greene, ed. NY : Oxford university press. pp. 70-74.

Alcock, P. & Erskine, A., May, M.,(2003). *The Student's Companion to Social Policy*, 2nd edition, Blackwell Publishers.

Allen-Meares, P. (1994). "Social work services in schools : A national study of entry-level tasks". *Social Work, vol. 39(5)*, 560-565.

Askheim, O.(2003). "Empowerment as guidance for professional social work : an act of balancing on a slack rope". *European Journal of Social Work* 6(3) : 229-240.

Aumend, S., & Barrett, Marjie(1984). "Self-concept and attitudes toward adoption : a comparison of searching and nonsearching adult adoptees". *Child welfare* Vol. 1 : Attchment, NY : Basic Books.

Beveridge, W. (1942). *Social Insurance and Allied Services.* Reprinted (1984). London : HMSO

Biestek, F. P.(1957). *The Casework Relationship*, Chicago : Loyola University Press.

Biestek, F.(1951). *The Casework Relationship*, Chicago: Loyola University Press.

Blake R. R. & Mouton, J. S. (1964). *The Managerial Grid.* Houston, TX: Gulf Publishing Co.

Coleman, J. C. (1988). Social capital in the creation of human capital. *American Journal of Sociology*, 94, 95-120.

Coleman, J.S. (1976). Rawls, Nozick, and Educational Equality. *The Public Interest*, 43: 121-128.

Compton, Berlah R., and Galaway, Burt. 1989. *Social Work Processes.* Belmont: Wadsworth Publishing Company

Costin, L. B.(1968). An analysis of the tasks in social work, *Social Work Rewiew*, vol. 43(3), pp. 274~285

Dinitto, D. M.(2003). Social Welfare: Politics and Public Policy(6th ed.), Boston: Allyn & Bacon.

Dobson, K. S. & Block, L. (1988). Historical and philosophical bases of the cognitive-behavioral therapies. In Dryden, W. & Ellis, A. (1988). Rational-Emotive Therapy. In Handbook of Cognitive-Behavioral Therapies. New York: Guilford.

Dolgoff, R. & D. Feldstein(2003), *Understanding Social Welfare*(5th ed.), Allyn & Bacon.

Esping-Andersen, G. et al., *Why We Need a New Welfare State.* Oxford University Press.

Esping-Andersen, G.,(1990). *The Three World of Welfare Capitalism*, Cambridge, UK: Polity Press.

Fiedler, F. E. (1967). *A Theory of Leadership Effectiveness.* New York: McGraw-HILL.

Freeman, Edith M., (1995). "School Social Work Overview", *Encyclopedia of Social Work*, NASW, 19th.

Friedlander, W. A.(1980). *Introduction to Social Welfare*, 5th ed., Englewood Cliffs, N.J. :

Furniss, N. & Tilton, T.,(1997). *The Case for the Welfare State: From Social Security to Social Equality*, Bloomington: Indiana University Press.

Gambrill, E. (1983). *Case work a competencey-based approach.* Englewood Cliffs, New Jersey: Prentice Hall.

Gambrill, E. (2006). *Social work practice: A critical thinker's guide* (2nd ed.). New York: Oxford University Press.

Garvin, C. D., & Seabury, B. A. (1984). *Interpersonnal practice in social work.* Englewood Cliffs, NJ: Prentice-Hall.

Getzels, J. W. & Guba, E. G. (1957). Social Behavior and Administrative Process, *School Review*, 65, p. 436.

Gilbert, N. & P. Terrell.(2002). *Dimensions of Social Welfare Policy.* 5th ed. Boston : Allyn & Bacon.

Gilbert, N., Specht, H., & Terrel, P. (1993). *Dimensions of Social Welfare Policy*, 3rd. Ed., Prentice-Hall.

Glicken, M. D. (2007). Social work in the 21st century: An introduction to social welfare, social issues, and the profession. Thousand Oaks, CA: Sage Pub.

Gollnick, D. M., & Chinn, P. C. (1994). *Multicultural education in a pluralistic society* (4th ed.). NY: Macmillan College Publishing Company.

Gough, I.,(1979). *Political Economy of the Welfare State*, London: Macmillan.

Gulick, L. & Urwick, L. (1937). *Papers on the Science of Administration.* New

York: Coumbia University Press.

Hall, R. H. (1963). The Concept of Bureaucracy: An Empirical Assessment, *The American Journal of Sociology*, 69, p. 63.

Handler, J., & Hasenfeld, Y. (1991). *The moral construction of poverty*. Newbury Park, CA: Sage.

Hardcastle, D., Powers, P, and Wenocur, S. (2004). Community practice: Theories and skills for social workers. Oxford: Oxford University Press.

Hasenfeld, Y. (1987). Power in social work practice. *Social Service Review*, 61(3), 469-483.

Hasenfeld, Y.(Ed) (1992). Human Services as Complex Organizations. Newbury Park, CA: Sage publication.

Hepworth, D. H., & Larsen, J. A. (1990). *Direct Social Work Practice: Theory and Skills*. Bel-mont, CA: Wadsworth Publishing Company.

Hepworth, D. H., Rooney, R. H. & Larsen, J. A.(1997). *Direct Social Work Practice : Theory and Skills*(5th ed.). C.A. : Broos/Cole.

Herring, R D., & Runion, K. B. (1994). Counseling ethnic children and youth from an Adlerian perspective. *Journal of Multicultural Counseling & Development*, 22(4): 215-226.

Herzberg. F. (1966). *Work and the Nature or Man*. Cleveland, OH: World.

Hinton, J.(1983). *Labour and Socialism : A History of the British Labour Movement 1867~1974*. Brigton : Wheatsheaf.

Hollis, F. (1970). *The Psychosocial Approach to the Practice of Casework*. In R. W. Roberts & R. H. Hee (Eds.), *Theories of Social Casework*. Chicago: University of Chicago Press.

Hollis, Florence(1946). *Case Work: A Psycho-social Therapy*, New York: Random House.

Johnson, J. C. (1998). *Social work practice: a generalist approach* (6th ed.). Boston: Allyn and Bacon.

Johnson, L. C., & Yanca, S. J. (2001). *Social work practice: a generalist approach* (7th ed). Boston: Allyn and Bacon.

Johnson, N.(1987). *The Welfare State in Transition*. Brighton. Sussex : Wheatsheaf.

Jones, Charles O.(1984). *An Introduction to the Study of Public Policy* (3rd ed.). Monterey, California : Brooks/Cole Publishing Company.

Jonson, P. & Rubin, A. (1983). Case Management in Mental Health: A Social Work Domain?, *Social Work*, 28(1), Silver Spring. MD: National Association of Social Workers, Inc.

Kadushin, A. (1980). Homemaker Service, Cbild Welfare Service. New York: MacMillan Publish Co. Inc.

Kahn, A.(1979). *Social Policy and Social Services.* New York : Random House.

Kirst-Ashman, K. and Hull, G. (2001). Generalist Practice with Organizations and Communities. Belmont, CA: Wadsworth/Thompson Learning.

Korpi & Palme(1998). The Paradox of Redistribution and Strategies of Equality : Welfare State Institutions, Inequality, and Poverty in the Western Countries.

Kramer, R., & Grossman, B. (1987). Contracting for social services; Process management and resource dependencies. *Social Service Review.* 61, 32-55.

Landon, P. (1995). Generalist and advanced generalist practice. In R. L. Edwards (Ed.), *Encyclopedia of social work,* 2(19th ed.) Washington, D.C.: NASW.

Levy, C. S.(1976). "The Value Base of Social Work". *Journal of Education for Social Work* Vol. 9, 1973. "Values and Ethics". in S. Dillick(Ed.). Value Foundation of Social Work Detroit : School Work, Wayne State University, 1984. *Social work ethics.* New York : Haworth Press.

Levy, C.(1976). *Social Work Ethics.* Human Science Press.

Lewis, H.(1972). "ethical Assessment". *Social Casework,* 1984. "Morality and the politics of Practice". Social Casework 5.

Linzer, N.(1999). *Resolving Ethical Dilemmas in Social Work Practice.* Boston : Allyn an dBachon.

Loewenberg, F. M., & Dolgof, R.(1995). *Ethical decision for social work practice.* F. E. Peacock publishers, Inc.

Loewenberg, F. M., & Dolgof, R.(1996). *Ethical decisions for social work practice*(5th ed.). Itasca, IL : F. E. Peacock.

Loewenberg, F., Dolgoff, R. & Harrington D.(6th ed.)(2000), *Ethical Decisions for Social Work Practice,* Thomson, Brooks/Cole.

Long N. (1973). Information and referral services; A short history and some recommendations, *Social Service Review,* vol. 47, pp. 49-62.

MacDonald, K, & Parke, R. (1984). Bridging the gap: parent-child play interaction and peer interactive competence. *Child Development,* 55: 1265-1277.

Marsh, D. (1970). *The Welfare State.* London: Longman Group.

Marshall, T. (1970). Social Policy in the Twentieth Century, London.

Maslow, A. (1970). *Motivation and Personality,* rev.(de.). New York: Harper & Row.

Meyer, W. R. & Scott, W. R., Strang, D., & Creighton, A. L. (1988). Bureaucratization without centralization: Changes in the organizational system of U.S. public education, 1940-1980. In L. Zucker(Ed.), *Institutional patterns and organizations(pp. 139-168). Cambridge,* MA: Ballinger.

Miley, K. K., M. O'Melia & B. L. Dubois,(1995). Generalist Social Work Practice: An Empowering Approach, Boston: Allyn and Bacon.

Mishra, R.,(1990). *The Welfare State in Capitalist Society: Policies of Retrenchment and Maintenance in Europe, North America and Australia,* New York: Harvester Wheatsheaf.

Mishra, R.,(1984). *The Welfare State in Crisis: Social Thought and Social change,* Sussex, UK: Wheatsheaf Books Ltd.

NASW(1999). Code of ethics of the national association of social workers.

Neil, G. & Specht, H. (1974). Dimensions of Social Welfare Policy. Englewood Cliffs, N. J.: Prentice Hall.

O'Connor, J.,(1973). T*he Fiscal Crisis of the State,* New York: St. Marin's, on Social Work Education.

Pierson, C.,(1991). *Beyond the Welfare State? The New York Political Economy of Welfare,* Cambridge, UK: Polity Press.

Pumphrey, M. W.(1959). *The Teaching of Values and Ethics in Social Work,* Vol.13, N.Y.: Council

Reamer, F.(1999). *Social Work Values and Ethics*(2nd ed.). Columbia University press.

Robson, W. A.,(1976). *Welfare State and Welfare Society,* London: George Allen & Unwin.

Ronald W. Toseland, Robert F. Rivas. (1995). Social group work; Leadership, Allyn and Bacon (Boston)

Rothman, J., Erlich, J., & Tropman, J. (2001). *Strategres of Community Intervention,* Peacock.

Schmidt, M. G.,(1998). *Socialpolitik in Deutschland, Historische Entwicklung and internationaler Vergleich,* Opladen.

Simon, H. A. (1947). Administrative Behavior. New York: Macmillan.

Skidmore, R. A. (1990). Social Work Administration: Dynamic Management and Human Relationships(2nd ed.). Englewood Cliffs, NJ: Prentice-Hall.

Tannenbaum, R. & Schmidt, W. (1973). How to Choose a Leadership Pattern, Harvard Business Review, 51. p. 167.

Taylor-Gooby.(1981). The Sate, Class, Ideology and Social Policy. Journal of

Social Policy.10(4).

Thoenes, P.,(1996). *The Elite in the Welfare State*, London: Faber and Faber.

Titmuss, R. M.,(1968). *Commitment to Welfare*. London: George Allen & Unwin.

Titmuss, R. M.,(1967). *Welfare State and Welfare Society*, London: George Allen & Unwin.

Tracy B. C. DuBois B.(1987). *Information Model for Generalist Social Work Practice*, p. 2

United Way. (2003). Indicators that a United Way is prepared to plan for, WHO. (1980). ICIDH: International classification of impairments, disabilities, and handicaps. Geneva: Author.

Wicks, M.(1987). *A Future for All : Do We Need a Welfare State?* London : Penguin.

Wilensky, H. & C. N. Lebeax.(1965). *Industrial Society and Social Welfare*. N. Y. : Free Press.

Wilensky, H. (1975). *The Welfare State and Equality*. Berkeley: University of California Press.

Zastrow, C. (1995). *The practice of Social Work*(5th ed.). Pacific Grove : Brooks/ Cloe.

찾아보기

[저자 약력]

• 염동문
경성대학교 일반대학원 사회복지학 박사
현, 한국국제대학교 사회복지학과 부교수
관심분야 : 연구방법론, 지역사회복지와 장애인복지

• 김교정
경성대학교 일반대학원 사회복지학 박사
현, 동명대학교 사회복지학과 부교수
관심분야 : 사회복지조직네트워크, 도시공원에서의 복지접근, 경로당모델화

• 정현태
대구가톨릭대학교 대학원 사회복지학과전공
현, 한국국제대학교 사회복지학과 강의전담교수
현, 경남복지인권교육연구소
관심분야 : 사회복지에 대한 철학적 접근과 영성사회복지

• 전재명
경성대학교 일반대학원 사회복지학 박사
양산시종합사회복지관장, 경남사회복지관협회장 역임
현, 한국국제대학교 겸임교수
관심분야 : 사회복지실천

• 이경은
이화여자대학교 사회사업학과 학사
이화여자대학교 대학원 사회사업학과 석사
대구대학교 대학원 사회복지학과 박사
덴마크 Aarhus University Post-Doc
호주 University of Queensland 방문교수
현재, 경북대학교 사회복지학과 교수

• 김미정
경성대학교 일반대학원 사회복지학 박사
현, 기장종합사회복지관장, 기장군다문화가족지원센터장
관심분야 : 아동학대, 가정폭력, 사례관리, 네트워크

사회복지개론

2014년 2월 20일 초판인쇄
2014년 2월 25일 초판발행

저 자 염동문 · 김교정 · 정현태
전재명 · 이경은 · 김미정
발행인 유 성 열
발행처 청목출판사
서울특별시 영등포구 신길로 40길 20
전화 (02) 849-6157(代) · 2820 / 833-6090~1
FAX (02) 849-0817
등록 제318-1994-000090호

파본은 바꾸어 드립니다. 값 20,000원

http : //www.chongmok.co.kr

ISBN 978-89-5565-569-8

※ 인지는 생략합니다.